山西省职业教育"金课"配套教材

高等职业教育财务会计类富媒体智能型·工学结合系列教材

企业财务会计 (第四版)

QIYE CAIWU KUAIJI

郑红梅 主编

东北财经大学出版社
Dongbei University of Finance & Economics Press
大连

图书在版编目（CIP）数据

企业财务会计 / 郑红梅主编．—4版．—大连：东北财经大学出版社，2024.11．—（高等职业教育财务会计类富媒体智能型·工学结合系列教材）．—ISBN 978-7-5654-5490-5

Ⅰ. F275.2

中国国家版本馆CIP数据核字第2024G510W9号

东北财经大学出版社出版

（大连市黑石礁尖山街217号　邮政编码　116025）

网　　址：http://www.dufep.cn

读者信箱：dufep@dufe.edu.cn

大连日升彩色印刷有限公司印刷　　东北财经大学出版社发行

幅面尺寸：185mm×260mm　　字数：495千字　　印张：21.5

2024年11月第4版　　2024年11月第1次印刷

责任编辑：王天华　　责任校对：那　欣

封面设计：原　皓　　版式设计：原　皓

定价：49.80元

教学支持　售后服务　　联系电话：（0411）84710309

如有印装质量问题，请联系营销部：（0411）84710711

第四版前言

本教材突出高等职业教育的特点，符合高等职业教育人才培养的要求，反映教学改革的最新成果，体现以工作过程为导向的思想。教材共分16个项目，分别讲解了财务会计概念框架、会计要素的确认和计量、财务报告等内容。教材内容强化职业技能，并有机地融合社会主义核心价值观等课程思政，以培养德智体美劳全面发展的高素质会计技术技能人才。

本教材具有以下特点：

1. 育人为本，德育为先

本教材坚持育人为本、德育为先，以立德树人根本任务为教育主线，将习近平新时代中国特色社会主义思想、党的二十大报告、党的二十届三中全会精神，以及社会主义核心价值体系融入教学内容，并设置“德技并修”“明德善思”小栏目，引导学生树立正确的世界观、人生观、价值观、荣辱观，培养学生牢固树立为社会主义现代化建设事业服务、为人民服务的理想信念，同时又具备为国家、为人民服务的本领，实现培养高素质德才兼备技术技能人才的目的。

2. 体系完整，难易适度

本教材以会计要素为主线，阐明对企业发生的日常交易或事项进行确认、计量、记录和报告的财务会计基本理论和基本方法体系，使学生从整体上对企业会计核算有系统的认识，为学习后续专业课程做准备。同时，兼顾职业教育的特点，正确把握教材内容的取舍，基本理论、基本知识以实用、够用为度，力求深入浅出、通俗易懂，帮助学生理解并掌握完成会计岗位工作任务所需的会计基本理论知识，指导业务操作。

3. 突出实践，强化技能

按照高职高专人才培养的目标和规格，突出实践能力、强化业务技能是编写本教材的基本出发点。本教材在讲解会计要素的确认、计量和报告时都有相应的案例，配有仿真的业务单据或列出业务单据，按照会计工作业务流程填制、审核原始凭证、编制记账凭证，并说明在财务报告中如何列示。强化职业技能训练，提高职业判断能力，力求做到学中做、做中学，具有实用性和可操作性。

4. 课证融通，课岗融合

本教材的教学内容，兼顾会计职业资格和职业技能等级的要求，把全国会计专业技术资格考试（初级会计实务）和X职业技能等级证书考试的要求渗透到教材内容中，使学生在完成学业的同时，掌握会计专业初级资格应有的能力、水平，同时获得职业技能；考虑到中小企业是高职高专学生的主要就业领域，在讲解日常交易或事项确认、计量、记录和报告时，单独列出《小企业会计准则》的规定，力求做到课岗融合，零距离就业。

5. 资源丰富，助力教学

为了方便教师教学和学生学习，本教材配有《企业财务会计习题与实训》同步辅导材料，以及数字化教学资源，包括课程标准、电子教案、电子课件、习题与实训答案。为方便教学，我们在书中以二维码的形式添加了每一个项目的概述视频、重点和难点的微课，用手机扫一扫即可直接观看。为方便查找，书后特增加了“微课索引”。此外，还在“做中学”中配置了原始凭证二维码，增加学生的感性认识。丰富的教学资源，为广大师生提供了全面支持与增值服务。

本教材第四版修订工作主要体现在以下几个方面：

一是以立德树人为根本任务，教材融入社会主义核心价值观、中华优秀传统文化、党的二十大报告等课程思政内容，培养学生职业素养，树立为祖国建设奋斗终身的远大理想。

二是依据财政部最新修订、颁布的企业会计准则及其应用指南、企业会计准则解释公告等最新政策，更新了相关内容。

三是参照全国会计专业技术初级资格考试《初级会计实务》大纲，适当补充了企业合并形成的长期股权投资、租赁负债等内容。

四是增加了融媒体、数字化资源，配有在线开放课程，登录智慧职教MOOC平台（icve-mooc.icve.com.cn）即可自主学习。

本教材除可作为高等职业院校财务会计类专业学生教学用书外，也可作为从事会计、审计、财务管理、证券监管和银行监管、税务稽核等相关实际工作的人员进行培训和自学的参考资料。

本教材由山西省财政税务专科学校郑红梅担任主编，负责框架设计、总纂并定稿；赵爱萍和王艳担任副主编；高翠莲、李美琴、许香兰、申宇冰和郝子鹏参与编写。本教材编写分工如下：郑红梅编写项目一、项目七，高翠莲编写项目六、项目十二，李美琴编写项目三、项目四，许香兰编写项目八、项目十，赵爱萍编写项目十四、项目十六，申宇冰编写项目二、项目十一，王艳编写项目五、项目十三，郝子鹏编写项目九、项目十五。

本教材在山西江阳化工有限公司总会计师、正高级会计师王建荣指导下完成，并由其提供了案例素材。本教材在编写中也参考了有关专家编著的教材，在这里我们表示由衷的感谢！由于编者水平有限，时间仓促，本教材难免存在一些不足，期望同仁批评和赐教。

微课

企业财务会计课程概述

编　者

2024年9月

目 录

项目一

财务会计概念框架和会计准则体系认知

微课

项目一概述

学习目标

【知识目标】

1. 理解财务会计的目标、基本前提和会计核算基础
2. 理解和掌握财务会计信息质量要求
3. 理解和掌握会计要素确认和会计计量属性
4. 熟悉财务会计报告的内容
5. 熟悉会计规范体系

【技能目标】

1. 能将会计理论与实际工作相结合
2. 能根据会计信息质量要求合理提供会计信息
3. 能根据企业发生的业务正确确认会计要素
4. 能根据企业发生的业务合理运用会计计量属性
5. 能按照企业会计准则要求进行职业判断

【素质目标】

1. 了解我国经济建设和会计发展史。经济越发展，会计越重要。了解我国经济发展历程和企业会计准则的变迁，理解我国企业会计准则体系建设要结合我国的实际情况，走立足国情、国际趋同的道路，进一步增强制度自信、文化自信和爱国情怀
2. 培养学生严谨治学的学风和会计职业行为规范。加强对学生职业素养、职业道德和职业行为规范的培养，促使学生养成精益求精、一丝不苟的良好习惯和良好的会计职业素养，具备会计职业道德，会计职业行为规范，做到“爱岗敬业，遵循准则，不做假账”
3. 培养学生践行社会主义核心价值观。深刻理解社会主义核心价值观的内涵和重要意义，明确学习目的，增强学习信心，促使学生形成健康的世界观、人生观、价值观、法治观和道德观，增强责任感，做有为青年

工作情境与工作任务

财务会计概念框架是由一系列说明财务会计并为财务会计所应用的基本概念所组成的理论体系，财务会计概念框架可以评价和指导会计实务。我国财务会计概念框架主要包括财务报告目标、会计基本前提、会计基础、会计信息质量要求、会计要素及确认、计量属性和财务报告。您能够正确理解这些基本概念吗？您能运用财务会计概念框架指导会计实务吗？

在我国，指导会计实务工作的规范是企业会计准则，您知道我国企业会计准则体系的内容吗？您能理解企业会计准则体系并按照企业会计准则要求进行会计核算吗？

任务一 财务会计概念框架概述

一、财务会计报告的目标

财务会计的目标是指在一定的客观环境和条件下，企业会计核算所期望达到的结果，也是检查企业会计核算工作质量的标准和依据。财务会计报告，也称财务报告，是财务会计确认和计量的最终结果，是实现财务会计目标的载体。财政部颁布的《企业会计准则——基本准则》中将我国企业财务会计报告的目标表述为：向财务会计报告使用者提供与企业财务状况、经营成果和现金流量等有关的会计信息，反映企业管理层受托责任的履行情况，有助于财务会计报告使用者作出经济决策。

（一）向财务会计报告使用者提供对决策有用的信息

企业编制财务会计报告的主要目的是满足财务会计报告使用者的信息需要，有助于财务会计报告使用者作出经济决策。不同的会计信息使用者，对会计信息会有不同的要求，企业提供会计信息要针对会计信息的主要使用者，集中体现其对会计信息共性的要求。财务会计报告使用者包括投资者、债权人、政府及其有关部门和企业内部信息使用者、社会公众等。

1. 投资者

企业会计信息首先应当满足投资者（包括现有的和潜在的）进行投资决策的需要，即有助于投资者客观评估投资风险与投资报酬，以便对投资方案作出正确的选择。

2. 债权人

企业贷款人、供应商等债权人可以借助企业会计信息了解债务人的偿债能力和财务风险，评估偿债风险，以便作出正确的信贷决策，制定信用政策。

3. 政府及其有关部门

国家对社会经济的管理监督和宏观调控有赖于企业的财务会计信息，因此，财务会计必须满足政府进行宏观经济管理的需要，以保证国家制定正确的财政政策、税收政策、货币政策、产业政策等宏观经济政策。国家税务机关尤为重视企业的财务会计信息，因为它是征纳税款的基本依据。

4. 企业内部信息使用者

主要有企业管理人员、企业员工及工会组织等，他们也需要借助企业会计信息提高企业的内部经营管理。

5. 社会公众

社会公众也关心企业生产经营活动及其影响，包括增加就业、刺激消费、提供社区服务等企业对所在地经济作出的贡献，有关企业发展前景等。

（二）反映企业管理层受托责任的履行情况

在现代公司制下，企业所有权和经营权相分离。企业管理层是受委托人之托经营管理企业及其各项资产，负有受托责任，即企业管理层所经营管理的企业各项资产均为投资者投入的资本（或者留存收益作为再投资）或者向债权人借入的资金所形成的，企业管理层（财产经营者）有责任妥善保管并合理、有效地运用这些资产，并为投资人创造更多的财富。

因此，财务会计报告应当如实反映企业管理层受托责任的履行情况，以有助于评价企业的经营管理责任和资源使用的有效性。

【知识拓展】长期以来，“受托责任观”与“决策有用观”一直是企业财务会计报告目标的两大主流观点。“受托责任观”认为，财务会计报告的目标是反映受托者受托经营责任的履行情况，因此，财务会计应以提供反映经营业绩的信息为重心，并且在反映财务信息时主要强调客观性和可靠性。“决策有用观”认为，财务会计报告的目标是向会计信息的使用者提供有助于他们作出合理的投资、信贷等相关决策的信息，因此，财务会计应以提供反映企业现金流动的信息为重心，并且在反映财务信息时主要强调相关性和有用性。财务会计报告的目标，不是一成不变的，而是随着社会的发展和经济环境的变化而不断发展变化的。

二、会计基本假设

会计基本假设，是指为了保证财务会计工作的正常进行和正确进行会计确认、计量和报告，对会计核算的时间、空间、环境等所做的合理设定。会计基本假设是财务会计确认、计量和报告的前提。会计基本假设包括会计主体、持续经营、会计分期和货币计量。

（一）会计主体

会计主体，是指会计工作为其服务的特定单位或组织，是企业会计确认、计量和报告的空间范围。明确会计主体是组织会计工作的前提条件。这一前提条件，把会计处理的数据和提供的信息严格地限制在一个特定的空间范围内，既不核算投资人本人和财产所有者的经济活动，也不核算其他单位或组织的经济活动。企业的会计核算只能站在企业自身的角度，反映企业自身的生产经营活动。

会计主体强调企业的经济活动应独立于企业投资者或所有者的活动，企业的会计核算只针对企业自身的经济活动，不反映其他单位或组织的经济活动，即企业的会计信息涉及的只是本企业的活动，既不反映企业投资者或所有者的经济活动，也不反映其他企业或其他经济主体的经济活动；企业的会计记录和财务报表涉及的也只是企业自身的活动，既不核算企业投资者或所有者的经济活动，也不核算其他企业或其他经济主体的经济活动。

【提示】在市场经济条件下，国民经济的基层单位，如企业、事业单位、行政单位，都应作为一个会计主体。法人一定是会计主体，但会计主体不一定具有法人资格，如企业的分支机构、分公司、独立核算部门等，虽不具有法人资格，但可作为独立的主体进行会计核算。

（二）持续经营

持续经营，是指会计主体在可以预见的未来将会按当前的规模和状态持续经营下去，不会面临破产清算。持续经营强调企业经济活动是持续正常进行的，企业能按规定的用途使用材料、货币等资产，能够按期收回应收款项，能够按照自己的承诺偿还所承担的债务。有了这一前提条件，会计在收集并处理不同时期的各项经济业务时使用的程序和方法才能够保持前后一致，提高会计信息的质量。

【提示】一旦企业因不能持续经营而宣告破产、进入清算程序，则应采用破产清算会计。

（三）会计分期

会计分期，是指会计主体将持续不断的经济活动过程划分为一个个连续的、长短相同的期间。划分会计期间，规定了会计核算的时间范围，使企业经济业务按照会计期间分期记录，计算每个会计期间的收入、费用和利润，确定每个会计期末的资产、负债和所有者权益的数额，向会计信息的使用者提供会计信息。会计期间的划分对于确定会计核算程序和方法具有极为重要的作用。有了会计期间，才产生了本期与非本期的区别；有了本期与非本期的区别，才产生了权责发生制和收付实现制，才使不同类型的会计主体有了记账的基础。

会计期间分年度、半年度、季度和月度，我国规定以公历每年1月1日起至12月31日止为一个会计年度。

【提示】各国规定的会计期间并不一致，如美国规定的会计期间是当年的10月1日至次年的9月30日，英国、加拿大、日本规定的会计期间为当年的4月1日至次年的3月31日，瑞典、澳大利亚规定的会计期间为当年的7月1日至次年的6月30日。

（四）货币计量

货币计量，是指会计主体在财务会计确认、计量和报告时以货币作为统一的尺度，反映会计主体的生产经营活动。货币计量这一前提条件为会计核算指定了计量单位。《中华人民共和国会计法》规定："会计核算以人民币为记账本位币。业务收支以人民币以外的货币为主的单位，可以选定其中一种货币作为记账本位币，但是编报的财务会计报告应当折算为人民币。"货币计量还包含另一层含义，即作为计量单位的货币币值稳定，即使币值本身发生波动（波动不大），会计核算中也可不予考虑，仍按照稳定的币值进行会计处理。

【知识拓展】会计核算的四项基本前提，具有相互依存、相互补充的关系。其中会计主体假设，使企业会计仅仅核算其自身的经济业务，这就界定了会计核算的空间范围，划清了本企业与其他利益相关者的界限，使会计主体具有核算的独立性，以保护投资者和经营者的利益。持续经营假设，使会计核算建立在企业处于可持续经营状态的基础上，假定企业可以无限期地经营下去，而不必考虑可能的清算或终止，以保证企业可以对资产、负债和所有者权益等要素按照正常经营状态进行确认、计量和报告；通过会计分期假设，确定会计核算是按照等长的时间段进行的，以便定期向财务会计报告的使用者及时提供决策所需的信息；通过货币计量假设，确定对企业持续经营中某一会计期间的货币资金（静态的存量和动态的流量）进行确认和计量。

三、会计基础

企业会计的确认、计量和报告应当以权责发生制为基础。权责发生制要求，凡是当期已经实现的收入和已经发生的费用或应当负担的费用，无论款项是否收付，都应当作为当期的收入和费用；凡是不属于当期的收入和费用，即使款项已在当期收付，也不应当作为当期的收入和费用。

【知识拓展】与权责发生制对应的另一种会计基础是收付实现制，它以收到或支付的现金及其时点作为确认收入和费用等的依据。

四、会计信息质量要求

会计信息作为一种产品，和其他产品一样，应该有它的质量标准。只有符合质量标准的会计信息，才能满足信息使用者决策之需，才能客观真实地反映企业经营管理者受托经营责任的履行情况。高质量的会计信息是信息使用者作出正确决策的基础和保障。我国《企业会计准则——基本准则》对企业会计核算提供的会计信息提出了八项质量要求，即可靠性、相关性、可理解性、可比性、实质重于形式、重要性、谨慎性和及时性。

（一）可靠性

可靠性，是指企业应当以实际发生的交易或者事项为依据进行会计确认、计量和报告，如实反映符合确认和计量要求的各项会计要素及其他相关信息，保证会计信息真实可靠、内容完整。

可靠性是对会计核算的基本要求。会计作为一个信息系统，它所提供的信息是国家宏观经济管理部门、企业内部经营管理者及其他利益相关者进行决策的依据。如果会计数据不能真实、客观地反映企业经济活动的实际情况，势必无法满足各有关方面了解企业情况、进行决策的需要，甚至可能导致错误的决策。可靠性要求企业提供的会计信息必须符合真实客观的要求，这就要求会计确认必须以实际发生的交易或事项为依据，会计记录、计量的对象必须是真实的经济业务，财务会计报告必须如实反映情况，不得漏报、瞒报、错报等。

【提示】可靠性包括三层含义：一是会计核算应当真实地反映企业的财务状况、经营成果和现金流量，保证会计信息的真实性；二是会计核算应当准确反映企业的财务状况，保证会计信息的准确性；三是会计核算应当具有可检验性，即会计信息具有可验证性。

（二）相关性

相关性，是指企业提供的会计信息应当与财务会计报告使用者的经济决策需要相关，有助于财务会计报告使用者对企业过去、现在或者未来的情况作出评价或者预测。

财务会计报告的目标就是为有关方面提供会计信息，所提供的会计信息最终为他们所使用。要充分发挥会计信息的作用，提高会计信息的使用价值，必须使会计核算提供的会计信息与信息使用者对会计信息的要求相关。如果会计核算提供的会计信息不符合信息使用者的要求，即使是客观真实地反映了企业经营情况的会计信息，也毫无价值。

会计信息的相关性要求企业会计在收集、加工、处理和传递会计信息的过程中，要考虑信息使用者对会计信息需要的不同特点，确保符合企业内外有关方面对会计信息的需要。

【提示】由于不同的信息使用者有着不同的需要，即使再全面的财务会计报告也不可能完全满足所有方面的需要。因此，会计核算的资料，特别是企业对外披露的财务会计报告只能是提供通用的会计信息。会计信息的使用者通过对财务会计报告中提供的通用信息进行加工整理，能够得到所需要的会计信息，这样的会计信息就可以说符合相关性的要求。

（三）可理解性

可理解性，是指企业提供的会计信息应当清晰明了，便于财务会计报告使用者理解和使用。企业提供会计信息的目的在于使信息使用者能够使用会计信息作出相关决策，信息使用者要使用会计信息首先必须了解会计信息的内涵，弄清会计信息的内容，否则就谈不上信息的使用。可理解性要求会计核算所提供的信息应当简明、易懂，能够简单明了地反映企业的财务状况和经营成果，并容易为人们所理解。清晰明了的会计信息有利于信息使用者准确、完整地把握会计信息所要说明的内容，从而更好地加以利用。随着我国经济体制改革的不断深入，会计信息的使用者也越来越广泛，不仅包括企业内部管理部门、国家财税部门等，而且包括社会公众、企业员工等，这就从客观上对会计信息的简明和易懂提出了越来越高的要求。

【提示】会计信息是一种专业性很强的信息，会计信息可理解性要求的前提是假定信息使用者具有一定的有关企业经营活动和会计方面的知识，并且愿意付出努力去研究这些信息。

（四）可比性

可比性，是指企业提供的会计信息应当具有可比性。同一企业不同时期发生的相同或相似的交易或者事项，应当采用一致的会计政策，不得随意变更。确需变更的，应当在附注中说明。不同企业发生的相同或相似的交易或者事项，应当采用规定的会计政策，确保会计信息口径一致、相互可比。

在会计核算中坚持前后期可比，有利于提高会计信息的使用价值。可比性要求同一会计主体在不同时期尽可能采用相同的会计程序和会计处理方法，便于不同会计期间会计信息的纵向比较。同时，可比性要求前后各期会计信息应当保持对比关系，不得随意变更已采用的会计程序和会计处理方法，这可以制约和防止会计主体通过会计程序和会计处理方法的变更在会计核算上弄虚作假，粉饰财务报表。

可比性要求企业在选择会计处理方法时，应当选择使用国家统一规定的会计处理方法；在编制财务会计报告时，应当按照国家统一规定的会计指标编报，以便不同企业会计信息之间相互可比。可比性是以客观性为基础的，客观真实地反映企业的经营情况是会计的目标，可比性应当服务于这一目标。这就要求企业选择的会计处理方法应当有利于会计目标的实现，保证客观性目标的实现。不能为了追求可比性，过分强调使用统一的会计处理方法，而使会计信息不能客观真实地反映企业的经营情况。

【提示】可比性并不否认企业在必要时对所采用的会计程序和会计处理方法作适当的变更。当企业的经营情况、经营范围和经营方式发生变化，或者国家有关政策规定发生重大调整时，企业可以根据实际情况，选择使用更能客观真实反映企业经营情况的会计程序和会计处理方法进行会计核算，但必须将变更的理由、情况及影响在财务报表附注中予以说明，便于信息使用者的理解与运用。

（五）实质重于形式

实质重于形式，是指企业应当按照交易或者事项的经济实质进行会计确认、计量和报告，不应仅以交易或者事项的法律形式为依据。

在实际工作中，交易或者事项的经济实质与它们的法律形式并不总是一致的。例如，租入的固定资产，在租期未满以前，从法律形式上讲，所有权并没有转移给承租人，但是从经济实质上讲，承租人获得了可在租赁期内使用租赁资产的权利，承租人实际上能控制该项固定资产所创造的未来经济利益，因此承租人应该将其确认为一项资产，在资产负债表中列为使用权资产。所以，会计信息要想反映目标交易或目标事项，就必须根据交易或事项的经济实质，而不能仅仅根据它们的法律形式进行核算和反映。

【思考】甲公司与乙公司签订了一份售后回购合同。根据合同，甲公司将一台设备以1 200万元出售给乙公司，但是合同规定5年后甲公司再以1 500万元将该设备回购。甲公司出售设备时确认处置损益，回购设备时确认固定资产。根据实质重于形式的要求，甲公司这样处理正确吗？

（六）重要性

重要性，是指企业提供的会计信息应当反映与企业财务状况、经营成果和现金流量等有关的所有重要交易或者事项。在会计核算过程中对交易或者事项应当区别其重要程度，采用不同的核算方式。对资产、负债、损益等有较大影响，并进而影响财务会计报告使用者据以作出正确判断的重要会计事项，必须按照规定的会计方法和程序进行处理，并在财务会计报告中予以充分、准确的披露；对于次要的会计事项，在不影响会计信息真实性和不至于误导财务会计报告使用者作出正确判断的前提下，可适当简化处理。

企业将工作重心放在提供反映重要交易或者事项的会计信息，能够使会计核算在全面反映企业财务状况和经营成果的基础上，保证重点，有助于加强对经济活动和经营决策有重大影响和有重要意义的关键业务的核算，达到事半功倍的效果，并有助于简化核算，节约人力、物力，提高会计工作效率。企业提供反映重要交易或者事项的会计信息，首先涉及对经济业务或者会计事项的重要性判断的问题，对于不同会计主体和不同经济业务或者会计事项来说，重要与不重要是相对的。对某项会计事项判断其是否具有重要性，在很大程度上取决于会计人员的职业判断。

【思考】这里的"重要性"是不是意味着企业可以根据信息的重要程度判断某项信息是否需要披露，即重要的信息披露，不重要的信息不披露？

（七）谨慎性

谨慎性，是指企业对交易或者事项进行会计确认、计量和报告应当保持应有的谨慎，不应高估资产或者收益、低估负债或者费用。

谨慎性又称稳健性或保守主义，它是针对经济活动中的不确定因素要求人们在会计处理上保持小心谨慎的态度，要充分估计可能发生的风险和损失，尽量少计或不计可能取得的收益，使财务会计报告使用者、决策者提高警惕，以应对纷繁复杂的外部经济环境的变化，把风险损失尽量控制在极小的范围

微课

会计信息质量要求——谨慎性

内。从谨慎性的角度来看，会计在一定程度上核算经营风险，提供反映经营风险的信息，有利于提高企业在市场上的竞争能力。谨慎性包括会计确认、计量、报告等方面的谨慎和稳健。对会计确认来说，要求会计确认建立在稳妥合理的基础上；对会计计量来说，要求会计计量不得高估资产或者收益的金额，也不得低估负债或者费用的金额；对财务会计报告来说，要求财务会计报告向会计信息的使用者提供尽可能全面的会计信息，特别是应报告可能发生的风险和损失。

【思考】这里的“谨慎性”意味着企业要尽可能低估资产或者收益，尽可能高估负债或者费用。这样理解谨慎性要求对吗？

（八）及时性

及时性，是指企业对于已经发生的交易或者事项，应当及时进行会计确认、计量和报告，不得提前或者延后。

会计信息的使用价值要求其不仅要真实可靠，而且必须保证时效，及时提供给信息使用者使用。特别是在市场经济条件下，市场瞬息万变，企业竞争日趋激烈，这对会计信息的及时性要求越来越高。

【提示】及时性要求：一是会计人员及时收集会计信息，即在经济业务发生后，及时收集、整理各种原始单据或者凭证；二是及时对会计信息进行加工处理，及时编制财务会计报告；三是及时传递会计信息，将编制出的财务会计报告及时传递给会计信息的使用者。

五、会计要素及其确认

企业的经济活动内容是纷繁复杂的，为了满足会计进行分类核算、提供各类会计信息的要求，就必须对会计对象进行分类。对会计对象具体内容进行的基本分类，称为会计要素。只有正确理解和认识会计要素，才能正确确认企业发生的经济业务。企业应当按照交易或者事项的经济特征确定会计要素。会计要素包括资产、负债、所有者权益、收入、费用和利润。其中，资产、负债和所有者权益侧重反映企业的财务状况，收入、费用和利润侧重反映企业的经营成果。因此，会计六要素就是企业财务会计核算的内容。

（一）资产

1.资产的定义和特征

资产，是指企业过去的交易或者事项形成的、由企业拥有或者控制的、预期会给企业带来经济利益的资源。资产具有如下特征：

（1）资产是由过去的交易或者事项所形成的。企业过去的交易或者事项包括购买、生产、建造行为以及其他交易或者事项。预期在未来发生的交易或者事项不形成资产，也就是说资产必须是现实的资产，而不能是预计的资产，是过去已经发生的交易或者事项所产生的结果。未来交易或者事项以及未发生的交易或者事项所产生的结果，不属于现实的资产，不得作为资产确认。

（2）资产必须是企业拥有或者控制的资源。企业拥有或者控制某项资源，是指企业享有该项资源的所有权，或者虽然不享有该项资源的所有权，但该项资源能被企业所控制。一般来说，一项资源要作为企业的资产予以确认，其所有权必须归企业所有，也就是企业对该项资源拥有所有权。对于一些以特殊方式形成的资产，企业虽然对其不拥有所有权，但能够实际控制的，如长期租入某项固定资产，按照实质重于形式的要求，也应当将其作为企业资产（使用权资产）予以确认。

（3）资产预期会给企业带来经济利益。资产预期会给企业带来经济利益，是指资产直接或者间接导致现金和现金等价物流入企业的潜力，即资产在未来能够增加流入企业的现金和现金等价物。资产必须具有交换价值和使用价值，没有交换价值和使用价值的物品，不能给企业带来未来经济利益的，则不作为资产确认。

2.资产的确认条件

符合资产定义的资源，在同时满足以下条件时，确认为资产：

（1）与该资源有关的经济利益很可能流入企业；

（2）该资源的成本或者价值能够可靠地计量。

符合资产定义和资产确认条件的项目，应当列入资产负债表；符合资产定义但不符合资产确认条件的项目，不应当列入资产负债表。

企业的资产按流动性分为流动资产和非流动资产两类。

【提示】企业过去的交易或者事项包括购买、生产、建造行为或其他交易或者事项。预期在未来发生的交易或者事项不形成资产。由企业拥有或者控制，是指企业享有某项资源的所有权，或者虽然不享有某项资源的所有权，但该资源能被企业所控制。预期会给企业带来经济利益，是指直接或者间接导致现金和现金等价物流入企业的潜力。

（二）负债

1.负债的定义和特征

负债，是指企业过去的交易或者事项形成的、预期会导致经济利益流出企业的现时义务。现时义务，是指企业在现行条件下已承担的义务。未来发生的交易或者事项形成的义务，不属于现时义务，不应当确认为负债。负债具有如下特征：

（1）负债是由企业过去的交易或者事项形成的。企业预期在将来要发生的交易或者事项可能产生的债务，不能作为会计上的负债处理。如企业与供货单位签订的购货合同，企业就不能将其作为一项负债。

（2）负债是企业承担的现时义务。负债是企业承担的当前义务，企业需要在将来以转移资产或者提供劳务的形式加以清偿。

（3）负债预期会导致企业经济利益的流出。负债需要在将来通过转移资产或提供劳务予以清偿。企业清偿负债可用现金进行清偿，也可用商品和其他资产或者通过提供劳务进行清偿，无论采取何种形式清偿，都必然引起企业经济利益的流出。

2.负债的确认条件

符合负债定义的义务，在同时满足以下条件时，确认为负债：

（1）与该义务有关的经济利益很可能流出企业；

（2）未来流出的经济利益的金额能够可靠计量。

符合负债定义和负债确认条件的项目，应当列入资产负债表；符合负债定义但不符合负债确认条件的项目，不应当列入资产负债表。

企业的负债按偿还期限长短分为流动负债和非流动负债。

（三）所有者权益

1.所有者权益的定义和特征

所有者权益，是指企业资产扣除负债后由所有者享有的剩余权益。公司的所有者权益又称为股东权益，其金额为资产减去负债后的余额。所有者权益具有如下特征：

（1）所有者权益表明企业的产权关系，即企业归谁所有。

（2）所有者权益的金额等于资产减去负债后的余额。

（3）所有者权益不需要偿还，即使在企业清算时，所有者权益也只是在清偿负债之后才能按比例返还给投资人。

2.所有者权益的构成

所有者权益的来源包括所有者投入的资本、直接计入所有者权益的利得和损失、留存收益等。所有者权益包括实收资本（或股本）、资本公积、其他综合收益、盈余公积和未分配利润等。

所有者投入的资本是指所有者投入企业的资本部分，它既包括构成企业注册资本或股本的金额，也包括投入资本超过注册资本或股本的金额，即资本溢价或股本溢价。

直接计入所有者权益的利得和损失，是指不应计入当期损益、会导致所有者权益发生增减变动、与所有者投入资本或者向所有者分配利润无关的利得或者损失。其中，利得是指由企业非日常活动所形成的、会导致所有者权益增加的、与所有者投入资本无关的经济利益的流入。损失是指由企业非日常活动所发生的、会导致所有者权益减少的、与向所有者分配利润无关的经济利益的流出。

留存收益是企业历年实现的净利润留存于企业的部分，包括累计计提的盈余公积和未分配利润。

3.所有者权益的确认条件

所有者权益的确认和计量，主要取决于资产、负债、收入、费用等其他会计要素的确认和计量。所有者权益即企业的净资产，是企业资产总额中扣除债权人权益后的净额，反映所有者（或股东）财富的净增加额。通常，企业收入增加，会导致资产增加，相应地会增加所有者权益；企业发生费用，会导致负债增加，相应地会减少所有者权益。因此，企业日常经营的好坏和资产、负债的质量直接决定着企业所有者权益的增减变化和保值增值。

所有者权益应当分别以实收资本（或股本）、资本公积、其他综合收益、盈余公积和未分配利润列入资产负债表。

【提示】企业的生产经营活动就是不断地取得、使用、生产和销售不同资财的过程。从静态来看，企业开始生产经营活动后，在某一时点上总是表现为占用一定的资财，即占用一定的资产。这些资财同样也只能来源于向债权人借入的资金、来源于所有者的投资。企业的资产价值总额也仍然等于企业的负债和所有者对企业的投资额及其增值额的总和。这一基本平衡关系用公式表示出来，就是会计基本等式，即：

资产 = 负债 + 所有者权益

这一会计等式，表明某一会计主体在某一特定时点所拥有的各种资产、债权人和投资者（即所有者）在企业资产中享有的权益。

（四）收入

1.收入的定义和特征

收入，是指企业在日常活动中形成的、会导致所有者权益增加的、与所有者投入资本无关的经济利益的总流入。收入具有如下特征：

（1）收入是企业在日常活动中所产生的，而不是偶发交易或者事项所产生的。

（2）收入会导致资产增加或者负债减少。

（3）收入会导致所有者权益增加。

（4）收入只包括属于本企业的经济利益流入，不包括为第三者或客户代收的款项，代收款项不会导致所有者权益的增加。

（5）收入与所有者投入资本无关。

2.收入的确认条件

当企业与客户之间的合同同时满足下列条件时，企业应当在客户取得相关商品控制权时确认收入：

（1）合同各方已批准该合同并承诺将履行各自义务；

（2）该合同明确了合同各方与所转让商品或提供劳务（以下简称转让商品）相关的权利和义务；

（3）该合同有明确的与所转让商品相关的支付条款；

（4）该合同具有商业实质，即履行该合同将改变企业未来现金流量的风险、时间分布或金额；

（5）企业因向客户转让商品而有权取得的对价很可能收回。

（五）费用

1.费用的定义和特征

费用，是指企业在日常活动中发生的、会导致所有者权益减少的、与向所有者分配利润无关的经济利益的总流出。费用具有如下特征：

（1）费用是企业在日常活动中所形成的经济利益的流出。企业非日常活动产生的经济利益的流出不能确认为费用，应当计入损失。日常活动产生的费用主要包括已销商品的成本费用、销售费用、管理费用和财务费用等。

（2）费用会导致所有者权益减少。与费用相关的经济利益的流出会导致所有者权益减少，不会导致所有者权益减少的经济利益的流出不符合费用的定义，不应当确认为费用。

（3）费用导致的经济利益总流出与向所有者分配利润无关。费用的发生会导致经济利益的流出，从而导致资产减少或者负债增加。企业向所有者分配利润也会导致经济利益的流出，而该经济利益的流出属于投资者投资回报的分配，是所有者权益的减项，不应当确认为费用。

2.费用的确认条件

费用的确认至少应当符合下列条件：

（1）与费用相关的经济利益很可能流出企业；

（2）经济利益流出企业会导致企业资产减少或者负债增加；

（3）经济利益流出的金额能够可靠地计量。

符合费用定义和费用确认条件的项目，应当列入利润表。

（六）利润

1.利润的定义和特征

利润，是指企业在一定会计期间的经营成果。利润具有如下特征：

（1）利润代表企业在一定会计期间能用货币表现的、最终的和综合的经营成果。

（2）利润包括收入减去费用后的净额、直接计入当期利润的利得和损失等。

（3）利润的计量取决于收入和费用、直接计入当期利润的利得和损失金额的计量。

2.利润的确认条件

利润反映收入减去费用、利得减去损失后的净额。利润的确认主要依赖于收入和费用以及利得和损失的确认，其金额的确定也主要取决于收入、费用、利得和损失的计量。利润项目应当列入利润表。

3.利润的构成

利润包括收入减去费用后的净额、直接计入当期利润的利得和损失等。其中，收入减去费用后的净额反映企业日常活动的经营业绩，直接计入当期利润的利得和损失反映企业非日常活动的业绩。

直接计入当期利润的利得和损失，是指应当计入当期损益、会导致所有者权益发生增减变动的、与所有者投入资本或者向所有者分配利润无关的利得或者损失。

【知识拓展】企业的目标就是从生产经营活动中获取收入，实现盈利。企业在取得收入的同时，也必然会发生相应的费用。企业通过收入与费用的比较，才能计算确定一定会计期间的盈利，确定当期实现的利润总额。利润与收入和费用的关系用公式表示出来，即：

收入－费用＝利润

这一等式反映了经营成果与相应会计期间的收入和费用的关系。

企业进行生产经营活动，一方面必须取得收入，另一方面也必然会发生相应的费用。在某一具体时点上，通过收入和费用的比较，形成企业一定会计期间的利润。作为企业的经营成果，利润的实现表明企业的收入大于费用，表明企业资产总额和净资产的增加。由于企业是由企业的所有者投资创建的，企业实现的利润也应属于企业的所有者，因此利润的实现表明企业的所有者在企业中的所有者权益数额增加；反之，企业经营亏损，也只能由企业的所有者承担，它表明企业的所有者在企业中的所有者权益数额减少。将上述等式代入“资产＝负债＋所有者权益”，则可以得出如下等式：

资产＝负债＋（所有者权益＋利润）

＝负债＋（所有者权益＋收入－费用）

＝负债＋所有者权益＋（收入－费用）

上述等式表明了会计主体的财务状况与经营成果之间的关系。财务状况表明企业在一定日期资金的来源与占用情况，反映一定日期资产的存量情况；经营成果则表明企业一定会计期间净资产的增加或者减少情况，反映一定会计期间资产的增量或者减量情况。企业的经营成果最终会影响企业的财务状况，企业获得利润，将使企业资产存量增加或者负债减少；企业发生亏损，将使企业资产存量减少或者负债增加。

六、会计计量属性

企业在将符合确认条件的会计要素登记入账并列报于财务报表时，必须按照规定的会计计量属性进行计量，正确确定其金额。按照《企业会计准则——基本准则》的规定，企业进行会计计量，可采用历史成本、重置成本、可变现净值、未来现金流量现值和公允价值五种计量属性。

（一）历史成本

在历史成本计量下，资产按照购置时支付的现金或现金等价物的金额，或者按照购置资产时所付出的对价的公允价值计量。负债按照因承担现时义务而实际收到的款项或资产的金额，或者按照承担现时义务的合同金额，或者按照日常活动中为偿还负债预期需要支付的现金或者现金等价物的金额计量。

（二）重置成本

在重置成本计量下，资产按照现在购买相同或者相似资产所需支付的现金或者现金等价物的金额计量。负债按照现在偿付该项债务所需支付的现金或者现金等价物的金额计量。

（三）可变现净值

在可变现净值计量下，资产按照其正常对外销售所能收到的现金或者现金等价物的金额扣减该资产至完工时估计将要发生的成本、估计的销售费用及相关税费后的金额计量。

（四）未来现金流量现值

在未来现金流量现值计量下，资产按照预计从其持续使用和最终处置中所产生的未来净现金流入量的折现金额计量。负债按照预计期限内需要偿还的未来净现金流出量的折现金额计量。

（五）公允价值

在公允价值计量下，资产和负债按照市场参与者在计量日发生的有序交易中，出售资产所能收到或者转移负债所需支付的价格计量。

【提示】企业可以自主选择会计计量属性。但是，在会计实务中，当具体运用某种会计计量属性时要遵循其适用的具体企业会计准则的要求。

七、财务会计报告

财务会计报告是企业对外提供的反映企业某一特定日期财务状况和某一会计期间经营成果、现金流量等会计信息的文件。根据财务会计报告的定义，财务会计报告具有以下几层含义：一是财务会计报告应当是对外报告，其服务对象主要是投资者、债权人等外部信息使用者。专门为了内部管理需要而编制的特定目的的报告不属于财务会计报告。二是财务会计报告应当综合反映企业的生产经营状况，包括某一时点的财务状况和某一时期的经营成果与现金流量等信息，以反映企业财务的整体和全貌。三是财务会计报告必须形成一个系统的文件，不应是零星的或者不完整的信息。

微课

为什么要编制财务报告？

财务会计报告包括财务报表和其他应当在财务会计报告中披露的相关信息和资料。其中，财务报表由会计报表及其附注两部分构成。会计报表至少应当包括资产负债表、利润表、现金流量表和所有者权益变动表。会计报表附注是财务报表的有机组成部分。

【提示】由于小企业规模较小，外部信息需求相对较低，小企业编制的报表可以不包括现金流量表和所有者权益变动表。

（一）财务报表

1.资产负债表

资产负债表是指反映企业在某一特定日期财务状况的会计报表。企业编制资产负债表的目的是如实反映企业的资产、负债和所有者权益情况，从而有助于信息使用者评价企业资产的质量以及短期偿债能力、长期偿债能力等。

2.利润表

利润表是指反映企业一定会计期间的经营成果的会计报表。企业编制利润表的目的是如实反映企业实现的收入、发生的费用，以及应当计入当期利润的利得和损失等金额及其构成情况，从而有助于信息使用者评价企业的盈利能力及其构成。

3.现金流量表

现金流量表是指反映企业在一定会计期间的现金和现金等价物流入和流出的会计报表。企业编制现金流量表的目的是如实反映企业各项活动的现金流入和现金流出情况，从而有助于信息使用者评价企业的现金流和资金周转情况。

4.所有者权益变动表

所有者权益变动表是指反映构成所有者权益的各组成部分当期增减变动情况的会计报表。所有者权益变动表全面反映了企业的股东权益在年度内的变化情况，便于信息使用者深入分析企业股东权益的增减变化情况，进而对企业资本的保值增值情况作出正确判断，从而提供对决策有用的信息。

5.会计报表附注

会计报表附注是指对在会计报表中列示项目所做的进一步说明，以及对未能在这些报表中列示的项目的说明等。企业编制会计报表附注的目的是对财务报表本身作补充说明，以更加全面、系统地反映企业财务状况、经营成果和现金流量的全貌，从而向信息使用者提供更为有用的信息，帮助信息使用者作出更加科学合理的决策。

（二）其他应当在财务会计报告中披露的相关信息和资料

财务报表是财务会计报告的核心内容，但是除了财务报表之外，财务会计报告还应当包括其他相关信息，具体可以根据有关法律法规的规定和外部使用者的信息需求而定。如企业可以在财务会计报告中披露其承担的社会责任、对社会的贡献、可持续发展能力等信息，这些信息对于使用者的决策也是相关的，尽管属于非财务信息，无法包括在财务报表中，但是如果有相关规定或者使用者有需求的，企业应当在财务会计报告中予以披露，有时企业也可以自愿在财务会计报告中披露相关信息。

【知识拓展】会计科目是为记录各种经济业务而对会计要素按其经济内容或用途作进一步分类核算的项目。为规范企业的会计核算工作，提高会计信息的可比性、明晰性，便于实行会计信息化管理，企业会计准则应用指南（2006）统一规定了会计科目及其编号。企业在不违反企业会计准则有关确认、计量和报告规定的前提下，可以根据本单位的实际情况自行增设、分拆、合并会计科目。企业不存在的交易或者事项，可以不设置相关会计科目。非金融企业的会计科目按照其反映的经济内容划分为资产类、负债类、所有者权益类、成本类和损益类（见表1-1）。

表1-1　　会计科目名称

类别	名称	类别	名称
资产类	库存现金	负债类	短期借款
	银行存款		交易性金融负债
	其他货币资金		衍生金融负债
	交易性金融资产		应付票据
	衍生金融资产		应付账款
	应收票据		预收账款
	应收账款		合同负债
	预付账款		应付职工薪酬
	应收股利		应交税费
	应收利息		应付利息
	其他应收款		应付股利
	信用减值准备		其他应付款
	材料采购		持有待售负债
	在途物资		长期借款
	原材料		应付债券
	材料成本差异		长期应付款
	库存商品		未确认融资费用
	发出商品		专项应付款
	商品进销差价		预计负债
	委托加工物资		租赁负债
	周转材料		递延收益
	消耗性生物资产		递延所得税负债
	存货跌价准备	所有者权益类	实收资本（或股本）
	合同资产		其他权益工具
	合同资产减值准备		资本公积
	持有待售资产		其他综合收益
	持有待售资产减值准备		盈余公积
	债权投资		本年利润
	债权投资减值准备		利润分配
	其他债权投资		库存股
	其他债权投资减值准备		
	长期股权投资		

续表

类别	名称	类别	名称
资产类	长期股权投资减值准备	成本类	生产成本
	投资性房地产		制造费用
	投资性房地产减值准备		劳务成本
	长期应收款		研发支出
	未实现融资收益		
	固定资产		
	累计折旧		
	固定资产减值准备	损益类	主营业务收入
	在建工程		其他业务收入
	在建工程减值准备		汇兑损益
	工程物资		公允价值变动损益
	固定资产清理		投资收益
	生产性生物资产		其他收益
	生产性生物资产累计折旧		资产处置损益
	公益性生物资产		营业外收入
	油气资产		主营业务成本
	累计折耗		其他业务成本
	无形资产		税金及附加
	累计摊销		销售费用
	无形资产减值准备		管理费用
	使用权资产		财务费用
	使用权资产累计折旧		信用减值损失
	使用权资产减值准备		资产减值损失
	商誉		营业外支出
	长期待摊费用		所得税费用
	递延所得税资产		以前年度损益调整
	待处理财产损溢		
	合同取得成本		
	合同取得成本减值准备		
	合同履约成本		
	合同履约成本减值准备		
	应收退货成本		

任务二　企业会计准则体系概述

一、会计准则体系构成

会计准则是反映经济活动、确认产权关系、规范收益分配的会计技术标准，是生成和提供会计信息的重要依据，也是政府调控经济活动、规范经济秩序和开展国际经济交往等的重要手段。会计准则具有严密和完整的体系。我国已颁布的会计准则有企业会计准则、小企业会计准则和政府会计准则。

二、企业会计准则体系

我国企业会计准则于2006年2月15日财政部令第33号发布，自2007年1月1日起施行。企业会计准则体系包括基本准则、具体准则、应用指南和解释公告等。

（一）基本准则

基本准则是企业进行会计核算工作必须遵守的基本要求，是企业会计准则体系的概念基础，是制定具体准则、应用指南和解释公告的依据，也是解决新的会计问题的指南，在企业会计准则体系中具有重要的地位。基本准则包括以下内容：（1）财务会计报告目标；（2）会计基本假设；（3）会计基础；（4）会计信息质量要求；（5）会计要素及其确认和计量；（6）财务会计报告。

（二）具体准则

具体准则是根据基本准则的要求，主要就各项具体业务事项的确认、计量和报告作出的规定，分为一般业务准则、特殊业务准则和报告类准则。

1. 一般业务准则

一般业务准则是规范各类企业一般经济业务确认、计量的准则，包括存货、固定资产、无形资产、长期股权投资、收入、所得税等准则。

2. 特殊业务准则

特殊业务准则可分为各行业共有的特殊业务准则和特殊行业的特殊业务准则。

3. 报告类准则

报告类准则主要规范普遍适用于各类企业的财务会计报告。

（三）应用指南

企业会计准则应用指南是根据基本准则、具体准则制定的，用以指导会计实务的操作性指南，是对具体准则相关条款的细化和对有关重点、难点问题提供操作性规定，它包括会计科目、主要账务处理、财务报表及其格式等，为企业执行会计准则提供操作性规范。

（四）解释公告

企业会计准则解释公告，主要是针对企业会计准则实施中遇到的问题作出的相关解释。

三、小企业会计准则

《小企业会计准则》于2011年10月18日由中华人民共和国财政部颁布，自2013年1月1日起施行，适用于在中华人民共和国境内依法设立的、符合《中小企业划型标准规定》所规定的小型企业标准的企业。

《小企业会计准则》作为小企业会计确认、计量和报告行为的规范，按照我国企业会计标准体系总体框架的要求，遵循《企业会计准则——基本准则》的要求，主要内容包括资产、负债、所有者权益、收入、费用、利润等会计要素的确认与计量和财务会计报告等方面，同时考虑小企业在企业规模、管理方式、管理要求和承担的社会责任等诸多方面不同于大中型企业和上市公司，因此，在原则上遵循了基本要求，并进行了适当简化。

《小企业会计准则》分总则、资产、负债、所有者权益、收入、费用、利润及利润分配、外币业务、财务报表、附则，共十章90条。

【明德善思】

企业会计准则趋同等效

2005年，财政部在全面总结多年会计改革经验的基础上，集中力量制定并完成了企业会计准则体系，自2007年1月1日起在所有上市公司、部分非上市金融企业和中央大型国有企业实施，并逐步扩大实施范围，直到全部大中型企业实施。2005年11月8日，中国会计准则委员会（CASC）与国际会计准则理事会（IASB）签署联合声明指出：中国制定的企业会计准则体系，实现了与国际财务报告准则的趋同。同时，IASB确认了中国特殊情况和环境下的一些会计问题，涉及关联方交易的披露、公允价值计量和同一控制下的企业合并。在这些问题上，中国可以为IASB寻求高质量的国际财务报告准则解决方案提供非常有用的帮助。2008年5月，IASB派专家对中国上市公司执行企业会计准则情况进行了实地考察，进一步确认了中国企业会计准则体系平稳有效实施的结论。2009年10月，世界银行就中国会计准则国际趋同和有效实施情况发布评估报告，明确指出："中国改进会计准则和实务质量的战略已成为良好典范，并可供其他国家仿效。"

欧盟从2005年开始在上市公司采用国际财务报告准则。欧盟委员会在对中国会计准则国际趋同和有效实施情况评估后，于2008年12月12日就第三国会计准则等效问题发布规则，确认中国企业会计准则与欧盟所采用的国际财务报告准则等效，决定自2009年起至2011年年底的过渡期内，允许中国企业进入欧盟资本市场时直接采用按中国企业会计准则编制的财务报告。

2010年10月，财政部发布了《关于印发中国企业会计准则与国际财务报告准则持续趋同路线图的通知》（财会〔2010〕10号），并制定了《中国企业会计准则与国际财务报告准则持续趋同路线图》，中国企业会计准则将保持与国际财务报告准则的持续趋同，持续趋同的时间安排与IASB的进度保持同步，争取在2011年年底前完成对中国企业会计准则相关项目的修订工作，同时开展必要的宣传培训，确保所有上市公司和非上市大中型企业掌握相关企业会计准则的变化，并得到有效应用。

欧盟于2012年发布《欧盟委员会实施决定》(2012/194号)，自2012年1月1日起认定中国企业会计准则与欧盟认可的、由国际会计准则理事会发布的国际财务报告准则(以下简称国际财务报告准则)等效，并在欧盟成员国内生效。同年，我国发布《中华人民共和国财政部公告》(2012年第65号)，自2012年1月1日起认定欧盟成员国上市公司在合并财务报表层面所采用的国际财务报告准则与中国企业会计准则等效。英国作为欧盟成员国执行上述等效规定。根据英国《脱欧法案》等法律规定，欧盟委员会在英国脱欧前作出的认可中国企业会计准则等效的决定将在英国脱欧过渡期结束后转为英国法律，英国继续认可中国企业会计准则与国际财务报告准则等效，英国上市公司在合并财务报表层面仍然采用国际财务报告准则。2021年1月8日中华人民共和国财政部公告，按照对等原则，根据《中华人民共和国会计法》和其他相关规定，自英国脱欧过渡期结束后，英国上市公司在合并财务报表层面所采用的国际财务报告准则与中国企业会计准则等效。

瑞士国家证券交易所监管委员会于2019年12月修订《财务报告指令》，认可在瑞士的证券交易所交易(含发行)证券的境外注册发行人采用中国企业会计准则。该修订于2020年1月1日生效。2021年9月7日中华人民共和国财政部公告，按照对等原则，根据《中华人民共和国会计法》和其他相关规定，自公告发布之日起，瑞士境内注册发行人采用的国际财务报告准则与中国企业会计准则等效。

资料来源：①财政部. 关于印发《中国企业会计准则与国际财务报告准则持续趋同路线图》的通知[S/OL]. [2010-04-19]. https://www. mof. gov. cn/gkml/caizhengwengao/2010nianwengao/wgd5q/201007/t20100722_329286.htm. ②中华人民共和国财政部公告2012年第65号[S/OL]. [2012-10-19]. https://www.casc.org.cn/2012/1019/222313.shtml. ③财政部.中华人民共和国财政部公告2020年第47号[S/OL]. [2021-01-08]. https://www.casc.org.cn/2021/0108/222031.shtml. ④财政部.财政部关于中瑞会计准则等效的公告[S/OL]. [2021-09-16]. https://www.casc.org.cn/2021/0916/221293.shtml.

【启示】中国始终坚持企业会计准则趋同互动原则，主张国际财务报告准则要实现其高质量、权威性和全球公认性，必须充分考虑发展中国家尤其是新兴市场经济国家的实际情况。这样，中国才能保持企业会计准则的持续国际趋同。党的二十大报告指出："坚持和发展马克思主义，必须同中华优秀传统文化相结合。只有植根本国、本民族历史文化沃土，马克思主义真理之树才能根深叶茂。中华优秀传统文化源远流长、博大精深，是中华文明的智慧结晶，其中蕴含的天下为公、民为邦本、为政以德、革故鼎新、任人唯贤、天人合一、自强不息、厚德载物、讲信修睦、亲仁善邻等，是中国人民在长期生产生活中积累的宇宙观、天下观、社会观、道德观的重要体现，同科学社会主义价值观主张具有高度契合性。"同学们，作为未来的会计工作者，我们必须坚定历史自信、文化自信，坚持古为今用、推陈出新，把马克思主义思想精髓同中华优秀传统文化精华贯通起来、同人民群众日用而不觉的共同价值观念融通起来，努力学习、钻研，用实际行动助力我国高质量会计准则制定与实施，推进我国企业会计准则持续国际趋同，并在建立全球统一高质量企业会计准则中努力发出中国声音！

项目小结

本项目主要知识点归纳总结见表1-2。

表1-2　　本项目主要知识点归纳总结

任务	知识点
财务会计概念框架概述	(1) 财务会计报告目标：向财务会计报告使用者提供与企业财务状况、经营成果和现金流量等有关的会计信息，反映企业管理层受托责任履行情况，有助于财务会计报告使用者作出经济决策 (2) 会计基本假设：会计主体、持续经营、会计分期和货币计量 (3) 会计基础：权责发生制 (4) 会计信息质量要求：可靠性、相关性、可理解性、可比性、实质重于形式、重要性、谨慎性和及时性 (5) 会计要素 财务状况类要素：资产、负债和所有者权益。资产 = 负债 + 所有者权益 经营成果类要素：收入、费用和利润。收入 - 费用 = 利润 (6) 会计计量属性：历史成本、重置成本、可变现净值、未来现金流量现值和公允价值 (7) 财务会计报告：包括财务报表和其他应当在财务会计报告中披露的相关信息和资料。其中，财务报表由会计报表及其附注两部分构成。会计报表至少应当包括资产负债表、利润表、现金流量表和所有者权益变动表等
企业会计准则体系概述	(1) 我国已颁布的会计准则有企业会计准则、小企业会计准则和政府会计准则 (2) 我国企业会计准则体系自2007年1月1日起在上市公司范围内施行，鼓励其他企业执行，包括基本准则、具体准则、应用指南和解释公告等 (3)《小企业会计准则》于2011年10月18日由中华人民共和国财政部颁布，自2013年1月1日起施行，适用于在中华人民共和国境内依法设立的、符合《中小企业划型标准规定》所规定的小型企业标准的企业

阅读篇目

《企业会计准则——基本准则》(2014)

《企业会计准则讲解》(2010)

《小企业会计准则》(2011)

《小企业会计准则释义》(2011)

项目二

货币资金的核算

微课

项目二概述

学习目标

【知识目标】

1. 掌握库存现金的核算范围及管理制度
2. 熟悉银行存款的管理和转账结算方式
3. 掌握其他货币资金的核算内容
4. 掌握库存现金收支和清查的核算方法
5. 掌握银行存款收付的核算方法和银行存款余额调节表的编制方法
6. 掌握其他货币资金的核算方法

【技能目标】

1. 能办理现金收付、银行结算的各项业务
2. 能按时与银行对账并能编制银行存款余额调节表
3. 能准确判断其他货币资金并正确进行会计处理
4. 能按照货币资金业务流程和处理方法，结合财经法规和企业要求，自主解决货币资金业务会计处理中出现的常见问题

【素质目标】

1. 培养正确价值观和良好的职业素养。“钱财如粪土，仁义值千金”。引导学生形成正确的金钱观、价值观。培养学生遵守财经法规、不为利益所诱惑、清正廉洁的职业素养
2. 发扬工匠精神，精益求精。货币资金是企业开展经营活动的有力保障，加强企业货币资金的管理和控制，做到资金管理分毫不差。养成忠于职守、认真负责，精益求精的职业素养

工作情境与工作任务

货币资金是企业拥有的以货币形态存在的那部分资金。按存放地点和用途不同，可分为库存现金、银行存款和其他货币资金。您能正确区分库存现金、银行存款和其他货币资金吗？

库存现金的流动性很强，为了加强库存现金的管理和控制，国务院颁发了《现金管理暂行条例》，您知道该条例的主要内容吗？您知道企业收支现金如何进行账务处理吗？为了保证账实相符，企业要对库存现金及时清查，如果出现库存现金的短缺和溢余，您知道如何进行账务处理吗？

每家企业都要在银行或其他金融机构开立账户，储备资金并办理结算。您知道企业能开立哪些银行存款账户吗？企业如何办理银行存款结算？为了保证账账相符，企业要定期与银行对账，您知道企业和银行如何对账、如何处理对账结果吗？

您知道其他货币资金与库存现金、银行存款相比有哪些相同与不同之处吗？对于其他货币资金应该设置什么账户进行核算？如何进行账务处理？

任务一 库存现金的核算

一、库存现金的管理和控制

现金有狭义和广义之分。狭义的现金是指企业的库存现金，广义的现金除了库存现金外，还包括银行存款和其他符合现金定义的票证。

本项目所说的现金是指狭义的现金，即库存现金。库存现金是指通常存放于企业财会部门、由出纳人员经管的货币，包括人民币现金和外币现金。

（一）库存现金的管理

1.现金的使用范围

根据国家现金管理制度和结算制度的规定，企业收支的各种款项必须按照国务院颁发的《现金管理暂行条例》的规定办理，在规定的范围内使用现金。企业可以使用现金结算的范围是：

（1）职工工资、津贴；

（2）个人劳务报酬；

（3）根据国家规定颁发给个人的科学技术、文化艺术、体育等各种奖金；

（4）各种劳保、福利费用以及国家规定的对个人的其他支出；

（5）向个人收购农副产品和其他物资的价款；

（6）出差人员必须随身携带的差旅费；

（7）结算起点以下的零星支出（结算起点为1 000元）；

（8）中国人民银行确定需要支付现金的其他支出。

属于上述现金结算范围的支出，企业可以根据需要向银行提取现金支付，不属于上述现金结算范围的支出，企业应当通过银行进行转账结算。

【思考】为什么要规定使用现金结算的范围？

2.库存现金限额

库存现金限额是指为保证各单位日常零星开支按规定允许留存现金的最高数额。库存现金限额由开户银行根据开户单位的实际需要和距离银行远近等情况核定。库存现金限额一般按照开户单位3～5天的日常零星开支所需现金确定。边远地区或交通不便地区的开户单位，开户银行最多可以根据开户单位15天的日常零星开支来核定库存现金的限额。日常零星开支不包括开户单位每月发放工资和不定期差旅费等大额现金支出。库存现金限额一经核定，开户单位必须严格遵守，不能随意超过限额，超过限额的现金应及时存入银行；库存现金低于限额时，可以签发现金支票从银行提取现金，补足限额。

【思考】为什么要规定库存现金限额？

3.现金收支的管理

企业应当按照中国人民银行规定的现金管理办法和财政部关于各单位货币资金管理和控制的规定，办理有关现金收支业务。办理现金收支业务时，应当遵守以下几项规定：

（1）企业现金收入应于当日送存开户银行。当日送存有困难的，由开户银行确定送存时间。

（2）企业支付现金，可以从本企业库存现金限额中支付或者从开户银行提取，不得从本企业的现金收入中直接支付。用收入的现金直接支付业务支出的，叫作“坐支”。因特殊情况需要坐支现金的，应当事先报经开户银行审查批准，由开户银行核定坐支范围和限额。企业应当定期向银行报送坐支金额和使用情况。

（3）企业从开户银行提取现金，应当写明用途，由本企业财会部门负责人签字盖章，经开户银行审核后，予以支付现金。

（4）企业因采购地点不固定、交通不便以及其他特殊情况必须使用现金的，应当向开户银行提出申请，经开户银行审核后，予以支付现金。

（5）不准用不符合财务会计制度规定的凭证顶替库存现金，即不得“白条顶库”；不准谎报用途套取现金；不准用银行账户代其他单位和个人存入或支取现金；不准以个人名义存储单位收入的现金，不准保留账外公款，不得设置“小金库”等。

（二）库存现金收支的控制

由于现金具有货币性、通用性等特点，是企业流动资产中流动性最强的资产，企业的经济业务往往都涉及现金的收付，所以最容易发生收付上的差错或被某些现金经管人员长期挪用或者侵占。因此，企业必须建立、健全现金的内部控制制度，对其实施严密的管理，以防止发生现金的损失。

1.建立分工合理、各司其职的管理制度

经管现金的出纳员不得兼管收入、费用、债权债务等账簿的登记及会计稽核和会计档案管理工作。负责库存现金总账记录的会计人员不得兼管现金。

2.建立业务审核制度

企业的每笔经济业务都必须根据有关的原始凭证由会计主管或者其他指定人员逐笔审核其手续是否完备，数字是否正确，内容是否合理合法。

3. 建立收据和发票的领用制度

领用收据和发票必须登记数量和起止编号，由领用人员签字。

4. 建立定期核对账目和盘点制度

每日终了，出纳人员应当将当日的全部经济业务登记日记账，并结出余额，与实存现金相核对。出纳人员与会计人员之间也应当定期核对账目，确保账账相符。内部审计人员应当实施经常性和突击性的盘点。

5. 建立现金预算制度

企业应当按月甚至按日编制现金预算，预测下一期间的现金收支情况，作为现金控制和资金调度的依据。

【思考】出纳岗位的职责是什么？其业务范围包括哪些？

二、库存现金收支的核算

（一）库存现金收支的总分类核算

设置“库存现金”账户，核算企业现金的收入、支出和结存情况。该账户属于资产类账户，借方登记库存现金的增加；贷方登记库存现金的减少；期末余额在借方，反映企业实际持有的库存现金的金额。该账户可以按照币种设置明细账户进行明细核算（币种是人民币时可以不设明细账户）。

“库存现金”总账账户，由不从事出纳工作的会计人员负责登记。每一笔现金收入和支出业务，都必须由会计人员根据审核无误的原始凭证编制记账凭证据以入账。收入现金时，借记“库存现金”账户，贷记有关账户。支出现金时，借记有关账户，贷记“库存现金”账户。对于从银行提取现金的业务，一般只编制银行付款凭证，不再编制现金收款凭证；而将现金存入银行，一般只编制现金付款凭证，不再编制银行收款凭证。

原始凭证

【做中学2-1】晋华公司签发现金支票，提取现金2万元备用。

晋华公司根据现金支票存根、提现申请单编制会计分录如下：

借：库存现金　　20 000

　　贷：银行存款　　20 000

原始凭证

【做中学2-2】职工李宏预借差旅费2 000元，以现金支付。

晋华公司根据差旅费借款单、现金收据（付款方凭证）编制会计分录如下：

借：其他应收款——李宏　　2 000

　　贷：库存现金　　2 000

原始凭证

【做中学2-3】沿用【做中学2-2】的资料，李宏出差归来，凭差旅费报销凭证实际报销1 500元，将多余款500元退回财会部门。

晋华公司根据差旅费清单、差旅费审批单、现金收据（收款方凭证）编制会计分录如下：

借：管理费用　　1 500

　　库存现金　　500

　　贷：其他应收款——李宏　　2 000

若李宏实际报销2 200元，财会部门审核后予以报销，并用现金200元补足。

晋华公司根据差旅费清单、差旅费审批单、现金收据（付款方凭证）编制会计分录如下：

借：管理费用　　2 200
　　贷：其他应收款——李宏　　2 000
　　　　库存现金　　200

（二）库存现金收支的序时核算

为了正确、及时、连续和系统地反映库存现金收支情况，企业应设置“库存现金日记账”进行序时核算，由出纳人员根据审核后的现金收付款凭证及所附原始凭证，按照现金业务发生的先后顺序逐日逐笔序时登记。每日终了，应当在库存现金日记账上计算出当日的现金收入合计额、现金支出合计额和结余额，并将库存现金日记账的账面结余额与实际库存现金数额相核对，保证账实相符；月份终了，将库存现金日记账的余额与库存现金总账账户的余额相核对，做到账账相符。

有外币现金收支的企业，应当按照人民币现金和外币现金的币种设置“库存现金日记账”进行明细核算。

三、库存现金清查的核算

企业应当按规定进行库存现金的清查。库存现金的清查一般采用实地盘点法，对于清查的结果，应当编制库存现金盘点表。如果有挪用现金、“白条顶库”的情况，应及时予以纠正；对于超限额留存的现金应及时送存银行。如果账实不符，发现有待查明原因的现金短缺或者溢余，应当先通过“待处理财产损溢——待处理流动资产损溢”账户核算，在按管理权限批准后，再将其转入有关账户。

（一）库存现金短缺的账务处理

在每日终了结算现金收支、财产清查时发现的有待查明原因的现金短缺，应按实际短缺的金额，借记“待处理财产损溢——待处理流动资产损溢”账户，贷记“库存现金”账户。

查明原因，报经批准后，分别下列情况处理：

1.属于责任人或保险公司赔偿的部分

借记“其他应收款——应收现金短缺款（××个人）”或者“库存现金”等账户，贷记“待处理财产损溢——待处理流动资产损溢”账户。

2.属于无法查明的其他原因的部分

借记“管理费用——现金短缺”账户，贷记“待处理财产损溢——待处理流动资产损溢”账户。

【做中学2-4】晋华公司在现金清查中发现现金短缺200元。后查明现金短缺是由出纳员李娜造成的，应由其负责赔偿。

原始凭证

（1）短款原因查明前，根据库存现金盘点表报账联编制会计分录如下：

借：待处理财产损溢——待处理流动资产损溢　　200
　　贷：库存现金　　200

（2）短款原因查明后，根据库存现金盘点表批复联编制会计分录如下：

借：其他应收款——应收现金短缺款（李娜） 200

贷：待处理财产损溢——待处理流动资产损溢 200

（二）库存现金溢余的账务处理

在每日终了结算现金收支、财产清查时发现的有待查明原因的现金溢余，应当按实际溢余的金额，借记“库存现金”账户，贷记“待处理财产损溢——待处理流动资产损溢”账户。

查明原因，报经批准后，分别按照下列情况处理：

1.属于应支付给有关人员或单位的现金

借记“待处理财产损溢——待处理流动资产损溢”账户，贷记“其他应付款——应付现金溢余（××个人或单位）”账户。

2.属于无法查明原因的现金溢余

经批准后，借记“待处理财产损溢——待处理流动资产损溢”账户，贷记“营业外收入——现金溢余”账户。

【做中学2-5】晋华公司在库存现金清查中发现现金溢余500元，无法查明原因。

（1）长款原因查明前，根据库存现金盘点表报账联编制会计分录如下：

借：库存现金 500

贷：待处理财产损溢——待处理流动资产损溢 500

（2）长款原因查明后，根据库存现金盘点表批复联编制会计分录如下：

借：待处理财产损溢——待处理流动资产损溢 500

贷：营业外收入——现金溢余 500

任务二 银行存款的核算

一、银行存款的管理与控制

（一）银行存款的管理

1.银行存款开户的规定

每家企业都要在银行的一个分支机构或者其他金融机构开立账户，储存资金并办理结算。银行存款账户分为基本存款账户、一般存款账户、临时存款账户和专用存款账户。①基本存款账户是企业办理日常结算和现金收付的账户，企业的工资、奖金等现金的支取只能通过该账户办理。②一般存款账户是企业在基本存款账户以外的银行借款转存、与基本存款账户的企业不在同一地点的附属非独立核算单位的账户，企业可以通过该账户办理转账结算和现金缴存，但不能办理现金支取。③临时存款账户是企业因临时经营活动需要开立的账户，企业可以通过该账户办理转账结算和根据国家现金管理的规定办理现金收付。④专用存款账户是企业因特定用途需要开立的账户。一家企业只能选择一家银行的一个营业机构开立一个基本存款账户，不得在多家银行机构开立基本存款账户；不得在同一家银行的几个分支机构开立一般存款账户。

企业在银行开立账户后，可到开户银行购买各种银行往来使用的凭证（如送款簿、进账单、现金支票、转账支票等），用以办理银行存款的收付款项。企业除了按规定留存的库存现金以外，所有货币资金都必须存入银行，企业与其他单位之间的一切收付款项，除相关制度规定可用现金支付的部分以外，都必须通过银行办理转账结算，也就是由银行按照事先规定的结算方式，将款项从付款单位的账户划出，转入收款单位的账户。因此，企业不仅要在银行开立账户，而且账户内必须有可供支付的存款。

2.银行结算纪律

企业通过银行办理支付结算时，应当认真执行国家各项管理办法和结算制度。中国人民银行1997年9月19日颁布的《支付结算办法》规定：单位和个人办理支付结算，不准签发没有资金保证的票据或远期支票，套取银行信用；不准签发、取得和转让没有真实交易和债权债务的票据，套取银行和他人资金；不准无理拒绝付款，任意占用他人资金；不准违反规定开立和使用账户。

（二）银行存款收支的控制

为了加强对银行存款的控制，对于银行存款的存入、取出和转账业务，应当履行严格的审批手续，认真审查银行存款收支的合法性和合理性，并建立一套严密的内部控制制度，由企业的出纳人员负责银行存款的收支业务，保管、签发支票，登记银行存款日记账，会计人员负责银行存款收支业务的审核工作，并负责登记银行存款总账。

【德技并修】数字人民币作为支撑数字经济发展的重要金融“新基建”，可在数字经济活动中为用户提供稳定、安全和便利的支付体验，满足人民群众多样化的支付需求，助力数字经济构建新发展格局。数字人民币是我国货币体系发展过程中的重大变革和人民币国际化的新机遇。党的二十大报告明确提出：“要有序推进人民币国际化。”我们坚信，在中国共产党的领导下，随着中国综合经济实力的增强及贸易和金融对外开放的发展，人民币使用的便捷性和竞争力会越来越强，社会主义现代化建设和中华民族伟大复兴一定会实现。

二、银行存款收付的核算

（一）银行存款的总分类核算

设置“银行存款”账户，核算银行存款的收付及其结存情况。该账户属于资产类账户，借方登记企业银行存款的增加；贷方登记企业银行存款的减少；期末余额在借方，反映企业期末银行存款的实际结存数。该账户可以按开户银行、存款种类设置明细账户进行明细核算。

企业向银行或者其他金融机构存入款项时，应填制“送款单”或者“进账单”，将现金或者转账支票送存银行，或者由银行按照《支付结算办法》的规定转存入企业的存款账户，企业根据“送款单”或者“进账单”的回单联或银行转账通知单填制记账凭证，借记“银行存款”账户，贷记“库存现金”等有关账户；从银行提取或支出款项时，企业应签发支票，或者银行根据《支付结算办法》的规定，主动将款项从企业存款账户中划出，根据现金支票存根等，借记“库存现金”“应付账款”等有关账户，贷记“银行存款”账户。

【知识拓展】根据《支付结算办法》的规定，企业、事业单位的各项经济往来，除了按照国家现金管理规定范围使用现金外，其余均应通过银行办理转账结算。

我国企业采用的转账结算方式主要有票据结算方式和其他结算方式。票据结算方式有支票结算、银行本票结算、银行汇票结算和商业汇票结算。其他结算方式有信用卡结算、汇兑结算、托收承付结算、委托收款结算以及国内信用证结算。

原始凭证

【做中学2-6】晋华公司开出转账支票一张，偿还原欠丽华公司货款18 000元。

(1) 晋华公司根据转账支票存根编制会计分录如下：

借：应付账款——丽华公司　　18 000

　　贷：银行存款　　18 000

(2) 丽华公司根据银行进账单编制会计分录如下：

借：银行存款　　18 000

　　贷：应收账款——晋华公司　　18 000

原始凭证

【做中学2-7】晋华公司采用汇兑结算方式销售一批毛绒纱给金华公司，增值税专用发票上列明的价款为20 000元、增值税税额为2 600元，款项已收到并存入银行。

晋华公司根据销售合同、产品出库单、增值税专用发票记账联、银行进账单编制会计分录如下：

借：银行存款　　22 600

　　贷：主营业务收入——毛绒纱　　20 000

　　　　应交税费——应交增值税（销项税额）　　2 600

【做中学2-8】沿用【做中学2-7】的资料，金华公司将采用汇兑结算方式从晋华公司购进的产品作为原材料使用，款项已经支付，材料尚未到达。

金华公司根据增值税专用发票发票联、汇款回单编制会计分录如下：

借：在途物资——毛绒纱　　20 000

　　应交税费——应交增值税（进项税额）　　2 600

　　贷：银行存款　　22 600

原始凭证

【做中学2-9】2023年7月5日，晋华公司采用托收承付结算方式销售一批羊绒纱给美华公司，增值税专用发票上列明的价款为40 000元、增值税税额为5 200元，代垫运费和增值税税额为5 450元，已向银行办妥托收手续。8月10日收到款项存入银行。

(1) 晋华公司向银行办妥托收承付手续时，根据销售合同、增值税专用发票记账联、运费垫支凭证、托收承付结算凭证回单、转账支票存根编制会计分录如下：

借：应收账款——美华公司　　50 650

　　贷：主营业务收入——羊绒纱　　40 000

　　　　应交税费——应交增值税（销项税额）　　5 200

　　　　银行存款　　5 450

(2) 收到银行的收款通知时，根据银行进账单编制会计分录如下：

借：银行存款　　50 650

　　贷：应收账款——美华公司　　50 650

【做中学2-10】沿用【做中学2-9】的资料，美华公司将采用托收承付结算方式从晋华公司购进的羊绒纱作为原材料使用，款项在承付期内已经支付，材料已验收入库。

美华公司根据收料单、增值税专用发票发票联、托收承付结算凭证的承付支款通知编制会计分录如下：

借：原材料——羊绒纱　45 000

　　应交税费——应交增值税（进项税额）　5 650

　　贷：银行存款　50 650

（二）银行存款的序时核算

银行存款的序时核算就是企业按开户银行、存款种类分别设置"银行存款日记账"，对银行存款进行明细分类核算，及时、连续、详细地反映银行存款的收入、付出和结存情况。银行存款日记账是逐日逐笔记录一个单位银行存款收入、付出及结存情况的账簿。银行存款日记账由出纳人员根据银行存款收、付款凭证和原始凭证进行登记，并在每日终了时结算出银行存款收支发生额和结存额。月末还要计算出本月收入、支出的合计数和月末结余数，并与银行存款总账账户进行核对。

三、银行存款的核对

（一）银行存款的核对内容

为了防止银行存款账户的日常登记发生错误，确保账实一致以及准确掌握企业银行存款的实际结存数额，合理调度货币资金，避免出现银行支付能力不足和签发空头支票的情况发生，企业必须做好银行存款的核对工作。

1.银行存款日记账与银行存款收、付款凭证相互核对，做到账证相符

收、付款凭证是登记银行存款日记账的依据，通过账证核对能够发现记账过程中发生的重记、漏记、记错方向或记错数字等情况，及时按规定方法进行更正，从而保证账证相符。

2.银行存款日记账与银行存款总账相互核对，做到账账相符

银行存款日记账是序时逐笔登记，总账一般是定期汇总登记，由于逐笔登记的记录次数较多、汇总登记时的工作量较大等问题会发生错误，通过账账核对就能及时发现这些错误并予以更正。同时由于银行存款日记账与总账是由不同的人员进行登记的，通过账账核对，能有效地防止舞弊行为的发生。

3.银行存款日记账与银行对账单相互核对，做到账实相符

银行存款是企业存入银行的款项，由银行负责保管。企业应定期将银行存款日记账与银行对账单逐笔核对，及时查找双方不一致的原因，保证银行存款账实相符。

从理论上讲，如果企业和银行记账均无差错，企业银行存款日记账的期末余额与银行对账单的期末余额就应当完全一致，但在会计实务中两者的余额经常会出现不一致的情况。究其原因，除企业或者银行存在记账错误外，还可能存在未达账项。未达账项，是指企业与银行之间由于结算凭证传递过程中存在时间差，一方已经登记入账，而另一方尚未入账的款项。未达账项存在如下四种类型：

一是银行已作为企业银行存款的收入登记入账，而企业尚未接到收款通知，因而尚未作为收入登记入账的款项，简称银行已收、企业未收。

二是银行已作为企业银行存款的付出登记入账，而企业尚未收到付款通知，因而尚未作为付款登记入账的款项，简称银行已付、企业未付。

三是企业已作为银行存款的收入登记入账，而银行尚未办妥入账手续的款项，简称企业已收、银行未收。

四是企业已作为银行存款的付出登记入账，而银行尚未办理支付入账的款项，简称企业已付、银行未付。

（二）银行存款余额调节表的编制

企业在与银行核对账目时，如发现有未达账项，应编制银行存款余额调节表进行调节。银行存款余额调节表的编制可按下列公式的原理进行：

$$\text{企业银行存款日记账余额}+\text{银行已收、企业未收}-\text{银行已付、企业未付}=\text{银行对账单余额}+\text{企业已收、银行未收}-\text{企业已付、银行未付}$$

调节后双方余额相等，一般表示不存在记账差错；若调节后仍不相等，应进一步查找原因并予以更正。

微课

银行存款余额调节表的编制

【做中学2-11】晋华公司2023年6月末银行存款日记账余额为132 400元，银行对账单余额为137 500元，经逐笔核对，发现以下未达账项：

（1）公司托收的货款为58 600元，银行已收款记账，但公司尚未收到收款通知。

（2）本季度银行借款利息为9 300元，银行已付款记账，公司尚未收到付款通知。

（3）公司销售库存商品收到转账支票一张送存银行，金额为64 800元，公司已入账，但银行尚未入账。

（4）公司购买材料开出转账支票一张，金额为20 600元，公司已付款入账，但银行尚未付款。

根据上述资料，编制该公司2023年6月份银行存款余额调节表（见表2-1）。

表2-1　　银行存款余额调节表　　单位：元

项　目	金　额	项　目	金　额
银行存款日记账余额	132 400	银行对账单余额	137 500
加：银行已收、企业未收	58 600	加：企业已收、银行未收	64 800
减：银行已付、企业未付	9 300	减：企业已付、银行未付	20 600
调节后余额	181 700	调节后余额	181 700

【提示】银行存款余额调节表只是反映企业与银行对账情况的工具，而不是原始凭证。企业不能根据银行存款余额调节表中所列示的未达账项调整企业账簿记录。对于银行已入账而企业尚未入账的未达账项，必须在收到银行的收、付款通知后，方可进行账务处理。

任务三　其他货币资金的核算

一、其他货币资金的内容

其他货币资金，是指企业除库存现金、银行存款以外的其他各种货币资金，包括银行汇票存款、银行本票存款、外埠存款、信用证保证金存款、信用卡存款、存出投资款等。

其他货币资金与银行存款和库存现金的不同之处在于，它们一般都有专门的用途和特定的存放地点。如银行汇票存款，只能用于支付采用银行汇票结算方式的款项，不能再作其他用途使用，而且这部分存款也不能存放在企业的基本存款账户之中，因此在会计上必须进行单独的核算与管理。

其他货币资金与银行存款和库存现金的相同之处在于，它们必须按照国家的现金管理制度、银行结算办法及有关规定进行严格管理，同时还要设置专门的账户，单独进行核算。

【思考】如何区分其他货币资金和银行存款？

二、其他货币资金的账务处理

设置"其他货币资金"账户，核算其他货币资金的收支、结存情况。该账户属于资产类账户，借方登记其他货币资金的增加；贷方登记其他货币资金的减少；期末余额在借方，反映其他货币资金的结余数额。"其他货币资金"账户可以按照其他货币资金的种类设置明细账户进行明细核算。

（一）银行汇票存款

银行汇票存款，是指企业为取得银行汇票按照规定存入银行的款项。企业使用银行汇票必须先向开户银行提交业务委托书申请银行汇票，并将票款送交银行。银行受理后，签发银行汇票并连同解讫通知一并交申请人办理结算。申请人将银行汇票连同解讫通知一并交付给汇票上注明的收款人。

微课

银行汇票的办理

收款人收到银行汇票后，应在汇票金额内根据实际结算金额办理结算，并将实际结算金额和多余金额填入银行汇票多余款通知联，填写进账单送交银行，银行将实际结算金额转入收款人存款账户，将多余金额退回汇款人。

企业填写银行汇票申请书，将款项交存银行时，借记"其他货币资金——银行汇票"账户，贷记"银行存款"账户；企业持银行汇票购货，收到有关发票账单时，借记"材料采购""原材料""库存商品""应交税费——应交增值税（进项税额）"等账户，贷记"其他货币资金——银行汇票"账户；采购完毕收回多余款项时，借记"银行存款"账户，贷记"其他货币资金——银行汇票"账户。

收款企业收到银行汇票后，填制进账单到开户银行办理款项入账手续后，根据进账单及销货发票等，借记"银行存款"账户，贷记"主营业务收入""应交税费——应交增值税（销项税额）"等账户。

【做中学2-12】2023年5月，晋华公司采用银行汇票结算方式采购材料，具体业务如下：

原始凭证

（1）5月3日，晋华公司填写银行汇票委托书并将款项50万元交存银行取得银行汇票，支付手续费20元。晋华公司收到银行汇票和解讫通知后，根据银行盖章退回的委托书存根联、银行付款通知编制会计分录如下：

借：其他货币资金——银行汇票　　500 000

　　财务费用　　20

　　贷：银行存款　　500 020

（2）5月15日，晋华公司用银行汇票向金丽公司办理采购羊毛货款的结算，其中货款40万元，增值税5.2万元，材料已验收入库。根据增值税专用发票发票联、入库单、开户银行转来的银行汇票有关副联编制会计分录如下：

借：原材料——羊毛　　400 000
　　应交税费——应交增值税（进项税额）　　52 000
　　贷：其他货币资金——银行汇票　　452 000

（3）5月17日，晋华公司收到开户银行的多余款收账通知联，汇票余款4.8万元已经退还入账。根据银行汇票多余款收款通知联编制会计分录如下：

借：银行存款　　48 000
　　贷：其他货币资金——银行汇票　　48 000

【做中学2-13】沿用【做中学2-12】的资料，金丽公司收到银行汇票，填写进账单交存银行后，根据销售合同、增值税专用发票记账联、银行进账单编制会计分录如下：

借：银行存款　　452 000
　　贷：主营业务收入——羊毛　　400 000
　　　　应交税费——应交增值税（销项税额）　　52 000

（二）银行本票存款

银行本票存款，是指企业为取得银行本票按照规定存入银行专户的款项。企业使用银行本票结算，必须按规定先向银行提交“银行本票申请书”，填明收款人名称、申请人名称、支付金额、申请日期等事项并签章。申请人或收款人为单位的，银行不予签发现金银行本票。出票银行受理“银行本票申请书”后，收妥款项签发银行本票。

申请人取得银行本票后，即可向填明的收款单位办理结算。收款单位可以根据需要在票据交换区域内背书转让银行本票。

收款企业在收到银行本票时，应该在提示付款时在本票背面“持票人向银行提示付款签章”处加盖预留银行印鉴，同时填写进账单，连同银行本票一并交开户银行转账。

银行本票的账务处理与银行汇票基本一致，在此不另举例。

（三）外埠存款

外埠存款，是指企业到外地进行临时或零星采购时，汇往采购地银行开立采购专户的款项。

企业汇出款项时，必须填写汇款委托书，加盖“采购资金”字样，委托开户银行办理汇款。汇入地银行对汇入的采购款项，以汇款单位名义开立采购专户。采购资金存款不计利息，除采购员差旅费可以支取少量现金外，一律转账。采购专户只付不收，采购结束后，专户存款余额退还汇出单位，结清采购专户。

企业将款项汇往外地开立采购专户，根据汇出款项凭证编制付款凭证时，借记“其他货币资金——外埠存款”账户，贷记“银行存款”账户；收到采购人员转来供应单位发票账单等报销凭证时，借记“材料采购”“原材料”“库存商品”“应交税费——应交增值税（进项税额）”等账户，贷记“其他货币资金——外埠存款”账户；采购完毕收回多余款项时，根据银行的收账通知，借记“银行存款”账户，贷记“其他货币资金——外埠存款”账户。

【做中学2-14】2023年6月，晋华公司派采购人员到外地采购羊绒，具体业务如下：

（1）6月2日，开出汇款委托书，委托当地开户银行将采购款项6万元汇往采购地银行开立采购专户。根据汇款凭证编制会计分录如下：

借：其他货币资金——外埠存款　60 000

　贷：银行存款　60 000

（2）6月10日，晋华公司收到采购人员交来的原始单据，增值税专用发票列明的材料价款为5万元，增值税税额为6 500元，材料已验收入库。

晋华公司根据增值税专用发票发票联、入库单等凭证编制会计分录如下：

借：原材料——羊绒　50 000

　应交税费——应交增值税（进项税额）　6 500

　贷：其他货币资金——外埠存款　56 500

（3）6月10日，采购人员持车票、住宿费单据报销900元。晋华公司根据采购人员提供的差旅费清单、差旅费报销审批单、现金收据（付款方凭证）编制会计分录如下：

借：管理费用　900

　贷：库存现金　900

（4）6月11日，晋华公司接到开户银行通知，汇出的采购专户存款余额2 600元已经汇回，存入公司的银行存款账户。根据银行进账单编制会计分录如下：

借：银行存款　2 600

　贷：其他货币资金——外埠存款　2 600

（四）信用证保证金存款

信用证保证金存款，是指采用信用证结算方式的企业为开具信用证而存入银行信用证保证金专户的款项。

企业填写信用证申请书，将信用证保证金交存银行时，应根据银行盖章退回的“信用证申请书”回单，借记“其他货币资金——信用证保证金”账户，贷记“银行存款”账户；企业接到开证行通知，根据供货单位信用证结算凭证及所附发票账单，借记“材料采购”或“原材料”、“库存商品”、“应交税费——应交增值税（进项税额）”等账户，贷记“其他货币资金——信用证保证金”账户；将未用完的信用证保证金存款余额转回开户银行时，借记“银行存款”账户，贷记“其他货币资金——信用证保证金”账户。

【做中学2-15】2023年6月，晋华公司采用信用证结算方式采购材料，具体业务如下：

（1）6月4日，向银行交纳保证金3万元，申请开出信用证用于支付供货单位羊毛采购款项。根据开户银行盖章退回的“信用证申请书”回单编制会计分录如下：

借：其他货币资金——信用证保证金　30 000

　贷：银行存款　30 000

（2）6月22日，晋华公司收到供货单位信用证结算凭证及所附增值税专用发票，发票列明的材料价款为2.5万元、增值税税额为3 250元，材料已验收入库。根据信用证结算凭证、增值税专用发票发票联、入库单编制会计分录如下：

借：原材料——羊毛　25 000

　应交税费——应交增值税（进项税额）　3 250

贷：其他货币资金——信用证保证金　　28 250

（3）6月25日，晋华公司收到未用完的信用证存款余额1 750元。根据银行进账单编制会计分录如下：

借：银行存款　　1 750

贷：其他货币资金——信用证保证金　　1 750

（五）信用卡存款

信用卡存款，是指企业为取得信用卡而存入银行信用卡专户的款项。

单位或个人申领信用卡，应按规定填制申请表，连同有关资料一并送交发卡银行。符合条件并按银行要求交存一定金额的备用金后，银行为申领人开立信用卡存款账户，并发放信用卡。

企业应填制“信用卡申请表”，连同支票和有关资料一并送交发卡银行，根据银行盖章退回的进账单第一联，借记“其他货币资金——信用卡”账户，贷记“银行存款”账户；企业用信用卡购物或支付有关费用，收到开户银行转来的信用卡存款付款凭证及所附发票账单，借记“管理费用”账户等，贷记“其他货币资金——信用卡”账户；当不需要继续使用信用卡时，应持信用卡主动到发卡银行销户，销户时将信用卡余额转入企业基本存款账户，借记“银行存款”账户，贷记“其他货币资金——信用卡”账户。

【做中学2-16】晋华公司的信用卡结算业务如下：

（1）向银行申请领取信用卡，填写申请表并交存备用金2万元，取得信用卡。根据银行盖章退回的进账单第一联编制会计分录如下：

借：其他货币资金——信用卡　　20 000

贷：银行存款　　20 000

（2）晋华公司收到银行转来信用卡存款付款凭证及所附发票账单，饭费1 600元。根据银行转来信用卡存款付款凭证及所附发票账单编制会计分录如下：

借：管理费用——业务招待费　　1 600

贷：其他货币资金——信用卡　　1 600

（3）晋华公司不再使用信用卡结算，办理销户手续，信用卡存款余额18 400元转回基本存款账户。根据银行销户凭证编制会计分录如下：

借：银行存款　　18 400

贷：其他货币资金——信用卡　　18 400

（六）存出投资款

存出投资款，是指企业已存入证券公司但尚未进行短期投资的现金。企业向证券公司划出资金时，应按实际划出的金额，借记“其他货币资金——存出投资款”账户，贷记“银行存款”账户；购买股票、债券等有价证券时，按实际发生的金额，借记“交易性金融资产”“债权投资”等账户，贷记“其他货币资金——存出投资款”账户。

【知识拓展】根据《小企业会计准则》的规定，小企业的备用金在“其他货币资金”总账账户下单独设置“备用金”明细账户核算；根据企业会计准则的规定，企业的备用金通过“备用金”总账账户进行核算，或在“其他应收款”总账账户下设置“备用金”明细账户核算。

【明德善思】

数字人民币加速融入居民生活

自2022年4月数字人民币试点启动以来，截至目前，天津经济技术开发区（以下简称经开区）已先后在超市、商场、餐饮、食堂、景点等多个消费场景落地数字人民币应用，引领了时尚消费新潮流。通过发放数字人民币红包，拉动了千万级汽车消费。全国首个“数字人民币+贷款发放+保理业务”的供应链金融场景也率先在经开区实现落地。

在居民消费领域，经开区从居民“衣食住行”的角度着手发力，成功落地了商圈零售、公寓缴费、无人零售、旅游消费等场景，让数字人民币支付加速融入居民生活。

在“衣”方面，经开区目前已经拥有了滨海永旺梦乐城和金元宝国际两个数币商圈，数字人民币交易集中收单使用场景和专卖收单使用场景已具备成熟条件，消费者可以通过数字人民币这一新兴支付方式自由购买两大商圈中的海量商品，感受便捷支付新体验。

在“食”方面，经开区内金融机构研发了安心养老“老人家食堂”助餐系统，成功打通“老人家食堂”数字人民币支付渠道，利用该系统可以实现餐补的精准发放、订单的智慧化管理。目前该系统已经在经开区多个老年食堂得到应用，助力解决社区老人吃饭难问题。

在“住”方面，经开区天海公寓率先实现了数字人民币入户支付全覆盖，物业、水、电费缴纳、日常消费等均可通过数字人民币进行支付。此外，经开区还在天海公寓及多个写字楼布点了无人零售数币咖啡机，让企业员工与居民能够全方位感受数字人民币带来的灵活便捷支付新体验，引领、影响居民养成数币支付的消费习惯。

在“行”方面，经开区重要旅游景点——天津海昌极地海洋公园已经实现了包括线下售票、餐饮、商品零售等在内的全业态数字人民币支付应用场景落地。

2022年4月14日，经开区企业中企云链联合工商银行试点了“数字人民币+贷款发放+保理业务”的供应链金融场景，这也是全国首个将央行数字货币通过商业金融机构进行贷款发放的成功实践。

目前，数字人民币正在通过生活服务类互联网平台加速融入百姓生活，并通过优惠红包等方式进一步助力消费市场复苏。端午节期间，经开区举办了第三届“泰划算”消费购物季活动，线上发放数字人民币红包，仅在3天假期内就利用数字人民币红包吸引千余人开通数字人民币钱包，拉动了1 200万元汽车消费。

资料来源：岳珊. 数字人民币加速融入居民生活［EB/OL］.［2022-06-14］. http: //news.enorth.com.cn/system/2022/06/14/052775496.shtml.

【启示】在万物互联化、数据网络化、场景可视化、流程链上化、资产数字化的新时代，数字人民币的到来与使用将成为一种趋势。在我国数字经济日益蓬勃的当下，数字人民币可谓应运而生。目前我国的数字人民币已在批发零售、餐饮文旅、政务缴费等领域形成一批涵盖线上线下、可复制可推广的应用模式。从2022年北京冬奥会、冬残奥会场景等重大试点项目圆满成功，到数字人民币智能合约应用加快推进，我国的数字人民币已开始加速融入我们的经济社会与百姓的日常生活。同学们要顺应时代大潮，接受新生事物，具备敢为天下先的创新精神。

项目小结

本项目主要知识点归纳总结见表2-2。

表2-2 本项目主要知识点归纳总结

任务	知识点	账务处理要点
库存现金的核算	（1）库存现金通常是指存放于企业财会部门、由出纳人员经管的货币 （2）现金管理要遵守《现金管理暂行条例》的规定 （3）企业应当按规定进行库存现金的清查，一般采用实地盘点法，对于清查的结果应当编制库存现金盘点表	设置“库存现金”账户。 （1）收入现金时，借记“库存现金”账户，贷记有关账户；支出现金时，借记有关账户，贷记“库存现金”账户 （2）发现有待查明原因的现金短缺或溢余，应先通过“待处理财产损溢——待处理流动资产损溢”账户核算 （3）现金短缺时，由责任人赔偿的部分，借记“其他应收款——应收现金短缺款（××个人）”；属于无法查明的其他原因的，借记“管理费用——现金短缺”账户 （4）现金溢余时，支付给有关人员或单位的现金，贷记“其他应付款——应付现金溢余（××个人或单位）”账户；属于无法查明原因的现金溢余，贷记“营业外收入——现金溢余”账户
银行存款的核算	（1）银行存款的结算方式：支票、银行本票、银行汇票、商业汇票、信用卡、汇兑、托收承付、委托收款、信用证 （2）银行存款的收付要遵循《支付结算办法》的规定 （3）企业银行存款进行的清查主要是通过与银行核对账目的方式进行。存在未达账项的，应编制银行存款余额调节表进行调整	设置“银行存款”账户。 （1）银行存款增加时，借记“银行存款”账户，贷记“主营业务收入”“应交税费——应交增值税（销项税额）”等账户。银行存款减少时，借记有关账户，贷记“银行存款”账户 （2）银行存款余额调节表不进行账务处理
其他货币资金的核算	其他货币资金是指企业除库存现金、银行存款以外的其他各种货币资金，包括银行本票存款、银行汇票存款、外埠存款、信用证保证金存款、信用卡存款、存出投资款	设置“其他货币资金”账户。 取得其他货币资金时，借记“其他货币资金”账户，贷记“银行存款”账户；冲减其他货币资金时，借记资产、费用等相关账户，贷记“其他货币资金”账户

阅读篇目

《现金管理暂行条例》
《中华人民共和国票据法》
《支付结算办法》
《票据管理实施办法》
《中国人民银行银行卡业务管理办法》
《企业会计准则——基本准则》及具体准则
《小企业会计准则》

项目三

应收及预付款项的核算

微课

项目三概述

学习目标

【知识目标】

1. 掌握应收账款、应收票据、预付账款、其他应收款的内容和核算方法
2. 掌握坏账损失的确认、计量及会计处理方法

【技能目标】

1. 能判断应收、预付业务，正确计量并进行会计处理
2. 能根据企业会计准则的要求估计坏账损失、确认坏账，正确进行会计处理
3. 能按照实际发生的应收及预付款业务，结合财经法规和企业要求，自主解决应收及预付款业务会计处理中出现的常见问题

【素质目标】

1. 培育和弘扬新时代工匠精神，营造精益求精的敬业风气。让坚守准则、爱岗敬业、勤奋执着、创新创造、追求卓越成为会计行业的气质和名片，照亮中国由“会计大国”向“会计强国”迈进的时代征程
2. 培养严谨的工作作风和服务意识。遵守会计职业道德，以客观、公允的态度按照企业会计准则规范核算应收及预付款项业务。培养学生树立服务公司意识，正确认识赊销的利弊，分析信用条件，及时催收欠款，避免损失

工作情境与工作任务

企业在日常生产经营过程中经常会发生各种应收及预付款业务。其中，企业的应收款项包括应收账款、应收票据、应收股利、应收利息和其他应收款等。您知道应收账款如何正确计量吗？在销售过程中如果存在商业折扣和现金折扣，那么该怎样确定其入账价值？您知道这些特殊情况下应收款项如何核算吗？

在销货交易中，销售方取得了商业汇票，后来该商业汇票到期，您知道取得的应收票据该如何入账吗？持有票据期间应如何核算票据利息？到期收回的票据款项应如何核算？假定应收票据到期遇到退票，又该如何核算？

有些采购业务是采用预付账款方式进行的，您知道预付款业务如何进行会计处理吗？

其他应收款核算企业各项非主营业务发生的应收款项，内容较多，您知道其他应收款的具体核算内容吗？

企业持有的应收款项因为各种原因可能无法收回，从而形成坏账，您知道坏账损失该怎样进行估计吗？您会运用备抵法进行会计处理吗？

任务一　应收账款的核算

一、应收账款的内容

应收账款，是指企业因对外销售商品、产品和提供劳务等主要经营业务而应向客户收取的款项。应收账款主要包括应收取的货款、代购货方垫付的运杂费、应收取的增值税销项税额等。它不包括因各种非主要经营业务而发生的各种应收款项，如职工欠款、存出保证金、应收股利和利息等债权。应收账款是因企业赊销业务而产生的，所以应在赊销成立时确认入账。

微课

应收款项的核算范围

二、应收账款的计量

在通常情况下，应收账款应按从购货方应收的合同或协议价款作为初始确认金额。但企业有时为了及时收回货款或为了扩大销售量，在销货时往往实行折扣政策，这会影响应收账款的计量。企业在销售过程中的折扣有商业折扣和现金折扣两种方式。

（一）商业折扣

商业折扣，是指在商品交易时为鼓励客户大批量购买而在商品价目单上所列售价的基础上扣减的数额，实际上是对商品报价设置的折扣。商业折扣通常以百分比来表示，如5%、10%、15%等。在发生商业折扣的情况下，企业应收账款的入账金额应按扣除商业折扣后的实际售价金额入账。例如，某企业赊销A产品，产品价目单上标明产品单价为80元，甲顾客购买1 000件，按规定给予10%的商业折扣，则该企业A产品的实际销售单价为72元（80×（1-10%）），应收账款的入账金额为7.2万元（假设不考虑增值税）。

由于商业折扣一般在交易发生时即已确定，商业折扣仅仅是确定实际售价的一种手段，不在买卖任何一方的账面上反映，所以，商业折扣对应收账款入账金额的确认并无实质性的影响。

（二）现金折扣

现金折扣是销售企业为了鼓励客户在一定期限内尽早偿还货款而给予客户的折扣优惠。现金折扣条件一般用“折扣/付款期限”的形式来表示。如“2/10，1/20，n/30”，其含义是信用期为30天，在10天内付款给予2%的折扣，在20天内付款给予1%的折扣，在30天内付款无折扣。现金折扣使得企业应收账款的应收数额在规定的付款期内随客户付款时间的不同而有所差异，即企业因为销售商品发生了可变对价，按照《企业会计准则第14号——收入》规定，合同中存在可变对价的，企业应当按照期望值或最可能发生金额确定可变对价的最佳估计数。

三、应收账款的账务处理

设置“应收账款”账户，核算应收账款的发生及结算情况。该账户属于资产类账户，借方登记企业因销售商品、产品等业务应向客户收取的货款、增值税销项税额及代客户垫付的运杂费等；贷方登记已收回或已转作坏账损失的应收账款；期末借方余额表示企业尚未收回的赊销款，期末贷方余额表示预收的货款。该账户可以按客户名称设置明细账户进行明细核算。

（一）没有销售折扣时的核算

若没有销售折扣，应收账款按实际发生额入账。在企业赊销商品、产品业务成立时，按应收取的货款及增值税销项税额借记“应收账款”账户，按实际的销售收入贷记“主营业务收入”账户，按应收取的增值税贷记“应交税费——应交增值税（销项税额）”账户；企业代客户垫付运杂费时，借记“应收账款”账户，贷记“银行存款”账户；收回货款、增值税销项税额及代垫运费时，借记“银行存款”账户，贷记“应收账款”账户。

原始凭证

【做中学3-1】2023年6月1日，晋华公司赊销产品一批，货款30 000元，增值税3 900元。另外公司以银行存款500元代购货方垫付运费，已一并向银行办妥托收手续。6月12日收到货款及代垫运费。

晋华公司的账务处理如下：

（1）根据销售合同、增值税专用发票记账联、托收凭证回单编制会计分录如下：

借：应收账款　　34 400
　　贷：主营业务收入　　30 000
　　　　应交税费——应交增值税（销项税额）　　3 900
　　　　银行存款　　500

（2）6月12日，根据托收凭证收款通知编制会计分录如下：

借：银行存款　　34 400
　　贷：应收账款　　34 400

（二）有商业折扣时的核算

若企业销售时有商业折扣，则应收账款应按扣除商业折扣后的余额入账。

【做中学3-2】2023年6月3日，晋华公司赊销产品1 000件给甲企业，价目表标明的售价为40元/件，由于甲企业购买量大，晋华公司给予10%的商业折扣。适用的增值税税率为13%。

晋华公司根据销售合同、增值税专用发票记账联编制会计分录如下：

借：应收账款　40 680

　贷：主营业务收入　36 000

　　应交税费——应交增值税（销项税额）　4 680

【提示】商业折扣不在买卖任何一方的账面上反映，所以商业折扣对应收账款入账金额的确认并无实质性的影响。

（三）有现金折扣的核算

企业发生赊销业务且销售合同中存在现金折扣条件的，应视为销售合同中存在可变对价。企业应对应收销货款的可变对价进行估计，按照期望值或最可能发生额确定可变对价的最佳估计数。期望值是按照各种可能发生的对价金额及相关概率计算确定的金额，最可能发生额是一系列可能发生的对价金额中最可能发生的单一金额，即销售合同最可能产生的单一结果。

企业发生赊销业务时，应按确定的应收销货款的最佳估计数和增值税税额作为应收账款的入账价值，借记“应收账款”账户，按应收销货款的最佳估计数，贷记“主营业务收入”，按应收取的增值税税额贷记“应交税费——应交增值税（销项税额）”账户。企业实际收到款项时，借记“银行存款”账户，按应收账款的账面价值，贷记“应收账款”账户。

【提示】企业确定可变对价之后，计入交易价格的可变对价还应满足限制条件，即包含可变对价的交易价格，应当不超过在相关不确定性消除时，累计已确认的收入极可能不会发生重大转回的金额。

【做中学3-3】2023年6月8日，晋华公司销售一批产品给乙企业，货款总额50 000元，增值税6 500元，付款条件为“2/10，n/20”。晋华公司基于对乙企业的了解，预计乙企业10天内付款的概率为90%，20天内付款的概率为10%。

晋华公司认为按照最可能发生额（即乙企业最可能会在10天内付款的金额）能够更好地预测其有权获得的对价金额，晋华公司的账务处理如下：

（1）2023年6月8日，根据销售合同、增值税专用发票记账联编制会计分录如下：

借：应收账款　55 500

　贷：主营业务收入［50 000×（1－2%）］　49 000

　　应交税费——应交增值税（销项税额）　6 500

（2）若晋华公司在6月15日收到款项55 500元，根据银行进账单编制会计分录如下：

借：银行存款　55 500

　贷：应收账款　55 500

任务二 应收票据的核算

一、应收票据的内容和种类

（一）应收票据的内容

应收票据，是指企业因销售商品、提供劳务等而收到的商业汇票。

票据作为一种债权凭证，是一种记载有一定的付款日期、付款地点、付款金额的流通证券，也是一种可以由持票人自由转让给他人的债权凭证，它包括企业持有的未到期兑现的汇票、本票和支票。在我国会计实务中，支票、银行本票、银行汇票均为即期票据，收到这种票据，即可视同收到货币资金，无须将其列为应收票据予以处理，只有商业汇票是一种远期票据，企业取得商业汇票时，只是取得了一项债权。

（二）应收票据的种类

1.按照票据承兑人的不同进行分类

按照票据承兑人的不同，商业汇票可分为银行承兑汇票和商业承兑汇票。承兑是指汇票付款人承诺在汇票到期日支付汇票金额的行为。银行承兑汇票的承兑人是承兑申请人的开户银行，商业承兑汇票的承兑人是付款人。

2.按照票据是否带息进行分类

按照票据是否带息，商业汇票分为带息票据和不带息票据。带息票据，是指商业汇票到期时，承兑人除向收款人或被背书人支付票面金额外，还应按票面金额和票据规定的利息率支付自票据生效日起至票据到期日止利息的商业汇票。不带息票据是指商业汇票到期时，承兑人只按票面金额向收款人或被背书人支付款项的票据。

二、应收票据的计量

初始取得应收票据时，按照票据的面值入账。如果是带息票据，应按权责发生制计提利息，并计入应收票据的账面价值。

（一）应收票据到期日的确定

商业汇票的持票人在票据到期日可向承兑人收取票据款项。商业汇票自签发日起生效。票据期限的确定一般有按月计算和按日计算两种。

1.票据期限按月计算时票据到期日的确定

若应收票据期限按月计算，票据的到期日不考虑各月份实际天数的多少，统一按到期月份的对应日计算。例如，2月8日签发的期限为1个月的商业汇票，其到期日为3月8日；再如，同日签发的期限为3个月的商业汇票，其到期日为5月8日。如果签发汇票的日期为某月月末，不论月份大小，统一以到期月份的最末一天为到期日。例如，11月30日签发的期限为1个月的商业汇票，其到期日为12月31日；再如，同日签发的期限为3个月的商业汇票，则到期日为次年2月28日（闰年为2月29日）。

2.票据期限按日计算时票据到期日的确定

若应收票据期限按日计算，票据的到期日不考虑月数，统一按票据的实际日历天数计算。在票据签发日和票据到期日这两天中，只算其中的一天，称为“算头不算尾”或“算尾不算头”。

例如，3月15日签发的期限为120天的商业汇票，到期日的确定过程如下：

3月份剩16天，即31-15 = 16（天）（3月15日这天未算进去）

4月份30天

5月份31天

6月份30天

7月份还需13天，即120 - 16 - 30 - 31 - 30 = 13（天）

因此，该票据到期日为7月13日，7月13日这天已计算在内。

（二）应收票据利息的计算

应收票据有带息票据和不带息票据两种。对于带息票据来说，就有一个计算利息的问题，应收票据利息计算公式为：

应收票据利息 = 应收票据面值 × 利率 × 期限

式中：应收票据面值是指商业汇票记载的金额；利率是指票据所规定的利率，一般以年利率表示；期限是指票据的有效期限，即从票据的签发日到票据到期日的间隔时间。

（1）当票据期限按月计算时，带息票据的利息计算公式为：

应收票据利息 = 应收票据面值 × 年利率 × 应收票据月数 ÷ 12

【做中学3-4】一张面值为10万元、期限为3个月的商业汇票，年利率为6%。其签发日期为4月11日，则票据到期日为7月11日。

票据到期日的应计利息 = 100 000 × 6% × 3 ÷ 12 = 1 500（元）

（2）当票据期限按日计算时，带息票据的利息其计算公式为：

应收票据利息 = 应收票据面值 × 年利率 × 应收票据天数 ÷ 360

【做中学3-5】一张面值为10万元、年利率为6%、180天到期的商业汇票，其签发日期为3月2日，则到期日为8月29日。

票据到期日的应计利息 = 100 000 × 6% × 180 ÷ 360 = 3 000（元）

三、应收票据的账务处理

设置“应收票据”账户，核算应收票据的取得、到期收到票款、贴现或转让等内容。该账户属于资产类账户，借方登记企业收到的商业汇票的面值及已计提的利息；贷方登记企业到期收回、贴现的票据款项；期末余额在借方，表示企业持有的未到期的商业票据的面值及已计提的利息。

（一）取得应收票据

企业因销售商品、产品等而收到商业汇票时，应按票据面值，借记“应收票据”账户，贷记“主营业务收入”“应交税费——应交增值税（销项税额）”账户。

【做中学3-6】2023年6月13日，晋华公司向凯盛公司销售产品一批，价款为80万元，增值税税额为10.4万元，双方商定以商业汇票结算。晋华公司收到凯盛公司交来的商业汇票一张，面值90.4万元，期限为3个月。

原始凭证

晋华公司根据销售合同、增值税专用发票记账联、银行承兑汇票复印件编制会计分录如下：

借：应收票据 904 000

贷：主营业务收入 800 000

应交税费——应交增值税（销项税额） 104 000

【提示】企业收到用于抵付以往应收账款所记欠款的票据时，应按票据面值借记“应收票据”账户，贷记“应收账款”账户。

（二）计提票据利息

企业对于应收票据，应在会计期末计提利息。计提时，借记“应收票据”账户，贷记“财务费用”账户。

【做中学3-7】2023年7月1日，晋华公司收到云鹤公司交来的商业承兑汇票一张，面值为23.2万元，期限为5个月，票面利率为6%，用以抵偿前欠本企业货款和增值税款项。

晋华公司的账务处理如下：

（1）2023年7月1日，根据商业承兑汇票复印件编制会计分录如下：

借：应收票据 232 000

贷：应收账款 232 000

（2）每月月末，根据应收票据利息计算表编制会计分录如下：

借：应收票据（232 000 × 6% ÷ 12） 1 160

贷：财务费用 1 160

（三）应收票据到期

1.应收票据到期收回票款

企业持有的不带息票据的到期值为其票据面值。当商业汇票到期、企业如数收到票据承兑人兑付的票面款项时，按实际收到款项借记“银行存款”账户，按票据面值贷记“应收票据”账户。

企业持有的带息商业汇票的到期值为票据面值加上票据到期应计利息。带息商业汇票到期企业收到承兑人按票据到期值兑付的票款时，应按实际收到款项，借记“银行存款”账户；按票据面值及已计提利息，贷记“应收票据”账户；按尚未计提的票据利息，贷记“财务费用”账户。

【做中学3-8】沿用【做中学3-6】的资料，晋华公司持有凯盛公司的商业汇票到期，如数收到票款存入银行。根据托收凭证收款通知编制会计分录如下：

借：银行存款 904 000

贷：应收票据 904 000

【做中学3-9】沿用【做中学3-7】的资料，晋华公司持有云鹤公司的商业汇票到期，假设企业如数收到票据面值23.2万元和已计提利息5 800元，款项存入银行。根据托收凭证收款通知编制会计分录如下：

借：银行存款 237 800

贷：应收票据 237 800

2.应收票据到期退票

一般来说，商业汇票中的银行承兑汇票，其承兑人是银行，承兑银行负有到期无条件付款的责任，使得该种汇票到期无款兑付的可能性极小。商业承兑汇票的承兑人是付款人，该种汇票到期，如付款人账户资金不足，银行会将托收的汇票退回给收款人，由收付双方自行处理。根据《中华人民共和国票据法》的规定，汇票到期被拒绝付款的，持票人可以对债务人行使追索权。因此，当企业应收票据到期，付款人因无力兑付票款而退票，且付款人不再签发新票据的，企业应将应收票据以及应计利息转为应收账款，借记“应收账款”账户，贷记“应收票据”账户。企业将商业汇票的金额转入“应收账款”核算后，期末不再计提利息，其所包含的利息在有关备查账簿中进行登记，待实际收到时，再冲减收到当期的财务费用。

【做中学3-10】晋华公司持有的一张面值为10万元、到期利息为300元的商业承兑汇票到期，但付款人账户资金不足，票据被银行退回。收到退回的票据时，根据退回的商业承兑汇票编制会计分录如下：

借：应收账款　　100 300

　　贷：应收票据　　100 300

（四）应收票据贴现

贴现，是商业汇票持有者将未到期的商业汇票经背书后送交开户银行，银行受理后从票据到期值中扣除贴现利息后，将余额付给票据持有人的一种融通资金的行为。

1.应收票据贴现金额的计算

应收票据贴现的计算公式为：

$$\text{贴现金额} = \text{票据到期值} - \text{贴现利息}$$

$$\text{贴现利息} = \text{票据到期值} \times \text{贴现率} \times \text{贴现天数} \div 360$$

式中：贴现率由银行统一规定，一般以年利率表示；贴现天数是指自贴现日起至票据到期前一日止的实际天数。例如，2月5日（当年的2月份为28天）将1月20日签发的期限为60天、到期日为3月21日的商业汇票贴现，则贴现天数计算为44天（即2月份24天 + 3月份20天）。

【做中学3-11】晋华公司将持有的180天到期、年利率为6%、面值为50万元的商业承兑汇票向银行办理贴现。该汇票出票日为2023年5月6日，到期日为11月2日，企业于7月25日向银行贴现，但尚未计提利息，假定银行规定贴现率为7.2%。根据商业承兑汇票、贴现凭证有关计算如下：

贴现天数 = 7 + 31 + 30 + 31 + 1 = 100（天）

票据利息 = 500 000 × 6% ÷ 360 × 180 = 15 000（元）

票据到期值 = 500 000 + 15 000 = 515 000（元）

贴现利息 = 515 000 × 7.2% ÷ 360 × 100 = 10 300（元）

贴现金额 = 515 000 − 10 300 = 504 700（元）

原始凭证

2.应收票据贴现的会计处理

企业持有未到期的商业汇票向银行办理贴现时，按实际收到的贴现款项，借记“银行存款”账户；按贴现票据的面值及已计提利息，贷记“应收票据”或“短期借款”账户；按实际收到的贴现款项与应收票据的账面余额之间的差额，借记或贷记“财务费用”账户。

【提示】如果已贴现的商业汇票承担连带责任，则应当确认负债，贷记“短期借款”账户。

【做中学3-12】沿用【做中学3-11】的资料，假设票据到期，债务人不能按时还款，根据协议，晋华公司不负有还款责任，则晋华公司向银行贴现票据取得贴现款项时，根据贴现凭证收账通知编制会计分录如下：

借：银行存款　　504 700
　贷：应收票据　　500 000
　　　财务费用　　4 700

如果票据到期，债务人不能按时还款，根据协议，晋华公司负有还款责任，则晋华公司根据贴现凭证收账通知编制会计分录如下：

借：银行存款　　504 700
　贷：短期借款　　500 000
　　　财务费用　　4 700

任务三　预付账款的核算

一、预付账款的内容

预付账款，是指企业按照购销合同规定预付给供应单位的货款。预付账款是企业的一项债权，应按实际发生额入账。

【思考】预付账款为什么是一项资产？

二、预付账款的账务处理

设置“预付账款”账户，核算预付账款的发生及结算。该账户属于资产类账户，借方登记预付给供应单位的货款及补付的货款；贷方登记收到货物时实际结算的货款及退回的多付款项；期末若为借方余额，表示已预付但尚未收到货物的款项，若为贷方余额，则表示尚未补付给供货单位的款项。该账户可以按供应单位设置明细账户进行明细核算。

企业按合同规定预付购货款时，借记“预付账款”账户，贷记“银行存款”账户；收到货物，按实际结算款项借记“材料采购”或“原材料”、“应交税费——应交增值税（进项税额）”等账户，贷记“预付账款”账户；补付货款时，借记“预付账款”账户，贷记“银行存款”账户；收到退回的多付货款时，借记“银行存款”账户，贷记“预付账款”账户。

【做中学3-13】晋华公司2023年5月份发生如下预付款业务：

（1）5月8日，按购货合同规定开出转账支票，预付甲工厂购买材料款5万元。根据购货合同、转账支票存根编制会计分录如下：

借：预付账款——甲工厂　　50 000
　贷：银行存款　　50 000

（2）5月15日，晋华公司收到甲工厂发来的货款为5万元、增值税税额为6 500元的A材料，材料已验收入库。根据增值税专用发票的发票联、材料入库单编制会计分录如下：

借：原材料——A材料　　50 000
　　应交税费——应交增值税（进项税额）　　6 500

贷：预付账款——甲工厂　56 500

（3）5月20日，以银行存款支付少付货款6 500元。根据付款审批单、银行付款通知编制会计分录如下：

借：预付账款——甲工厂　6 500

贷：银行存款　6 500

若5月15日，晋华公司收到甲工厂发来的货款为4万元、增值税税额为5 200元的A材料，材料已验收入库。根据增值税专用发票的发票联、材料入库单编制会计分录如下：

借：原材料——A材料　40 000

应交税费——应交增值税（进项税额）　5 200

贷：预付账款——甲工厂　45 200

5月20日，收到银行收账通知，甲工厂退回多付货款4 800元，根据银行收账通知编制会计分录如下：

借：银行存款　4 800

贷：预付账款——甲工厂　4 800

【提示】在会计实务中，如果企业预付账款业务不多，可以不设“预付账款”，通过“应付账款”核算。预付给供应单位的货款及补付的货款时，记入“应付账款”账户的借方；收到货物时实际结算的货款及退回的多付款项，记入“应付账款”账户的贷方。

【思考】如何分析理解“预付账款”账户和“应付账款”账户所属明细账户的期末余额？

任务四　其他应收款项的核算

一、其他应收款的内容

其他应收款，是指企业除应收账款、应收票据、预付账款、应收股利和应收利息以外的其他各种应收、暂付款项。其内容主要包括：

（1）应收的各种赔款、罚款；

（2）应收的出租包装物的租金；

（3）应向职工收取的各种垫付款项；

（4）备用金；

（5）存出保证金，如租入包装物支付的押金；

（6）其他各种应收、暂付款项。

二、其他应收款的账务处理

设置“其他应收款”账户，核算其他应收款的发生及结算。该账户属于资产类账户，借方登记企业发生的各种应收、暂付款项，贷记收回和转销的其他应收款，期末余额在借方，反映尚未收回的其他应收款项。该账户可以按照应收单位、个人和项目设置明细账户进行明细核算。

企业发生的各种应收、暂付款项，借记“其他应收款”账户，贷记其他有关账户；收回时，借记“库存现金”“银行存款”账户，贷记“其他应收款”账户。

【做中学3-14】晋华公司以现金500元支付借入A公司包装物的押金。根据现金收据（贷方凭证）编制会计分录如下：

借：其他应收款——A公司　　500

　贷：库存现金　　500

【做中学3-15】职工王强违反厂规，处以1 000元罚款，但尚未收到罚款。根据罚款决议书编制会计分录如下：

借：其他应收款——王强　　1 000

　贷：营业外收入　　1 000

三、备用金的核算

备用金是指财会部门为了满足本单位内部各部门或职工个人日常零星周转用款需要而预付给各科室、车间、非独立核算的经营单位及职工个人的款项。备用金采用先领后用、用后报销的做法。根据备用金的预付方式不同，备用金分为定额备用金和非定额备用金两种，不同形式的备用金，其会计处理方法也不一样。

（一）定额备用金

定额备用金是指用款部门按定额持有的备用金。其具体做法是：财会部门根据用款部门的实际情况，核定一笔固定金额的备用金，并规定使用范围，预付给用款部门。用款部门使用备用金后，持有效单据到财会部门报账。财会部门审核后，补足用款部门备用金定额。用款部门不再需用备用金时，将备用金退回财会部门。

当财会部门向用款部门拨付备用金时，借记“其他应收款——备用金”账户，贷记“库存现金”或“银行存款”账户；用款部门使用备用金后报账时，借记有关账户，贷记“库存现金”或“银行存款”账户；用款部门退回备用金时，借记“库存现金”账户，贷记“其他应收款——备用金”账户。

【做中学3-16】晋华公司对后勤部实行定额备用金制度，根据后勤部的实际情况，核定备用金定额为20 000元，开出现金支票预付给后勤部。

（1）根据现金支票存根编制会计分录如下：

借：其他应收款——备用金（后勤部）　　20 000

　贷：银行存款　　20 000

（2）后勤部持购买办公用品普通发票向财务部报销8 000元，财务部以现金补足定额。根据普通发票、现金收据（贷方凭证）编制会计分录如下：

借：管理费用——办公费　　8 000

　贷：库存现金　　8 000

（3）若后勤部不再需用备用金，将备用金20 000元退回公司财务部。根据现金收据（借方凭证）编制会计分录如下：

借：库存现金　　20 000

　贷：其他应收款——备用金（后勤部）　　20 000

【提示】实行定额备用金制度，报销时不冲减其他应收款，而应该用现金补足定额。

（二）非定额备用金

非定额备用金是指用款部门或职工个人不按固定金额持有备用金，而是随用随领，实报实销。其具体做法是：用款部门或职工个人用款前先填写借款单向财会部门申请领款。财会部门审核后，付款给用款部门或职工个人。用款部门或职工个人使用款项后，持有效单据向财会部门报账核销，多退少补。

【做中学3-17】职工张宏出差预借差旅费5 000元，财会部门以现金支付。

（1）根据借款单编制会计分录如下：

借：其他应收款——张宏	5 000	
贷：库存现金		5 000

（2）张宏出差归来，凭差旅费报销凭证报销差旅费5 500元。财会部门审核后予以报销，并以现金500元补足。根据差旅费借款单、车票和住宿费发票等原始凭证、现金收据（贷方凭证）编制会计分录如下：

借：管理费用	5 500	
贷：其他应收款——张宏		5 000
库存现金		500

（3）若张宏实际报销4 500元，将多余款500元退回财会部门。根据差旅费借款单、车票和住宿费发票等原始凭证、现金收据（借方凭证）编制会计分录如下：

借：管理费用	4 500	
库存现金	500	
贷：其他应收款——张宏		5 000

【提示】如果企业发生的备用金业务较多，也可单独设置“备用金”账户进行核算。

任务五　预期信用损失的核算

一、预期信用损失的确认和计量

企业的各项应收款项，可能会因购货人拒付、破产、死亡等信用缺失原因而无法收回。这类无法收回的应收款项就是坏账。企业因产生坏账而发生的损失称为预期信用损失或信用减值损失。

企业应当在资产负债表日对应收款项的账面价值进行检查，并计算预期信用损失金额，计提坏账准备。

应收款项预期信用损失应为企业依照合同应收取的合同现金流量与预期能收到的现金流量之间的差额的现值。企业应当根据实际情况，参照历史预期信用损失经验数据，合理估计当期应收款项预期信用损失金额。

短期应收款项的预计未来现金流量与其现值相差很小的，在确定相关信用减值损失时，可不对其预计未来现金流量进行折现。

二、预期信用损失的核算方法

预期信用损失的核算方法主要有直接转销法和备抵法，我国企业会计准则规定应收款项减值的核算只能采用备抵法。

（一）备抵法的定义

备抵法，是指企业采用一定的方法，按期确定预期信用损失计入当期损益，并作为坏账准备，待实际发生坏账时，再冲销坏账准备和相应应收账款的处理方法。

（二）备抵法的账务处理

设置“坏账准备”账户，核算应收款项坏账准备的计提、转销等情况。“坏账准备”账户是“应收账款”“其他应收款”“应收票据”等账户的备抵调整账户，贷方登记坏账准备的提取金额和重新收回已确认并转销的坏账金额；借方登记发生坏账而转销的坏账准备金额；期末贷方余额，反映已计提但尚未转销的坏账准备金额。

设置“信用减值损失”账户，核算企业计提各项金融工具减值准备所形成的预期信用损失。该账户属于损益类账户，期末转入“本年利润”账户后无余额。

微课

坏账损失的核算——备抵法

1.计提（冲减）坏账准备

期末按应计提坏账准备的金额，借记“信用减值损失”账户，贷记“坏账准备”账户。如果冲减多提的坏账准备，作相反的会计分录。

2.转销坏账

发生坏账时，按实际发生的坏账金额，借记“坏账准备”账户，贷记“应收账款”“应收票据”等账户。

3.收回已转销的坏账

若已确认为坏账的应收款项重新收回，则根据收回的金额，借记“应收账款”“应收票据”等账户，贷记“坏账准备”账户；同时，借记“银行存款”账户，贷记“应收账款”“应收票据”等账户。

【提示】已确认并转销的应收款项以后又收回的，也可以按照实际收回的金额，借记“银行存款”账户，贷记“坏账准备”账户。

【知识拓展】直接转销法，是指在实际发生预期信用损失时，直接从应收款项中转销，列作当期信用减值损失的方法，即发生损失时，借记“信用减值损失”账户，贷记“应收账款”等账户。这种方法的优点是账务处理简单，其缺点是不符合权责发生制原则，也与资产定义相冲突。在这种方法下，只有坏账实际发生时，才将其确认为当期费用，导致资产不实；另外，在资产负债表上，应收款项是账面余额而不是按账面价值反映，这在一定程度上歪曲了企业的财务状况。

【德技并修】坏账准备是企业为了应对可能发生的客户违约或无法收回应收款项而准备的一种预留资金。它反映了企业对潜在坏账风险的关注和居安思危的态度。党的二十大报告指出：“我国发展进入战略机遇和风险挑战并存、不确定难预料因素增多的时期，各种‘黑天鹅’、‘灰犀牛’事件随时可能发生。我们必须增强忧患意识，坚持底线思维，做到居安思危、未雨绸缪，准备经受风高浪急甚至惊涛骇浪的重大考验。”居安思危是一种管理理念，强调在安定时期也要保持警惕和预防意识。在企业经营中，居安思危意味着企业不仅要关注当前的业务状况，还要时刻警惕可能出现的问题和风险，并采取相应的措施来应对和预防。通过建立坏账准备，企业为潜在的应收款项损失做好预先准备，帮助企业在竞争激烈和不确定的商业环境中保持稳健和可持续的经营。在日常的学习生活中，同学们也应当做到“居安思危”，君子不立于危墙之下。

（三）备抵法的运用

预期信用损失的估计可以采用分项分类计算，也可以以组合为基础计算确定。

1.分项分类计提——以应收账款余额百分比法为例

应收账款余额百分比法，是根据期末应收账款的余额乘以估计的违约损失率估计预期信用损失，计提坏账准备的方法。

当期应计提坏账准备 = 应收账款余额 × 违约损失率 − 坏账准备的账面余额

其中：

坏账准备的账面余额 = 坏账准备期初余额 − 本期确认的坏账 + 本期转回已核销的坏账

【提示】如果上述计算结果为正，则本期计提坏账准备；如果结果为负，则本期冲减多提的坏账准备。

【做中学3-18】晋华公司从2020年开始采用“应收账款余额百分比法”对某类应收账款估计预期信用损失，计提坏账准备，估计的违约损失率为5‰，具体资料如下：

（1）该公司从2020年开始计提坏账准备，该年年末该类应收账款余额为200万元。

（2）2021年未发生坏账，2021年年末该类应收账款余额为240万元。

（3）2022年4月，晋华公司的客户华生公司陷入财务困境。经确认，将该客户原欠晋华公司该类货款10万元，认定为坏账。

（4）2022年年末该类应收账款余额为220万元。

（5）2023年6月，收回上述已核销的应收华生公司的货款10万元。

（6）2023年年末该类应收账款余额为250万元。

晋华公司每年年末根据资料估计预期信用损失，编制会计分录如下：

（1）2020年年末，计提坏账准备：

应计提坏账准备 = 2 000 000 × 5‰ = 10 000（元）

借：信用减值损失　　10 000

　　贷：坏账准备　　10 000

（2）2021年年末，计提坏账准备：

应计提坏账准备 = 2 400 000 × 5‰ − 10 000 = 12 000 − 10 000 = 2 000（元）

借：信用减值损失　　2 000

　　贷：坏账准备　　2 000

（3）2022年4月，根据预期信用损失转销审批单转销坏账100 000元，编制会计分录如下：

借：坏账准备　　100 000

　　贷：应收账款——华生公司　　100 000

（4）2022年年末，计提坏账准备：

应计提坏账准备 = 2 200 000 × 5‰ −（12 000 − 100 000）= 11 000 −（− 88 000）

　　= 99 000（元）

借：信用减值损失　　99 000

　　贷：坏账准备　　99 000

（5）2023年6月，根据银行进账单编制会计分录如下：

借：应收账款——华生公司 100 000

  贷：坏账准备 100 000

借：银行存款 100 000

  贷：应收账款——华生公司 100 000

或：

借：银行存款 100 000

  贷：坏账准备 100 000

（6）2023年年末，计提坏账准备：

应计提坏账准备 = 2 500 000 × 5‰ －（11 000 + 100 000）= 12 500 － 111 000

= － 98 500（元）

借：坏账准备 98 500

  贷：信用减值损失 98 500

2. 以信用组合为基础计提——以账龄分析法为例

账龄分析法，是根据应收款项账龄的长短来估计预期信用损失金额的一种方法。所谓账龄，是指客户所欠账款超过结算期的时间。

采用账龄分析法，一般是编制"应收账款账龄分析表"，将所有应收账款按账龄的长短分段排列，然后分段确定预期信用损失比例，分段估算预期信用损失，把各段估算出来的预期信用损失相加后即确定为本期应计提的坏账准备金额。

【做中学3-19】华能公司采用账龄分析法计提坏账准备，2023年年初"坏账准备"账户的余额为8 625元，2023年没有发生坏账业务。通过分析2023年12月31日应收账款和预付账款明细账，华能公司编制的应收账款账龄分析表见表3-1。

表3-1 应收账款账龄分析表

2023年12月31日

金额单位：元

单位名称	账面余额	未到期	拖欠时间/天					
			1 ~ 30	31 ~ 60	61 ~ 90	91 ~ 120	121 ~ 180	客户破产或正在追诉
A	300 000	200 000	100 000					
B	347 000	347 000						
C	110 000			60 000	50 000			
D	580 000	80 000				500 000		
E	106 000					40 000	66 000	
F	57 000							57 000
合计	1 500 000	627 000	100 000	60 000	50 000	540 000	66 000	57 000

根据历史资料和有关变化条件，按上述各账龄区间分别估计坏账比例，并编制预期信用损失估计表（见表3-2）。

表3-2

预期信用损失估计表

2023年12月31日

金额单位：元

拖欠情况	应收账款金额	违约损失率/‰	预期信用损失金额
未到期	627 000	0.5	313.50
过期1～30天	100 000	1	100
过期31～60天	60 000	2	120
过期61～90天	50 000	5	250
过期91～120天	540 000	10	5 400
过期121～180天	66 000	25	1 650
客户破产或正在追诉	57 000	60	3 420
合　计	1 500 000	—	11 253.50

2023年年末，华能公司应计提坏账准备2 628.50元（11 253.50－8 625），编制会计分录如下：

借：信用减值损失　　2 628.50

　　贷：坏账准备　　2 628.50

【知识拓展】根据《小企业会计准则》的规定，小企业应收款项坏账损失的核算采用直接转销法。应收款项的坏账损失应当于发生时计入营业外支出，同时冲减应收款项。当发生坏账时，借记“营业外支出”账户，贷记“应收账款”等账户。

【明德善思】

截至2020年底已累计推动清偿中小企业账款超8 500亿元

按照党中央、国务院决策部署，自2018年11月以来，工业和信息化部牵头组织开展清欠专项行动，截至2020年年底，已累计清偿中小企业账款超过8 500亿元，台账内无分歧欠款基本实现应清尽清。2021年以来，受国内外复杂经济形势影响，部分机关、事业单位和大型企业不同程度存在拖欠中小企业款项问题，加剧了中小企业的困难。工业和信息化部会同有关部门加大对《保障中小企业款项支付条例》落实力度，推动各有关主体严格落实条例规定，健全防范和化解拖欠中小企业账款长效机制。

一是加强宣传解读。多渠道加强条例宣传，提高条例知晓度。组织专题培训和专家解读，会同司法部组织编写并出版《保障中小企业款项支付条例释义》，帮助中小企业及机关、事业单位、大型企业知法守法用法，准确理解条例要求。

二是加强投诉处理。印发《保障中小企业款项支付投诉处理暂行办法》，部省两级均已建立受理中小企业拖欠投诉渠道。2021年，工业和信息化部违约拖欠中小企业款项登记（投诉）平台累计受理投诉事项近1.8万笔。加强工作调度，及时转交有关部门或地方核实处理，跟踪进展情况，加强情况通报，一大批拖欠得到有效化解。

三是加强督查检查。国务院第八次大督查、制造业高质量发展与减轻企业负担和促进中小企业发展综合督查均将落实《保障中小企业款项支付条例》情况作为重点督查事项。赴多省份开展实地督导，加强工作督促，推动问题整改。将及时支付中小企业款项工作情况纳入优化中小企业发展环境第三方评估，以评促改，引导各地健全防范拖欠长效机制。

与此同时，司法机关和相关部门也加大了保障中小企业款项支付工作力度。比如，2022年最高人民法院印发《最高人民法院关于充分发挥司法职能作用 助力中小微企业发展的指导意见》，建立办理拖欠中小企业账款案件“绿色通道”，以“快立、快审、快执”机制确保中小企业账款及时回笼；国资委印发通知、召开会议对中央企业健全防范拖欠长效机制作出部署，提出明确要求。

资料来源：佚名．工信部：截至2020年底已累计推动清偿民营企业中小企业账款超8 500亿元［EB/OL］．［2022-01-24］．https：//www.163.com/dy/article/GUGBS89R0519A8ON.html.

【启示】企业在追求自身效益的同时，必须承担起社会责任，把讲求信用、诚实待人、信守承诺等作为商业经营及社会交往的行为准则，体现在企业发展战略中。“民无信不立、事无信不成、商无信不兴”，同学们要树立个人诚信意识，诚信做人，诚信地对待工作、家人和社会，为打造诚信、安全的社会环境贡献自己的力量。

项目小结

本项目主要知识点归纳总结见表3-3。

表3-3 本项目主要知识点归纳总结

任务	知识点	账务处理要点
应收账款的核算	（1）通常应收账款按应收的合同或协议价款作为初始入账金额 （2）涉及商业折扣的，应收账款按扣除商业折扣以后的实际售价入账 （3）涉及现金折扣的，作为可变对价，按照期望值或最可能发生金额确定可变对价的最佳估计数	设置“应收账款”账户。 赊销业务发生，确认收入时，按照应收取款项的最佳估计数，借记“应收账款”账户，贷记“主营业务收入”“应交税费——应交增值税（销项税额）”账户
应收票据的核算	（1）商业汇票按照承兑人不同，分为商业承兑汇票和银行承兑汇票 （2）应收票据取得时，按票据面值计量；按期计提的利息，计入应收票据的账面价值 （3）正确计算应收票据贴现金额	设置“应收票据”账户。 （1）取得票据时，按面值借记“应收票据”账户，贷记“主营业务收入”“应交税费——应交增值税（销项税额）”账户；期末计提利息时，按计提的利息金额借记“应收票据”账户，贷记“财务费用”账户 （2）应收票据到期发生退票的，按票据的本息借记“应收账款”账户，贷记“应收票据”账户 （3）票据贴现，将实际收到的贴现金额和票据账面余额之间的差额，借记或贷记“财务费用”账户。如果票据持有人附有连带责任，办理贴现后确认负债，不能结转应收票据的账面余额，而应当贷记“短期借款”账户

续表

任 务	知识点	账务处理要点
预付账款的核算	预付账款是企业先付款后收货的一种采购方式，是企业的一项债权，属于企业的一项资产	设置“预付账款”账户（也可不设置“预付账款”账户，将预付款业务并入“应付账款”账户核算）
其他应收款的核算	（1）其他应收款是指企业除应收账款、应收票据、预付账款及长期应收款等以外的其他各种应收暂付款 （2）备用金是财会部门预付给企业内部各职能部门及个人周转使用的款项	设置“其他应收款”账户。 （1）定额备用金制度下，用款部门使用备用金后报销时，财会部门补足定额，借记“管理费用”等，贷记“银行存款”账户 （2）非定额备用金制度下，报销时，应借记“管理费用”等账户，贷记“其他应收款”账户
预期信用损失的核算	（1）预期信用损失的核算，我国企业会计准则规定采用备抵法 （2）实务中，采用应收账款余额百分比法、账龄分析法进行信用损失的估计和坏账准备的提取	设置“坏账准备”账户。 （1）企业每期估计信用减值损失，提取坏账准备时，借记“信用减值损失”账户，贷记“坏账准备”账户。冲减多提的坏账准备时，作相反的会计分录 （2）发生坏账时，按实际发生的坏账金额，借记“坏账准备”账户，贷记“应收账款”“应收票据”等账户 （3）若已确认为坏账的应收款项重新收回，根据收回的金额，借记“应收账款”“应收票据”等账户，贷记“坏账准备”账户；同时借记“银行存款”账户，贷记“应收账款”“应收票据”等账户

阅读篇目

《企业会计准则第22号——金融工具确认和计量》及其应用指南

《中华人民共和国增值税暂行条例》及其实施细则

《财政部　国家税务总局关于全面推开营业税改征增值税试点的通知》（财税〔2016〕36号）

《小企业会计准则》

项目四

交易性金融资产的核算

微课

项目四概述

学习目标

【知识目标】

1. 了解金融资产的分类方法
2. 掌握交易性金融资产的核算内容
3. 掌握交易性金融资产的确认、计量和会计处理方法

【技能目标】

1. 能正确划分交易性金融资产
2. 准确判断交易性金融资产，正确计量并进行会计处理
3. 能结合财经法规和企业要求，自主解决交易性金融资产业务会计处理中出现的常见问题

【素质目标】

1. 培养严谨细致的工作作风和职业习惯。取得会计凭证时，认真反复地核对和验证，做到精力集中，有条不紊，严谨细致，沉着冷静。会计工作质量的全面提升依赖于会计人员职业素质的提高
2. 交易性金融资产的教学内容体现理论性、思想性、现实性与前瞻性，达到理论与实践相统一。在课程思政督导下，在课堂教学理论中，让学生形成健康的世界观、人生观、价值观、法治观和道德观

工作情境与工作任务

企业在生产经营中可能会存在一些暂时闲置不用的资金，为了发挥闲置资金的效益，企业经常会在二级市场上购买一些股票、债券、基金等证券，企业取得的这些证券满足一定条件时，将其作为交易性金融资产核算，您能正确划分交易性金融资产吗？

企业设置什么账户核算交易性金融资产？其初始成本如何确定？持有交易性金融资产期间获得的股利和利息如何处理？您能正确进行交易性金融资产的取得、持有和出售业务的账务处理吗？

我国全面实行"营改增"后，企业转让金融商品属于增值税的征税范围，您会正确计算转让交易性金融资产应交的增值税吗？您能正确进行转让交易性金融资产应交增值税的账务处理吗？

任务一　交易性金融资产的初始计量

一、交易性金融资产的内容

交易性金融资产，主要是指企业为了近期出售而持有的金融资产。比如，企业以赚取差价为目的从二级市场购入的股票、债券、基金等。交易通常是指活跃和频繁的买卖行为，企业持有一项金融工具如果经常用于从价格或交易商保证金的短期波动中获利，则该企业持有了一项交易性金融资产，即持有交易性金融资产主要是为了在近期出售，如企业持有的以短期获利为目的的债券投资、股票投资、基金投资等。

【知识拓展】金融资产包括企业持有的现金、其他方的权益工具、从其他方收取现金或其他金融资产的合同权利以及在潜在有利条件下与其他单位交换金融资产或金融负债的合同权利等。企业应当根据其管理金融资产的业务模式和金融资产的合同现金流量特征，将取得的金融资产合理划分为以下三类：(1) 以摊余成本计量的金融资产；(2) 以公允价值计量且其变动计入其他综合收益的金融资产；(3) 以公允价值计量且其变动计入当期损益的金融资产。

交易性金融资产属于以公允价值计量且其变动计入当期损益的金融资产。此类金融资产分为交易性金融资产和直接指定为以公允价值计量且其变动计入当期损益的金融资产。直接指定为以公允价值计量且其变动计入当期损益的金融资产，主要是指企业基于风险管理、战略投资需要等所做的指定。

二、取得交易性金融资产的核算

(一) 初始成本的确定

交易性金融资产，应当按照取得时的公允价值作为初始确认金额，相关的交易费用在发生时计入当期损益。如果企业购入的各种股票、债券、基金等，实际支付的价款中包含已宣告但尚未发放的现金股利或已到付息期但尚未领取的债券利息，应当单独确认为应收项目，不构成交易性金融资产的投资成本（企业购入的直接指定为以公允价值计量且其变动计入当期损益的金融资产的股票、债券、基金等的计量，同交易性金融资产）。

【知识拓展】投资者投入的交易性金融资产，按投资各方确认的价值，作为初始成本，但投资各方约定价值不公允的除外。企业以债权换入的交易性金融资产以及以非货币性资产交换方式换入的交易性金融资产，遵循《企业会计准则第7号——非货币性资产交换》。企业接受债务人以非现金资产抵偿债务方式取得的交易性金融资产，遵循《企业会计准则第12号——债务重组》。

（二）账务处理

设置“交易性金融资产”账户，核算企业分类为以公允价值计量且其变动计入当期损益的金融资产。该账户可按照金融资产的类别和品种，分别“成本”“公允价值变动”进行明细核算。企业持有的直接指定为以公允价值计量且其变动计入当期损益的金融资产，可在该账户下单设“指定类”明细账户核算。该账户属于资产类账户，借方登记企业取得交易性金融资产的成本、资产负债表日交易性金融资产的公允价值高于其账面余额的差额等内容；贷方登记资产负债表日交易性金融资产的公允价值低于其账面余额的差额以及出售时交易性金融资产的账面余额等内容；期末借方余额，反映企业持有的交易性金融资产的公允价值。

设置“投资收益”账户，核算企业对外投资所取得的收益或发生的损失。该账户属于损益类账户，贷方登记对外投资获得的收益，借方登记对外投资发生的损失。期末，应将该账户余额转入“本年利润”账户，结转后，该账户无余额。该账户可以按照投资项目设置明细账户进行明细核算。

设置“应收股利”账户，核算企业对外投资应收的现金股利或利润。

设置“应收利息”账户，核算企业持有金融资产等应收取的利息。

企业取得的各种交易性金融资产，如购入的各种股票、债券、基金等，按其公允价值，借记“交易性金融资产——成本”账户，发生的交易费用，按照增值税专用发票列示的价款和税款分别借记“投资收益”“应交税费——应交增值税（进项税额）”账户，按已到付息期但尚未领取的利息或已宣告但尚未发放的现金股利，借记“应收利息”或“应收股利”账户，按实际支付的金额，贷记“其他货币资金——存出投资款”等账户。

原始凭证

【做中学4-1】晋华公司2023年3月1日从证券市场上购买弘大股份有限公司股票3万股，每股价格为8元，另付税费300元，取得的增值税专用发票上注明的增值税税额为18元，共支付价款240 318元。晋华公司准备随时出售。

晋华公司根据证券业务交割单、增值税专用发票的发票联、银行付款通知编制会计分录如下：

借：交易性金融资产——成本　　240 000
　　投资收益　　300
　　应交税费——应交增值税（进项税额）　　18
　　贷：其他货币资金——存出投资款　　240 318

【做中学4-2】沿用【做中学4-1】的资料，假如弘大股份有限公司股票每股价格为8元，其中包含0.2元的股利。

晋华公司根据证券业务交割单、银行付款通知编制会计分录如下：

借：交易性金融资产——成本　　234 000
　　投资收益　　300
　　应收股利　　6 000
　　应交税费——应交增值税（进项税额）　　18
　　贷：其他货币资金——存出投资款　　240 318

【做中学4-3】晋华公司2023年3月1日购入精益公司2022年4月1日发行的3年期债券作为交易性金融资产。该债券面值总额为30万元，年利率为10%，晋华公司按35万元的价格购入，另支付税费等相关费用1 600元，取得的增值税专用发票上注明的增值税税额为96元，该债券利息到期与本金一起偿还。

晋华公司根据证券业务交割单、银行付款通知编制会计分录如下：

借：交易性金融资产——成本　　350 000
　　投资收益　　1 600
　　应交税费——应交增值税（进项税额）　　96
　　贷：其他货币资金——存出投资款　　351 696

【思考】企业购入的股票和债券都可以确认为交易性金融资产吗？

【德技并修】交易性金融资产作为金融市场的重要组成部分，具有促进资金流动、优化资源配置的作用。通过金融市场的交易活动，企业和个人可以进行投资和融资，实现资金的配置和价值的增值。然而，市场经济下，资本市场也面临很大风险。党的二十大报告指出："加强和完善现代金融监管，强化金融稳定保障体系，依法将各类金融活动全部纳入监管，守住不发生系统性风险底线"，"依法规范和引导资本健康发展"。同学们，作为未来的会计工作者，我们要遵守会计职业道德，严格按照企业会计准则规范核算交易性金融资产，为企业管理层进行投资提供可靠相关会计信息，做资本市场健康发展的守护者。

任务二　交易性金融资产的后续计量

一、交易性金融资产持有期间的现金股利和债券利息

（一）买价中包含的现金股利和债券利息

交易性金融资产取得时实际支付的价款中包含的已宣告但尚未发放的现金股利，或已到期但尚未领取的利息，在性质上属于购买时垫付的资金，是随着交易性金融资产的取得而取得的一项债权，因此在收到或处置时，应冲减已记录在债权账户中的应收股利或应收利息，不确认为投资收益。当实际收到这部分款项时，借记"其他货币资金——存出投资款"等账户，贷记"应收股利"或"应收利息"账户。

（二）交易性金融资产持有期间获得的现金股利和债券利息

交易性金融资产持有期间被投资单位宣告发放的现金股利或在资产负债表日按分期付息、一次还本债券投资的票面利率计算的利息收入，借记"应收股利"或"应收利息"账户，贷记"投资收益"账户；实际收到时，借记"其他货币资金——存出投资款"等账

户，贷记“应收股利”或“应收利息”账户。

【提示】企业持有股票期间所获得的股票股利，不需进行账务处理，但应在备查账簿中登记所增加的股份。

【做中学4-4】沿用【做中学4-2】的资料，晋华公司于3月15日收到现金股利6 000元。

晋华公司根据银行收款凭证编制会计分录如下：

借：其他货币资金——存出投资款　6 000

　　贷：应收股利　6 000

【做中学4-5】沿用【做中学4-1】的资料，弘大股份有限公司4月1日宣告于4月15日发放股利，每10股派2股股票股利，每股派0.1元的现金股利，晋华公司持有弘大股份有限公司股票3万股。

（1）2023年4月1日宣告时，晋华公司根据股利分配公告、股利计算表编制会计分录如下：

借：应收股利　3 000

　　贷：投资收益　3 000

（2）4月15日收到现金股利时，晋华公司根据银行收款凭证编制会计分录如下：

借：其他货币资金——存出投资款　3 000

　　贷：应收股利　3 000

（3）分派的股票股利，晋华公司不作会计分录，只作备查登记，登记增加弘大股份有限公司股票6 000股。取得股票股利后，股票的每股成本降低。

二、交易性金融资产账面价值的调整

资产负债表日，交易性金融资产按照公允价值计量，其公允价值变动计入当期损益。

设置“公允价值变动损益”账户，核算以公允价值计量的资产公允价值变动形成的应计入当期损益的利得和损失。该账户属于损益类账户，贷方登记资产负债表日公允价值高于其账面余额的差额；借方登记资产负债表日公允价值低于其账面余额的差额；期末，应将该账户余额转入“本年利润”账户，结转后，该账户无余额。

资产负债表日，按交易性金融资产的公允价值高于其账面余额的差额，借记“交易性金融资产——公允价值变动”账户，贷记“公允价值变动损益”账户；资产负债表日，如果交易性金融资产的公允价值低于其账面余额的，做上述相反的会计分录。

【提示】交易性金融资产期末以公允价值计量，公允价值变动已计入当期损益，因而交易性金融资产期末不计提减值准备。

【做中学4-6】晋华公司持有一项交易性金融资产，该项交易性金融资产的初始成本为39万元，2023年6月30日的公允价值为50万元，2023年12月31日的公允价值为62万元。

（1）2023年6月30日，晋华公司根据证券价值计算表编制会计分录如下：

借：交易性金融资产——公允价值变动　110 000

　　贷：公允价值变动损益　110 000

（2）2023年12月31日，晋华公司根据证券价值计算表编制会计分录如下：

借：交易性金融资产——公允价值变动　120 000

贷：公允价值变动损益　　120 000

假设2023年12月31日该项交易性金融资产的公允价值为41万元，其他条件不变，晋华公司应根据证券价值计算表编制会计分录如下：

借：公允价值变动损益　　90 000

贷：交易性金融资产——公允价值变动　　90 000

任务三　交易性金融资产处置的核算

一、交易性金融资产出售的核算

出售交易性金融资产，应按实际收到的金额，借记“其他货币资金——存出投资款”等账户，按该交易性金融资产的账面余额贷记“交易性金融资产”账户，按其差额贷记或借记“投资收益”账户。

微课

交易性金融资产处置的核算

【做中学4-7】沿用【做中学4-6】的资料，晋华公司于2024年3月10日将该项交易性金融资产出售，售价为74万元。

晋华公司根据证券业务交割单编制会计分录如下：

借：其他货币资金——存出投资款　　740 000

贷：交易性金融资产——成本　　390 000

——公允价值变动　　230 000

投资收益　　120 000

二、出售交易性金融资产应交增值税的核算

金融商品转让按规定以盈亏相抵后的余额作为销售额计算缴纳增值税。

设置“应交税费——转让金融商品应交增值税”账户，核算增值税纳税人转让金融商品发生的增值税应纳税额。该账户贷方登记产生金融商品转让收益时计算的增值税应纳税额；借方登记产生金融商品转让损失时结转下月抵扣的增值税税额；年末，该账户如有借方余额，转入“投资收益”账户。

月末交易性金融资产实际转让时，如产生转让收益，则按增值税应纳税额借记“投资收益”等账户，贷记“应交税费——转让金融商品应交增值税”账户；如产生转让损失，则按可结转下月抵扣税额，借记“应交税费——转让金融商品应交增值税”账户，贷记“投资收益”等账户。缴纳增值税时，应借记“应交税费——转让金融商品应交增值税”账户，贷记“银行存款”账户。年末，该账户如有借方余额，则借记“投资收益”等账户，贷记“应交税费——转让金融商品应交增值税”账户。

【做中学4-8】沿用【做中学4-7】的资料，如果本月没有其他金融商品转让业务，则月末确认应交增值税：

转让金融商品应交增值税＝（740 000－390 000）÷（1＋6%）×6%＝19 811.32（元）

借：投资收益　　19 811.32

贷：应交税费——转让金融商品应交增值税　　19 811.32

【知识拓展】《小企业会计准则》将对外投资按照投资对象的可变现性和投资目的划分为短期投资和长期投资。其中，短期投资是指小企业购入的能随时变现并且持有时间不准备超过1年（含1年）的投资，如小企业以赚取差价为目的从二级市场购入的股票、债券、基金等。

（1）短期投资按照实际支付价款和相关费用确定初始投资成本。

（2）被投资单位宣告分派现金股利时，按照本企业分得的金额确认投资收益。如果是债券利息，在债务人应付利息日，将按照债券投资的票面利率计算应取得的利息收入确认投资收益。

（3）小企业出售短期投资，应当将出售价款扣除其账面余额、相关税费后的净额计入出售当期投资收益（损失）。

【明德善思】

ST明利实际控制人林军操纵股价赚近3亿元，遭证监会罚没17.6亿元

中国证监会行政处罚决定书（林军、何忠华、陈志强）（〔2019〕149号）显示，依据《中华人民共和国证券法》（以下简称《证券法》）的有关规定，中国证监会对当事人，即广西明利创新实业股份有限公司（以下简称明利股份，股票简称ST明利）的实际控制人与广西明利集团有限公司（以下简称明利集团）董事长林军、时任明利股份董事和明利集团副总裁的何忠华、时任明利股份监事的陈志强操纵明利股份的行为进行了立案调查、审理。

2015年4月24日至2016年12月24日期间，林军、何忠华、陈志强通过采用集中资金优势和持股优势连续交易、在自己实际控制的证券账户之间交易的方式，影响了明利股份股票交易量，造成明利股份交易活跃的假象，成交量、成交额在全国中小企业股份转让系统（以下简称新三板）中均排名全国第四，吸引大量投资者、做市商踊跃跟进购买明利股份股票，维持了股票价格，以实现其减持股票获利的目的。账户组净减持股数7 329.05万股，剔除账户组买入股票金额及净减持股票成本，账户组共获利2.93亿元。

林军以减持股票获利为目的，组织、指使何忠华、陈志强控制账户组，通过采用集中资金优势、持股优势连续交易、在自己实际控制的证券账户之间交易的方式操纵明利股份，影响了股票股价和交易量，违反了《证券法》第七十七条第一款第一项、第三项的规定，构成《证券法》第二百零三条所述的操纵证券市场的违法行为。林军作为明利股份的实际控制人，是上述违法行为的组织者、决策者和主要实施者；何忠华、陈志强具体负责控制账户组的相关交易，是上述违法行为的主要执行者。林军系主要责任人员，何忠华、陈志强系其他直接责任人员。

根据当事人违法行为的事实、性质、情节与社会危害程度，依据《证券法》第二百零三条的规定，中国证监会决定：没收林军、何忠华、陈志强违法所得2.93亿元，并处以14.67亿元罚款，其中对林军处以14.64亿元罚款，对何忠华、陈志强各处以150万元罚款。上述罚没合计17.6亿元。

资料来源：佚名．ST明利实控人林军操纵股价赚3亿 遭证监会罚没17.6亿［EB/OL］．［2020-01-08］．https：//baijiahao.baidu.com/s？id=1655147255799336664&wfr=spider&for=pc.

【启示】操纵市场的危害是巨大的，它扭曲证券交易价格，掩盖市场真实供需关系，释放虚假市场信号，恶意欺诈中小投资者，严重破坏了公平有序的资本市场秩序。“君子爱财，取之有道”，同学们应认识到金融市场服务对实体经济和国家发展的重要作用，树立正确的投资观念，建立公正、严谨、诚信的职业道德，具有清正廉明的品格，恪守职业道德底线。

项目小结

本项目主要知识点归纳总结见表4-1。

表4-1　本项目主要知识点归纳总结

任务	知识点	账务处理要点
交易性金融资产的初始计量	以公允价值进行初始计量。买价中包含的垫付股利或利息，不构成投资成本，作为应收项目核算。相关的交易税费计入当期损益	设置“交易性金融资产”账户，分别“成本”“公允价值变动”进行明细核算。 取得时： 借：交易性金融资产——成本 投资收益（交易费用） 应交税费——应交增值税（进项税额） 应收股利或应收利息（买价中包含的不计入成本的股利、利息） 贷：银行存款、其他货币资金（实际支付价款）
交易性金融资产的后续计量	（1）交易性金融资产持有期间获得的现金股利或利息，作为投资收益 （2）收到买价中包含的现金股利或利息，冲减应收项目 （3）按公允价值计量。公允价值变动调整交易性金融资产的账面价值，同时计入当期损益	（1）被投资单位宣告发放现金股利或利息时： 借：应收股利或应收利息 贷：投资收益 （2）收到买价中包含的现金股利或利息时： 借：其他货币资金（银行存款） 贷：应收股利或应收利息 （3）资产负债表日，按照期末公允价值与账面余额之间的差额： 借（或贷）：交易性金融资产——公允价值变动 贷（或借）：公允价值变动损益
交易性金融资产处置的核算	（1）处置交易性金融资产时，将实际收到的价款与交易性金融资产账面余额之间的差额计入投资收益 （2）月末，将金融商品转让按规定以盈亏相抵后的余额作为销售额计算应交增值税或应抵扣增值税	（1）处置交易性金融资产： 借：银行存款（实际收到的价款） 借（或贷）：投资收益（借贷之间的差额） 贷：交易性金融资产（账面余额） （2）月末确认交易性金融资产转让业务应交增值税： 借：投资收益 贷：应交税费——转让金融商品应交增值税 如产生应抵扣增值税，则作相反的会计分录

阅读篇目

《企业会计准则第22号——金融工具确认和计量》及其应用指南

《增值税会计处理规定》（财会〔2016〕22号附件）

《小企业会计准则》

《财政部　国家税务总局关于全面推开营业税改征增值税试点的通知》（财税〔2016〕36号）

项目五

存货的核算

微课

项目五概述

学习目标

【知识目标】

1. 理解并掌握存货的概念和内容
2. 掌握存货初始成本的确定方法、存货发出的计价方法
3. 掌握原材料、周转材料、委托加工物资、库存商品实际成本计价和计划成本计价核算的会计处理方法
4. 掌握存货跌价损失的确认、计量和会计处理方法

【技能目标】

1. 能准确判断存货，确定存货取得成本、存货发出成本、存货结存成本
2. 能结合企业实际情况选择实际成本计价或计划成本计价，正确进行会计处理
3. 能根据企业会计准则的要求估计存货跌价损失，正确进行会计处理，防范经营风险
4. 能协调生产经营部门对存货进行盘点，根据盘点结果正确进行会计处理，加强存货管理
5. 能按照存货收发的业务流程和处理方法，结合财经法规和企业要求，自主解决存货业务会计处理中出现的常见问题

【素质目标】

1. 诚实守信，廉洁自律。遵守财经法规，不弄虚作假，不为利益诱惑。培养遵纪守法、清正廉洁的职业素养
2. 保障存货资产安全、完整。严格按照企业会计准则规范对存货进行核算，培养认真、细致、严谨的工作态度，形成良好的工作习惯

工作情境与工作任务

存货，是指企业在日常活动中持有以备出售的产成品或商品、处在生产过程中的在产品、在生产过程或提供劳务过程中耗用的材料和物料等。企业的存货通常包括原材料、周转材料、委托加工物资、商品、在产品、半成品、产成品以及委托代销商品等。您能正确区分这些存货吗？

存货应当按照成本进行初始计量，存货成本包括采购成本、加工成本和其他成本。存货的来源不同，其成本的构成内容也不同。您知道不同来源取得的存货如何确定取得成本吗？

存货可以按实际成本计价或计划成本计价进行核算，您知道两种计价方法的适用范围和优缺点吗？您能够正确采用实际成本计价和计划成本计价两种方法对原材料、周转材料的收发业务进行核算吗？

企业发生的委托加工业务通过什么账户核算？您能对委托加工业务进行正确的账务处理吗？

作为一项流动资产，存货的清查非常重要。您知道存货清查的方法吗？存货清查发生的盘盈和盘亏如何进行账务处理？

企业取得存货之后，可能会发生毁损、陈旧或者价格下跌，这种存货的跌价在会计上如何处理？

任务一 原材料的核算

一、原材料的内容

原材料，是指企业在生产过程中经加工改变其形态或性质并构成产品主要实体的各种原料及主要材料、辅助材料、燃料、修理用备件（备品备件）、包装材料、外购半成品（外购件）等。

企业为建造固定资产等各项工程而储备的各种材料，由于用于建造固定资产等各项工程，其价值分次进行转移，不作为原材料核算。

二、原材料初始成本的确定

原材料取得时按照成本计量。企业取得原材料的方式有很多种，其中外购是最主要的方式。

外购材料，其实际成本由采购成本构成。采购成本包括购买价款、相关税费、运杂费、运输途中的合理损耗、入库前的挑选整理费用，以及其他可归属于材料采购成本的费用。

（1）购买价款，是指企业购入的材料或商品的发票账单上列明的价款，但不包括按规定可以抵扣的增值税进项税额。

（2）相关税费，企业购买材料发生的进口关税、消费税、资源税和不能抵扣的增值税进项税额以及相应的教育费附加等应计入材料采购成本的税费。

（3）运杂费，包括材料采购过程中发生的运输费、装卸费、保险费、包装费、仓储费等可归属于材料采购成本的费用，但不包括按规定可以抵扣的增值税进项税额。

（4）运输途中的合理损耗，是指商品在运输过程中，因商品性质、自然条件及技术设备等因素所发生的自然或不可避免的零星洒落、溢渗、漏失、飞扬、挥发等损耗。运输途中的合理损耗计入验收入库材料的采购成本中，相应地提高了入库材料的单位成本。

（5）入库前的挑选整理费用，主要包括挑选整理中发生的工、费支出和必要的损耗，并扣除回收的下脚废料价值。

上述第（1）项应当直接计入外购材料的实际成本；第（2）项、第（3）项、第（4）项、第（5）项，凡是能够分清的，可以直接计入各种外购材料的实际成本，不能分清的，应当按照材料的买价或重量等的比例分摊计入各种材料的采购成本。

【知识拓展】按照《企业会计准则第1号——存货》的规定，企业取得存货应当按照成本进行初始计量。存货的成本包括采购成本、加工成本和其他成本。但是，取得存货的来源不同，其成本构成内容也不同。除了外购存货外，其他方式取得的存货按照下列方法确定实际成本：

（1）自制的存货，其成本由采购成本、加工成本以及使存货达到目前场所和状态发生的其他成本构成。

（2）委托外单位加工完成的存货，其成本包括实际耗用的原材料或者半成品成本、加工费、装卸费、保险费、委托加工的往返运输费等费用（不包括可以抵扣的增值税进项税额）以及规定应计入成本的相关税费。

（3）投资者投入的存货，其成本应当按照投资合同或协议约定的价值确定，但合同或协议约定价值不公允的除外。

（4）盘盈的存货，其成本按照该存货的公允价值确定。

三、原材料按实际成本计价的核算

原材料按实际成本计价的收发核算，是指每种材料的收发与结存，不论是总分类核算，还是明细分类核算，都要按实际单位成本进行计价。但采用实际成本核算，日常反映不出材料成本是节约还是超支，从而不能反映和考核物资采购业务的业绩。因此这种方法通常适用于材料收发业务较少的企业。在实务工作中，对于材料收发业务较多并且计划成本资料较为健全、准确的企业，一般可以采用计划成本进行材料收发的核算。

设置“原材料”账户，核算企业库存各种材料的实际成本。该账户借方登记入库材料的实际成本；贷方登记发出材料的实际成本；期末余额在借方，反映企业库存材料的实际成本。该账户可以按照材料种类等设置明细账户进行明细核算。

设置“在途物资”账户，核算企业采用实际成本进行材料等物资的日常核算、货款已付尚未验收入库的物资的采购成本。该账户借方登记购入物资的采购成本；贷方登记验收入库物资的采购成本；期末借方余额反映购入但尚未到达或尚未验收入库的物资的采购成本。该账户可以按照供货单位和物资品种设置明细账户进行明细核算。

（一）原材料取得的核算

对于企业购进的原材料，由于材料采购地点和结算方式不同，材料入库时间和货款支付时间可能一致，也可能不一致，在账务处理上也有所不同。

1. 结算凭证与材料同时到达

企业已根据结算凭证、发票、收料单等凭证支付了货款和相关采购费用，或者已开出、承兑商业汇票，按应计入材料成本的金额，借记“原材料”等账户，按当月已认证的可抵扣增值税进项税额，借记“应交税费——应交增值税（进项税额）”账户，按当月未认证的、专用发票上注明的可抵扣增值税进项税额，借记“应交税费——待认证进项税额”账户，按实际支付的款项，贷记“银行存款”“其他货币资金”等账户，若尚未支付，则贷记“应付账款”或“应付票据”账户。

对于当月未认证的可抵扣增值税进项税额，待以后经税务机关认证后转出，借记“应交税费——应交增值税（进项税额）”账户，贷记“应交税费——待认证进项税额”账户。

【做中学5-1】晋华公司2023年8月10日购入羊毛一批，货款10万元，增值税专用发票上注明的增值税税额13 000元已经认证，发票等结算凭证同时收到，款项已通过中国银行支付，该批羊毛也已验收入库。

原始凭证

根据采购合同、增值税专用发票的发票联、收料单、银行付款通知编制会计分录如下：

借：原材料——羊毛　　100 000
　　应交税费——应交增值税（进项税额）　　13 000
　　贷：银行存款——中国银行　　113 000

【提示】按实际成本计价核算的原材料，在结算凭证与材料同时到达的情况下，由于购进的同时原材料也验收入库，因此，不需通过“在途物资”账户来核算购进的原材料。

2. 先收到结算凭证，后收到材料并验收入库

企业已收到结算凭证、发票，并支付货款和采购费用或已开出、承兑商业汇票，但材料尚未验收入库，按应计入材料成本的金额，借记“在途物资”等账户，按当月已认证的可抵扣增值税进项税额，借记“应交税费——应交增值税（进项税额）”账户，按当月未认证的可抵扣增值税进项税额，借记“应交税费——待认证进项税额”账户，按实际支付的款项，贷记“银行存款”“其他货币资金”等账户，若尚未支付，则贷记“应付账款”或“应付票据”账户。待材料到达并验收入库后，再根据入库单，借记“原材料”等账户，贷记“在途物资”等账户。

【做中学5-2】晋华公司2023年8月18日采购羊绒一批，价款20万元，已认证的可抵扣增值税进项税额为26 000元，发票等结算凭证已经到达，货款已经通过中国银行支付，但材料尚未入库。

（1）2023年8月18日，根据增值税专用发票的发票联、银行付款通知编制会计分录如下：

借：在途物资——羊绒　　200 000
　　应交税费——应交增值税（进项税额）　　26 000
　　贷：银行存款——中国银行　　226 000

（2）若该批羊绒在2023年8月25日到达，并验收入库，根据入库单编制会计分录如下：

借：原材料——羊绒　200 000

　　贷：在途物资——羊绒　200 000

3.材料先到达并验收入库，结算凭证尚未收到

企业先收到材料验收入库后，由于一般在短时间内（同一月份）结算凭证就可能到达，因此，为了简化核算手续，在验收入库材料时，可以暂不进行会计处理，待收到结算凭证后，再比照材料和结算凭证同时收到的情况进行相应核算。

在企业先收到材料并验收入库，月末结算凭证仍未收到的情况下，为如实反映已收到的材料，应先按暂估价，借记"原材料"账户，贷记"应付账款——暂估应付账款"账户；下月初，作相反的会计分录予以转回，并在收到结算凭证时，按材料和结算凭证同时收到的情况进行相应核算。

【做中学5-3】晋华公司2023年8月20日购入油水静电剂一批，已验收入库，但其结算凭证至月末尚未到达，货款未付。根据供货合同估价57 000元入账。

（1）2023年8月31日，根据收料单编制会计分录如下：

借：原材料——油水静电剂　57 000

　　贷：应付账款——暂估应付账款　57 000

（2）2023年9月1日，编制会计分录如下：

借：应付账款——暂估应付账款　57 000

　　贷：原材料——油水静电剂　57 000

或：

借：原材料——油水静电剂　57 000

　　贷：应付账款——暂估应付账款　57 000

【思考】为什么月末要按暂估价入账，下月要转回？

4.购进材料短缺与溢余

企业购进材料在验收入库时发生短缺或者溢余的，应及时查明原因，根据不同的情况进行处理。

（1）企业购进原材料发生短缺。如果是定额内合理损耗，则计入原材料采购成本；如果是超定额损耗，将其采购成本及应负担的进项税额中由保险公司、运输部门或其他过失人赔偿后仍不能弥补的部分作为期间费用记入"管理费用"账户；如果购进原材料发生非常损失（如自然灾害损失），将其采购成本及应负担的进项税额中由保险公司赔偿后仍不能弥补的部分作为损失记入"营业外支出"账户。

企业购进原材料发生短缺时，在尚未查明原因或作出处理之前，一般先将短缺原材料的成本转入"待处理财产损溢"账户，即借记"待处理财产损溢"账户，贷记"在途物资"等账户；待查明原因作出处理后，再转入有关账户，借记"管理费用""营业外支出"等账户，贷记"待处理财产损溢"等账户。

（2）企业购进原材料发生溢余。一般情况下，因为计量误差导致的溢余记入"管理费用"账户，自然升溢记入"营业外收入"账户。

发生购进原材料溢余，未查明原因的，按实收材料的实际成本，借记"原材料"账

户，按购进凭证上记载的材料实际成本，贷记“在途物资”账户，按溢余部分的实际成本，贷记“待处理财产损溢”账户；待查明原因后再转入“管理费用”“营业外收入”等有关账户。

【做中学5-4】晋华公司采用实际成本法进行原材料的日常核算。2023年5月22日，外购羊毛一批，单价200元／千克，数量100千克，款项已用银行存款支付。

（1）5月22日，根据增值税专用发票的发票联、银行付款通知编制会计分录如下：

借：在途物资——羊毛　20 000

　　应交税费——应交增值税（进项税额）　2 600

　　贷：银行存款　22 600

（2）6月20日，材料到达，验收入库时为95千克，短缺的5千克经查明为合理损耗。根据收料单编制会计分录如下：

借：原材料　20 000

　　贷：在途物资——羊毛　20 000

（3）如果短缺的5千克羊毛原因待查，则根据收料单编制会计分录如下：

借：原材料　19 000

　　待处理财产损溢——待处理流动资产损溢　1 000

　　贷：在途物资——羊毛　20 000

（4）经查明，短缺的5千克属于运输单位铁路部门的责任，铁路部门同意赔偿。晋华公司根据赔偿协议编制会计分录如下：

借：其他应收款——铁路部门　1 130

　　贷：待处理财产损溢——待处理流动资产损溢　1 000

　　　　应交税费——应交增值税（进项税额转出）　130

（二）原材料发出的核算

1.材料发出的计价方法

按照《企业会计准则第1号——存货》的规定，企业发出存货的计价方法包括先进先出法、全月一次加权平均法、移动加权平均法和个别计价法。企业应当根据各类存货的实物流转方式、企业管理的要求、存货的性质等实际情况，合理地选择确定发出存货成本的计价方法，以及当期发出存货的实际成本。对于性质和用途相似的存货，应当采用相同的成本计算方法确定发出存货的成本。

（1）先进先出法。先进先出法是以先购入的存货应先发出（销售或耗用）这样一种存货实物流动假设为前提，对发出存货进行计价的方法。采用这种计价方法，先购入存货的成本的转出先于后购入存货，据此确定发出存货和期末存货的成本。

采用这种计价方法，收入存货时要逐笔登记每一批存货的数量、单价和金额；发出存货时，按照先进先出的原则确定单价，逐笔登记存货的发出金额和结存金额。具体做法是：先按第一批入库存货的单价计算发出存货的成本，领发完毕后再按第二批入库存货的单价计算，以此类推。若领用的存货属于前后不同批次，单价又不相同，就分别采用各个单价计算。

【做中学5-5】晋华公司羊绒存货按实际成本核算，2023年5月羊绒存货购入、领用、结存资料见表5-1。

表5-1 存货明细账 计价单位：元

存货类别： 计量单位：千克

存货编号： 最高存量：

名称及规格：羊绒 最低存量：

2023年		凭证编号	摘要	收入			发出			结存		
月	日			数量	单价	金额	数量	单价	金额	数量	单价	金额
5	1	（略）	期初余额							300	600	180 000
	10		购入	200	650	130 000				500		
	11		发出				400			100		
	18		购入	150	680	102 000				250		
	20		发出				80			170		
	23		购入	100	700	70 000				270		
	31		本月发生额及月末余额	450		302 000	480			270		

5月11日发出羊绒的实际成本 = 600 × 300 + 650 × 100 = 245 000（元）

5月20日发出羊绒的实际成本 = 650 × 80 = 52 000（元）

5月发出羊绒的实际成本 = 245 000 + 52 000 = 297 000（元）

5月末结存羊绒的实际成本 = 180 000 + 302 000 − 297 000 = 185 000（元）

采用先进先出法，可以在每次收、发存货的同时结转成本，存货核算可分散在平时进行，从而减少月末核算工作量，有利于核算工作的均衡；同时，期末存货成本较接近现行的市场价值，企业不能随意挑选存货成本以调整当期利润。但是，在存货收发业务较频繁且单价经常变动的情况下，企业存货核算的工作量较大。另外，当物价上涨时，会高估企业当期利润；反之，则会低估企业当期利润。一般而言，经营活动受存货形态影响较大或存货容易腐烂变质的企业可采用先进先出法。

（2）全月一次加权平均法。它是指以月初库存存货数量加上本月全部进货数量作为权数去除月初库存存货成本加上本月全部进货成本，计算出存货的加权平均单位成本，以此为基础计算本月发出存货成本和月末库存存货成本的一种方法。具体计算方法如下：

$$\text{存货加权平均单位成本}=\frac{\text{月初库存存货的成本}+\sum\left(\text{本月各批购入存货的单位成本}\times\text{本月各批购入存货的数量}\right)}{\text{月初库存存货的数量}+\text{本月各批购入存货的数量之和}}$$

本月发出存货的成本 = 本月发出存货的数量 × 存货加权平均单位成本

本月月末库存存货的成本 = 月末库存存货的数量 × 存货加权平均单位成本

为了保持账面数字之间的平衡关系，可以采用倒挤法计算发出存货的成本，即：

本月发出存货的成本 = 月初库存存货的成本 + 本月收入存货的成本 − 月末库存存货的成本

【做中学5-6】沿用【做中学5-5】的资料，以晋华公司羊绒存货明细账为例，采用全月一次加权平均法计算5月份的羊绒成本如下：

本月羊绒存货的加权平均单位成本 =（180 000 + 302 000）÷（300 + 450）

= 642.67（元/千克）

本月发出羊绒成本 = 480 × 642.67 = 308 481.60（元）

月末库存羊绒成本 = 180 000 + 302 000 − 308 481.6 = 173 518.40（元）

采用全月一次加权平均法，只在月末一次计算加权平均单价，平时工作量不大，计算方法较简单；在物价上涨或下跌时，分摊了存货成本；企业不能任意挑选进货成本以调整当期利润。但是，这种方法只有在期末才能计算出加权平均单价，从而确定发出存货成本和结存存货成本，平时无法从账上反映发出存货、结存存货的单价和金额，不利于存货的日常管理；另外，期末核算工作量较大。因此，这种方法只适用于存货品种较少，并且各批购入存货单位成本相差不大的企业。

（3）移动加权平均法。它是指以本次进货的成本加上原有库存存货的成本，除以本次进货数量加上原有库存存货的数量，据以计算加权平均单位成本，作为计算发出存货成本依据的一种方法。具体计算方法如下：

$$存货加权平均单位成本 = \frac{原有库存存货的成本 + 本次购入存货的成本}{原有库存存货的数量 + 本次购入存货的数量}$$

本次发出存货的成本 = 本次发出存货的数量 × 本次发出存货前存货加权平均单位成本

月末库存存货的成本 = 月末库存存货的数量 × 月末存货加权平均单位成本

【做中学5-7】沿用【做中学5-5】的资料，以晋华公司羊绒存货明细账为例，采用移动加权平均法计算5月份该羊绒的成本如下：

收入第一批购入羊绒后的加权平均单位成本 =（180 000 + 130 000）÷（300 + 200）

= 620（元/千克）

第一批发出羊绒的实际成本 = 400 × 620 = 248 000（元）

第一批羊绒发出后结存羊绒的实际成本 = 100 × 620 = 62 000（元）

收入第二批购入羊绒后的加权平均单价 =（62 000 + 102 000）÷（100 + 150）

= 656（元/千克）

第二批发出羊绒的实际成本 = 80 × 656 = 52 480（元）

第二批羊绒发出后结存羊绒的实际成本 = 170 × 656 = 111 520（元）

收入第三批购入羊绒后的加权平均单价 =（111 520 + 70 000）÷（170 + 100）

= 672.30（元/千克）

本月发出羊绒实际成本 = 248 000 + 52 480 = 300 480（元）

月末结存羊绒的实际成本 =（180 000 + 130 000 + 102 000 + 70 000）− 300 480

= 181 520（元）

移动加权平均法的优点在于：①存货发出时，可以随时转账，便于加强存货的日常管理；②大量核算工作分散在平时进行，减少了月末工作量；③计算结果较客观，企业也不能任意挑选存货成本以调整当期利润。但是，由于每次收入存货都要重新计算一次加权平均单位成本，所以平时计算工作量较大。

（4）个别计价法。也称个别认定法、具体辨认法、分批实际法，采用这一方法是假定存货具体项目的实物流转与成本流转相一致，按照各种存货逐一辨认各批发出存货和期末存货所属的购进批别或生产批别，分别按其购入或生产时所确定的单位生产成本作为计算各批发出存货和期末存货的成本。

采用这种方法所确定的发出存货成本符合实际情况，期末结存存货成本的计算较为真实，而且可以随时结转成本。但是，采用这种方法必须具备必要的条件：①存货项目必须是可以辨别认定的；②必须有详细的记录，据以了解个别存货或每批存货项目的收入、发出、结存情况。因而，实务操作的工作繁重，困难较大。

个别计价法适用于容易识别、存货品种不多、单位成本较高的存货，如房产、船舶、飞机、重型设备、珠宝、名画等贵重物品；能够分清批次、整批进整批出的存货也可以采用这种方法；对于不能替代使用的存货、为特定项目专门购入或制造的存货以及提供的劳务费，通常采用个别计价法确定发出存货的成本。

【提示】发出材料实际成本的确定，可以由企业从前述先进先出法、全月一次加权平均法、移动加权平均法、个别计价法等方法中选择。计价方法一经确定，不得随意变更。如需变更，应在会计报表附注中予以说明。

【德技并修】存货计价方法的不同对企业财务状况、利润、所得税、现金流量等都会产生一定的影响。党的二十大报告指出："必须坚持系统观念。万事万物是相互联系、相互依存的。只有用普遍联系的、全面系统的、发展变化的观点观察事物，才能把握事物发展规律。"因此，企业在选择存货计价方法时应充分考虑各方面的影响，并结合企业存货管理的特点和具体要求进行确定。一种比较适宜的计价方法确定后不得随意变更。

2.账务处理

企业材料领用单位不同，用途不同，其发出材料的去向不同，故核算时应根据材料用途和领料单位，分别按照受益对象记入有关账户。属于生产车间领用直接用于产品生产的，借记"生产成本"账户；用于车间一般耗用的，借记"制造费用"账户；企业管理部门耗用的，借记"管理费用"账户；企业销售机构耗用的，借记"销售费用"账户；建造工程耗用的，借记"在建工程"账户；福利部门领用的，借记"应付职工薪酬"账户等。

【提示】领用原材料用于非增值税应税项目时，原计入增值税进项税额的部分不得抵扣，需要将进项税额转出。

【做中学5-8】晋华公司2023年5月31日根据发料凭证汇总表（略）编制材料耗费分配表（见表5-2）。

表5-2　**材料耗费分配表**

2023年5月

单位：元

应借科目 / 应贷科目	原材料				合　计
	原料及主要材料	辅助材料	燃料	修理用备件	
生产成本	550 000				550 000
制造费用		30 000	5 000		35 000
管理费用		40 000		600	40 600
销售费用		60 000			60 000
合　计	550 000	130 000	5 000	600	685 600

审核：×××　　　　制单：×××

晋华公司根据材料耗费分配表，编制会计分录如下：

借：生产成本 550 000
　　制造费用 35 000
　　管理费用 40 600
　　销售费用 60 000
　　贷：原材料——原料及主要材料 550 000
　　　　　　——辅助材料 130 000
　　　　　　——燃料 5 000
　　　　　　——修理用备件 600

【知识拓展】由于企业日常发出材料频繁，为了简化日常核算工作，平时一般只登记材料明细分类账，反映各种材料的收发和结存情况，月末根据按实际成本填制的领料单或限额领料单等发料凭证，按领用部门和用途，汇总编制发料凭证汇总表，从而编制材料耗费分配表，据以编制记账凭证，一次登记总分类账。

四、原材料按计划成本计价的核算

原材料按计划成本计价的特点是：原材料的收发凭证、明细分类账和总分类账，全部按计划成本计价。原材料的实际成本与计划成本的差异通过“材料成本差异”账户核算。入库材料的计划单位成本应尽可能接近实际，除特殊情况外，计划单位成本在年度内一般不作变动。

设置“原材料”账户，核算库存材料的计划成本，期末余额在借方，反映库存材料的计划成本。

设置“材料采购”账户，核算企业在采用计划成本进行材料日常核算的情况下购入材料的采购成本。该账户借方登记购入材料的实际采购成本，以及结转的实际成本小于计划成本的差额；贷方登记购进并验收入库材料的计划成本，以及结转的实际成本大于计划成本的差额；月末借方余额表示已经购进但尚未到达或尚未验收入库的在途材料的实际成本。该账户可以按材料类别或品种设置明细账户进行明细核算。

设置“材料成本差异”账户，核算企业在采用计划成本进行日常核算的情况下材料计划成本与实际成本的差额。该账户借方登记入库材料实际成本大于计划成本的差额（超支差额），以及发出材料分摊的实际成本小于计划成本的差额（节约差额）。贷方登记入库材料实际成本小于计划成本的差额（节约差额），以及发出材料分摊的实际成本大于计划成本的差额（超支差额）。期末若为借方余额，表示企业库存材料等的实际成本大于计划成本，即存在超支差异；若为贷方余额，表示企业库存材料等的实际成本小于计划成本，即存在节约差异。该账户可以按照类别或品种设置明细账户进行明细核算，其口径应同材料采购明细账户的设置一致。

（一）原材料取得的核算

企业外购原材料时，按外购原材料实际成本记入“材料采购”账户借方，原材料验收入库时，按计划成本从“材料采购”账户的贷方转入“原材料”账户。月末将实际成本与计划成本的差异转入“材料成本差异”账户。对于企业购进的原材料，同样由于材料采购地点和结算方式的不同，材料入库时间和货款支付时间不一定相同，也存在如实际成本计价核算法下的几种情况。

1.结算凭证与材料同时到达

企业应根据材料有关结算凭证，按采购材料的实际成本，借记“材料采购”“应交税费”等账户，贷记“银行存款”“应付票据”等账户。对验收入库的材料，根据收料单按计划成本，借记“原材料”账户，贷记“材料采购”账户。月末结转入库材料的成本差异，若实际成本大于计划成本，则借记“材料成本差异”账户，贷记“材料采购”账户；反之，则借记“材料采购”账户，贷记“材料成本差异”账户。

【做中学5-9】晋华公司2023年6月3日购入羊绒一批，价款为10万元，增值税税额为13 000元，取得增值税专用发票，该发票已认证。货款已通过银行转账付讫，货物已验收入库，计划成本为11万元。

（1）购进付款时，根据增值税专用发票的发票联、收料单、银行付款通知编制会计分录如下：

借：材料采购——羊绒 100 000

应交税费——应交增值税（进项税额） 13 000

贷：银行存款——××银行 113 000

（2）同时验收入库羊绒，根据收料单编制会计分录如下：

借：原材料——羊绒 110 000

贷：材料采购——羊绒 110 000

（3）月末结转入库羊绒的成本差异时，根据材料成本差异计算表编制会计分录如下：

借：材料采购——羊绒 10 000

贷：材料成本差异——羊绒 10 000

【提示】按计划成本计价的原材料，在月末结转入库材料的成本差异时，不是逐笔结转，而是将所有本期入库相同材料的实际成本总额与计划成本总额之间的差异一次进行结转。

2.先收到结算凭证进行结算，后收到材料并验收入库

企业先收到结算凭证，作购进材料处理，即根据有关结算凭证，借记“材料采购”“应交税费”等账户，贷记“银行存款”“应付票据”等账户；待收到材料验收入库后，再根据收料单按计划成本，借记“原材料”账户，贷记“材料采购”账户；月末结转入库材料的成本差异，会计处理同上述情况。

【做中学5-10】晋华公司2023年6月26日收到供货方发来的羊绒500千克，增值税专用发票已认证：每千克不含税进价为960元，价款共计48万元、增值税税额62 400元；代垫运费5 000元、增值税税额450元。全部款项已通过民生银行网银支付，但羊绒尚未运到。

（1）根据增值税专用发票的发票联、银行付款通知编制会计分录如下：

借：材料采购——羊绒 485 000

应交税费——应交增值税（进项税额） 62 850

贷：银行存款——民生银行 547 850

（2）假设上述羊绒于2023年7月5日收到并验收入库，羊绒计划单价为每千克980元。根据收料单编制会计分录如下：

借：原材料——羊绒　　490 000

　　贷：材料采购——羊绒　　490 000

（3）2023年7月末结转羊绒成本差异时，根据材料成本差异计算表编制会计分录如下：

借：材料采购——羊绒　　5 000

　　贷：材料成本差异——羊绒　　5 000

3.材料先到达并验收入库，结算凭证尚未收到

由于材料验收入库时结算凭证尚未收到，所以尚未付款，通常在验收入库材料时可暂不作会计处理。若月末结算凭证仍未收到，则月末按计划成本估价入账，即借记“原材料”账户，贷记“应付账款”账户。下月初，作相反的会计分录予以转回，以便在下月收到结算凭证后，按结算凭证与材料同时到达的情况进行处理。

【做中学5-11】晋华公司2023年7月25日所购1 500千克的羊毛已运达并验收入库，月末发票账单仍未收到，按计划成本每千克100元估价入账。

（1）2023年7月31日，根据收料单编制会计分录如下：

借：原材料——羊毛　　150 000

　　贷：应付账款——暂估应付账款　　150 000

（2）2023年8月1日，编制会计分录如下：

借：应付账款——暂估应付账款　　150 000

　　贷：原材料——羊毛　　150 000

或：

借：原材料——羊毛　　150 000

　　贷：应付账款——暂估应付账款　　150 000

微课

发出材料成本差异的分摊

（二）原材料发出的核算

原材料按计划成本计价，在处理发出业务时并不存在计算确定发出材料单位成本的问题，只需按事先制定的计划单位成本乘以发出材料数量计算出发出材料的计划成本。但在月末需将发出材料的计划成本调整为实际成本，即将材料成本差异额在发出材料和结存材料之间进行分配，计算出发出材料应负担的成本差异。有关计算公式为：

发出材料的实际成本 = 发出材料的计划成本 + 发出材料应分摊的材料成本差异

发出材料应分摊的材料成本差异 = 发出材料的计划成本 × 材料成本差异率

式中：材料成本差异率是材料成本差异额与计划成本的比率，一般应按材料类别分别计算；对于生产用量大的材料，也可按材料品种计算。其计算公式为：

$$\text{材料成本差异率}=\frac{\text{月初材料成本差异}+\text{本月收入材料成本差异}}{\text{月初结存材料计划成本}+\text{本月收入材料计划成本}}\times 100\%$$

【做中学5-12】晋华公司2023年7月1日结存羊绒的计划成本为40万元，成本差异为节约差异2 000元；当月入库羊绒的计划成本为60万元，成本差异为超支差异4 000元；本月发出羊绒的计划成本为50万元。则：

材料成本差异率 =（−2 000 + 4 000）÷（400 000 + 600 000）× 100% = 0.2%

发出材料应分摊的材料成本差异 = 500 000 × 0.2% = 1 000（元）

发出材料的实际成本 = 500 000 + 1 000 = 501 000（元）

【思考】月末计算材料成本差异率时，是否考虑本月末估价入账的原材料？

采用上述公式计算材料成本差异率，必须是在月末根据有关部门的资料计算，虽然计算结果比较准确，但存在核算不及时的缺点。为了保证本月发出材料实际成本计算的及时性，有些企业以月初材料成本差异率来计算本月发出材料应负担的成本差异，其计算公式为：

$$月初材料成本差异率=\frac{月初结存材料成本差异}{月初结存材料计划成本}\times 100\%$$

按计划成本计价核算的企业在日常发出材料时，应根据材料用途，按发出材料的计划成本，借记“生产成本”“制造费用”“管理费用”“委托加工物资”“在建工程”“其他业务成本”等账户，贷记“原材料”账户；然后根据月初材料成本差异率或月末计算出的本月材料成本差异率，将发出材料的计划成本调整为实际成本。调整时，按实际成本大于计划成本的差额，借记“生产成本”“制造费用”“管理费用”“委托加工物资”“在建工程”“其他业务成本”等账户，贷记“材料成本差异”账户；按实际成本小于计划成本的差异作相反的会计分录。

【做中学5-13】晋华公司2023年7月22日发出羊绒一批，计划成本25 000元，其中：基本生产领用20 000元，车间一般耗用4 000元，管理部门领用1 000元。7月末计算出本月材料成本差异率为-2%。

（1）2023年7月22日发出羊绒时，根据领料单、发料凭证汇总表、材料耗费分配表编制会计分录如下：

借：生产成本——基本生产成本　　20 000
　　制造费用　　4 000
　　管理费用　　1 000
　　贷：原材料——羊绒　　25 000

（2）7月末结转该批材料应负担的材料成本节约差异500元（25 000×2%），根据材料成本差异计算表编制会计分录如下：

借：材料成本差异　　500
　　贷：生产成本——基本生产成本　　400
　　　　制造费用　　80
　　　　管理费用　　20

【知识拓展】同实际成本计价法一样，若企业的材料收发业务比较频繁，为了简化核算手续，材料的领发业务平时只在明细账中登记，而不登记总分类账，到月末，根据月份内签发的发料凭证，按领料部门和材料用途汇总编制发料凭证汇总表，并编制材料耗费分配表，据以进行发出材料的总分类账务处理。

任务二　周转材料的核算

一、周转材料的内容

周转材料，是指企业能够多次使用、逐渐转移其价值但仍保持原有形态，不确认为固定资产的材料。周转材料包括：包装物和低值易耗品；企业（建造承包商）的钢模板、木模板、脚手架和其他周转材料等；在建筑工程施工中可多次利用的材料，如钢架杆、扣件、模板、支架等。这里以包装物和低值易耗品为例介绍周转材料的核算。

【思考】与原材料相比，周转材料有哪些特征？

二、低值易耗品的核算

（一）低值易耗品的定义和分类

低值易耗品，是指单位价值在规定的限额以下或使用期限在1年以内的不能作为固定资产管理的劳动资料，如工具、管理用具、玻璃器皿，以及在生产经营过程中周转使用的包装容器等。低值易耗品的特征包括：一是低值易耗品的价值较低且易于损耗。价值较低是指其单位价值低于固定资产的价值确认标准；易于损耗是指其使用年限一般低于1年。二是低值易耗品在性质上属于劳动资料，在生产经营过程中周转使用而不改变实物形态，但因其价值较低且容易损耗，更新频繁，为了集中力量加强固定资产的管理，简化核算手续，在会计上将低值易耗品归为流动资产，视同存货核算和管理。为了便于使用部门归口管理，低值易耗品可按其用途作如下分类：

（1）一般工具，是指直接用于产品生产的各种刀具、量具、夹具和各种辅助工具等。

（2）专用工具，是指专门用于生产某一种产品或在某一道工序中使用的工具，如专用模具等。

（3）替换设备，是指容易磨损或为生产不同产品需要替换使用的各种设备，如浇铸钢锭用的钢锭模、轧制钢材用的轧辊等。

（4）包装容器，是指用于储存、保管材料和产品，既不出售也不出借的各种容器，如木柜、瓷缸等。

（5）劳动保护用品，是指发给工人用于劳动保护的工作服、工作鞋和各种防护用品等。

（6）管理用具，是指管理部门和管理人员使用的各种家具用品和办公用具等。

（7）其他，是指不属于以上各类的低值易耗品。

（二）低值易耗品的账务处理

设置“周转材料——低值易耗品”账户，用于反映和监督低值易耗品的增减变动及其结存情况。该账户借方登记低值易耗品的增加；贷方登记低值易耗品的减少；期末余额在借方，通常反映企业期末结存低值易耗品的成本。

1. 低值易耗品的取得

低值易耗品取得的核算与原材料取得的核算基本相同，低值易耗品入库时，按照实际成本或计划成本，借记“周转材料——低值易耗品”账户，贷记“银行存款”“应付账款”等账户。采用计划成本计价核算的，还需要结转材料成本差异。

【做中学5-14】晋华公司的周转材料按实际成本计价核算。2023年7月5日购进梳毛机磨针一批，增值税专用发票已认证。价款12 000元、增值税税额1 560元。磨针已验收入库，货款以银行存款支付。

根据收料单、增值税专用发票的发票联、银行付款通知单编制会计分录如下：

借：周转材料——低值易耗品（磨针）	12 000
应交税费——应交增值税（进项税额）	1 560

贷：银行存款 13 560

2.低值易耗品的领用

低值易耗品作为周转材料，其最主要的特征是多次循环使用，在周转使用过程中因磨损而减少的价值采用摊销的形式核算。低值易耗品的摊销可根据情况采用一次摊销法或分次摊销法。

（1）一次摊销法。它是指在第一次领用低值易耗品时，将其全部成本一次计入有关成本费用的方法。这种方法适用于一次领用数额较少、价值不高、使用期限不长的低值易耗品。企业采用一次摊销法摊销低值易耗品成本的，在第一次领用时，按其具体用途将其全部成本转入有关的成本费用，借记“制造费用”“管理费用”“销售费用”“其他业务成本”等账户，贷记“周转材料”账户。

【做中学5-15】晋华公司低值易耗品按实际成本计价核算。7月8日生产车间领用梳毛机磨针一批，采用一次摊销法，总计3 500元。根据出库单编制会计分录如下：

借：制造费用 3 500

贷：周转材料——低值易耗品（磨针） 3 500

（2）分次摊销法。它是指在领用低值易耗品时按照使用次数分次计入成本费用的一种摊销方法。这种方法适用于一次领用低值易耗品数量较多、价值较大的情况。低值易耗品在采用分次摊销法核算时，应设置“在库”“在用”“摊销”三个明细账户。

【做中学5-16】晋华公司基本生产车间领用修理工具一批，实际成本10 000元，预计使用10次报废，采用分次摊销法核算。编制会计分录如下：

①每次领用时，根据出库单编制会计分录如下：

借：周转材料——低值易耗品——在用（修理工具） 10 000

贷：周转材料——低值易耗品——在库（修理工具） 10 000

②当月月末摊销修理工具成本1 000元（10 000 ÷ 10），根据低值易耗品摊销表编制会计分录如下：

借：制造费用 1 000

贷：周转材料——低值易耗品——摊销（修理工具） 1 000

③若上述修理工具第10次领用后报废，残值收入50元，将剩余950元（1 000 - 50）成本摊销，根据存货报废单编制会计分录如下：

借：制造费用 950

库存现金 50

贷：周转材料——低值易耗品——摊销（修理工具） 1 000

同时：

借：周转材料——低值易耗品——摊销（修理工具） 10 000

贷：周转材料——低值易耗品——在用（修理工具） 10 000

三、包装物的核算

（一）包装物的定义和分类

包装物，是指为包装本企业产品或商品而储备的各种包装容器，如箱、桶、瓶、坛、袋等。包装物按照其具体用途分为：

（1）生产过程中用于包装产品作为产品组成部分的包装物；

（2）随同产品或商品出售不单独计价的包装物；

（3）随同产品或商品出售单独计价的包装物；

（4）出租给购货单位使用的包装物；

（5）出借给购货单位使用的包装物。

【提示】企业的下列物品不属于包装物范围：（1）各种包装材料，如纸、绳、铁丝、铁皮等，因其数量少、单位价值低，应在“原材料”账户中核算；（2）计划中单独列作企业商品产品的自制包装物，这类包装物是企业的产品，应在“库存商品”账户中核算。

（二）包装物的账务处理

设置“周转材料——包装物”账户，用于反映和监督包装物的增减变动及其价值变化、结存等情况，借方登记包装物的增加，贷方登记包装物的减少，期末余额通常在借方，反映企业期末结存包装物的成本。

1. 包装物的取得

包装物取得的核算与原材料取得的核算相似，可以比照原材料取得的核算方法进行。

外购包装物包括单独购进包装物和随货购进包装物。其中，随货购进包装物又分为单独计价和不单独计价两种情况。单独购进和随货购进单独计价的包装物，其账务处理方法与原材料购进相同，区别是在购进包装物时是否应记入“周转材料——包装物”账户。

随货购进不单独计价的包装物，因其价款包括在所购货物的成本中而无法分离出来，因此，不涉及包装物的账务处理。

【做中学5-17】晋华公司的周转材料按实际成本计价核算。本月购进包装物一批，增值税专用发票已认证，价款10 000元，增值税税额1 300元。包装物已验收入库，货款以银行存款支付。

晋华公司根据收料单、增值税专用发票的发票联、银行付款通知编制会计分录如下：

借：周转材料——包装物	10 000	
应交税费——应交增值税（进项税额）	1 300	
贷：银行存款		11 300

2. 包装物的发出

（1）生产领用的包装物。生产领用的包装物若属于产品内包装，则包装物成为产品不可分割的组成部分，这种包装物一般不单独计价，随同产品销售后也不回收。因此，生产领用的包装物构成产品成本的组成部分，应计入产品的生产成本，借记“生产成本”账户，贷记“周转材料——包装物”账户。

【做中学5-18】晋华公司2023年7月11日为生产羊绒纱领用包装物一批，计划成本2 500元，包装物成本差异率为1%。

①领用包装物时，根据出库单编制会计分录如下：

借：生产成本——基本生产成本（羊绒纱）	2 500	
贷：周转材料——包装物		2 500

②结转领用包装物成本差异时，根据材料成本差异计算表编制会计分录如下：

借：生产成本——基本生产成本（羊绒纱）	25	
贷：材料成本差异——包装物		25

（2）随同产品出售不单独计价的包装物。随同产品出售不单独计价的包装物，因无独立的收入与包装物成本相配比，所以一般作为包装费计入销售费用。在包装物发出时，借记“销售费用”账户，贷记“周转材料——包装物”账户。

【做中学5-19】晋华公司2023年7月15日销售产品时，领用不单独计价的包装物，计划成本为3 000元，包装物成本差异率为1%。

①发出包装物时，根据出库单编制会计分录如下：

借：销售费用——包装费 3 000

　　贷：周转材料——包装物 3 000

②结转领用包装物成本差异时，根据材料成本差异计算表编制会计分录如下：

借：销售费用——包装费 30

　　贷：材料成本差异——包装物 30

（3）随同产品出售单独计价的包装物。随同产品出售单独计价的包装物，属于企业包装物销售业务，即其他销售业务，其取得的收入应作为其他业务收入，其成本应相应地作为其他业务成本。

【做中学5-20】晋华公司2023年7月20日销售产品时，随同产品出售单独计价的包装物一批，价款5 000元，增值税税额650元，已通过银行存款收讫。该批包装物计划成本为4 000元，成本差异率为1%。

①出售包装物，收到价款时，根据增值税专用发票记账联、银行收款通知编制会计分录如下：

借：银行存款 5 650

　　贷：其他业务收入——周转材料（包装物） 5 000

　　　　应交税费——应交增值税（销项税额） 650

②发出包装物时，根据出库单编制会计分录如下：

借：其他业务成本——周转材料（包装物） 4 000

　　贷：周转材料——包装物 4 000

③月末结转包装物成本差异时，根据材料成本差异计算表编制会计分录如下：

借：其他业务成本——周转材料（包装物） 40

　　贷：材料成本差异——包装物 40

（4）出租、出借包装物。企业之间因业务需要，有时要发生相互租用、借用包装物的业务。出租、出借的包装物在周转使用过程中因磨损而减少的价值一般采用一次摊销法，也可以根据具体情况采用分次摊销法进行摊销。对于收回已使用过的出租、出借包装物，应加强实物管理，并在备查账簿中进行登记。

出租的包装物，企业应向使用单位收取一定数额的租金，租金记入“其他业务收入”账户，包装物的成本记入“其他业务成本”账户；出借的包装物，由于不收取租金，因而领用的包装物的成本记入“销售费用”账户。

【做中学5-21】晋华公司销售产品给天成公司时，随货出租新包装物一批，租金为2 000元（含税），该包装物实际成本为2 000元。当即收到现金押金4 000元，使用期满后，租入方退还包装物，租金从押金中扣除。该包装物采用一次摊销法进行摊销。

①出租包装物收到押金，根据收款收据（收款方凭证）编制会计分录如下：

借：库存现金　　4 000

　　贷：其他应付款——天成公司　　4 000

②出租的新包装物出库时，根据出库单编制会计分录如下：

借：其他业务成本　　2 000

　　贷：周转材料——包装物　　2 000

③收回包装物，扣除租金后退还押金，根据增值税专用发票记账联、收据（付款方凭证）编制会计分录如下：

借：其他应付款——天成公司　　4 000

　　贷：其他业务收入　　1 769.91

　　　　应交税费——应交增值税（销项税额）　　230.09

　　　　库存现金　　2 000

【知识拓展】根据《小企业会计准则》的规定，小企业出租或出借周转材料不需要结转成本，但应当进行备查登记。收到租金时计入营业外收入。

任务三　委托加工物资的核算

一、委托加工物资的内容

委托加工物资，是指企业委托外单位进行加工的各种材料、商品等物资。企业在生产经营过程中，由于本身工艺设备条件的限制，有时需要将一部分物资委托外单位加工成另一种物资，以满足企业生产经营的需要。

企业发出委托外单位加工的物资，虽然已经离开本企业，但所有权尚未转移，仍属于企业的存货。经过加工，物资原有的实物形态和用途发生了变化，价值相应增加。企业委托加工物资时要支付给受托加工单位加工费，另外，还会发生运杂费，这些都构成了委托加工物资的核算内容。

【知识拓展】为了组织好委托加工物资的核算，必须建立健全各项手续制度，在委托加工物资发出时填制“委托加工发料单”；加工完成入库时，应填制“委托加工材料（或商品）入库单”，据以核算委托加工物资的收回。同时，要依据受托加工单位提供的加工费及增值税等结算凭证，经审核后付款。

二、委托加工物资的核算

设置“委托加工物资”账户，核算企业委托外单位加工的各种材料、商品等物资的实际成本，反映和监督委托加工物资的发出、收回及结存情况。该账户属于资产类账户，借方登记发出委托加工物资的实际成本以及支付的加工费、往返运杂费等；贷方登记加工完成并验收入库物资的实际成本；期末余额在借方，表示委托外单位加工尚未完成物资的实际成本。该账户可以按加工合同、受托加工单位以及加工物资的品种等设置明细账户进行明细核算。

（一）实际成本计价的核算

1.委托加工物资发出的核算

发出委托加工的材料时，按实际成本借记“委托加工物资”账户，贷记“原材料”“库存商品”等账户。

【做中学5-22】晋华公司采用实际成本法进行材料日常核算。发出羊绒100千克委托丽新公司进行染色，实际成本为70 000元。取得货物运输增值税专用发票，以现金支付发出委托加工材料（羊绒）的运费500元、增值税税额45元。

①根据材料耗费分配表编制会计分录如下：

借：委托加工物资——丽新公司　　70 000
　　贷：原材料——羊绒　　70 000

②根据增值税专用发票的发票联编制会计分录如下：

借：委托加工物资——丽新公司　　500
　　应交税费——应交增值税（进项税额）　　45
　　贷：库存现金　　545

2.支付加工费用及税金的核算

（1）加工费的核算。企业委托加工物资时支付给受托加工单位的加工费，构成委托加工物资的成本。支付加工费时，应借记“委托加工物资”账户，贷记“银行存款”“应付账款”等账户。

（2）涉及增值税的核算。按照我国税法的规定，受托加工企业提供加工劳务需要缴纳增值税，委托企业对应负担的增值税，区别不同情况进行处理：

① 凡加工后的物资用于应交增值税项目，并取得增值税专用发票的一般纳税人，可将这部分增值税作为进项税额扣除，不计入委托加工物资的成本。支付增值税时，借记“应交税费——应交增值税（进项税额）”账户，贷记“银行存款”等账户。

② 凡加工后的物资用于非增值税应税项目以及免交增值税项目或未取得增值税专用发票的一般纳税人及小规模纳税人，应将这部分增值税计入委托加工物资的成本，支付增值税时，借记“委托加工物资”账户，贷记“银行存款”等账户。

【做中学5-23】沿用【做中学5-22】的资料，上述染色加工已经完成，晋华公司与丽新公司办理结算，支付加工费10 000元、增值税税额1 300元。

晋华公司为一般纳税人，根据增值税专用发票的发票联、银行付款通知编制会计分录如下：

借：委托加工物资——丽新公司　　10 000
　　应交税费——应交增值税（进项税额）　　1 300
　　贷：银行存款　　11 300

若晋华公司为小规模纳税人，则根据增值税普通发票、银行付款通知编制会计分录如下：

借：委托加工物资——丽新公司　　11 300
　　贷：银行存款　　11 300

（3）涉及消费税的核算。按照我国税法的规定，如果委托加工后的物资属于应税消费品，则应由受托企业代收代缴消费税。如果委托企业将委托加工后的物资收回后直接对外销售的，则将受托企业代收代缴的消费税计入委托加工物资成本，该委托加工物资销售时不再缴纳消费税。委托企业支付消费税时，借记“委托加工物资”账户，贷记“银行存款”等账户。

如果委托加工后的物资对于委托企业而言属于应税消费品，收回后又继续用于加工同类应税消费品的，则由受托企业代收代缴的消费税可以抵扣，委托企业在支付消费税时，借记“应交税费——应交消费税”账户，贷记“银行存款”等账户。

【做中学5-24】并州香烟厂（增值税一般纳税人）委托晋东工厂加工烟丝，发出材料的总成本为70 000元，加工费为7 000元，增值税税额为910元，消费税税额为33 000元，加工完毕后收回的烟丝又继续用于生产香烟。加工费、增值税以及晋东工厂代收代缴的消费税已通过中信银行支付。

①发出委托加工材料时，根据材料耗费分配表编制会计分录如下：

借：委托加工物资——晋东工厂　　70 000

　　贷：原材料——烟丝　　70 000

②支付加工费、增值税及消费税，根据增值税专用发票的发票联、银行付款通知编制会计分录如下：

借：委托加工物资——晋东工厂　　7 000

　　应交税费——应交增值税（进项税额）　　910

　　　　　　——应交消费税　　33 000

　　贷：银行存款——中信银行　　40 910

若并州香烟厂收回烟丝后直接对外销售，编制会计分录如下：

借：委托加工物资——晋东工厂　　40 000

　　应交税费——应交增值税（进项税额）　　910

　　贷：银行存款——中信银行　　40 910

3.委托加工物资收回的核算

委托企业对加工完成验收入库的物资及剩余材料物资，应按加工收回物资的实际成本或计划成本及剩余材料物资的实际成本或计划成本，借记“原材料”“周转材料”“库存商品”等账户，贷记“委托加工物资”账户，按差额借记或贷记“材料成本差异”等账户。

【做中学5-25】沿用【做中学5-22】和【做中学5-23】的资料，晋华公司收回丽新公司加工完成的染色后羊绒，已经办理验收入库。

晋华公司为一般纳税人，根据收料单编制会计分录如下：

借：原材料——染色后羊绒　　80 500

　　贷：委托加工物资——丽新公司　　80 500

【做中学5-26】沿用【做中学5-24】的资料，并州香烟厂收回加工的烟丝，已经办理验收入库。根据收料单编制会计分录如下：

借：原材料——烟丝　　77 000

　　贷：委托加工物资——晋东工厂　　77 000

（二）计划成本计价的核算

发出委托加工的材料物资时，按实际成本借记“委托加工物资”账户，按计划成本贷记“原材料”“库存商品”等账户。分摊节约差异时，借记“材料成本差异”账户；分摊超支差异时，贷记“材料成本差异”账户。

支付加工费以及发生相关税金时，参照按实际成本计价的委托加工物资的核算。

委托企业对加工完成验收入库的存货及剩余材料物资，应按加工收回物资的计划成本借记“原材料”“周转材料”“库存商品”等账户，贷记“委托加工物资”账户；同时结转材料成本差异。

【做中学5–27】晋华公司采用计划成本进行材料日常核算，2023年8月，委托丽锦公司进行羊绒的洗绒加工。相关业务如下：

①发出羊绒100千克，羊绒的计划成本为80 000元，材料成本差异率为2%。晋华公司根据材料耗费分配表、材料成本差异计算表编制会计分录如下：

借：委托加工物资——丽锦公司	81 600	
贷：原材料——羊绒		80 000
材料成本差异——羊绒		1 600

②晋华公司取得货物运输增值税专用发票：运费600元、增值税税额54元。洗绒加工完成，取得增值税专用发票：加工费10 000元，增值税税额1 300元。加工费和运输费都已用银行存款支付。根据增值税专用发票的发票联、银行付款通知编制会计分录如下：

借：委托加工物资——丽锦公司	10 600	
应交税费——应交增值税（进项税额）	1 354	
贷：银行存款		11 954

③上述经洗绒加工处理后的羊绒收回验收入库，继续用于生产羊绒纱，完成洗绒加工处理后的羊绒的计划成本为93 000元。根据收料单编制会计分录如下：

借：原材料——洗绒后羊绒	93 000	
贷：委托加工物资——丽锦公司		92 200
材料成本差异——洗绒后羊绒		800

任务四　库存商品的核算

一、库存商品的内容

库存商品是指企业已完成全部生产过程并已验收入库，合乎标准规格和技术条件，可以按照合同规定的条件送交订货单位，或可以作为商品对外销售的产品，以及外购或委托加工完成验收入库用于销售的各种商品。

库存商品具体包括库存产成品、外购商品、存放在门市部准备出售的商品、发出展览的商品、寄存在外的商品、接受来料加工制造的代制品和为外单位加工修理的代修品等。制造行业的库存商品主要是指产成品。

【提示】已完成销售手续但购买单位在月末未提取的产品，不应作为企业的库存商品，而应作为代管商品处理，单独设置代管商品备查簿进行登记。

二、库存商品的账务处理

（一）商品入库

设置“库存商品”账户，反映和监督库存商品的增减变化及其结存情况。该账户属资产类账户，借方登记验收入库的库存商品成本；贷方登记发出的库存商品成本；期末余额在借方，反映各种库存商品的实际成本或计划成本。该账户可以按照商品种类和品名设置明细账户进行明细核算。

【知识拓展】商品流通企业的库存商品有按进价核算和按售价核算两种方法。在按售价核算方法下，除了设置“库存商品”账户核算库存商品的售价外，还需设置“商品进销差价”账户核算库存商品售价和进价间的差额。

企业生产的产成品一般应按实际成本核算，产成品的入库和出库平时只记数量不记金额，期（月）末计算入库产成品的实际成本。生产完成验收入库的产成品，按其实际成本，借记“库存商品”等账户，贷记“生产成本”等账户。

产成品种类较多的，也可按计划成本进行日常核算，其实际成本与计划成本的差异，可以单独设置“产品成本差异”账户，比照“材料成本差异”账户核算。

【做中学5-28】晋华公司2023年7月15日完工验收入库羊绒纱500千克，实际成本为500 000元。

在实际成本法下，根据产成品入库单和产品成本计算单编制会计分录如下：

借：库存商品——羊绒纱　　500 000
　　贷：生产成本——基本生产成本——羊绒纱　　500 000

如果晋华公司采用计划成本核算产成品，计划成本为505 000元，根据产成品入库单和产品成本计算单编制会计分录如下：

借：库存商品——羊绒纱　　505 000
　　贷：生产成本——基本生产成本——羊绒纱　　500 000
　　　　产品成本差异　　5 000

（二）商品发出

采用实际成本进行产成品日常核算的，发出产成品的实际成本可以采用先进先出法、加权平均法或个别计价法计算确定。

制造企业销售商品、确认收入时，应结转其销售成本，借记“主营业务成本”等账户，贷记“库存商品”账户。发出产成品还应结转产品成本差异，将发出产成品的计划成本调整为实际成本。

【做中学5-29】晋华公司2023年8月19日销售羊绒纱100千克，实际销售成本为100 000元。

在实际成本法下，在结转其销售成本时，根据销售成本计算表编制会计分录如下：

借：主营业务成本　　100 000
　　贷：库存商品——羊绒纱　　100 000

假定该公司采用计划成本计价核算，计划成本为101 000元，发出的产成品还应结转产品成本差异，将发出产成品的计划成本调整为实际成本，根据销售成本计算表编制会计分录如下：

借：主营业务成本　　100 000
　　产品成本差异　　1 000
　　贷：库存商品——羊绒纱　　101 000

【知识拓展】商品流通企业，尤其是商业批发企业一般采用毛利率法来计算本期商品销售成本和期末库存商品成本。

毛利率法，是指根据本期销售净额乘以上期实际（或本期计划）毛利率，匡算本期销售毛利，并据以计算发出存货和期末存货成本的一种方法。其计算公式为：

毛利率 = 销售毛利 ÷ 销售净额 × 100%

销售净额 = 商品销售收入 − 销售退回和折让

销售毛利 = 销售净额 × 毛利率

销售成本 = 销售净额 − 销售毛利

期末存货成本 = 期初存货成本 + 本期购货成本 − 本期销售成本

商品流通企业经营商品的品种繁多，如果分品种计算商品成本，工作量将大大增加。一般来讲，商品流通企业同类商品的毛利率大致相同，采用这种存货计价方法既能减少工作量，也能满足对存货管理的需要。

【做中学5-30】某商品流通企业2023年9月1日羊绒衫商品库存24万元，本月购进86万元，本月销售收入125万元，发生的销售折让为62 500元。上月该类商品的毛利率为20%。

本月销售净额 = 1 250 000 − 62 500 = 1 187 500（元）

本月销售毛利 = 1 187 500 × 20% = 237 500（元）

本月销售成本 = 1 187 500 − 237 500 = 950 000（元）

任务五　存货清查和减值的核算

一、存货清查的核算

（一）存货清查的方法

存货的清查是指根据账簿记录，对各种存货进行实地盘点和核对。企业的存货种类多，收发频繁。在存货的日常收、发、存过程中，由于计量错误，保管不善，自然损耗及丢失、毁损等原因，往往会发生账实不符。因此，企业应定期或不定期清查盘点存货，以确定企业存货实际库存量，并与账面相核对。

对于存货，应从数量和质量两方面进行清查。存货清查盘点，首先将各项存货明细账登记齐全，核对清楚，切实做到账簿的记录完整，计算正确，账证、账账相符，以便据以同实物相核对。在清查过程中，由于各种存货的实物形态、体积、重量、堆放方式等不尽相同，因而所采用的清查方法也不尽相同。对存货实物数量的清查可以采用实地盘点法，即在存货存放现场逐一清点数量或用计量仪器确定其实存数的一种方法；也可以采用技术推算盘点法，即通过量方、计尺等技术来推算存货的结存数量。清查结束，应编制“存货盘点报告单”，如实反映各种存货的账存数和实存数，以及盘盈和盘亏、毁损的数量和金额。对清查中发现的盘盈、盘亏或毁损的存货，应及时查明原因，分情况及时处理。

（二）存货清查的账务处理

设置“待处理财产损溢——待处理流动资产损溢”账户，核算存货清查结果。该账户借方登记各种存货盘亏、毁损的数额和盘盈的转销金额，贷方登记各种存货盘盈的金额以及盘亏或毁损的转销金额。企业的待处理财产损溢，应于期末结账前查明原因，并根据企业的管理权限经股东大会或董事会，或经理（厂长）会议或类似机构批准后，在期末结账前处理完毕。

1.存货盘盈的账务处理

存货盘盈是指存货的实存数大于账存数。存货盘盈的原因很多，如收发计量或核算上的错误。在没有查明原因时，应及时办理存货入账手续，调整账面记录，借记有关存货账户，贷记“待处理财产损溢——待处理流动资产损溢”账户。经有关部门批准后，再冲减管理费用，借记“待处理财产损溢——待处理流动资产损溢”账户，贷记“管理费用”账户。

【做中学5-31】晋华公司2023年7月31日在清查存货时，盘盈羊毛2千克，经查明是收发计量上的误差所造成的，按最后一次采购的实际成本每千克100元入账。

①未经批准以前，根据存货盘点报告单编制会计分录如下：

借：原材料——羊毛 200

贷：待处理财产损溢——待处理流动资产损溢 200

②经批准以后冲减管理费用，根据存货盘盈盘亏审批单编制会计分录如下：

借：待处理财产损溢——待处理流动资产损溢 200

贷：管理费用 200

2.存货盘亏和毁损的账务处理

存货盘亏是指存货的实存数小于账存数。存货毁损是指由于自然灾害、人为过失所造成的毁损。存货盘亏和毁损的原因很多，如自然损耗、保管人的过失、意外灾害等。企业发生存货盘亏和毁损，通过“待处理财产损溢——待处理流动资产损溢”账户核算。报经批准后，再根据其原因，区别情况进行账务处理：

（1）属于定额内损耗的，经批准可转入管理费用，借记“管理费用”账户，贷记“待处理财产损溢”账户。

（2）属于管理不善造成的存货短缺、毁损，能确定过失人责任的，应由过失人赔偿，属于保险责任范围的，应向保险公司索赔，扣除过失人或保险公司赔款和残料价值后，加上不允许抵扣的增值税进项税额，计入管理费用，借记“管理费用”账户，贷记“待处理财产损溢”“应交税费——应交增值税（进项税额转出）”账户。

（3）属于非常损失的存货毁损，扣除保险公司赔款和残料价值后，计入营业外支出，借记“营业外支出”账户，贷记“待处理财产损溢”账户。

【提示】如果盘盈或盘亏的存货在期末结账前尚未经批准的，在对外提供财务会计报告时先按上述办法进行处理，并在会计报表附注中作出说明；如果其后批准处理的金额与之前的处理不一致，则调整当期会计报表相关项目的年初数。

【做中学5-32】晋华公司2023年7月31日盘亏羊绒1千克，实际成本750元，增值税税额97.5元，经查明属于定额内合理损耗。

①存货盘亏时，调整存货账面记录，根据存货盘点报告单编制会计分录如下；

借：待处理财产损溢——待处理流动资产损溢 750

贷：原材料——羊绒 750

②经批准后，计入管理费用，根据存货盘盈盘亏审批单编制会计分录如下：

借：管理费用 750

贷：待处理财产损溢——待处理流动资产损溢 750

【做中学5-33】晋华公司2023年7月31日毁损羊毛材料10千克，实际成本1 000元，增值税税额130元，经查明是保管员管理不善所致。经研究决定，保管员赔偿500元；收回残料价值200元。

①经批准前，根据存货盘点报告单编制会计分录如下：

借：待处理财产损溢——待处理流动资产损溢 1 130

贷：原材料——羊毛 1 000

应交税费——应交增值税（进项税额转出） 130

②经批准后，分不同情况入账时，根据存货盘盈盘亏审批单编制会计分录如下：

借：其他应收款——××保管员 500

原材料——羊毛 200

管理费用 430

贷：待处理财产损溢——待处理流动资产损溢 1 130

【知识拓展】根据《小企业会计准则》的规定，小企业盘盈存货实现的收益应当计入营业外收入，盘亏存货发生的损失扣除理赔金额后的净额，应当计入营业外支出，不再进行细分。

二、存货跌价损失的核算

（一）存货跌价损失的确认和计量

资产负债表日，存货应当按照成本与可变现净值孰低计量。

存货按成本与可变现净值孰低计量，是指期末存货按照成本与可变现净值两者之中较低者计价的方法，即当成本低于可变现净值时，期末存货按成本计价；当成本高于可变现净值时，期末存货按可变现净值计价，即存货发生减值，确认存货跌价损失，计提存货跌价准备。

成本是指期末存货的实际成本，如企业在存货成本的日常核算中采用计划成本法等简化核算方法，则成本应为调整后的实际成本。

可变现净值是指在日常活动中，存货的估计售价减去至完工时估计将要发生的成本、估计的销售费用以及相关税费后的金额。具体计算时要区分出售的商品存货和耗用的材料存货。

1. 商品存货可变现净值的确定

商品是直接用于出售的存货，其可变现净值根据在日常活动中，以商品的估计售价减去估计的销售费用和相关税费后的金额确定。为执行销售合同或者劳务合同而持有的商品，其可变现净值应当以合同价格为基础确定。企业持有存货的数量多于销售合同或者劳务合同订购数量的，超出部分的存货的可变现净值应当以一般销售价格为基础确定。

【做中学5-34】2023年7月31日，晋华公司羊绒纱的账面成本为100万元，估计售价为80万元，估计的销售费用及相关税费为2万元，则该羊绒纱商品的价值为：

羊绒纱商品可变现净值 = 羊绒纱的估计售价 − 估计的销售费用及相关税费

= 800 000 − 20 000 = 780 000（元）

羊绒纱商品的可变现净值为78万元，羊绒纱商品的账面成本为100万元，按成本与可变现净值孰低计量，2023年7月31日羊绒纱商品的价值应以可变现净值78万元计量。

2.材料存货可变现净值的确定

用于生产的材料、在产品或自制半成品等需要加工的存货，其可变现净值根据在日常活动中存货的估计售价减去至完工时估计将要发生的成本、估计的销售费用以及相关税费后的金额确定。如果属于按订单生产，则应按协议价而不是估计售价确定可变现净值。具体来说，为生产而持有的材料等存货，按以下原则处理：

（1）如果用其生产的产成品的可变现净值预计高于成本，则该材料等存货应当按照成本计量。

【做中学5-35】2023年7月31日，晋华公司的羊绒账面实际成本为35万元，市场购买价格为30万元，假设不发生其他购买费用。用羊绒生产的羊绒纱的可变现净值高于成本。确定2023年7月31日羊绒价值的过程如下：

根据上述资料可知，2023年7月31日羊绒的账面实际成本高于其市场价格，但是由于用其生产的产成品羊绒纱的可变现净值高于其成本，也就是用羊绒生产的最终产品此时并没有发生价值减损，因而，在这种情况下，即使羊绒账面实际成本已高于市场价格，在2023年7月31日仍然按35万元计量羊绒成本。

（2）如果材料的价格下降等表明用其生产的产成品的可变现净值低于成本，则该材料应当按可变现净值计量。

【做中学5-36】2023年7月31日，晋华公司羊毛的账面实际成本为11万元，市场购买价格为10万元，假设不发生其他购买费用。由于羊毛价格下降，市场上用羊毛生产的羊毛纱的售价由29万元下降为26万元，将羊毛加工成羊毛纱尚需投入16万元，估计销售费用及相关税费为1万元，则确定2023年7月31日羊毛的价值为：

第一步，计算用羊毛生产的羊毛纱的可变现净值。

羊毛纱的可变现净值 = 羊毛纱的估计售价 − 估计销售费用及相关税费

= 260 000 − 10 000 = 250 000（元）

第二步，将用羊毛生产的羊毛纱可变现净值与其成本进行比较：

羊毛纱的可变现净值为25万元，低于其成本27万元（11 + 16），即价格的下降表明羊毛纱的可变现净值低于成本，因此羊毛应当按可变现净值计量。

第三步，计算羊毛的可变现净值：

羊毛的可变现净值 = 羊毛纱的售价 − 将羊毛加工成羊毛纱尚需投入的成本 − 估计销售费用及相关税费

= 260 000 − 160 000 − 10 000 = 90 000（元）

羊毛的可变现净值为9万元，羊毛的成本为11万元，按成本与可变现净值孰低计量，2023年7月31日羊毛的价值应为其可变现净值9万元。

【提示】会计期末，在运用成本与可变现净值孰低原则对材料存货进行计量时，需要考虑材料的用途。对于用于生产而持有的材料等，应当将其与所生产的产成品的期末价值减损情况联系起来；对于用于出售的材料等，只需要将材料的成本与根据材料本身的估计售价确定的可变现净值相比即可。

（二）账务处理

设置“存货跌价准备”账户，核算期末存货的可变现净值低于成本的金额。该账户贷方反映计提或补提的存货跌价准备；借方反映转回或结转的存货跌价准备；期末贷方余额反映期末结存存货可变现净值低于其成本的金额。

资产负债表日，存货的可变现净值低于成本，企业应当确认资产减值损失，计提存货跌价准备。期末计提或补提存货跌价准备时，借记“资产减值损失”账户，贷记“存货跌价准备”账户。

当以前减记存货价值的因素已经消失，减记的金额应当予以恢复，并在原已计提的存货跌价准备金额内转回，即冲减的跌价准备金额，应以“存货跌价准备”账户的余额为限冲减至零。期末按照应冲减金额，借记“存货跌价准备”账户，贷记“资产减值损失”账户。

微课

可变现净值的确定

【提示】企业应在每一会计期末比较成本与可变现净值，并计算出应计提的存货跌价准备，再与已提数进行比较。若应提数大于已提数，应予补提；反之，应按已提数与应提数之间的差额冲销已提数。

【做中学5-37】晋华公司从2020年开始采用成本与可变现净值孰低法对存货进行期末计价。有关羊绒纱商品的各年资料见表5-3。

表5-3　　存货（羊绒纱）跌价准备计算表　　单位：元

项　目	2020年年末	2021年年末	2022年年末	2023年年末
账面实际成本	31 000	37 000	23 000	35 000
可变现净值	26 000	29 000	21 000	37 000
存货跌价准备	5 000	8 000	2 000	0

审核：×××　　制单：×××

晋华公司每年年末根据存货（羊绒纱）跌价准备计算表编制会计分录如下：

2020年年末计提羊绒纱商品的存货跌价准备 = 31 000 − 26 000 = 5 000（元）

借：资产减值损失——存货　　5 000

　　贷：存货跌价准备——羊绒纱　　5 000

2021年年末补提羊绒纱商品的存货跌价准备 = 37 000 − 29 000 − 5 000 = 3 000（元）

借：资产减值损失——存货　　3 000

　　贷：存货跌价准备——羊绒纱　　3 000

2022年年末转回已计提的羊绒纱商品的存货跌价准备 =（5 000 + 3 000）−（23 000 − 21 000）= 6 000（元）

借：存货跌价准备——羊绒纱　　6 000

　　贷：资产减值损失——存货　　6 000

2023年年末转回已不存在跌价的羊绒纱商品的存货跌价准备 =（5 000 + 3 000）− 6 000 = 2 000（元）

借：存货跌价准备——羊绒纱　2 000

　　贷：资产减值损失——存货　2 000

【知识拓展】根据《小企业会计准则》的规定，小企业存货年末按历史成本进行计量，不计提减值准备。

【明德善思】

獐子岛闹剧始末

早在2014年，獐子岛就突然发布公告称，公司在进行秋季底播虾夷扇贝存量抽测时，发现存货异常，公司因此第三季度亏损7.63亿元，而亏损的主要原因是北黄海异常冷水团导致扇贝“跑路”。

2016年，獐子岛又利用公司营业成本核算与采捕面积直接挂钩的特点，随意记录采捕海域，在营业成本上做文章，进行业绩操纵。

獐子岛以水产增养殖为主，是一家集海珍品育苗、增养殖、加工、贸易、海上运输于一体的综合性海洋食品企业，其主要养殖的海货就是海底的虾夷扇贝。自2014年以来，在不到6年的时间里，獐子岛的扇贝先后四次离奇“失踪”。如此离奇的剧情，频频在獐子岛的公告中上演，以至于会计师事务所连续对其年报出具了保留意见。

“扇贝游走了”“扇贝回来了”“扇贝饿死了”，市场对獐子岛扇贝事件的戏称，已令公司名誉扫地。

扇贝为何会跑路，业内人士仔细分析发现，跑路的时点和獐子岛业绩存在相关性。证监会表示，獐子岛公司在2014年、2015年已连续两年亏损的情况下，客观上利用海底库存及采捕情况难发现、难调查、难核实的特点，不以实际采捕海域为依据进行成本结转，导致财务报告严重失真，2016年通过少记录成本、营业外支出的方法将利润由亏损披露为盈利，2017年将以前年度已采捕海域列入核销海域或减值海域，夸大亏损幅度。

证监会统筹执法力量，走访渔政监督、水产科研等部门寻求专业支持，依托科技执法手段开展全面深入调查。獐子岛公司每月虾夷扇贝成本结转的依据为当月捕捞区域，在无逐日采捕区域记录可以核验的情况下，证监会借助卫星定位数据，对公司27条采捕船只数百余万条海上航行定位数据进行分析，委托两家第三方专业机构运用计算机技术还原了采捕船只的真实航行轨迹，复原了公司最近两年真实的采捕海域，进而确定实际采捕面积，并据此认定獐子岛公司成本、营业外支出、利润等存在虚假问题。

2020年6月15日，证监会依法对獐子岛及相关人员涉嫌违反证券法律法规案作出行政处罚和市场禁入决定。证监会对獐子岛公司给予警告，并处以60万元罚款，对15名责任人员处以3万元至30万元不等罚款，对4名主要责任人采取5年至终身市场禁入。

资料来源：佚名. 证监会下重锤！扇贝跑路大结局：獐子岛被移送公安机关［EB/OL］.［2020-09-12］. https：//www.sohu.com/a/417882901_162758.

【启示】根据原证券法，对所披露的信息有虚假记载、误导性陈述或者重大遗漏的，最高罚额为60万元；对直接负责人员等顶格罚额为30万元。但同时，对违法行为的惩处不仅仅是行政处罚一项，还包括民事责任、刑事追责等层面的法律责任。獐子岛财务造假性质恶劣，影响极坏，严重破坏了信息披露制度的严肃性，严重破坏了市场诚信基础，依法应予严惩。作为未来的财会工作者，同学们要恪守职业道德底线，诚实守信，遵纪守法，自觉担当维护市场经济秩序的守卫者。

项目小结

本项目主要知识点归纳总结见表5-4。

表5-4　本项目主要知识点归纳总结

任务	知识点	账务处理要点
原材料的核算	按实际成本计价。 无论是总账还是明细账都按照实际成本登记。 发出原材料的计价方法：先进先出法、全月一次加权平均法、移动加权平均法、个别计价法	设置“原材料”账户，核算库存材料的实际成本；设置“在途物资”账户，核算尚未入库材料的实际成本。 （1）材料入库记入“原材料”账户；材料未入库记入“在途物资”账户，待材料入库，再转入“原材料”账户；材料入库，结算凭证未到暂不入账，如果月末凭证仍然未到，应先按暂估价，借记“原材料”账户，贷记“应付账款——暂估应付账款”账户，下月初予以转回 （2）材料发出时，借记相关的成本费用账户，贷记“原材料”账户
	按计划成本计价。 分别设置账户核算原材料的实际成本、计划成本和材料成本差异。 发出原材料时，月末计算材料成本差异率、本月发出材料应负担的成本差异，从而计算发出材料的实际成本	设置“原材料”账户，核算库存材料的计划成本；设置“材料采购”账户，核算外购材料的实际成本；设置“材料成本差异”账户，核算实际成本与计划成本之间的差异。 （1）材料取得时，分别按照实际成本、计划成本和材料成本差异在“材料采购”“原材料”“材料成本差异”账户核算 （2）材料发出时，借记相关的成本费用账户，贷记“原材料”账户；同时分摊材料成本差异，会计分录如下： 借：有关账户 　　贷：材料成本差异（分摊超支差异） 如果分摊节约差异，作相反的会计分录
周转材料的核算	（1）周转材料的核算方法也有实际成本计价和计划成本计价两种 （2）周转材料发出时，按照受益对象分配其成本，计入相关资产的成本或当期损益 （3）周转材料成本可以采用一次摊销法、分次摊销法	设置“周转材料”账户。 （1）周转材料取得的核算采用与原材料取得的核算相一致的方法 （2）包装物发出： 借：生产成本、销售费用、其他业务成本 　　贷：周转材料——包装物 （3）低值易耗品摊销： 借：制造费用、管理费用等 　　贷：周转材料——低值易耗品 （4）按计划成本计价核算时，还要借记或贷记“材料成本差异”账户

续表

任 务	知识点	账务处理要点
委托加工物资的核算	(1) 委托单位应该负担的增值税：可以抵扣的，作为进项税额处理；不可以抵扣的，计入委托加工物资的成本 (2) 受托方代收代缴的消费税：如果收回后直接用于对外销售，这部分消费税就应该计入存货成本；如果收回后继续用于生产应税消费品，这部分消费税可以抵扣	设置"委托加工物资"账户。 (1) 增值税和消费税可以抵扣： 借：委托加工物资 　　应交税费——应交增值税（进项税额） 　　　　　　——应交消费税 　　贷：原材料、银行存款等 (2) 增值税和消费税不可以抵扣： 借：委托加工物资 　　贷：原材料、银行存款等 (3) 收回委托加工物资： 借：原材料、库存商品等 　　贷：委托加工物资
库存商品的核算	(1) 制造企业按实际成本或计划成本计价；商品流通企业按进价或售价核算 (2) 库存商品发出采用先进先出法、加权平均法、个别计价法计算发出商品的成本，商品流通企业大多采用毛利率法计算发出商品的成本	设置"库存商品"账户。 (1) 制造企业采用计划成本计价核算时，同时通过"产品成本差异"账户核算实际成本和计划成本之间的差额 (2) 商品流通企业采用售价核算时，同时通过"商品进销差价"账户核算售价和进价之间的差额
存货清查和减值的核算	(1) 存货清查。盘盈盘亏存货不得挂账 (2) 存货跌价损失。当存货的可变现净值低于成本时，确认存货跌价损失，计提存货跌价准备	(1) 存货盘盈、盘亏通过"待处理财产损溢——待处理流动资产损溢"账户核算。存货盘亏，扣除残料、责任人或保险公司赔款后，属于非正常损失的，作为损失借记"营业外支出"账户，属于其他原因的，借记"管理费用"账户。存货盘盈，贷记"管理费用"账户 (2) 计提、补提存货跌价准备时： 借：资产减值损失 　　贷：存货跌价准备 转回存货跌价准备时，作相反的会计分录

阅读篇目

《企业会计准则第1号——存货》及其应用指南

《中华人民共和国增值税暂行条例》及其实施细则

《财政部　国家税务总局关于全面推开营业税改征增值税试点的通知》（财税〔2016〕36号）

《小企业会计准则》

项目六

长期股权投资的核算

微课

项目六概述

学习目标

【知识目标】

1. 熟悉长期股权投资的性质和取得的方式
2. 掌握非企业合并形成的长期股权投资初始入账价值的确定方法
3. 掌握长期股权投资成本法和权益法的核算
4. 了解长期股权投资减值准备的核算

【技能目标】

1. 能区分长期股权投资和金融资产
2. 能根据企业实际判断长期股权投资的后续计量方法，正确进行会计处理
3. 能根据企业会计准则的要求估计长期股权投资减值损失，正确进行会计处理，防范投资风险
4. 能结合财经法规和企业要求，自主解决长期股权投资业务会计处理中出现的常见问题

【素质目标】

1. 贯彻新发展理念，实现高质量发展。牢固树立和切实贯彻新发展理念，培养学生政治敏锐性和经济发展观，为企业投资决策提供信息
2. 风险与报酬同在，理性投资。正确选择投资核算方法，正确计算投资收益，为投资决策提供可靠财务信息。充分认识风险与报酬同在，加强风险预控，采取有力措施，切实降低风险，为安全投资保驾护航

工作情境与工作任务

企业对外投资的方式和类型很多，您能正确判断什么样的投资属于长期股权投资吗？您知道不同方式取得的长期股权投资初始成本如何确定吗？

企业对外投资的目的是获取投资收益，投资收益的多少取决于投资企业对被投资单位的影响程度，投资企业对被投资单位的影响程度不同，会计处理方法也不一样。在我国会计实务中，长期股权投资的核算方法有成本法和权益法之分，您能根据企业发生的投资业务判断其应当采用成本法还是权益法核算吗？您能够正确运用成本法和权益法对长期股权投资业务进行核算吗？您知道成本法和权益法下投资收益的确认和计量有什么不同吗？

投资的目的是获得投资收益，但是，在实际工作中，由于管理层决策、社会经济等方面的影响，企业的投资会发生减值。当投资发生减值时，您知道会计上如何处理吗？

任务一　长期股权投资的初始计量

一、长期股权投资的内容

长期股权投资，是指投资方对被投资单位实施控制、重大影响的权益性投资，以及对其合营企业的权益性投资，即对子公司、合营企业和联营企业的权益性投资。

控制，是指投资方拥有对被投资方的权力，通过参与被投资方的相关活动而享有可变回报，并且有能力运用对被投资方的权力影响其回报金额。投资企业能够对被投资单位实施控制的，形成母子公司，投资企业为母公司，被投资单位为其子公司。当投资企业直接或间接拥有被投资单位50%以上表决权资本时，一般认为投资企业能够控制被投资单位。

重大影响，是指投资方对被投资单位的财务和经营政策有参与决策的权力，但并不能控制或者与其他方共同控制这些政策的制定。投资方能够对被投资单位施加重大影响的，被投资单位为其联营企业。当投资企业直接拥有被投资单位20%以上且小于等于50%的表决权资本时，一般认为对被投资单位具有重大影响，除非有明确的证据表明该种情况下投资企业不能参与被投资单位的生产经营决策。

【提示】判断投资企业对被投资单位是否具有控制和重大影响时，要考虑实质重于形式的要求。

合营企业是合营安排的一种类别。合营安排，是指一项由两个或两个以上的参与方共同控制的安排。合营安排分为共同经营和合营企业。共同经营，是指合营方享有该安排相关资产且承担该安排的相关负债的合营安排。合营企业，是指合营方仅对该安排的净资产享有权利的合营安排。

二、长期股权投资的初始计量

长期股权投资在取得时，应按初始投资成本计量。

（一）以合并方式取得的长期股权投资

企业合并是指将两个或两个以上单独的企业合并形成一个报告主题的交易或事项。根据参与合并的企业在合并前后是否受同一方或相同的多方最终控制，分为同一控制下的企业合并与非同一控制下的企业合并。

1. 同一控制下企业合并形成的长期股权投资

（1）同一控制下企业合并及其特点

同一控制下企业合并，是指参与合并的各方在合并前后均受同一方或相同的多方最终控制，且该控制并非暂时性的。同一方，是指对参与合并的企业在合并前后均实施最终控制的投资者。相同的多方，通常是指根据投资者之间的协议约定，在对被投资单位的生产经营决策行使表决权时发表一致意见的两个或两个以上的投资者。控制并非暂时性，是指参与合并的各方在合并前后较长的时间内受同一方或相同的多方最终控制。较长的时间通常指1年以上（含1年）。

同一控制下企业合并，在合并日取得对其他参与合并企业控制权的一方为合并方，参与合并的其他企业为被合并方。

同一控制下企业合并的特点表现为：将企业合并看作是两个或多个参与合并企业权益的重新整合，由于最终控制方的存在，从最终控制方的角度，该类企业合并一定程度上并不会造成构成企业集团整体的经济利益流入和流出，最终控制方在合并前后实际控制的经济资源并没有发生变化，所以整个事项从本质上看不属于交易事项，而是企业间资产、负债的重新组合。所以，长期股权投资采用账面价值计量。

（2）长期股权投资初始成本的确定

同一控制下企业合并形成的长期股权投资，合并方应当在合并日按照被合并方所有者权益在最终控制方合并财务报表中的账面价值的份额作为长期股权投资的初始投资成本。被合并方在合并日的所有者权益账面价值为负数的，长期股权投资成本按零确定，同时在备查簿中予以登记。

同一控制下的企业合并，合并方或购买方为企业合并发生的审计、法律服务、评估咨询等中介费用以及其他相关管理费用，应当于发生时计入当期损益（管理费用）。

（3）初始取得长期股权投资的会计处理

企业设置“长期股权投资”账户，核算企业准备长期持有的各种股权性质的投资，包括购入的股票和其他股权投资等。该账户属于资产类账户，借方登记长期股权投资的增加额；贷方登记长期股权投资的减少额；期末借方余额反映企业持有的长期股权投资的价值。按照被投资单位设置明细账户进行明细核算。

合并方以支付现金、转让非现金资产或承担债务方式作为合并对价的，长期股权投资初始投资成本与支付的现金、转让的非现金资产，以及所承担债务账面价值之间的差额，应当调整资本公积；资本公积不足冲减的，调整留存收益。

合并方以发行权益性证券作为合并对价的，按照发行股份的面值总额作为股本，长期股权投资初始投资成本与所发行股份面值总额之间的差额，应当调整资本公积；资本公积不足冲减的，调整留存收益。

【做中学6-1】永泰集团公司的子公司华阳有限公司转账支付8 000万元取得同一集团内C公司55%的股权，C公司成为华阳有限公司的子公司。合并日永泰集团公司合并财务报表中C公司的账面所有者权益总额为16 000万元。华阳有限公司长期股权投资的成本为8 800万元（16 000×55%）。

华阳有限公司根据股权转让协议、股权转让证明、银行付款通知编制会计分录如下：

原始凭证

借：长期股权投资——C公司 88 000 000
　贷：银行存款 80 000 000
　　资本公积——股本溢价 8 000 000

【做中学6-2】2022年3月，永泰集团公司的子公司鸿腾有限公司通过增发5 000万股普通股（每股面值1元）取得同一集团内S公司70%的股权，并于当日对S公司实施控制。按照增发前后的平均股价计算，该5 000万股股份的公允价值为20 800万元。合并日永泰集团公司合并财务报表中S公司的账面所有者权益总额为28 000万元。鸿腾有限公司长期股权投资的初始投资成本为19 600万元（28 000×70%）。

鸿腾有限公司根据股权转让协议副本、股票发行手续、长期股权投资入账价值计算表编制会计分录如下：

借：长期股权投资——S公司 196 000 000
　贷：股本 50 000 000
　　资本公积——股本溢价 146 000 000

2.非同一控制下企业合并形成的长期股权投资

（1）非同一控制下企业合并及其特点

非同一控制下企业合并，是指参与合并的各方在合并前后不属于同一方或相同的多方最终控制的情况下进行的合并。

非同一控制下企业合并的特点是：参与合并的一方购买另一方或多方的交易。其中，在购买日取得对其他参与合并企业控制权的一方为购买方，参与合并的其他企业为被购买方。长期股权投资采用公允价值计量。

（2）长期股权投资初始投资成本的确定

非同一控制下的控股合并中，购买方应当按照支付对价的公允价值确定合并成本，合并成本就是长期股权投资的初始投资成本。合并成本包括购买方付出的资产、发生或承担的负债、发行的权益性工具或债券工具的公允价值之和。

非同一控制下的企业合并，合并方或购买方为企业合并发生的审计、法律服务、评估咨询等中介费用及其他相关管理费用，应当于发生时计入当期损益（管理费用）。

（3）初始取得长期股权投资的会计处理

①支付现金作为对价取得长期股权投资的，实际支付的现金计入长期股权投资。

②支付非货币性资产作为对价取得长期股权投资的，所支付的非货币性资产在购买日的公允价值作为长期股权投资的初始成本，所支付的非货币性资产在购买日的公允价值与其账面价值的差额计入当期损益。

【做中学6-3】永泰集团公司支付现金5 000万元和所持有的专利权作为对价，自乙企业的控股股东处购入乙企业60%的股权。作为合并对价的专利权的账面原值为4 800万元，累计摊销1 000万元，其目前市场价格为4 600万元。永泰集团公司企业合并成本即长期股权投资的初始投资成本为9 600万元。

永泰集团公司根据股权转让协议副本、无形资产转让手续、长期股权投资入账价值计算表编制会计分录如下：

借：长期股权投资——乙企业	96 000 000	
累计摊销	10 000 000	
贷：银行存款		50 000 000
无形资产——专利权		48 000 000
资产处置损益		8 000 000

（二）以非合并方式取得的长期股权投资

1.长期股权投资初始投资成本的确定

除企业合并形成的长期股权投资以外，其他方式取得的长期股权投资，应当按照下列规定确定其初始投资成本。

（1）以支付现金取得的长期股权投资

以支付现金取得的长期股权投资，应当按照实际支付的购买价款作为初始投资成本。初始投资成本包括与取得长期股权投资直接相关的费用、税金及其他必要支出。如果实际支付的价款中包含了已宣告但尚未发放的现金股利或利润，这部分股利或利润应作为应收款项核算，不能计入长期股权投资的初始投资成本。

（2）以发行权益性证券取得的长期股权投资

以发行权益性证券取得的长期股权投资，应当按照发行权益性证券的公允价值作为初始投资成本，但不包括应自被投资单位收取的已宣告但尚未发放的现金股利或利润。

【提示】发行权益性证券过程中支付的佣金和手续费，应当冲减权益性证券的溢价发行收入或留存收益，具体内容见项目十二所有者权益的核算。

2.账务处理

（1）以支付现金取得的长期股权投资

以支付现金取得的长期股权投资，按确定的投资成本借记“长期股权投资——××单位”账户，买价中包含的已宣告但尚未发放的现金股利或利润借记“应收股利”账户，按实际支付的现金贷记“银行存款”等账户。

【做中学6-4】晋华公司2023年1月8日以每股12元的价格购入浩宇纺织股份有限公司每股面值为2元的股票500万股，占浩宇纺织股份有限公司总股本的22%，购买价款已转账支付。假定晋华公司准备长期持有该股票并能够对浩宇纺织股份有限公司的财务和生产经营决策施加重大影响，在不考虑相关税费的情况下，晋华公司按照6 000万元（500万股×12元/股）确定长期股权投资的初始投资成本。

晋华公司根据股权转让协议副本、股东持股证明、银行付款通知编制会计分录如下：

借：长期股权投资——浩宇纺织股份有限公司	60 000 000	
贷：银行存款		60 000 000

（2）以发行权益性证券取得的长期股权投资

除企业合并外，以发行权益性证券取得的长期股权投资，应当按照发行权益性证券

（股票）的公允价值借记“长期股权投资——××单位”账户，买价中包含的已宣告但尚未发放的现金股利或利润借记“应收股利”账户，按发行股票的面值总额贷记“股本”账户，按发行权益性证券（股票）的公允价值超出计入股本金额的部分贷记“资本公积——股本溢价”账户。

【做中学6-5】晋华公司2023年3月2日通过增发1 000万股本公司的普通股取得雅迪斯股份有限公司25%的股权，该股票的面值为每股1元，公允价值为每股9元。假定晋华公司能够对雅迪斯股份有限公司的财务和生产经营决策施加重大影响，在不考虑其他税费的情况下，晋华公司按照9 000万元（1 000万股×9元/股）确定长期股权投资的初始投资成本。

晋华公司根据股票发行审批书、股权转让协议副本、股东持股证明编制会计分录如下：

借：长期股权投资——雅迪斯股份有限公司　　90 000 000
　贷：股本　　10 000 000
　　　资本公积——股本溢价　　80 000 000

【知识拓展】《小企业会计准则》规定：长期股权投资是指小企业准备长期持有的权益性投资。其中，长期持有一般指持有时间在1年以上（不含1年）。

任务二　长期股权投资的后续计量

一、成本法的核算

（一）成本法的核算范围

成本法，是指长期股权投资按投资成本计价的方法。投资方能够对被投资单位实施控制的长期股权投资即对子公司的投资，应当采用成本法核算。

（二）成本法的核算内容

采用成本法核算的长期股权投资应当按照初始投资成本计价。追加或收回投资应当调整长期股权投资的成本。被投资单位宣告分派现金股利或利润时，投资方根据应享有的部分确认为当期投资收益。

【知识拓展】我国企业会计准则规定，对子公司的投资采用成本法核算。如果按照企业合并方式取得长期股权投资，其初始投资成本应当按照企业合并方式确定，在合并中发生的相关直接费用计入管理费用，不构成长期股权投资的初始投资成本。

（三）成本法的账务处理

1.初始投资

取得长期股权投资时，按照确定的初始投资成本确认长期股权投资，借记“长期股权投资——××单位”等账户，按取得投资支付的对价贷记“银行存款”等账户。

2.投资收益的确认和计量

被投资单位宣告分派现金股利或利润时，投资方根据应享有的部分确认当期投资收益，借记“应收股利”账户，贷记“投资收益”账户。实际收到现金股利或利润时，借记“银行存款”“其他货币资金”账户，贷记“应收股利”账户。

被投资单位宣告分派股票股利，投资企业不进行账务处理，只作备查登记。

【提示】采用成本法核算长期股权投资，投资企业只有在被投资单位宣告分派现金股利或利润时确认投资收益；投资企业应当按照享有被投资单位宣告发放的现金股利或利润确认投资收益，不论有关利润分配是属于对取得投资前还是取得投资后被投资单位实现的净利润的分配。

微课

长期股权投资成本法的应用

【做中学6-6】2021年3月3日，晋华公司以每股8元的价格从南华毛织股份有限公司原股东处购买南华毛织股份有限公司的股票6 000万股，从而持有其52%的股份，南华毛织股份有限公司成为晋华公司的子公司。另外购买该股票时发生相关税费240万元，款项已支付。晋华公司与南华毛织股份有限公司没有关联关系，按照《企业会计准则第2号——长期股权投资》的规定，该项投资属于企业合并取得的长期股权投资，其初始投资成本为48 000万元，初始直接费用240万元计入管理费用。

假设南华毛织股份有限公司2021年实现净利润2 200万元；南华毛织股份有限公司于2022年4月2日宣告分派2021年度的现金股利1 500万元，10股派送2股股票股利，晋华公司于2022年4月15日收到现金股利。2022年南华毛织股份有限公司实现净利润3 000万元；2023年4月1日南华毛织股份有限公司宣告分派现金股利2 200万元，晋华公司于2023年4月18日收到现金股利。

根据上述经济业务，晋华公司相关账务处理如下：

（1）2021年3月3日，晋华公司根据股权转让协议副本、股东持股证明、银行付款通知编制会计分录如下：

借：长期股权投资——南华毛织股份有限公司　　480 000 000
　　贷：银行存款　　480 000 000
借：管理费用　　2 400 000
　　贷：银行存款　　2 400 000

（2）2022年4月2日南华毛织股份有限公司宣告发放现金股利时，晋华公司根据股利分配公告、投资收益计算表编制会计分录如下：

借：应收股利　　7 800 000
　　贷：投资收益——股利收入　　7 800 000

晋华公司收到股票股利1 200万股（6 000 ÷ 10 × 2），股票股利不入账，作备查登记。

（3）2022年4月15日收到现金股利时，晋华公司根据银行进账单编制会计分录如下：

借：银行存款　　7 800 000
　　贷：应收股利　　7 800 000

（4）2023年4月1日南华毛织股份有限公司宣告发放现金股利时，晋华公司根据股利分配公告、投资收益计算表编制会计分录如下：

借：应收股利　　11 440 000
　　贷：投资收益——股利收入　　11 440 000

（5）2023年4月18日收到现金股利时，晋华公司根据银行进账单编制会计分录如下：

借：银行存款　　11 440 000

　贷：应收股利　　11 440 000

【德技并修】企业投资的目的是获取投资收益。党的二十大报告指出，“必须坚持守正创新”，“守正才能不迷失方向、不犯颠覆性错误，创新才能把握时代、引领时代”。企业在进行自我生产经营的同时，创新发展，适度对外投资，获取经济利益。同学们，作为未来的会计工作者，在为企业投资决策提供信息时，不仅要考虑经济效益的获得，更要考虑社会责任的履行。共同为维护稳定、繁荣的资本市场努力贡献！

二、权益法的核算

（一）权益法的适用范围

权益法，是指长期股权投资取得时以初始投资成本计价，以后根据投资企业享有被投资单位所有者权益份额的变动对投资的账面价值进行调整的方法。投资企业对其合营企业投资和联营企业投资应当采用权益法。

（二）权益法的核算内容

1.初始投资

取得长期股权投资时，按照初始投资成本确认长期股权投资。初始投资成本小于投资时占被投资单位可辨认净资产公允价值份额的，其差额调整长期股权投资的投资成本，同时计入营业外收入；初始投资成本大于投资时占被投资单位可辨认净资产公允价值份额的，不调整已确认的初始投资成本。

2.长期股权投资账面价值的调整

投资方取得长期股权投资后，应当按照应享有或应分担的被投资单位实现的净损益和其他综合收益的份额，分别确认投资收益和其他综合收益，同时调整长期股权投资的账面价值；投资方按照被投资单位宣告分派的利润或现金股利计算应享有的部分，相应减少长期股权投资的账面价值；投资方对于被投资单位除净损益、其他综合收益和利润分配以外所有者权益的其他变动，应当调整长期股权投资的账面价值并计入所有者权益。

（三）权益法的账务处理

采用权益法核算长期股权投资时，应当分别设置“投资成本”“损益调整”“其他综合收益”“其他权益变动”明细账户，对因权益法核算所产生的影响长期股权投资账面余额的增减变动进行核算和反映。其中，“投资成本”明细账户核算初始投资和追加投资的成本；“损益调整”明细账户核算被投资单位实现净损益、分配现金股利或利润，投资企业按照持股比例计算应享有的份额；“其他综合收益”明细账户核算被投资单位其他综合收益变动，投资企业按照持股比例计算应享有的份额；“其他权益变动”明细账户核算被投资单位除实现净损益、利润分配和其他综合收益外所有者权益其他变动，投资企业按照持股比例计算应享有的份额。

1.初始投资

初始投资时，按照初始投资或追加投资时的投资成本增加长期股权投资的账面价值，借记“长期股权投资——××单位（投资成本）”账户，按照取得投资的对价贷记“银行存款”等账户。投资成本小于投资时占被投资单位可辨认净资产公允价值份额的部分，调整投资成本，借记“长期股权投资——××单位（投资成本）”账户，贷记“营业外收入”账户；投资成本大于投资时占被投资单位可辨认净资产公允价值份额的部分，不调整已确认的投资成本，不进行会计处理。

【做中学6-7】晋华公司于2023年2月4日以15 000万元购入甲公司25%的股份，具有重大影响。另外，在购买过程中支付手续费等相关费用32万元（不考虑增值税）。购买股份时，甲公司可辨认净资产的公允价值为68 000万元。

微课

长期股权投资——权益法的应用

晋华公司根据股权转让协议副本、股东持股证明、银行付款通知编制会计分录如下：

借：长期股权投资——甲公司（投资成本）　　150 320 000

　贷：银行存款　　150 320 000

投资时晋华公司占甲公司可辨认净资产公允价值的份额 = 680 000 000 × 25% = 170 000 000（元）

初始投资成本15 032万元小于投资时占被投资单位可辨认净资产公允价值的份额17 000万元，其差额1 968万元调增长期股权投资的账面价值，同时计入营业外收入。

晋华公司根据股权投资差额计算表编制会计分录如下：

借：长期股权投资——甲公司（投资成本）　　19 680 000

　贷：营业外收入　　19 680 000

上述会计分录可以合并为：

借：长期股权投资——甲公司（投资成本）　　170 000 000

　贷：银行存款　　150 320 000

　　　营业外收入　　19 680 000

【提示】如果投资时甲公司可辨认净资产的公允价值为60 000万元，则：

投资时晋华公司占甲公司可辨认净资产公允价值的份额 = 600 000 000 × 25% = 150 000 000（元）

初始投资成本15 032万元大于投资时占被投资单位可辨认净资产公允价值的份额15 000万元，其差额不调整长期股权投资的成本。

【提示】企业取得长期股权投资，实际支付的价款或对价中包含的已宣告但尚未发放的现金股利或利润，作为应收款项处理，不构成取得长期股权投资的成本。

2.取得投资后长期股权投资账面价值的调整

（1）被投资单位当年产生净损益时的调整。被投资单位当年产生净损益而影响所有者权益的，投资企业应当按照应享有被投资单位净利润的份额或应分担被投资单位净损失的份额，确认投资损益并调整长期股权投资的账面价值，借记“长期股权投资——××单位（损益调整）”账户，贷记“投资收益”账户。被投资单位发生亏损时，投资企业作相反的会计分录。

①投资方在确认应享有被投资单位净损益的份额时，应当以取得投资时被投资单位可辨认净资产的公允价值为基础，对被投资单位的净损益进行调整后确认。

【做中学6-8】假定晋华公司于2023年1月1日取得乙企业20%的股权，能够对乙企业施加重大影响。取得投资时乙企业的固定资产公允价值为1 000万元，账面价值为900

万元，假定固定资产的预计使用年限为10年，预计净残值为零，按照年限平均法计提折旧。乙企业2023年度利润表中净利润为1 400万元。

乙企业当期利润表中已按其账面价值计算扣除的固定资产折旧费用为90万元，按照取得投资时该项固定资产的公允价值计算确定的折旧费用为100万元，假定不考虑所得税影响，按照该固定资产的公允价值计算的净利润为1 390万元（1 400 - 10），晋华公司按照持股比例计算确认的当期投资收益为278万元（1 390 × 20%）。

晋华公司根据投资协议、投资收益计算表编制会计分录如下：

借：长期股权投资——乙企业（损益调整）　　2 780 000

　贷：投资收益　　2 780 000

②投资方计算确认应享有或应分担被投资单位的净损益的份额时，与联营企业、合营企业之间发生的未实现内部交易损益按照应享有的比例计算归属于投资方的部分，应当予以抵销，在此基础上确认投资收益。该未实现内部交易既包括顺流交易也包括逆流交易。其中：顺流交易是指投资企业向联营企业或合营企业出售资产；逆流交易是指联营企业或合营企业向投资企业出售资产。

【提示】投资方与其联营企业、合营企业之间发生的无论是顺流交易还是逆流交易产生的未实现内部交易损失，其中属于所转让资产减值损失的，有关未实现内部交易损失不应予以抵销。

【做中学6-9】晋华公司于2023年1月取得丙公司30%有表决权股份，能够对丙公司施加重大影响。假定晋华公司取得该项投资时，丙公司各项可辨认资产、负债的公允价值与其账面价值相同。2023年5月，丙公司将其成本为180万元的某商品以300万元的价格出售给晋华公司，晋华公司将取得的商品作为存货对外销售。假定至2023年12月31日，晋华公司仍未对外出售该商品。丙公司2023年实现的净利润为1 200万元。假定不考虑所得税的影响。

晋华公司在按照权益法确认应享有丙公司2023年净损益的份额时，首先对丙公司的净利润进行调整，调整后的净利润为1 080万元［1 200 -（300 - 180）］。

晋华公司根据投资协议、投资收益计算表编制会计分录如下：

借：长期股权投资——丙公司（损益调整）　　3 240 000

　贷：投资收益　　3 240 000

③投资方确认被投资单位发生的净亏损，应当以长期股权投资的账面价值以及其他实质上构成对被投资单位净投资的长期权益减记至零为限，投资方负有承担额外损失义务的除外。被投资单位以后实现净利润的，投资方在其收益分享额弥补未确认的亏损分担额后，恢复确认收益分享额，即在确认应分担被投资单位发生的亏损时，应当按照以下顺序进行处理：

首先，冲减长期股权投资的账面价值。

其次，长期股权投资的账面价值不足以冲减的，应当以其他实质上构成对被投资单位净投资的长期权益账面价值为限继续确认投资损失，同时冲减长期权益项目的账面价值。其中，其他实质上构成对被投资单位净投资的长期权益，通常是指长期应收项目。比如，企业对被投资单位的长期债权，该债权没有明确的清收计划且在可预见的未来期间不准备收回的，实质上构成对被投资单位的净投资。该类长期权益不包括投资方与被投资单位之间因销售商品、提供劳务等日常活动所产生的长期债权。

最后，经过上述处理，按照投资合同或协议约定企业仍承担额外义务的，按照投资合同或协议约定应分担的损失确认当期损失，同时确认预计负债。除上述情况外仍未确认的应分担被投资单位的损失，应在账外备查登记。

在确认了有关的投资损失后，被投资单位于以后期间实现盈利的，应按与以上相反的顺序分别减记账外备查登记的金额、减记已确认的预计负债、恢复其他实质上构成对被投资单位净投资的长期权益及长期股权投资的账面价值，同时确认投资收益。

【做中学6-10】晋华公司持有丁公司35%的股权，2022年12月31日该项投资的账面价值为1 800万元。丁公司2022年亏损3 200万元。假定没有其他对净利润的调整项目。则晋华公司2022年应确认投资损失1 120万元，长期股权投资账面价值降至680万元。

晋华公司根据投资协议、投资收益计算表编制会计分录如下：

借：投资收益　　11 200 000

　　贷：长期股权投资——丁公司（损益调整）　　11 200 000

【做中学6-11】沿用【做中学6-10】的资料，2023年丁公司继续亏损，亏损额为2 500万元。晋华公司应收丁公司实质上具有权益性质的长期应收款500万元。晋华公司2023年应确认投资损失875万元，长期股权投资账面价值减记至零，进一步确认损失195万元，冲减长期应收款。

晋华公司根据投资协议、投资收益计算表编制会计分录如下：

借：投资收益　　8 750 000

　　贷：长期股权投资——丁公司（损益调整）　　6 800 000

　　　　长期应收款——丁公司　　1 950 000

【思考】沿用【做中学6-11】的资料，假定2024年丁公司扭亏为盈，当年实现净利润800万元，晋华公司如何进行会计处理？

（2）被投资单位宣告分派现金股利或利润而产生所有者权益变动的调整。被投资单位宣告分派现金股利或利润时，投资企业按照应享有的部分冲减长期股权投资的账面价值，借记“应收股利”账户，贷记“长期股权投资——××单位（损益调整）”账户。

【做中学6-12】晋华公司2022年1月2日向华洋公司投资7 800万元，购入华洋公司2 000万股股票，获得华洋公司20%的股份，晋华公司能够对华洋公司实施重大影响。投资时华洋公司可辨认净资产的公允价值为38 000万元。2022年华洋公司实现净利润1 300万元。2023年3月8日华洋公司宣告分派现金股利，每股0.11元，2023年4月15日发放。假定晋华公司投资时，华洋公司各项可辨认资产、负债的公允价值与账面价值相同，双方采用的会计政策、会计期间相同，两家公司间没有发生内部交易。

① 2022年1月2日，晋华公司根据股权转让协议、股东持股证明、银行付款通知编制会计分录如下：

借：长期股权投资——华洋公司（投资成本）　　78 000 000

　　贷：银行存款　　78 000 000

投资成本7 800万元大于投资时享有华洋公司可辨认净资产公允价值的份额7 600万元（38 000×20%），不调整长期股权投资的账面价值。

② 2022年12月31日，晋华公司根据投资协议、投资收益计算表编制会计分录如下：

借：长期股权投资——华洋公司（损益调整）　　2 600 000

　　贷：投资收益　　2 600 000

③ 2023年3月8日，晋华公司根据投资协议、投资收益计算表编制会计分录如下：

借：应收股利　　2 200 000

　　贷：长期股权投资——华洋公司（损益调整）　　2 200 000

④ 2023年4月15日，晋华公司根据银行收账通知编制会计分录如下：

借：银行存款　　2 200 000

　　贷：应收股利　　2 200 000

（3）被投资单位其他综合收益和其他所有者权益变动产生所有者权益变动的调整。被投资单位其他综合收益发生变动时，投资企业应当按照应享有或应分担的被投资单位其他综合收益的份额，确认其他综合收益，同时调整长期股权投资的账面价值，借记“长期股权投资——××单位（其他综合收益）”账户，贷记“其他综合收益”账户，或作相反的会计分录。投资方对于被投资单位除净损益、其他综合收益和利润分配以外所有者权益的其他变动，应当调整长期股权投资的账面价值并计入所有者权益，借记“长期股权投资——××单位（其他权益变动）”账户，贷记“资本公积——其他资本公积”账户，或作相反的会计分录。

【做中学6-13】晋华公司持有甲公司25%的股权，晋华公司对甲公司具有重大影响。2023年，甲公司因其他债权投资公允价值升高而增加了其他综合收益400万元，其他资本公积增加了300万元。假定不考虑所得税的影响。

① 晋华公司根据投资协议、其他综合收益变动计算表编制会计分录如下：

借：长期股权投资——甲公司（其他综合收益）　　1 000 000

　　贷：其他综合收益　　1 000 000

② 晋华公司根据投资协议、其他权益变动计算表编制会计分录如下：

借：长期股权投资——甲公司（其他权益变动）　　750 000

　　贷：资本公积——其他资本公积　　750 000

【提示】采用权益法核算长期股权投资，“长期股权投资”账户作为资产类账户，其期末余额为借方余额，“长期股权投资——××单位（损益调整）”明细账户的期末余额可能在借方，也可能在贷方。

任务三　长期股权投资减值和处置的核算

一、长期股权投资减值的核算

企业对长期股权投资进行减值测试后，如果可收回金额的计量结果表明，长期股权投资的可收回金额低于其账面价值的，则应当将长期股权投资的账面价值减记至可收回金额，减记的金额确认为资产减值损失，计入当期损益，同时计提相应的资产减值准备。长期股权投资的减值损失一经确定，不允许转回。

计提长期股权投资减值准备时，应当通过“长期股权投资减值准备”账户进行核算。

【做中学6-14】2023年12月31日，晋华公司持有中强公司股份的账面价值为3 200万元，可收回金额为2 980万元，则晋华公司该项投资发生减值损失220万元。

晋华公司根据资产减值准备计算表编制会计分录如下：

借：资产减值损失　　2 200 000

　　贷：长期股权投资减值准备　　2 200 000

【知识拓展】资产可收回金额应当根据其公允价值减去处置费用后的净额与资产预计未来现金流量的现值两者之间较高者确定。长期股权投资减值准备的计提基础和方法具体参见“项目七 固定资产的核算”中固定资产减值的核算。

二、长期股权投资处置的核算

处置长期股权投资，其账面价值与实际取得价款之间的差额，应当计入当期损益。部分处置某项长期股权投资时，应按处置比例结转处置部分的成本。已计提长期股权投资减值准备的，同时结转已计提的长期股权投资减值准备。

权益法下处置长期股权投资，采用与被投资单位直接处置相关资产或负债相同的基础，按相应比例对原计入其他综合收益、资本公积的部分进行会计处理，借记“其他综合收益”“资本公积——其他资本公积”账户，贷记“投资收益”等账户，或作相反的会计分录。

【做中学6-15】沿用【做中学6-6】的资料，假定2023年7月30日，晋华公司出售南华毛织股份有限公司股票2 000万股，其投资成本为16 000万元，实际收到价款20 000万元。不考虑相关税费，则晋华公司根据股权转让协议、银行收账通知编制会计分录如下：

借：银行存款　　200 000 000

　　贷：长期股权投资——南华毛织股份有限公司　　160 000 000

　　　　投资收益　　40 000 000

【做中学6-16】晋华公司持有M公司36%的股权，2023年5月20日，晋华公司出售M公司12%的股权，取得价款3 200万元。出售时，晋华公司对M公司长期股权投资的账面价值为8 040万元，其中：投资成本6 600万元，损益调整借方余额1 200万元，其他综合收益借方余额150万元，其他权益变动借方余额90万元。晋华公司根据股权转让协议、银行收账通知编制会计分录如下：

借：银行存款　　32 000 000

　　贷：长期股权投资——M公司（投资成本）　　22 000 000

　　　　　　　　　　——M公司（损益调整）　　4 000 000

　　　　　　　　　　——M公司（其他综合收益）　　500 000

　　　　　　　　　　——M公司（其他权益变动）　　300 000

　　　　投资收益　　5 200 000

借：其他综合收益 500 000

资本公积——其他资本公积 300 000

贷：投资收益 800 000

【知识拓展】根据《小企业会计准则》的规定，小企业的长期股权投资采用成本法进行会计处理。无法收回的长期股权投资作为长期股权投资损失，应当于实际发生时计入营业外支出，同时冲减长期股权投资账面余额。

【明德善思】

“股权代持”莫轻信，新三板投资走正途

某挂牌公司实际控制人马某因公司急需资金周转，以正在筹备A股上市为名，先后与多家股权投资公司签订《投资顾问协议书》，委托他们寻找投资者。股权投资公司找到宣传团队，具体操作策划推广事宜。宣传团队一方面雇用大批代理商通过组建微信群或QQ群，拉拢有投资意向的社会不特定对象入群；另一方面雇用股票讲师、分析师通过开设网络直播间，向投资者分析新三板股票、讲授炒股技巧、夸大宣传并预测挂牌公司股票在A股上市的可能，鼓动投资者买入该挂牌公司股票。为获取投资者信任，挂牌公司实际控制人还向投资者承诺，如果上市失败或不能如期上市，则按照约定进行回购，一定程度上降低了投资者的风险意识。投资者股票由挂牌公司实际控制人代持，并签订代持协议。经查实，该挂牌公司以上市为名，通过虚假宣传推广，以增资扩股、转让股票的方式，共向500余名投资者发行股票900余万股，非法募集资金1亿余元。

本案中，挂牌公司与不具备证券经营资质的股权投资公司合谋，以上市为名，虚构或夸大公司经营业绩及上市后的盈利前景，吸引投资者在交易场所以外通过股权代持方式购买挂牌公司股票。股权代持是新三板市场不合格投资者想要参与股票交易常见的手法之一。根据《中华人民共和国公司法》及其相关规定，如果设立股权代持是为了规避法律、行政法规的强制性规定，则股权代持协议可能被认定为无效，容易引发法律纠纷。

资料来源：中国证券监督管理委员会. 投资者保护典型案例：“股权代持”莫轻信，新三板投资走正途［EB/OL］.［2020-10-23］. http://www.csrc.gov.cn/csrc/c100210/c1498836/content.shtml.

【启示】投资者在参与新三板市场交易时要特别注意以下几点：一是应当以实名方式开立证券账户和资金账户，委托国务院证券监督管理机构批准设立的证券公司，向全国中小企业股份转让系统申报买卖挂牌公司股票。二是要知悉适当性要求，了解投资门槛，结合自身实际情况选择合适的投资目标，警惕因不符合投资要求而委托他人代持股权可能产生的纠纷。三是要了解挂牌公司股票风险特征，保持理性和谨慎的投资心态，不要被任何高额回报的口头承诺所蛊惑。四是要高度警惕通过微信群、QQ群、直播间等方式荐股的情况。五是要学会通过法律途径维护自身权益，注意留存相关交易的证据，为事后维权做好准备。

作为未来的会计工作者，同学们要建立风险意识，树立正确的投资理念。提高识别能力，自觉抵制各种诱惑。坚信“天上不会掉馅饼”“没有免费的午餐”；抛弃占便宜的心理；不相信“一夜暴富”的“神话”。“君子爱财，取之有道”，我们必须靠自己的双手，用自己的辛勤劳动获取财富。

项目小结

本项目主要知识点归纳总结见表6-1。

表6-1　本项目主要知识点归纳总结

任务	知识点	账务处理要点
长期股权投资的初始计量	（1）同一控制下企业合并形成的长期股权投资，合并方应当在合并日按照被合并方所有者权益在最终控制方合并财务报表中的账面价值的份额作为长期股权投资的初始投资成本	设置“长期股权投资”账户。 （1）同一控制下企业合并形成的长期股权投资： 借：长期股权投资 　　贷：银行存款等 　　　　资本公积——资本溢价
	（2）非同一控制下企业合并形成的长期股权投资，购买方应当按照支付对价的公允价值确定的合并成本，并按照合并成本作为长期股权投资的初始投资成本。合并成本包括购买方付出的资产、发生或承担的负债、发行的权益性工具或债券工具的公允价值之和	（2）非同一控制下企业合并形成的长期股权投资： 借：长期股权投资 　　贷：固定资产、无形资产等（账面价值） 借或贷：资产处置损益（差额） 如果以存货作为对价： 借：长期股权投资 　　贷：主营业务收入 　　　　应交税费——应交增值税（销项税额）
	（3）企业合并发生的相关管理费用，应当于发生时计入当期损益（管理费用）	（3）企业合并中发生的直接费用： 借：管理费用 　　贷：银行存款
	（4）非企业合并形成的长期股权投资的初始计量：以支付现金取得的长期股权投资，应当按照实际支付的购买价款和相关税费作为初始投资成本；以发行权益性证券取得的长期股权投资，应当按照发行权益性证券的公允价值作为初始投资成本	（4）非企业合并取得长期股权投资： 借：长期股权投资（投资成本） 　　应收股利（买价中包含的不计入成本的股利） 　　贷：银行存款等
长期股权投资的后续计量	（1）成本法的核算。 长期股权投资应当按照初始投资成本计价。追加或收回投资应当调整长期股权投资的成本。被投资单位宣告分派现金股利或利润的，投资方根据应享有的部分确认当期投资收益	（1）取得投资： 借：长期股权投资（投资成本） 　　贷：银行存款等 （2）被投资单位宣告分派现金股利或利润： 借：应收股利 　　贷：投资收益 投资企业获得的股票股利不编制会计分录

续表

任 务	知识点	账务处理要点
长期股权投资的后续计量	（2）权益法的核算。 权益法，是指取得长期股权投资时以初始投资成本计价，以后根据投资企业享有被投资单位所有者权益份额的变动对投资的账面价值进行调整的方法。 ①取得长期股权投资时，按照初始投资成本确认长期股权投资的账面价值。初始投资成本与投资时占被投资单位可辨认净资产公允价值的份额进行比较，如果初始投资成本小于投资时占被投资单位可辨认净资产公允价值的份额，调整投资成本，同时计入当期损益（营业外收入）；如果初始投资成本大于投资时占被投资单位可辨认净资产公允价值的份额，不调整已确认的投资成本。 ②投资方取得长期股权投资后，应当按照应享有或应分担的被投资单位实现的净损益和其他综合收益的份额，分别确认投资收益和其他综合收益，同时调整长期股权投资的账面价值；投资方按照被投资单位宣告分派的现金股利或利润计算应享有的部分，相应减少长期股权投资的账面价值；投资方对于被投资单位除净损益、其他综合收益和利润分配以外所有者权益的其他变动，应当调整长期股权投资的账面价值并计入所有者权益	在“长期股权投资”账户下，分别设“投资成本”“损益调整”“其他综合收益”“其他权益变动”明细账户核算长期股权投资。 （1）取得长期股权投资： 借：长期股权投资——××单位（投资成本） 　　贷：银行存款等 初始投资成本小于投资时占被投资单位可辨认净资产公允价值的份额，调整投资成本： 借：长期股权投资——××单位（投资成本） 　　贷：营业外收入 （2）被投资单位实现净利润： 借：长期股权投资——××单位（损益调整） 　　贷：投资收益 被投资单位发生亏损： 借：投资收益 　　贷：长期股权投资——××单位（损益调整） 　　　　长期应收款 　　　　预计负债 （3）被投资单位其他综合收益变动： 借：长期股权投资——××单位（其他综合收益） 　　贷：其他综合收益 （或作相反的会计分录） （4）被投资单位发放现金股利或利润： 借：应收股利 　　贷：长期股权投资——××单位（损益调整） （5）被投资单位除净损益、其他综合收益和利润分配以外其他所有者权益的其他变动： 借：长期股权投资——××单位（其他权益变动） 　　贷：资本公积——其他资本公积 （或作相反的会计分录）
长期股权投资减值和处置的核算	（1）减值：长期股权投资的可收回金额低于其账面价值的，应当将长期股权投资的账面价值减记至可收回金额，减记的金额确认为资产减值损失，计入当期损益，同时计提长期股权投资减值准备。长期股权投资的减值损失一经确定，不允许转回 （2）处置：将实际收到的价款与长期股权投资账面价值之间的差额计入当期损益。权益法下，还应当同时将相应的“其他综合收益”“资本公积”账户的金额转入“投资收益”账户	（1）计提长期股权投资减值准备： 借：资产减值损失 　　贷：长期股权投资减值准备 （2）处置长期股权投资： 借：银行存款（实际收到的价款） 　　投资收益（借方差额） 　　贷：长期股权投资（账面价值） 　　　　投资收益（贷方差额） 权益法核算长期股权投资的，同时： 借：其他综合收益 　　资本公积——其他资本公积 　　贷：投资收益 如果是投资损失，作与上述相反的会计分录

阅读篇目

《企业会计准则第2号——长期股权投资》及其应用指南
《企业会计准则第8号——资产减值》及其应用指南
《企业会计准则第40号——合营安排》及其应用指南
《小企业会计准则》

项目七

固定资产的核算

微课

项目七概述

学习目标

【知识目标】

1. 熟悉固定资产的特征和分类
2. 掌握固定资产初始入账价值的确定方法
3. 掌握固定资产折旧的计提范围和方法
4. 掌握固定资产取得、计提折旧、后续支出、清理及清查的核算方法
5. 了解固定资产减值的核算方法

【技能目标】

1. 能准确判断固定资产，并正确确定固定资产初始成本
2. 能结合企业实际选择折旧方法，正确计算折旧并进行会计处理
3. 能根据后续支出的业务性质判断会计处理方法，正确进行会计处理
4. 能协调相关部门及时开展固定资产清查，对清查结果正确进行会计处理
5. 能合理确定固定资产减值损失，正确进行会计处理，防范固定资产投资风险
6. 能结合财经法规和企业要求，自主解决固定资产业务会计处理中出现的常见问题

【素质目标】

1. 守诚信之本，做诚信之人。诚信是中华民族的传统美德，通过古今中外的诚信案例，让学生深深理解诚实守信是为人之本，只有诚信的人才能获得别人的信任和尊重，才能有所作为。培养学生求真务实、坚持准则、不做假账的会计职业素养
2. 精益求精，一丝不苟。作为未来的财务工作者，要秉承“工匠精神”，执着专注、精益求精、一丝不苟、尽职尽责，正确核算、严格管理企业固定资产，保障企业资产安全完整

工作情境与工作任务

企业取得固定资产的方式有外购、自己生产制造、投资者投资转入等，您知道不同方式取得的固定资产如何确定初始成本吗？企业取得的固定资产有的直接投入使用，有的需要安装调试，您知道这两种情况会计处理有什么不同吗？

随着时间的推移，固定资产会发生损耗，您知道如何确定损耗的价值吗？这些损耗的价值应该通过什么账户核算？

企业取得固定资产后，为了维持其效用，需要定期或不定期对固定资产进行维护、修理，为了提高其使用性能或延长其使用寿命，需要对固定资产进行更新改造，您知道企业在发生这些业务时如何进行账务处理吗？

当固定资产使用期满报废或由于其他原因造成报废或毁损时，您知道设置什么账户进行核算吗？如何进行账务处理？

当企业由于转产、对外投资等原因处置固定资产时，你知道如何进行账务处理吗？

为了保证固定资产安全完整，企业应当定期对固定资产进行清查，当发生固定资产盘盈、盘亏时，您知道设置什么账户进行核算吗？如何进行账务处理？

随着时间的推移，固定资产的账面价值可能和市场价值不符，当出现这种情况时，您知道应该如何核算吗？

任务一　固定资产的初始计量

一、固定资产的特征和分类

（一）固定资产的特征

固定资产，是指企业为生产产品、提供劳务、出租或经营管理而持有，且使用寿命超过一个会计年度的有形资产。固定资产具有下列三个特征：

1.固定资产是为生产商品、提供劳务、出租或经营管理而持有的

企业持有固定资产的目的是生产商品、提供劳务、出租或经营管理，这意味着企业持有的固定资产是企业的劳动工具或手段，而不是直接用于出售的产品。这个特征是固定资产区别于流动资产的重要标志。其中“出租”的固定资产，是指出租的机器设备类固定资产，不包括以经营租赁方式出租的建筑物，后者属于企业的投资性房地产，不属于固定资产。

2.固定资产使用寿命超过一个会计年度

固定资产的使用寿命，是指企业使用固定资产的预计期间，或者该固定资产所能生产产品或提供劳务的数量。在通常情况下，固定资产的使用寿命是指使用固定资产的预计期间，如自用房屋建筑物的使用寿命或使用年限。某些机器设备或运输设备等固定资产，其使用寿命往往以该固定资产所能生产产品或提供劳务的数量来表示。例如，发电设备按其预计发电量估计使用寿命，汽车或飞机等按其预计行驶里程估计使用寿命。固定资产使用寿命超过一个会计年度，意味着固定资产属于非流动资产，企业为了获得该项资产，并把它投入生产经营而发生的支出，在该项资产的使用寿命内分期摊销。

3.固定资产为有形资产

固定资产具有实物形态，这个特征是固定资产区别于无形资产的主要标志。有些无形资产可能同时符合固定资产的其他特征，如为生产商品而持有的专利权、非专利技术，其使用寿命超过一个会计年度，但是，由于其没有实物形态，所以不属于固定资产。对于工业企业所持有的工具、用具、备品备件、维修设备等资产，施工企业所持有的模板等周转材料，以及地质勘探企业所持有的管材等资产，尽管该类资产具有固定资产的某些特征，如使用期限超过一年，也能够带来经济利益，但由于数量多、单价低，考虑到成本效益原则，在实务中，通常确认为存货。

（二）固定资产的分类

企业的固定资产种类繁多，规格不一，为了组织好固定资产的核算，管好、用好固定资产，有必要对企业的固定资产进行科学、合理的分类。

1.按照经济用途分类

固定资产按照经济用途分类，可分为生产经营用固定资产和非生产经营用固定资产。这种分类可以归类反映和监督企业生产经营用固定资产和非生产经营用固定资产之间以及生产经营用各类固定资产之间的组成和变化情况，借以考核和分析企业固定资产的利用情况，促使企业合理地配备固定资产，充分发挥其效用。

2.按照使用情况分类

固定资产按照使用情况分类，可分为使用中固定资产、未使用固定资产和不需用固定资产。这种分类，有利于反映固定资产的使用情况，便于分析固定资产的利用效率，挖掘固定资产的使用潜力，促使企业合理地使用固定资产，也便于计提固定资产的折旧。

3.按照经济用途和使用情况等综合分类

按照固定资产的经济用途和使用情况等综合分类，企业的固定资产可分为七大类：经营用固定资产、非经营用固定资产、租出固定资产（指以经营租赁方式出租给外单位使用的固定资产）、未使用固定资产、不需用固定资产、租入固定资产和土地。这种分类，既可以反映固定资产的组成情况，又可以反映固定资产的利用情况。

二、固定资产初始成本的确定

固定资产取得时应当按照成本进行初始计量。固定资产的成本，是指企业购建某项固定资产达到预定可使用状态前发生的一切合理、必要的支出。由于固定资产的来源渠道不同，其成本构成的具体内容也有所差异。

（一）外购的固定资产

外购固定资产的成本包括买价、进口关税等相关税费，以及使固定资产达到预定可使用状态前所发生的可归属于该资产的其他支出，如运输费、装卸费、安装费和专业人员服务费等。增值税一般纳税人购进（包括接受捐赠、实物投资）或者自制（包括改扩建、安装）固定资产发生的进项税额，以及支付运输费发生的进项税额，可根据《中华人民共和国增值税暂行条例》《中华人民共和国增值税暂行条例实施细则》和《财政部 国家税务总局关于全面推开营业税改征增值税试点的通知》（财税〔2016〕36号）的有关规定，凭增值税专用发票、海关进口增值税专用缴款书等单据从销项税额中抵扣。

如果以一笔款项购入多项没有单独标价的固定资产，按各项固定资产公允价值的比例对总成本进行分配，分别确定各项固定资产的入账价值。

【知识拓展】企业购买资产有可能延期支付有关价款。如果延期支付的购买价款超过正常信用的条件，实质上具有融资性质，所购资产的成本应当以购买价款的现值为基础确定，实际支付的价款与购买价款的现值之间的差额，应当在信用期间采用实际利率法进行摊销，计入相关资产成本或当期损益。

（二）自行建造的固定资产

自行建造的固定资产，按建造该项资产达到预定可使用状态前所发生的必要支出，作为固定资产的成本。

自行建造的固定资产，按其建造实施方式的不同，可分为自营工程和出包工程。

自营工程，是指企业自行组织工程物资采购，自行组织施工人员从事工程施工完成固定资产建造。以自营方式建造固定资产，其成本应当按照直接材料、直接人工、直接机械施工费等计量。

出包工程，是指企业通过招标方式将工程项目发包给建造承包商，由建造承包商组织施工的建筑工程和安装工程。企业以出包方式建造固定资产，其成本包括发生的建筑工程支出、安装工程支出，以及需分摊计入各项固定资产价值的间接支出。

三、固定资产取得的账务处理

（一）外购的固定资产

1.不需要安装的固定资产

设置“固定资产”账户，核算企业固定资产的原价。该账户属于资产类，借方登记企业增加的固定资产原价，贷方登记企业减少的固定资产原价，期末借方余额，反映企业期末固定资产的原价。设置“固定资产卡片”和“固定资产登记簿”，按固定资产类别、使用部门和每项固定资产设置明细账户进行明细核算和管理。

企业购入不需要安装的固定资产，按确定的初始成本借记“固定资产”账户，按当月已认证的可抵扣增值税税额借记“应交税费——应交增值税（进项税额）”账户，按当月未认证的可抵扣增值税税额借记“应交税费——待认证进项税额”账户，按应支付或实际支付的价款、税款，贷记“银行存款”等账户。待认证进项税额认证后，借记“应交税费——应交增值税（进项税额）”账户，贷记“应交税费——待认证进项税额”账户。

【做中学7-1】晋华公司2023年3月7日购入一台不需要安装的机器设备，取得增值税专用发票并已认证，价款220 000元、增值税税额28 600元，货运增值税专用发票列明运费1 800元、增值税税额162元。货款与运费均以银行存款支付。

原始凭证

根据采购合同、增值税专用发票的发票联、银行付款通知、固定资产验收单、固定资产交接单编制会计分录如下：

借：固定资产　　221 800

　　应交税费——应交增值税（进项税额）　　28 762

　　贷：银行存款　　　　250 562

【做中学7-2】晋华公司2023年4月8日在商业区购入1 000平方米商品房用于销售部门办公与产品展示活动，增值税专用发票列明：价款1 200万元、增值税税额108万元。价税款已用银行存款支付。取得增值税专用发票当月未认证。

①2023年4月8日，根据增值税专用发票的发票联、银行付款通知、固定资产验收单、固定资产交接单编制会计分录如下：

借：固定资产　　12 000 000

　　应交税费——待认证进项税额　　1 080 000

　　贷：银行存款　　13 080 000

②假定2023年5月，上述增值税专用发票已认证，编制会计分录如下：

借：应交税费——应交增值税（进项税额）　　1 080 000

　　贷：应交税费——待认证进项税额　　1 080 000

【提示】小规模纳税人购入固定资产支付的增值税不予抵扣，应将购买价款和增值税一并计入固定资产的初始成本。

2.需要安装的固定资产

企业购入需要安装的固定资产，通过“在建工程”账户核算。安装过程中发生的、达到预定可使用状态前发生的材料费、人工费等一切合理必要的支出，记入“在建工程”账户，安装完毕，达到预定可使用状态时再转入“固定资产”账户。

【做中学7-3】晋华公司2023年5月8日购入需要安装的设备一台，取得的增值税专用发票已认证，设备价款180 000元、增值税税额23 400元；销售客户收取安装费6 500元、增值税税额845元。货运增值税专用发票列示的运输费为5 000元、增值税税额450元。货款、运输费和安装费均已通过银行结算，设备已验收。

①购买设备时，根据购买设备增值税专用发票的发票联、银行付款通知编制会计分录如下：

借：在建工程——安装工程　　180 000

　　应交税费——应交增值税（进项税额）　　23 400

　　贷：银行存款　　203 400

②支付运输费时，根据增值税专用发票的发票联、银行付款通知编制会计分录如下：

借：在建工程——安装工程　　5 000

　　应交税费——应交增值税（进项税额）　　450

　　贷：银行存款　　5 450

③支付设备的安装费用时，根据安装费增值税专用发票的发票联、银行付款通知编制会计分录如下：

借：在建工程——安装工程　　6 500

　　应交税费——应交增值税（进项税额）　　845

　　贷：银行存款　　7 345

④设备安装完工投入使用时，根据固定资产验收单、固定资产交接单编制会计分录如下：

借：固定资产　　191 500

　　贷：在建工程——安装工程　　191 500

3. 以一笔款项购入多项没有单独标价的固定资产

企业以一笔款项购入多项没有单独标价的固定资产，按确定的初始成本分项登记固定资产，借记“固定资产——××”“在建工程——××”等账户，按已认证允许抵扣的增值税税额借记“应交税费——应交增值税（进项税额）”账户，按应支付或实际支付的价款、税款，贷记“应付账款”“银行存款”等账户。

【做中学7-4】2023年5月12日，晋华公司向华强机械设备制造有限责任公司一次性购入三套不同型号且具有不同生产能力的设备A、B和C。晋华公司取得的增值税专用发票已认证，该批设备价款6 000 000元、增值税税额780 000元。货运增值税专用发票列明运输费18 000元、增值税税额1 620元；装卸费4 000元、增值税税额240元。货款、运输费、装卸费全部以银行存款支付。假定设备A、B和C分别满足固定资产确认条件，公允价值分别为1 920 000元、2 880 000元和1 600 000元。假定不考虑其他相关税费。

①确认计入固定资产成本的金额。

固定资产成本 = 6 000 000 + 18 000 + 4 000 = 6 022 000（元）

②确定设备A、B和C的分配比例。

A设备应分配的固定资产价值比例 = 1 920 000 ÷（1 920 000 + 2 880 000 + 1 600 000）× 100% = 30%

B设备应分配的固定资产价值比例 = 2 880 000 ÷（1 920 000 + 2 880 000 + 1 600 000）× 100% = 45%

C设备应分配的固定资产价值比例 = 1 600 000 ÷（1 920 000 + 2 880 000 + 1 600 000）× 100% = 25%

③分别确定设备A、B和C的成本。

A设备的成本 = 6 022 000 × 30% = 1 806 600（元）

B设备的成本 = 6 022 000 × 45% = 2 709 900（元）

C设备的成本 = 6 022 000 × 25% = 1 505 500（元）

④根据增值税专用发票的发票联、银行付款通知、固定资产验收单、固定资产交接单、固定资产价值计算单编制会计分录如下：

借：固定资产——A	1 806 600	
——B	2 709 900	
——C	1 505 500	
应交税费——应交增值税（进项税额）	781 860	
贷：银行存款		6 803 860

（二）自行建造固定资产

1. 自营工程

设置“在建工程”账户，核算企业基建、更新改造等在建工程发生的支出。该账户属于资产类账户，借方登记企业各项在建工程的实际支出；贷方登记完工工程转出的成本；期末借方余额反映企业尚未达到预定可使用状态的在建工程的成本。该账户可以按照工程项目设置明细账户进行明细核算。

设置“工程物资”账户，核算企业为在建工程准备的各种物资的实际成本，包括工程用材料、尚未安装的设备以及为生产准备的工具器具等。该账户属于资产类账户，借方登记企业取得工程物资的成本；贷方登记领用各种物资的成本，期末借方余额反映企业为在建工程准备的各种物资的成本。该账户可以按照物资类别设置明细账户进行明细核算。

（1）企业为自营工程购入工程物资，借记“工程物资”账户，按当期允许抵扣的增值税税额借记“应交税费——应交增值税（进项税额）”账户，贷记“银行存款”等账户。

（2）自营工程发生实际支出，借记“在建工程”账户，贷记“工程物资”“应付职工薪酬”“银行存款”等账户；工程达到预定可使用状态时，借记“固定资产”账户，贷记“在建工程”账户。

（3）由于自然灾害等原因造成的在建工程报废或毁损，减去残料价值和过失人或保险公司等赔款后的净损失，借记“营业外支出——非常损失”账户，贷记“在建工程”账户。

（4）建设期间发生的工程物资盘亏、报废及毁损净损失加上不能抵扣的增值税进项税额，借记“在建工程”账户，贷记“工程物资”“应交税费——应交增值税（进项税额转出）”账户；盘盈的工程物资或处置净收益作相反的会计分录。

（5）在建工程完工，已领出的剩余物资应办理退库手续，借记“工程物资”账户，贷记“在建工程”账户。

【做中学7-5】晋华公司自行组织力量建造一座仓库以存放公司生产的产品，2023年5月发生如下经济业务：

①购进工程用物资，增值税专用发票列明价款86万元、增值税税额11.18万元，物资已验收入库，货款通过开户银行转账付讫。

根据增值税专用发票的发票联、银行付款通知、工程物资验收单编制会计分录如下：

借：工程物资　　860 000
　　应交税费——应交增值税（进项税额）　　111 800
　　贷：银行存款　　971 800

②基建部门将上述工程用物资全部领用进行工程建造。根据工程物资领用单编制会计分录如下：

借：在建工程——仓库　　860 000
　　贷：工程物资　　860 000

③工程建设期间发放建筑工程职工工资51 600元，基建管理部门职工工资24 000元。根据职工薪酬分配表编制会计分录如下：

借：在建工程——仓库　　75 600
　　贷：应付职工薪酬　　75 600

④本月企业辅助生产车间为工程提供的水、电、设备安装的费用共计18 000元。根据辅助生产费用分配表编制会计分录如下：

借：在建工程——仓库　　18 000
　　贷：生产成本——辅助生产成本　　18 000

⑤仓库建造工程已完工，达到预定可使用状态并交付使用，结转工程成本95.36万元。根据固定资产决算单、固定资产验收单编制会计分录如下：

借：固定资产　　953 600
　　贷：在建工程——仓库　　953 600

2.出包工程

企业采用出包方式进行的固定资产工程，其工程的具体支出主要由建造承包商核算，因而，“在建工程”账户主要反映企业与建造承包商办理工程价款结算的情况。企业支付给建造承包商的工程价款作为工程成本也通过“在建工程”账户核算。

企业应按合理估计的工程进度和合同规定结算的进度款，借记“在建工程”账户，贷记“银行存款”账户；工程完成时，按合同规定补付的工程款，借记“在建工程”账户，贷记“银行存款”等账户；工程达到预定可使用状态时，按其成本，借记“固定资产”账户，贷记“在建工程”账户。发生预付款的，通过“预付账款”账户核算。

【做中学7-6】晋华公司将一台大型生产设备的安装工程出包给浩强公司，不包含增值税的合同总价112 000元，有关业务如下：

（1）2023年3月1日，按照合同预付工程款80 000元。根据建造合同、银行付款凭证编制会计分录如下：

借：预付账款　80 000
　贷：银行存款　80 000

（2）2023年5月31日，根据合理估计的发包工程进度和合同规定向浩强公司结算进度款72 000元，增值税税额6 480元。根据工程结算单、增值税专用发票的发票联编制会计分录如下：

借：在建工程　72 000
　　应交税费——应交增值税（进项税额）　6 480
　贷：预付账款　78 480

（3）2023年8月31日，收到浩强公司有关工程结算单据，结算工程款40 000元，增值税税额3 600元，晋华公司转账支付尾款42 080元。根据建造合同、工程结算单、增值税专用发票的发票联、银行付款通知编制会计分录如下：

借：预付账款　42 080
　贷：银行存款　42 080
借：在建工程　40 000
　　应交税费——应交增值税（进项税额）　3 600
　贷：预付账款　43 600

（4）2023年8月31日，工程完工并达到预定可使用状态，结转工程成本，根据固定资产决算单、固定资产验收单编制会计分录如下：

借：固定资产　112 000
　贷：在建工程　112 000

【知识拓展】以其他方式取得的固定资产，分别按照下列方法确定固定资产的初始入账价值：

（1）购入固定资产超过正常信用条件延期支付价款，实质上具有融资性质的，按照购买价款的现值为基础确定固定资产的初始入账价值。

（2）投资者投入的固定资产，其初始入账价值应当按照投资合同或协议约定的价值确定，但合同或协议约定的价值不公允的除外。

（3）租入固定资产的初始入账价值按《企业会计准则第21号——租赁》的规定确定。

（4）企业接受其他单位捐赠的固定资产，应根据捐赠方提供的有关凭据金额或该项资产的公允价值为基础确定固定资产的初始入账价值。

（5）非货币性资产交换取得的固定资产，其初始入账价值按《企业会计准则第7号——非货币性资产交换》的规定确定。

（6）债务重组取得的固定资产，其初始入账价值按《企业会计准则第12号——债务重组》的规定确定。

【德技并修】2015年10月，习近平总书记在党的十八届五中全会第二次全体会议上的讲话中指出，“加快建设制造强国”。2017年10月，习近平总书记在党的十九大报告中指出，“加快建设制造强国”。2020年10月，党的十九届五中全会通过的《中共中央关于制定国民经济和社会发展第十四个五年规划和二〇三五年远景目标的建议》指出，“坚定不移建设制造强国”。2022年10月，习近平总书记在党的二十大报告中指出，“加快建设制造强国”。加快建设制造强国，有利于实现长期制约制造业发展的关键共性技术的突破，提升我国制造业的整体竞争力；有利于提高现代农业、现代服务业的发展水平；有利于提升综合国力、保障国家安全，为全面建成社会主义现代化强国、以中国式现代化全面推进中华民族伟大复兴奠定更加坚实的物质基础。作为未来社会主义现代化建设的接班人，我们当发奋图强，努力学习，提高技能，为实现“推动中国制造向中国创造转变、中国速度向中国质量转变、中国产品向中国品牌转变”的目标贡献青春力量。

任务二　固定资产的后续计量

一、固定资产折旧的核算

（一）影响固定资产折旧的因素

固定资产折旧，是指固定资产在使用寿命内，按照确定的方法对应计折旧额进行的系统分摊。其中，应计折旧额是指应当计提折旧的固定资产原价扣除其预计净残值后的余额，如果已对固定资产计提了减值准备，还应当扣除已计提的固定资产减值准备累计金额。可见，影响固定资产折旧的因素主要有固定资产原价、预计净残值和固定资产使用寿命。

（1）固定资产原价，是指固定资产取得时的初始入账价值。对于已达到预定可使用状态但尚未办理竣工决算的固定资产，应当按照估计价值确定其成本，并计提折旧；待办理了竣工决算后再按实际成本调整原来的暂估价值，但不需要调整原已计提的折旧额。

（2）预计净残值，是指固定资产报废时预计可以收回的残余价值扣除预计清理费用后的数额。

（3）固定资产使用寿命，企业应结合本企业的具体情况，合理确定固定资产的使用年限。

【思考】一项固定资产提足折旧时，其账面价值是否等于零？

（二）计提折旧的固定资产范围

按照《企业会计准则第4号——固定资产》的规定，除下列情况外，企业应对所有固定资产计提折旧：

（1）已提足折旧继续使用的固定资产；

（2）按规定单独估价作为固定资产入账的土地。

【思考】未提足折旧提前报废的固定资产是否需要继续计提折旧？未使用的固定资产是否需要计提折旧？

微课

固定资产折旧方法的选择

（三）固定资产折旧的方法

1. 年限平均法

年限平均法又称直线法，是将固定资产的应计折旧额均衡地分摊到各期的一种方法。采用这种方法计算的每期折旧额是相等的。其计算公式为：

$$\text{固定资产年折旧额}=\frac{\text{固定资产原价}-(\text{预计残值收入}-\text{预计清理费用})}{\text{固定资产预计使用年限}}$$

$$=\frac{\text{固定资产原价}-\text{预计净残值}}{\text{固定资产预计使用年限}}$$

$$\text{固定资产月折旧额}=\text{固定资产年折旧额}\div 12$$

在会计实务中，通常以折旧率这个相对数来反映固定资产在单位时间的折旧程度，每月应计提的折旧额，一般是根据固定资产原价乘以月折旧率计算的。折旧率是一定期间固定资产折旧额与固定资产原价的比率。其计算公式为：

$$\text{年折旧率}=\text{固定资产年折旧额}\div\text{固定资产原价}\times 100\%$$

或：

$$\text{年折旧率}=(1-\text{预计净残值率})\div\text{预计使用年限}$$

$$\text{月折旧率}=\text{年折旧率}\div 12$$

$$\text{月折旧额}=\text{固定资产原价}\times\text{月折旧率}$$

【做中学7-7】晋华公司有一生产厂房，原价为180万元，预计可使用20年，按照有关规定，该厂房报废时的净残值率为2%。该厂房的折旧率和折旧额的计算如下：

年折旧率 =（1 – 2%）÷ 20 = 4.9%

月折旧率 = 4.9% ÷ 12 = 0.41%

月折旧额 = 1 800 000 × 0.41% = 7 380（元）

采用年限平均法计算固定资产折旧额时，每期的折旧额是相等的。其优点是固定资产折旧的计算比较简便，但它也存在明显的局限性。当固定资产各期的负荷程度相同时，各期应分摊相同的折旧费，这时采用年限平均法计算折旧是合理的。但是，若固定资产各期负荷程度不同，采用年限平均法计算折旧则不能反映固定资产的实际使用情况，提取的折旧数与固定资产的损耗程度也不相符。为了弥补年限平均法只重使用时间、不考虑使用强度的缺点，某些固定资产也可以采用工作量法。

2. 工作量法

工作量法是根据固定资产实际工作量计提折旧额的一种方法。其基本计算公式为：

$$\text{单位工作量折旧额}=\frac{\text{固定资产原价}\times(1-\text{预计净残值率})}{\text{预计总工作量}}$$

$$\text{月折旧额}=\text{当月工作量}\times\text{单位工作量折旧额}$$

【做中学7-8】晋华公司的销售部门有一辆运货卡车，原价为24万元，预计总行驶里程为80万千米，预计其报废时净残值率为5%，2023年3月行驶6 000千米。该辆汽车的月折旧额计算如下：

单位里程折旧额 = 240 000 ×（1 − 5%）÷ 800 000 = 0.285（元 / 千米）

3月份应提折旧额 = 6 000 × 0.285 = 1 710（元）

采用工作量法计提的折旧额，在各期间是不相等的，月折旧额的多少与工作量完成的多少相联系。这种折旧计提的方法适合各期完成工作量不均衡的固定资产。

3. 双倍余额递减法

双倍余额递减法是在不考虑固定资产预计净残值的情况下，将每期期初固定资产原价减累计折旧后的金额乘以双倍的直线折旧率来计算固定资产折旧额的一种方法。双倍余额递减法的计算公式为：

年折旧率 = 2 ÷ 预计的折旧年限 × 100%

年折旧额 = 年初固定资产账面净值 × 年折旧率

为了避免固定资产的账面净值降到它的预计净残值以下，现行制度规定，采用双倍余额递减法计提固定资产折旧，应当在固定资产折旧年限最后两年内将固定资产净值扣除预计净残值后的余额平均摊销。

【做中学7–9】晋华公司生产车间的一台电子设备于2022年12月28日购入，原始价值300 000元，预计使用年限为5年，预计净残值1 000元。晋华公司采用双倍余额递减法计提折旧。

年折旧率 = 2 ÷ 5 × 100% = 40%

晋华公司采用双倍余额递减法计算的各年折旧额见表7–1。

表7–1　采用双倍余额递减法计算的各年折旧额　　金额单位：元

年份	年初固定资产净值	折旧率	每年折旧额	累计折旧
2023年	300 000	40%	120 000	120 000
2024年	180 000	40%	72 000	192 000
2025年	108 000	40%	43 200	235 200
2026年	64 800		31 900	267 100
2027年	32 900		31 900	299 000

【思考】假定【做中学7–9】中，晋华公司生产车间的电子设备于2022年6月28日购入，其他条件不变，晋华公司2022年、2023年应计提的折旧额是多少？

4. 年数总和法

年数总和法是将固定资产原价减去预计净残值后的余额乘以一个逐年递减的分数计算每年的折旧额，这个分数的分子代表固定资产尚可使用的年数，分母代表预计使用年数的逐年数字总和。其计算公式为：

年折旧率 = 尚可使用的年数 ÷ 预计使用年限的年数总和

月折旧率 = 年折旧率 ÷ 12

月折旧额 =（固定资产原价 − 预计净残值）× 月折旧率

【做中学7–10】假定晋华公司的一台生产用设备采用年数总和法计提折旧，该设备原价为400 000元，预计使用年限为5年，预计净残值为4 000元。采用年数总和法计算的各年折旧额见表7-2。

表7-2　　采用年数总和法计算的各年折旧额　　金额单位：元

年份	原价－净残值	尚可使用年限	变动折旧率	每年折旧额	累计折旧
1	396 000	5	5 ÷ 15	132 000	132 000
2	396 000	4	4 ÷ 15	105 600	237 600
3	396 000	3	3 ÷ 15	79 200	316 800
4	396 000	2	2 ÷ 15	52 800	369 600
5	396 000	1	1 ÷ 15	26 400	396 000

双倍余额递减法和年数总和法都属于加速折旧法。加速折旧法也称快速折旧法或递减折旧法，其特点是在固定资产有效使用年限的前期多提折旧，后期少提折旧，从而相对加快折旧的速度，以使固定资产成本在有效使用年限中尽快得到补偿。

【知识拓展】企业应当根据固定资产的性质和使用方式，合理确定固定资产的使用寿命和预计净残值，并根据科技发展、环境及其他因素，选择合理的固定资产折旧方法，并按照管理权限，经股东大会或董事会，或经理（厂长）会议或类似机构批准，作为计提折旧的依据。同时，按照法律、行政法规的规定报送有关各方备案，同时备置于企业所在地，以供股东等有关各方查阅。企业已经确定并对外报送，或备置于企业所在地的有关固定资产使用寿命和预计净残值、折旧方法等，一经确定不得随意变更，如需变更，仍应当按照上述程序，经批准后报送有关各方备案，并在会计报表附注中予以说明，且这些变更应作为会计估计变更，按照会计估计变更处理。

（四）固定资产折旧的账务处理

设置“累计折旧”账户，核算企业计提的固定资产折旧。该账户贷方登记企业计提的折旧，借方登记冲减的折旧，期末贷方余额反映企业计提的累计折旧额。该账户可以按照与固定资产项目一致的类别进行明细核算。

固定资产应当按月计提折旧，根据固定资产使用部门和用途计入相关资产的成本或当期损益。企业生产车间使用的固定资产计提的折旧借记“制造费用”账户；如果辅助生产车间不单独归集制造费用，则将其使用的固定资产计提的折旧借记“生产成本——辅助生产成本”账户；企业管理部门使用的固定资产计提的折旧借记“管理费用”账户；经营租出的固定资产计提的折旧借记“其他业务成本”账户；为销售本企业产品而专设销售机构的固定资产计提的折旧借记“销售费用”账户；工程施工所使用的固定资产计提的折旧借记“在建工程”账户；企业对未使用、不需用的固定资产计提的折旧借记“管理费用”账户等。

在实际工作中，企业提取固定资产折旧时，遵循当月增加的固定资产当月不提折旧、当月减少的固定资产当月照提折旧的原则，因而当月计提折旧额的依据是月初可提取折旧的固定资产原价。当月应提折旧额是在上月已提折旧额的基础上，对上月固定资产的增减情况进行调整后计算的。其计算公式为：

$$\frac{\text{当月固定资产}}{\text{应计提的折旧额}} = \frac{\text{上月计提的}}{\text{固定资产折旧额}} + \frac{\text{上月增加固定资产}}{\text{应计提的折旧额}} - \frac{\text{上月减少固定资产}}{\text{应计提的折旧额}}$$

企业计提固定资产折旧，由会计部门编制“固定资产折旧计算表”，或先由各使用单位编制“固定资产折旧计算表”，再由会计部门汇总编制“固定资产折旧计算汇总表”。

【做中学7-11】晋华公司2023年6月的固定资产折旧计算汇总表（简表）见表7-3。

表7-3 固定资产折旧计算汇总表（简表）

2023年6月

单位：元

使用部门	固定资产项目	上月折旧额	上月增加固定资产		上月减少固定资产		本月折旧额
			原价	折旧额	原价	折旧额	
一车间	厂房	50 000					50 000
	机器设备	200 000	50 000	2 500			202 500
	其他设备	10 000					10 000
	小计	260 000					262 500
二车间	厂房	20 000					20 000
	机器设备	150 000			400 000	2 200	147 800
	小计	170 000					167 800
企业管理部门	房屋	15 000					15 000
	机器设备	25 000					25 000
	小计	40 000					40 000
合计		470 000					470 300

2023年6月末，根据“固定资产折旧计算汇总表（简表）”编制会计分录如下：

借：制造费用——一车间　　262 500

　　　　　　——二车间　　167 800

　　管理费用　　40 000

　　贷：累计折旧　　470 300

二、固定资产后续支出的核算

（一）后续支出的确认和计量原则

固定资产的后续支出是指固定资产在使用过程中发生的更新改造支出、修理费用等。

固定资产的更新改造等后续支出，满足固定资产确认条件的，应当资本化计入固定资产成本，如有被替换的部分，应扣除其账面价值；不满足固定资产确认条件的固定资产修理费用等，应当在发生时计入当期损益。

（二）资本化后续支出的核算

企业通过固定资产的更新改造，使其更加坚固耐用，延长了厂房等固定资产的使用寿命，提高了其单位时间内产品的产出数量，提高了机器设备等固定资产的生产能力等。该类支出满足固定资产确认条件，应当资本化计入固定资产成本。

固定资产资本化的后续支出应当通过“在建工程”账户核算。在发生资本化的后续支出时，企业应将固定资产的原价、已计提的累计折旧和减值准备转销，将固定资产的账面价值转入在建工程，并停止计提折旧；发生的后续支出，计入在建工程，在固定资产完工并达到预定可使用状态时，再从在建工程转为固定资产，并按重新确定的使用寿命、预计净残值和折旧方法计提折旧。

微课

固定资产后续支出的核算

【提示】已提足折旧的固定资产发生的改良支出，应予资本化，作为长期待摊费用，合理进行摊销。

【做中学7-12】2023年6月30日，晋华公司将一台自2020年7月1日起计提折旧的车床暂时停用，并于7月1日开始进行更新改造，以提高其生产能力。该车床原价665 000元，预计净残值35 000元，预计使用年限为7年，采用年限平均法计提折旧。2023年7月1日至2023年8月31日，经过两个月的更新改造，该车床达到预定可使用状态，大大提高了生产能力，预计尚可使用6年。取得增值税专用发票并已认证，安装支出216 000元、增值税税额19 440元，全部以银行存款支付。假定该车床更新改造后的预计净残值和折旧方法都不变。

①2023年7月1日将车床转入改良工程，根据工程任务单编制会计分录如下：

借：在建工程　395 000

　　累计折旧　270 000

　　贷：固定资产　665 000

②2023年7月1日至2023年8月31日发生后续支出时，根据工程结算单、增值税专用发票的发票联、银行付款通知编制会计分录如下：

借：在建工程　216 000

　　应交税费——应交增值税（进项税额）　19 440

　　贷：银行存款　235 440

③2023年8月31日，车床达到预定可使用状态，根据固定资产验收单、固定资产交接单编制会计分录如下：

借：固定资产　611 000

　　贷：在建工程　611 000

④2023年9月30日，按重新确定的使用寿命、预计净残值和折旧方法计提折旧，根据折旧计算表编制会计分录如下：

应计折旧额 = 611 000 − 35 000 = 576 000（元）

月折旧额 = 576 000 ÷（6 × 12）= 8 000（元）

借：制造费用　8 000

　　贷：累计折旧　8 000

【做中学7-13】晋华公司于2019年2月1日取得一台生产用设备，该设备原价为7 600 000元，采用年限平均法计提折旧，使用寿命为10年，预计净残值为100 000元。晋华公司在2023年2月28日将该设备暂停使用，并于3月1日对该设备的某一主要部件进行更换。购入新部件取得增值税专用发票并已认证，价款3 600 000元、增值税税额468 000

元。更换部件发生其他材料费用22 000元，符合固定资产确认条件，被更换部件的原价为4 000 000元。2023年3月1日至2023年5月31日，经过3个月的改建，该设备达到预定可使用状态。

该设备更换主要部件前的账面价值 = 7 600 000 − [（7 600 000 − 100 000）÷ 10 × 4]
= 4 600 000（元）

被更换部件的账面价值 = 4 000 000 ÷ 10 × 6 = 2 400 000（元）

该设备更换部件后的入账价值 = 4 600 000 + 3 600 000 + 22 000 − 2 400 000
= 5 822 000（元）

①2023年3月1日转入改建工程时，根据工程任务单、损失计算表编制会计分录如下：

借：在建工程	2 200 000	
累计折旧	3 000 000	
营业外支出	2 400 000	
贷：固定资产		7 600 000

②购入新部件时，根据增值税专用发票的发票联编制会计分录如下：

借：工程物资	3 600 000	
应交税费——应交增值税（进项税额）	468 000	
贷：银行存款		4 068 000

③2023年3月1日至2023年5月31日发生后续支出时，根据领料单编制会计分录如下：

借：在建工程	3 622 000	
贷：工程物资		3 600 000
原材料		22 000

④2023年5月31日，固定资产改造达到预定可使用状态，根据固定资产验收单、固定资产交接单编制会计分录如下：

借：固定资产	5 822 000	
贷：在建工程		5 822 000

【思考】被更换部件的价值为什么不能包含在更新改造后的固定资产入账价值中？

（三）费用化后续支出的核算

如果固定资产的后续支出不符合资本化的条件，应在其发生时计入当期损益或相关资产成本，如固定资产的修理支出。固定资产投入使用后，由于固定资产磨损且各组成部分耐用程度不同，可能导致固定资产的局部损坏，为了维持固定资产的正常运转和使用，充分发挥其使用效能，企业会对固定资产进行必要的维护。固定资产的日常维护支出即修理费用通常不满足固定资产的确认条件，生产车间发生的固定资产修理费用计入制造费用，行政管理部门发生的固定资产修理费用计入管理费用，企业专设销售机构发生的与专设销售机构相关的固定资产修理费用计入销售费用。

固定资产更新改造支出不满足固定资产确认条件的，也应在发生时直接计入当期损益。

【做中学7-14】晋华公司对生产车间的一台设备进行经常性修理，发生材料费1 500

元。根据维修任务单、领料单编制会计分录如下：

借：制造费用　　1 500

　　贷：原材料　　1 500

【知识拓展】根据《小企业会计准则》的规定，小企业的固定资产日常修理费，应当在发生时根据固定资产的受益对象计入相关资产成本或者当期损益；固定资产的改建支出，应当计入固定资产的成本。

任务三　固定资产处置和清查的核算

一、固定资产处置的核算

（一）固定资产处置的范围

企业在生产经营过程中，对那些不适用或不需用的固定资产，可以出售转让。对那些由于使用而不断磨损直至最终报废，或由于技术进步等原因发生提前报废，或由于遭受自然灾害等发生毁损的固定资产应及时进行清理。由于对外投资、捐赠、债务重组、非货币性资产交换等原因减少固定资产，也属于固定资产的处置。

（二）固定资产处置的账务处理

企业因固定资产处置而减少的固定资产，一般应通过“固定资产清理”账户进行核算。“固定资产清理”账户是计价对比账户，该账户核算企业因出售、报废、毁损、对外投资、非货币性资产交换、债务重组等转出的固定资产价值以及在清理过程中发生的费用等。其借方反映转入清理的固定资产的价值和发生的清理费用，贷方反映转入清理的资产的变价收入和应由保险公司或过失人承担的损失等。清理结束，将该账户的余额转入当期损益。该账户可按被清理的固定资产项目进行明细核算。

设置“资产处置损益”账户，核算企业出售划分为持有待售的非流动资产（金融工具、长期股权投资和投资性房地产除外）或处置组（子公司和业务除外）时确认的处置利得或损失，以及处置未划分为持有待售的固定资产、在建工程、生产性生物资产及无形资产而产生的处置利得或损失。该账户可以按照处置的资产类别或处置组进行明细核算。债务重组中因处置非流动资产产生的利得或损失和非货币性资产交换中换出非流动资产产生的利得或损失也记入该账户。

1. 固定资产转入清理

固定资产转入清理时，按固定资产账面价值，借记“固定资产清理”账户，按已计提的累计折旧，借记“累计折旧”账户，按已计提的减值准备，借记“固定资产减值准备”账户，按固定资产原价，贷记“固定资产”账户。

2. 确认发生的清理费用

固定资产清理过程中发生的有关费用以及应支付的相关税费，借记“固定资产清理”“应交税费——应交增值税（进项税额）”账户，贷记“银行存款”等账户。

3. 确认出售价款和残料、保险赔偿等变价收入

企业出售固定资产的价款、残料价值，以及应由保险公司或过失人赔偿的报废、毁损固定资产的损失等，应冲减清理支出，借记“原材料”“银行存款”或“其他应收款”等账户，贷记“固定资产清理”“应交税费——应交增值税（销项税额）”账户。

4.结转清理净损益

（1）处置无使用价值的固定资产净损益结转。

① 属于报废、毁损等原因处置固定资产发生的净损失，借记“营业外支出——处置非流动资产损失”账户，贷记“固定资产清理”账户。

② 属于报废、毁损等原因处置固定资产发生的净收益，借记“固定资产清理”账户，贷记“营业外收入——处置非流动资产利得”账户。

③ 属于生产经营期间由于自然灾害等非正常原因造成的损失，借记“营业外支出——非常损失”账户，贷记“固定资产清理”账户。

（2）处置有使用价值的固定资产净损益结转。

① 属于出售、对外投资等原因处置固定资产发生的净损失，借记“资产处置损益——××资产”账户，贷记“固定资产清理”账户。

② 属于出售、对外投资等原因处置固定资产发生的净收益，借记“固定资产清理”账户，贷记“资产处置损益——××资产”账户。

原始凭证

【做中学7-15】2023年6月12日，晋华公司将一台使用期满的设备予以报废，该设备原始价值为580 000元，预计残值收入为22 000元，预计清理费用为5 000元，已提折旧563 000元。在拆卸搬运中实际发生的清理费用为4 000元（分摊的人工费），设备清理实际所得零部件作价24 000元入库备用。

①固定资产报废清理时，根据固定资产报废申请审批单编制会计分录如下：

借：固定资产清理　　17 000
　　累计折旧　　563 000
　　贷：固定资产　　580 000

②支付清理费用时，根据职工薪酬分配表编制会计分录如下：

借：固定资产清理　　4 000
　　贷：应付职工薪酬　　4 000

③收回残料入库时，根据材料入库单编制会计分录如下：

借：原材料　　24 000
　　贷：固定资产清理　　24 000

④固定资产清理完毕结转净收益时，根据固定资产处置损益计算表编制会计分录如下：

借：固定资产清理　　3 000
　　贷：营业外收入——处置非流动资产利得　　3 000

【做中学7-16】2023年10月，晋华公司将一台生产用设备出售给华联公司。该设备原始价值483 000元，已提折旧196 000元，增值税专用发票上注明价款280 000元、增值税税额36 400元。款项已通过银行收讫。

①将固定资产账面价值转入“固定资产清理”账户，根据固定资产折旧明细表、固定资产处置申请审批单编制会计分录如下：

借：固定资产清理　　287 000

　　累计折旧　　196 000

　　贷：固定资产　　483 000

②收回出售固定资产价款时，根据银行进账单、增值税专用发票记账联编制会计分录如下：

借：银行存款　　316 400

　　贷：固定资产清理　　280 000

　　　　应交税费——应交增值税（销项税额）　　36 400

③结转净收益，根据固定资产处置损益计算表编制会计分录如下：

借：资产处置损益　　7 000

　　贷：固定资产清理　　7 000

【思考】企业用固定资产对外投资、对外捐赠，固定资产如何进行账务处理？

二、固定资产清查的核算

（一）固定资产清查方法

在固定资产的使用过程中，由于客观或人为的原因，会出现账实不符的情况，为了保护企业固定资产的安全完整，企业对固定资产应当定期或者至少每年实地盘点一次，即把固定资产账簿、卡片同实物进行核对。

对于盘盈、盘亏的固定资产，应填写盘点记录。清查结束后，应根据盘点记录编制“固定资产盘盈盘亏报告表”，详细记录盘盈、盘亏固定资产的编号、名称、原价、已提折旧、净值以及盘盈、盘亏等资料，查明盘盈、盘亏原因，写出书面报告，并根据企业的管理权限，经股东大会或董事会，或经理（厂长）会议或类似机构批准后，在期末结账前处理完毕。

（二）盘亏固定资产的账务处理

盘亏的固定资产，按其账面价值，借记“待处理财产损溢”账户，按已提折旧，借记“累计折旧”账户，按固定资产原价，贷记“固定资产”账户。需要转出增值税的，贷记“应交税费——应交增值税（进项税额转出）”账户；已提固定资产减值准备的，还需转出已计提的减值准备。报经批准后，借记“营业外支出——盘亏损失”账户，贷记“待处理财产损溢”账户。

【做中学7-17】晋华公司盘亏电子设备一台，该设备原价10万元，已计提折旧2万元，取得该设备时增值税税额为1.3万元。

①盘亏固定资产时，根据固定资产清查报告单编制会计分录如下：

借：待处理财产损溢——待处理固定资产损溢　　90 400

　　累计折旧　　20 000

　　贷：固定资产　　100 000

　　　　应交税费——应交增值税（进项税额转出）　　10 400

②查明原因并经董事会批准，根据固定资产清查审批单编制会计分录如下：

借：营业外支出——盘亏损失　　90 400

　　贷：待处理财产损溢——待处理固定资产损溢　　90 400

（三）盘盈固定资产的账务处理

企业盘盈的固定资产，一般是以前年度发生的会计差错，应根据重新确定的固定资产价值，借记“固定资产”账户，贷记“以前年度损益调整”账户。报经批准后，借记“以前年度损益调整”账户，贷记“盈余公积——法定盈余公积”“利润分配——未分配利润”等账户。

【做中学7-18】晋华公司盘盈设备一台，该设备八成新。同类新设备的市场价格为12.5万元。

①盘盈时，根据固定资产清查报告单编制会计分录如下：

借：固定资产　　100 000

　贷：以前年度损益调整　　100 000

②查明原因并经董事会批准，根据固定资产清查审批单编制会计分录如下：

借：以前年度损益调整　　100 000

　贷：盈余公积——法定盈余公积　　10 000

　　　利润分配——未分配利润　　90 000

【提示】如果盘盈、盘亏或毁损的固定资产在期末结账前未经批准的，在对外提供财务会计报告时应先按上述规定进行处理，并在会计报表附注中作出说明；如果其后批准处理的金额与已处理的金额不一致，应按其差额调整会计报表相关项目的年初数。

任务四　固定资产减值的核算

一、固定资产减值的认定

固定资产减值是指固定资产的可收回金额低于其账面价值。

企业应当在资产负债表日判断固定资产是否存在可能发生减值的迹象。当固定资产出现减值的迹象时，应当估计固定资产可收回金额。当固定资产的可收回金额低于其账面价值时，表明该项固定资产发生了减值。固定资产减值损失一旦确认，不得转回。

固定资产减值的迹象，主要可从外部信息来源和内部信息来源两方面加以判断。

（一）从外部信息来源判断

（1）资产的市价当期大幅度下跌，其跌幅明显高于因时间的推移或者正常使用而预计的下跌。

（2）企业经营所处的经济、技术或者法律等环境以及资产所处的市场在当期或者将在近期发生重大变化，从而对企业产生不利影响。

（3）市场利率或者其他市场投资报酬率在当期已经提高，从而影响企业计算资产预计未来现金流量现值的折现率，导致资产可收回金额大幅度降低等。

（二）从内部信息来源判断

（1）有证据表明资产已经陈旧过时或者其实体已经损坏。

（2）资产已经或者将被闲置、终止使用或者计划提前处置。

（3）企业内部报告的证据表明资产的经济绩效已经低于或者将低于预期，如资产所创造的净现金流量或者实现的营业利润远远低于原来的预算或者预计金额、资产发生的营业损失远远高于原来的预算或者预计金额、资产在建造或者收购时所需的现金支出远远高于最初的预算、资产在经营或者维护中所需的现金支出远远高于最初的预算等。

上述列举的资产减值迹象并不能穷尽所有的减值迹象，企业应当根据实际情况来认定资产可能发生减值的迹象。有确凿证据表明资产存在减值迹象的，应当在资产负债表日进行减值测试，估计资产的可收回金额。

【提示】资产存在减值迹象是确定资产是否需要进行减值测试的必要前提。

二、固定资产减值损失的确认和计量

固定资产的可收回金额低于其账面价值时，表明该项固定资产发生了减值，应当将固定资产的账面价值减记至可收回金额，减记的金额确认为资产减值损失，计入当期损益，同时计提相应的固定资产减值准备。固定资产计提资产减值准备以后，其折旧费用应当按照新的账面价值予以计算。

（一）资产可收回金额的确定

资产可收回金额应当根据其公允价值减去处置费用后的净额与资产预计未来现金流量的现值两者之间较高者确定。但是在下列情况下，可以有例外或者做特殊考虑：

（1）资产的公允价值减去处置费用后的净额与资产预计未来现金流量的现值，只要有一项超过了资产的账面价值，就表明资产没有发生减值，不需再估计另一项金额。

（2）没有确凿证据或者理由表明，资产预计未来现金流量现值显著高于其公允价值减去处置费用后的净额的，可以将资产的公允价值减去处置费用后的净额视为资产的可收回金额。

（3）资产的公允价值减去处置费用后的净额如果无法可靠估计的，应当以该资产预计未来现金流量的现值作为其可收回金额。

【做中学7-19】2023年12月31日，晋华公司发现市场上出现了新的生产设备，导致公司生产设备的生产能力下降，该设备存在减值迹象。该设备账面原价185万元，累计折旧64万元，未计提过减值准备，预计尚可使用4年。该设备在活跃市场上的市场价格（买方出价）为100万元，处置费用为2.5万元。若继续自用，估计未来4年的现金流量分别为30万元、28万元、26万元和24万元，预计第4年年末处置带来的现金流量为6万元。折现率确定为5%。该设备可收回金额的确定如下：

①设备的公允价值减去处置费用后的净额 = 1 000 000 – 25 000 = 975 000（元）

②计算设备的预计未来现金流量现值（见表7-4）。

表7-4　　预计未来现金流量现值计算表　　金额单位：元

年份	预计未来现金流量	折现率/%	折现系数	现值
2024	300 000	5	0.9524	285 720
2025	280 000	5	0.9070	253 960
2026	260 000	5	0.8638	224 588
2027	300 000*	5	0.8227	246 810
合计				1 011 078

注：*2027年现金流量 = 240 000 + 60 000 = 300 000（元）

③确定设备的可收回金额。

比较资产的公允价值减去处置费用后的净额与资产未来现金流量的现值，取其较高者作为资产的可收回金额。该设备的可收回金额为101.1078万元。

（二）资产减值损失的计量

固定资产的账面价值与可收回金额之间的差额，确认为减值损失。

【做中学7-20】沿用【做中学7-19】的资料，2023年12月31日晋华公司该设备的账面价值为121万元（185－64），可收回金额为101.1078万元，则应确认的资产减值损失为19.8922万元（121-101.1078）。

三、固定资产减值的账务处理

设置“固定资产减值准备”账户，核算固定资产的可收回金额低于其账面价值的金额。该账户是“固定资产”账户的备抵账户，贷方登记计提的固定资产减值准备；借方登记转出的固定资产减值准备；期末贷方余额，反映企业已计提但尚未转销的固定资产减值准备。

当企业固定资产的可收回金额低于其账面价值时，即表明固定资产发生了减值，企业应当把固定资产的账面价值减记至可收回金额。减记的金额确认为资产减值损失，计入当期损益，借记“资产减值损失”账户，同时计提相应的资产减值准备，贷记“固定资产减值准备”账户。

【提示】根据《企业会计准则第8号——资产减值》的规定，固定资产减值损失一经确认，在以后会计期间不得转回。

【做中学7-21】沿用【做中学7-19】和【做中学7-20】的资料，2023年12月31日晋华公司根据资产减值准备计提及审批单编制会计分录如下：

借：资产减值损失——固定资产减值损失	198 922	
贷：固定资产减值准备		198 922

【做中学7-22】晋华公司2021年12月30日购入一项生产用设备，取得增值税专用发票并已认证，价款86万元，增值税税额11.18万元，款项已转账支付。该设备预计净残值为2万元，使用年限为10年，采用年限平均法计提折旧。2023年年末，由于经济因素的不利影响，该设备预计可收回金额为65万元。

①2021年12月30日购入设备时，根据增值税专用发票的发票联、银行付款通知、固定资产验收单、固定资产交接单编制会计分录如下：

借：固定资产	860 000	
应交税费——应交增值税（进项税额）	111 800	
贷：银行存款		971 800

②2022年1月至2023年12月，每月月末计提折旧时，根据固定资产折旧计算表编制会计分录如下：

借：制造费用	7 000	
贷：累计折旧		7 000

③2023年12月31日，计提资产减值准备，根据资产减值准备计提及审批单编制会计

分录如下：

设备的账面价值 = 860 000 −7 000 × 24 = 692 000（元）

计提减值准备金额 = 692 000 − 650 000 = 42 000（元）

借：资产减值损失——固定资产减值损失　　42 000

　　贷：固定资产减值准备　　42 000

④2023年年末，该设备账面价值为65万元。2024年开始按照账面价值65万元计算折旧额。

2024年每月应提折旧额 =（650 000 − 20 000）÷ 8 ÷ 12 = 6 562.50（元）

每月月末，根据固定资产折旧计算表编制会计分录如下：

借：制造费用　　6 562.50

　　贷：累计折旧　　6 562.50

【提示】固定资产减值准备的处理原则和方法同样适用于下列资产减值：①对子公司、联营企业和合营企业的长期股权投资；②采用成本模式进行后续计量的投资性房地产；③生产性生物资产；④无形资产；⑤探明石油天然气矿区权益和井及相关设施；⑥商誉。

【知识拓展】根据《小企业会计准则》的规定，小企业的固定资产不计提减值准备。固定资产发生的减值损失，待固定资产处置时一并处理，计入营业外支出。

【明德善思】

坚如磐石的“中国制造”

钱塘江大桥位于浙江省杭州市西湖之南，六和塔附近的钱塘江上，是我国自行设计、建造的第一座双层铁路、公路两用桥，横贯钱塘南北，是连接沪杭甬、浙赣铁路的交通要道。

钱塘江大桥于1934年8月8日开始动工兴建，1937年9月26日大桥建成通车。大桥全长1 453米，分引桥和正桥两个部分。正桥16孔，桥墩15座。下层铁路桥长1 322.1米，单线行车；上层公路桥长1 453米、宽6.1米，两侧人行道各1.5米，雄伟壮观。大桥如虹飞架南北，铮铮铁骨肩负重任。钱塘江大桥的设计、建造主持者是当代桥梁专家茅以升博士，该桥的建设首次采用气压沉箱法掘泥打桩获得成功，打破了外国人认为“钱塘江水深流急，不可能建桥”的预言，为中国人民长了志气。在钱塘江上建桥被誉为中国近代桥梁建设史上的里程碑。

钱塘江大桥建成后，为抗日战争作出了杰出贡献。大桥运输了不计其数的抗战物资，转移了上百万群众。然而，大桥通车未及两个月，中日战事日趋激烈，1937年12月23日，大桥通车仅89天，茅以升便接到密令：炸掉大桥，不让日军占用！茅以升心如刀割般地执行了命令。炸桥后，茅以升愤然作诗：“斗地风云突变色，炸桥挥泪断通途。五行缺火真来火，不复原桥不丈夫。”他在当年12月31日的日记中写道：“12月23日，敌军迫近杭州，本桥为我方自动爆炸，第14号桥墩被毁，五孔钢梁落水。桥虽被炸，然抗战必胜，此桥必获重修，立此誓言，以待将来。”

抗战胜利后，1948年5月，在茅以升的亲自主持下，钱塘江大桥又成功地被修复。到2022年，钱塘江大桥已经在风雨和大潮的洗礼中，屹立85载春秋年华。任凭风吹浪打，岿然不动，被网民热捧为“桥坚强”。这座桥的设计寿命50年，已经超期35年，设计时速

20公里，如今跑到百公里，放到今天的标准来看，钱塘江大桥不仅超期服役，而且超限、超载。工程班子每次为大桥做完评估，都肃然起敬，当年确是把修桥当成百年基业在做。大桥至今没有进行过技术上的大修，2000年的维修是规模最大的一次，仅仅更换了公路桥的桥面板。这是一座炸药不放对位置都炸不掉的桥，虽然大桥的5号、6号桥墩在1937年、1944年和1945年被炸过，但至今仍能正常使用。

资料来源：佚名．茅以升：建造钱塘江大桥的中国桥魂［EB/OL］．［2020-09-12］．https：//baijiahao.baidu.com/s？id=1701361210344415118&wfr=spider&for=pc.

【启示】钱塘江大桥建成于抗日烽火之中，它在中华民族抗击外来侵略者的斗争中书写了可歌可泣的一页。作为中国第一座自行设计组织建设的公铁两用的大桥，建设中克服了重重困难，历经了造桥、炸桥、修桥的磨难，培养了我国第一代现代桥梁工程师。钱塘江大桥在中国桥梁史上有着崇高地位，这不是一座普通的钢桥，而是一个国家和民族的脊梁，是我国桥梁建筑史上的一座丰碑。战争年代为了家国，茅以升先生含泪炸掉自己呕心沥血的杰作，到了和平年代百废待兴之际，他又挺身而出完成大桥的复建，使这座大桥成为一段传奇，期间所表现出的强烈爱国主义精神可歌可泣。党的二十大报告指出："社会主义核心价值观是凝聚人心、汇聚民力的强大力量。弘扬以伟大建党精神为源头的中国共产党人精神谱系，用好红色资源，深入开展社会主义核心价值观宣传教育，深化爱国主义、集体主义、社会主义教育，着力培养担当民族复兴大任的时代新人。"同学们，作为社会主义祖国的未来建设者，应当铭记历史，弘扬社会主义核心价值观，弘扬工匠精神，务实敬业奉献，为"中国制造"成为世界名片增砖添瓦。

项目小结

本项目主要知识点归纳总结见表7-5。

表7-5 本项目主要知识点归纳总结

任务	知识点	账务处理要点
固定资产的初始计量	（1）按照成本进行初始计量 （2）以一笔款项购入多项没有单独标价的固定资产，按各项固定资产公允价值的比例对总成本进行分配，分别确定各项固定资产的入账价值	（1）外购的不需要安装的固定资产通过"固定资产"账户核算 （2）外购的需要安装和自行建造的固定资产先通过"在建工程"账户核算，安装、建造完毕转入"固定资产"账户核算
固定资产的后续计量	固定资产折旧。 （1）企业应当对除了已提足折旧继续使用的固定资产和土地之外的所有固定资产计提折旧。当月增加的固定资产当月不提折旧，当月减少的固定资产当月照提折旧。因而当月计提折旧额的依据是月初可提取折旧的固定资产原价 （2）折旧方法有：年限平均法、工作量法、双倍余额递减法和年数总和法	设置"累计折旧"账户。 （1）每月月末，将本月计提折旧额，按照固定资产的受益对象，分别计入有关费用，同时贷记"累计折旧"账户 （2）不需用的固定资产计提的折旧额计入管理费用

续表

任务	知识点	账务处理要点
固定资产的后续计量	固定资产的更新改造等后续支出，满足固定资产确认条件的，应当资本化计入固定资产成本，如有被替换的部分，应扣除其账面价值。不满足固定资产确认条件的，如固定资产修理费用等，应当在发生时计入当期损益	(1) 资本化的后续支出，先通过“在建工程”账户核算，达到预定可使用状态时转入“固定资产”账户 (2) 提足折旧的固定资产发生的资本化支出，计入长期待摊费用 (3) 不符合资本化条件的后续支出费用化，计入当期损益
固定资产处置和清查的核算	核算企业因出售、报废、毁损、对外投资、捐赠、债务重组、非货币性资产交换等减少的固定资产	设置“固定资产清理”账户。清理结束后，将“固定资产清理”账户的余额转出。 (1) 处置无使用价值的固定资产（包括报废、毁损）发生的净损益转入“营业外支出”或“营业外收入”账户 (2) 处置有使用价值的固定资产（包括对外投资、捐赠、债务重组、非货币性资产交换等原因处置固定资产）发生的净损益，转入“资产处置损益”账户
	盘盈、盘亏的固定资产，在期末结账前处理完毕	(1) 盘亏的固定资产通过“待处理财产损溢”账户核算，报经批准后转入“营业外支出”账户 (2) 盘盈的固定资产属于以前年度的重大差错，通过“以前年度损益调整”账户核算，报经批准后调整留存收益
固定资产减值的核算	(1) 减值迹象的出现是估计可收回金额的前提条件。当企业固定资产的可收回金额低于其账面价值时，即表明固定资产发生了减值，应当确认资产减值损失，计提相应的资产减值准备。固定资产减值损失一经确认，不得转回 (2) 资产可收回金额应当根据资产公允价值减去处置费用后的净额与资产预计未来现金流量的现值两者之间较高者确定	确认固定资产减值损失，计提固定资产减值准备时，借记“资产减值损失”账户，贷记“固定资产减值准备”账户

阅读篇目

《企业会计准则第4号——固定资产》及其应用指南

《企业会计准则第8号——资产减值》及其应用指南

《企业会计准则第42号——持有待售的非流动资产、处置组和终止经营》

《中华人民共和国增值税暂行条例》及其实施细则

《财政部 国家税务总局关于全面推开营业税改征增值税试点的通知》（财税〔2016〕36号）

《财政部关于印发〈增值税会计处理规定〉的通知》（财会〔2016〕22号）

《财政部 税务总局 海关总署关于深化增值税改革有关政策的公告》（财政部 税务总局 海关总署公告2019年第39号）

《小企业会计准则》

项目八

投资性房地产的核算

微课

项目八概述

学习目标

【知识目标】

1. 熟悉投资性房地产的特征、范围及其计量模式
2. 掌握投资性房地产初始计量、后续计量和处置的核算方法
3. 掌握投资性房地产转换的核算方法

【技能目标】

1. 能正确判断投资性房地产业务
2. 能按照企业会计准则的要求规范核算投资性房地产业务
3. 能按照投资性房地产业务流程和处理方法，结合财经法规和企业要求，自主解决投资性房地产业务会计处理中出现的常见问题

【素质目标】

1. 有效运用企业房产和地产是经济新常态下企业获取利润的重要来源。正确判断企业房产和地产的持有目的和用途，按照企业会计准则的要求规范核算投资性房地产业务，正确审核投资性房地产业务的原始凭证和编制记账凭证，并根据记账凭证登记相关的明细账和总账，提供可靠、相关的会计信息
2. 培养严谨的工作作风和敬业精神，养成良好的职业习惯。树立服务公司的意识，严格遵守企业会计准则，以公允、客观的态度核算每一笔业务，刻苦钻研，不断进取，努力维护和提升会计职业的良好社会形象

工作情境与工作任务

房产和地产是企业生产经营中必不可少的资源，您能正确判断什么样的房产和地产属于投资性房地产吗？企业的投资性房地产需要设置哪些账户进行核算？企业取得投资性房地产的方式有多种，您知道不同方式取得的投资性房地产初始成本如何确定吗？您知道不同方式取得的投资性房地产如何进行账务处理吗？

在日常经营活动中，企业出租的建筑物、土地使用权，一方面会取得租金收入，另一方面会发生损耗，随着时间的推移，其账面价值还可能与市场价值不符，您会分别采用成本模式和公允价值模式对投资性房地产进行相应的账务处理吗？

随着管理意图的变化，企业的房产和地产可能时而出租、时而自己使用，因而企业的房产和地产在会计核算上会出现投资性房地产和非投资性房地产转换业务，您知道如何确定转换后房地产的入账价值吗？如何进行账务处理？

企业可以通过对外出售或转让的方式处置投资性房地产，对于那些由于使用而不断磨损直到最终报废，或者由于遭受自然灾害等发生毁损的投资性房地产应当及时进行清理。企业出售、转让、报废投资性房地产或者发生投资性房地产毁损时，您知道如何进行账务处理吗？

任务一　投资性房地产的初始计量

一、投资性房地产的内容

投资性房地产，是指为赚取租金或资本增值，或两者兼有而持有的房地产，主要包括已出租的土地使用权、持有并准备增值后转让的土地使用权和已出租的建筑物。

投资性房地产的主要形式是出租建筑物、出租土地使用权，而出租实质上属于一种让渡资产使用权的行为。房地产租金就是让渡资产使用权取得的使用费收入，是企业为完成其经营目标所从事的经营性活动以及与之相关的其他活动形成的经济利益总流入。

投资性房地产的另一种形式是持有并准备增值后转让的土地使用权，尽管其增值收益通常与市场供求、经济发展等因素相关，但目的是增值后转让以赚取增值收益。增值收益也是企业为完成其经营目标所从事的经营性活动以及与之相关的其他活动形成的经济利益总流入。但是，在我国实务中，持有土地使用权并准备增值后转让的情况较少。

微课

投资性房地产的界定

就某些企业而言，投资性房地产属于日常经营活动，形成的租金收入或转让收益确认为企业的主营业务收入，但对大部分企业而言，是与日常经营活动相关的其他活动，形成的租金收入或转让收益构成企业的其他业务收入。

【知识拓展】房地产是土地和房屋及其权属的总称。在我国，土地归国家和集体所有，企业只能取得土地使用权。因此，房地产中的土地是指土地使用权；房屋是指土地上的房屋等建筑物及其构筑物。

（一）投资性房地产的范围

1.已出租的土地使用权

已出租的土地使用权，是指企业通过出让或转让方式取得，并以经营租赁方式出租的土地使用权。企业取得的土地使用权通常包括在一级市场上以缴纳土地出让金方式取得的土地使用权，也包括在二级市场上接受的其他单位转让的土地使用权。

【提示】企业计划用于出租但尚未出租的土地使用权，不属于投资性房地产。企业以经营租赁方式租入的土地使用权再转租给其他单位的，也不能确认为投资性房地产。

【做中学8-1】晋华公司与康桥公司签署了土地使用权经营租赁协议，将其拥有的10万平方米的土地使用权租赁给康桥公司，每年租金100万元，租期5年。自租赁协议约定的租赁期开始日起，这项土地使用权属于晋华公司的投资性房地产。

2.持有并准备增值后转让的土地使用权

持有并准备增值后转让的土地使用权，是指企业取得的、准备增值后转让的土地使用权。按国家有关规定认定的闲置土地，不属于持有并准备增值后转让的土地使用权，也就不属于投资性房地产。

【做中学8-2】晋华公司为实施公司环保战略，决定将其印染车间搬迁至郊区，原在市区的印染车间厂房占用的土地使用权停止自用，公司管理当局（董事会或类似机构）作出书面决议明确继续持有这部分土地使用权，待其增值后转让以赚取增值收益。市区的这部分土地使用权属于晋华公司的投资性房地产。

【知识拓展】闲置土地是指国有建设用地使用权人超过国有建设用地使用权有偿使用合同或者划拨决定书约定、规定的动工开发日期满1年未动工开发的国有建设用地。已动工开发但开发建设用地面积占应动工开发建设用地总面积不足1/3或者已投资额占总投资额不足25%、中止开发建设满1年的国有建设用地，也可以认定为闲置土地。

3.已出租的建筑物

已出租的建筑物，是指企业拥有产权的、以经营租赁方式出租的建筑物，包括自行建造或开发活动完成后用于出租的建筑物。已出租的建筑物是企业已经与其他方签订了租赁协议，约定以经营租赁方式出租的建筑物。一般应自租赁协议规定的租赁期开始日起，经营租出的建筑物才属于已出租的建筑物。

在通常情况下，对企业持有以备经营出租的空置建筑物，如董事会或类似机构作出书面决议，明确表明将其用于经营出租且持有意图短期内不再发生变化的，即使尚未签订租赁协议，也应视为投资性房地产。这里的“空置建筑物”，是指企业新购入、自行建造或开发完工但尚未使用的建筑物，以及不再用于日常经营活动且经整理后达到可经营出租状态的建筑物。已出租的投资性房地产因租赁期届满暂时空置但继续用于出租的，仍作为投资性房地产。

【做中学8-3】晋华公司与康桥公司签订一项经营租赁合同，晋华公司将其持有产权的一栋办公楼出租给康桥公司，为期5年。康桥公司将该办公楼改装后用于自行经营餐馆。2年后，由于连续亏损，康桥公司将餐馆转租给丙公司，以赚取租金差价。

在这种情况下，对康桥公司而言，因其不拥有该栋楼的产权，因此不属于其投资性房地产。对晋华公司而言，则属于其投资性房地产。

【提示】企业以经营租赁方式租入再转租的建筑物不属于投资性房地产。企业自用房地产、作为存货的房地产不属于投资性房地产。

（二）不属于投资性房地产的范围

1.自用房地产

自用房地产，是指为生产商品、提供劳务或者经营管理而持有的房地产。例如，企业生产经营用的厂房、办公楼等属于固定资产；企业生产经营用的土地使用权属于无形资产。企业出租给本企业职工居住的宿舍，即使按照市场价格收取租金，也不属于投资性房地产，这部分房产间接为企业自身的生产经营服务，具有自用房地产的性质。企业拥有并自行经营的旅馆饭店，其经营目的主要是通过提供客房服务赚取服务收入，该旅馆饭店是企业的经营场所，属于自用房地产。

2.作为存货的房地产

作为存货的房地产，通常是指房地产开发企业在正常经营过程中销售的或为销售而正在开发的商品房和土地。这部分房地产属于房地产开发企业的存货，其生产、销售构成企业的主营业务活动，产生的现金流量也与企业的其他资产密切相关。因此，具有存货性质的房地产不属于投资性房地产。

在实务中，存在某项房地产部分自用或作为存货出售、部分用于赚取租金或资本增值的情形。该房地产用于赚取租金或资本增值的部分，能够单独计量和出售的，可以将该部分确认为投资性房地产；不能够单独计量和出售的，不确认为投资性房地产，而应确认为固定资产或存货。例如，某房地产开发公司建造了一栋商住两用楼盘，一层出租给一家大型超市，已经签订经营租赁合同；其余楼层均为普通住宅，正在公开销售中。这种情况下，如果一层商铺能够单独计量和出售，应当确认为投资性房地产，其余楼层确认为企业的存货，即开发产品。

二、投资性房地产初始成本的确定

企业取得投资性房地产应当按照成本进行初始计量。投资性房地产取得的方式不同，其成本构成也不一样。

（一）外购的投资性房地产

外购投资性房地产的成本，包括购买价款、相关税费（不包括允许抵扣的增值税进项税额）和可直接归属于该资产的其他支出。

（二）自行建造的投资性房地产

自行建造投资性房地产的成本，由建造该项资产达到预定可使用状态前发生的必要支出构成，包括土地开发费、建筑成本、安装成本、应予资本化的借款费用、支付的其他费用和分摊的间接费用等。

【提示】企业外购的土地使用权和建筑物，只有在购入的同时开始对外出租或用于资本增值，才能作为投资性房地产加以确认；企业自行建造的房地产，只有在自行建造活动完成（即达到预定可使用状态）的同时开始对外出租或用于资本增值，才能将自行建造的房地产确认为投资性房地产。

企业外购的土地使用权和建筑物，自用一段时间之后再改为出租或用于资本增值的，或企业自行建造房地产达到预定可使用状态后一段时间才对外出租或用于资本增值的，应当先将土地使用权和建筑物等房地产确认为无形资产、固定资产或存货，自租赁期开始日或用于资本增值之日起，才能从无形资产、固定资产或存货转为投资性房地产。

三、投资性房地产取得的账务处理

（一）外购的投资性房地产

设置“投资性房地产”账户，核算企业取得的投资性房地产。企业可以按照投资性房地产的类别和项目进行明细核算。

采用成本模式进行后续计量的投资性房地产，“投资性房地产”账户核算投资性房地产的实际成本。

采用公允价值模式进行后续计量的投资性房地产，“投资性房地产”账户核算企业投资性房地产的公允价值，分别设置“成本”和“公允价值变动”明细账户，按照投资性房地产的类别和项目进行明细核算。

企业购入投资性房地产时，按照取得时的实际成本借记“投资性房地产”账户，按增值税专用发票列示的增值税借记“应交税费”账户，按实际支付的价款贷记“银行存款”等账户。

【做中学8-4】2023年3月1日，晋华公司购入一栋写字楼，增值税专用发票已认证，价款1 500万元、增值税税额135万元（增值税税率为9%），款项已用银行存款转账支付。当日晋华公司与乙企业签订了经营租赁合同，将该写字楼自2023年3月1日起出租给乙企业，为期5年。假定晋华公司为增值税一般纳税人，其投资性房地产采用成本模式进行后续计量。

原始凭证

晋华公司根据租赁合同、增值税专用发票的发票联、转账支票存根编制会计分录如下：

借：投资性房地产——写字楼　　15 000 000

　　应交税费——应交增值税（进项税额）　　1 350 000

　　贷：银行存款　　16 350 000

【做中学8-5】沿用【做中学8-4】的资料，假定晋华公司拥有的投资性房地产符合采用公允价值模式计量的条件，采用公允价值模式进行后续计量。

晋华公司根据租赁合同、增值税专用发票的发票联、转账支票存根编制会计分录如下：

借：投资性房地产——成本（写字楼）　　15 000 000

　　应交税费——应交增值税（进项税额）　　1 350 000

　　贷：银行存款　　16 350 000

（二）自行建造的投资性房地产

自行建造的投资性房地产，其成本由建造该项资产达到预定可使用状态前发生的必要支出构成，包括土地开发费、建筑成本、安装成本、应予以资本化的借款费用、支付的其他费用和分摊的间接费用等。建造过程中发生的非正常损失直接计入当期损益，不计入建造成本。

自行建造的投资性房地产发生支出时，借记“投资性房地产——在建”账户，贷记“银行存款”等账户。

自行建造的投资性房地产完工时，若采用成本模式进行后续计量，企业应按照确定的建造成本，借记“投资性房地产”账户，贷记“投资性房地产——在建”账户。若采用公允价值模式进行后续计量，企业应按照确定的建造成本，借记“投资性房地产——成本”账户，贷记“投资性房地产——在建”账户。

【做中学8-6】康华公司2023年1月1日经董事会批准购入一栋烂尾楼，并准备继续建造，建成后对外出租。2月1日实际支付价款10 000万元（假定不考虑土地使用权和增值税），当日办理相关手续取得烂尾楼的产权。3月1日开始委托承包商继续建造，12月31日建造完成，实际建造成本为20 000万元。

①康华公司根据董事会决议报告、转账支票存根编制会计分录如下：

借：投资性房地产——在建	100 000 000	
贷：银行存款		100 000 000
借：投资性房地产——在建	200 000 000	
贷：银行存款		200 000 000

②康华公司根据竣工决算表编制会计分录如下：

若采用成本模式进行后续计量，则

借：投资性房地产	300 000 000	
贷：投资性房地产——在建		300 000 000

若采用公允价值模式进行后续计量，则

借：投资性房地产——成本	300 000 000	
贷：投资性房地产——在建		300 000 000

【提示】若2023年1月1日经董事会批准购入一栋烂尾楼，并准备继续建造，建成后作为企业销售中心用的办公楼，则核算时应通过“在建工程”账户，完工后转入“固定资产”账户。

【德技并修】房地产市场一头连着民生，一头连着发展。坚持房子是用来住的、不是用来炒的定位，是做好房地产工作的根本遵循。党的二十大报告指出，“增进民生福祉，提高人民生活品质”，“坚持房子是用来住的、不是用来炒的定位，加快建立多主体供给、多渠道保障、租购并举的住房制度”。这表明我国在住房领域将继续保持政策定力，为房地产市场实现平稳健康发展和完善住房保障体系指明了方向，将更好地增进民生福祉，提高人民居住生活品质，更好地满足住有所居的美好生活需要。坚持以人民为中心，心怀人民群众，不断增进人民福祉、实现人民幸福，是党的初心使命的集中体现与现实反映。同学们，作为新时代的青年，要坚定不移地听党话、跟党走，要坚守使命担当，努力学习本领，服务人民，报效国家。

任务二　投资性房地产的后续计量

一、投资性房地产后续计量模式

投资性房地产的后续计量有成本和公允价值两种模式。

企业通常应当采用成本模式对投资性房地产进行后续计量，只有在满足特定条件的情况下，即有确凿证据表明其所有投资性房地产的公允价值能够持续可靠取得的，才可以采用公允价值模式进行后续计量。

但是，同一企业只能采用一种模式对所有投资性房地产进行后续计量，不得同时采用两种计量模式进行后续计量。

微课

投资性房地产后续计量模式的比较

二、采用成本模式进行后续计量的投资性房地产

（一）核算内容

采用成本模式进行后续计量的投资性房地产，其主要核算内容是按期（月）计提折旧或摊销。投资性房地产存在减值迹象的，还应当按照资产减值的有关规定进行处理。投资性房地产计提折旧（摊销）、减值准备的核算，与固定资产折旧、减值准备和无形资产摊销、减值准备的核算原则相一致。

（二）账务处理

设置“投资性房地产”账户，核算投资性房地产的成本。

设置“投资性房地产累计折旧”或“投资性房地产累计摊销”账户，核算投资性房地产计提的折旧额或摊销额。其账户登记比照“累计折旧”“累计摊销”账户。

投资性房地产发生减值的，还应单独设置“投资性房地产减值准备”账户，核算投资性房地产计提的减值准备。其账户登记比照“固定资产减值准备”“无形资产减值准备”账户。

按期（月）计提折旧或摊销，借记“其他业务成本”等账户，贷记“投资性房地产累计折旧”账户或“投资性房地产累计摊销”账户。

投资性房地产经减值测试后确定发生减值的，应当计提减值准备，借记“资产减值损失”账户，贷记“投资性房地产减值准备”账户。已经计提减值准备的投资性房地产，其减值损失在以后的会计期间不得转回。

出租投资性房地产取得的租金收入，借记“银行存款”等账户，贷记“其他业务收入”账户，同时贷记“应交税费——应交增值税（销项税额）”账户，如果企业采用简易计税方法计算缴纳增值税，则贷记“应交税费——简易计税”账户。

【提示】投资性房地产减值准备的核算，与固定资产减值准备的核算原则相一致。

【做中学8-7】晋华公司的一栋办公楼自2023年4月1日起出租给乙企业使用，已确认为投资性房地产，采用成本模式进行后续计量。假设这栋办公楼的成本为1 800万元，按照直线法计提折旧，使用寿命为20年，预计净残值为零。按照经营租赁合同，乙企业每月支付晋华公司租金8万元（含税）。2023年12月，这栋办公楼发生减值迹象，经减值测试，其可收回金额为1 200万元，办公楼的账面价值为1 500万元，以前未计提减值准备。晋华公司对该项出租业务采用简易计税办法计算缴纳增值税。

①每月计提折旧时，根据投资性房地产折旧计算表编制会计分录如下：

月折旧额 = 1 800 ÷ 20 ÷ 12 = 7.5（万元）

借：其他业务成本　　75 000

　　贷：投资性房地产累计折旧　　75 000

②每月确认租金收入时，根据租赁合同、增值税专用发票记账联、银行进账单回单编制会计分录如下：

借：银行存款（或其他应收款） 80 000

贷：其他业务收入 76 190.48

应交税费——简易计税 3 809.52

其他业务收入 = 80 000 ÷（1 + 5%）= 76 190.48（元）

应交增值税 = 76 190.48 × 5% = 3 809.52（元）

③年末计提减值准备时，根据投资性房地产计提减值准备确认书编制会计分录如下：

借：资产减值损失 3 000 000

贷：投资性房地产减值准备 3 000 000

【提示】根据国家税务总局发布的《纳税人提供不动产经营租赁服务增值税征收管理暂行办法》的规定，一般纳税人以经营租赁方式出租其取得的不动产，按照以下规定缴纳增值税：一般纳税人出租其2016年4月30日前取得的不动产，可以选择适用简易计税方法，按照5%的征收率计算应纳税额；一般纳税人出租其2016年5月1日后取得的不动产，适用一般计税方法计税。

三、采用公允价值模式进行后续计量的投资性房地产

（一）核算内容

企业通常应当采用成本模式对投资性房地产进行后续计量，只有在满足特定条件的情况下，即有确凿证据表明其所有投资性房地产的公允价值能够持续可靠取得的，才可以采用公允价值模式进行后续计量。

投资性房地产采用公允价值模式进行后续计量的，不计提折旧或进行摊销，也不需要考虑计提减值准备。企业应当以资产负债表日投资性房地产的公允价值为基础，调整其账面余额，公允价值与其账面余额之间的差额计入当期损益（公允价值变动损益）。

（二）账务处理

采用公允价值模式对投资性房地产进行后续计量的企业，设置“投资性房地产”账户核算企业投资性房地产的公允价值，设置“成本”“公允价值变动”明细账户，分别核算投资性房地产的初始成本和公允价值变动。

资产负债表日，投资性房地产的公允价值高于其账面余额的差额，借记“投资性房地产——公允价值变动”账户，贷记“公允价值变动损益”账户；公允价值低于其账面余额的差额作相反的会计分录。

出租投资性房地产取得的租金收入，确认为其他业务收入，借记“银行存款”等账户，贷记“其他业务收入”“应交税费——应交增值税（销项税额）”账户，如果企业采用简易计税方法计算缴纳增值税，则贷记“应交税费——简易计税”账户。投资性房地产若属于企业主营业务，则通过“主营业务收入”和“主营业务成本”账户核算相关的损益。

【做中学8-8】甲公司为一家从事房地产经营开发的企业，2023年6月与A公司签订租赁协议，约定将其开发的一栋精装修的写字楼于开发完成的同时租赁给A公司使用，租赁期为10年。A公司每年支付给甲公司租金100万元（含税），甲公司对该项租赁业务采用一般计税方法计算缴纳增值税，增值税税率为9%。2023年7月1日，该写字楼开发完成

并开始出租，收到当年租金50万元（含税）。写字楼的造价为9 000万元。2023年12月31日，该写字楼的公允价值为9 200万元。假设甲公司的投资性房地产采用公允价值模式进行后续计量。

①2023年7月1日，开发完成写字楼并出租，根据写字楼竣工决算表、租赁合同编制会计分录如下：

借：投资性房地产——成本　　90 000 000

　贷：投资性房地产——在建　　90 000 000

②2023年7月1日，收到本年租金时，根据租赁合同、增值税专用发票的记账联、银行进账单回单计算并编制会计分录如下：

其他业务收入 = 500 000 ÷（1 + 9%）= 458 715.60（元）

应交增值税 = 458 715.60 × 9% = 41 284.40（元）

借：银行存款　　500 000

　贷：其他业务收入　　458 715.60

　　应交税费——应交增值税（销项税额）　　41 284.40

③2023年12月31日，按照公允价值调整其账面价值，公允价值与原账面价值之间的差额计入当期损益，根据投资性房地产公允价值变动计算表编制会计分录如下：

借：投资性房地产——公允价值变动　　2 000 000

　贷：公允价值变动损益　　2 000 000

【提示】企业对投资性房地产的计量模式一经确定，不得随意变更。成本模式转为公允价值模式的，应当作为会计政策变更，按照《企业会计准则第28号——会计政策、会计估计变更和差错更正》处理。已采用公允价值模式计量的投资性房地产，不得从公允价值模式转为成本模式。

四、与投资性房地产有关的后续支出

（一）资本化的后续支出

与投资性房地产有关的后续支出，满足投资性房地产确认条件的，应当计入投资性房地产成本。例如，企业为了提高投资性房地产的使用性能，往往需要对投资性房地产进行改建、扩建而使其更加坚固耐用，或者通过装修而改善其室内装潢，改扩建或装修支出满足确认条件的，应当将其资本化。

采用成本模式计量的投资性房地产进入改扩建或装修阶段后，应当将其账面价值转入改扩建工程，借记“投资性房地产——在建”“投资性房地产累计折旧”等账户，贷记“投资性房地产”账户。发生的资本化的改良或装修支出，通过“投资性房地产——在建”账户归集，借记“投资性房地产——在建”账户，贷记“银行存款”“应付账款”等账户。改扩建或装修完成后，借记“投资性房地产”账户，贷记“投资性房地产——在建”账户。

采用公允价值模式计量的投资性房地产进入改扩建或装修阶段后，应当将其账面余额转入改扩建工程，借记“投资性房地产——在建”账户，贷记“投资性房地产——成本”“投资性房地产——公允价值变动”等账户。改扩建或装修完成后，借记“投资性房地产——成本”账户，贷记“投资性房地产——在建”账户。

企业对采用成本模式计量的投资性房地产进行再开发且将来仍作为投资性房地产的，在开发期间不计提折旧或摊销。

【做中学8-9】晋华公司为增值税一般纳税人，2023年3月，与乙公司的一项厂房经营租赁合同即将到期，该厂房原价为6 000万元，已计提折旧2 000万元。为了提高厂房的租金收入，晋华公司决定在租赁期满后对该厂房进行改扩建，并与丙公司签订了经营租赁合同，约定改扩建完成后将该厂房出租给丙公司。2023年3月31日与乙公司的租赁合同到期，该厂房随即进入改扩建工程。2023年9月30日，该厂房改扩建工程完工，共发生支出545万元，取得增值税专用发票，其中，增值税税额为45万元，全部以银行存款支付。即日按照租赁合同出租给丙公司。假定晋华公司采用成本模式计量，改扩建支出符合资本化条件，计入投资性房地产的成本。

晋华公司的账务处理如下：

①2023年3月31日，投资性房地产转入改扩建工程，根据工程任务单编制会计分录如下：

借：投资性房地产——在建（厂房）	40 000 000	
投资性房地产累计折旧	20 000 000	
贷：投资性房地产——厂房		60 000 000

②2023年3月31日至2023年9月30日，发生改扩建支出时，根据工程结算单、值税值税专用发票的发票联、银行付款通知编制会计分录如下：

借：投资性房地产——在建（厂房）	5 000 000	
应交税费——应交增值税（进项税额）	450 000	
贷：银行存款		5 450 000

③2023年9月30日，该厂房改扩建工程完工，根据投资性房地产验收单、投资性房地产交接单编制会计分录如下：

借：投资性房地产——厂房	45 000 000	
贷：投资性房地产——在建（厂房）		45 000 000

【做中学8-10】晋华公司为增值税一般纳税人，2023年5月，与乙公司的一项厂房经营租赁合同即将到期，为了提高厂房的租金收入，晋华公司决定在租赁期满后对该厂房进行改扩建，并与丙公司签订了经营租赁合同，约定自改扩建完成时将该厂房出租给丙公司。2023年5月31日与乙公司的租赁合同到期，该厂房随即进入改扩建工程。2023年5月31日，该厂房账面余额为3 000万元，其中成本2 600万元，累计公允价值变动400万元。2023年11月30日，该厂房改扩建工程完工，共发生支出327万元，取得增值税专用发票，其中，增值税税额为27万元，全部以银行存款支付。。即日按照租赁合同出租给丙公司。假定晋华公司采用公允价值模式计量。改扩建支出符合资本化条件，计入投资性房地产的成本。

晋华公司的账务处理如下：

①2023年5月31日，投资性房地产转入改扩建工程，根据工程任务单编制会计分录如下：

借：投资性房地产——在建	30 000 000	
贷：投资性房地产——成本		26 000 000
——公允价值变动		4 000 000

②2023年5月31日至2023年11月30日，发生改扩建支出时，根据工程结算单、值税值税专用发票的发票联、银行付款通知编制会计分录如下：

借：投资性房地产——在建 3 000 000

应交税费——应交增值税（进项税额） 270 000

贷：银行存款 3 270 000

③2023年11月30日，该厂房改扩建工程完工，根据投资性房地产验收单、投资性房地产交接单编制会计分录如下：

借：投资性房地产——成本 33 000 000

贷：投资性房地产——在建 33 000 000

（二）费用化的后续支出

与投资性房地产有关的后续支出，不满足投资性房地产确认条件的，如企业对投资性房地产进行日常维护所发生的支出，应当在发生时计入当期损益。借记“其他业务成本”等账户，贷记“银行存款”等账户。

任务三 投资性房地产转换和处置的核算

一、投资性房地产转换的核算

（一）非投资性房地产转换为投资性房地产

非投资性房地产转换为投资性房地产，实质上是因房地产用途发生改变而对房地产进行的重新分类。转换日为租赁期开始日。

1.成本模式下的转换

非投资性房地产转换为采用成本模式计量的投资性房地产，应当将非投资性房地产在转换日的账面价值作为转换后投资性房地产的入账价值。

（1）企业将自用房地产转换为投资性房地产，即将原本用于生产商品、提供劳务或者经营管理的建筑物或土地使用权改用于出租，相应地将固定资产或无形资产转换为投资性房地产时，应当按该建筑物或土地使用权在转换日的原价、累计折旧或累计摊销、减值准备等，分别转入“投资性房地产”“投资性房地产累计折旧（摊销）”“投资性房地产减值准备”账户。按该项房地产的账面余额，借记“投资性房地产”账户，贷记“固定资产”或“无形资产”账户；按已计提的累计折旧或累计摊销，借记“累计折旧”或“累计摊销”账户，贷记“投资性房地产累计折旧（摊销）”账户；原已计提减值准备的，借记“固定资产减值准备”或“无形资产减值准备”账户，贷记“投资性房地产减值准备”账户。

【做中学8-11】晋华公司拥有一栋办公楼。2023年2月10日，与B公司签订了经营租赁协议，将该办公楼整体出租给B公司使用，租赁期开始日为2023年6月1日，为期5年。2023年6月1日，该办公楼的账面余额为3 000万元，已提折旧500万元。假设晋华公司的投资性房地产采用成本模式进行后续计量。

晋华公司根据租赁合同、固定资产交接单、固定资产清理单编制会计分录如下：

借：投资性房地产——办公楼 30 000 000
　　累计折旧 5 000 000
　　贷：固定资产 30 000 000
　　　　投资性房地产累计折旧 5 000 000

（2）企业将作为存货的房地产转换为投资性房地产，即房地产开发企业将其持有的开发产品以经营租赁的方式出租，相应地由存货转换为投资性房地产时，应当按该项存货在转换日的账面价值，借记“投资性房地产”账户，原已计提跌价准备的，借记“存货跌价准备”账户，按其账面余额，贷记“开发产品”等账户。

【做中学8-12】康华公司为一家从事房地产经营开发的企业，2023年3月10日与C公司签订租赁协议，将其开发的一栋写字楼租赁给C公司使用，租赁期开始日为2023年4月15日。2023年4月15日，该写字楼账面余额为39 000万元，未计提存货跌价准备。假设康华公司的投资性房地产采用成本模式进行后续计量。

康华公司根据租赁合同编制会计分录如下：

借：投资性房地产——写字楼 390 000 000
　　贷：开发产品 390 000 000

2.公允价值模式下的转换

非投资性房地产转换为采用公允价值模式计量的投资性房地产，应当将非投资性房地产在转换日的公允价值作为转换后投资性房地产的入账价值。

（1）企业将自用房地产转换为投资性房地产，即将原本用于生产商品、提供劳务或者经营管理的土地使用权或建筑物改用于出租，相应地将无形资产或固定资产转换为投资性房地产时，应当按该项土地使用权或建筑物在转换日的公允价值，借记“投资性房地产——成本”账户，按已计提的累计摊销或累计折旧，借记“累计摊销”或“累计折旧”账户；原已计提减值准备的，借记“无形资产减值准备”或“固定资产减值准备”账户；按其账面余额，贷记“无形资产”或“固定资产”账户。同时，转换日该项房地产的公允价值小于其账面价值的，按其差额，借记“公允价值变动损益”账户；转换日该项房地产的公允价值大于其账面价值的，按其差额，贷记“其他综合收益”账户。当该项投资性房地产处置时，因转换计入其他综合收益的部分应转入当期损益。

【做中学8-13】2023年3月，晋华公司打算搬迁至新办公楼，由于原办公楼地处商业繁华地段，晋华公司准备将其出租，赚取租金收入。2023年6月10日，晋华公司完成了搬迁工作，原办公楼停止自用，并与D公司签订了经营租赁协议，将原办公楼出租给D公司使用，租赁期开始日为2023年6月10日，为期5年。2023年6月10日，该办公楼的账面余额为3 000万元，已提折旧500万元，公允价值为2 100万元。假设晋华公司的投资性房地产采用公允价值模式进行后续计量。

晋华公司根据租赁合同、固定资产交接单、固定资产清理单编制会计分录如下：

借：投资性房地产——成本 21 000 000
　　累计折旧 5 000 000
　　公允价值变动损益 4 000 000
　　贷：固定资产 30 000 000

（2）企业将作为存货的房地产转换为投资性房地产，即房地产开发企业将其持有的开发产品以经营租赁的方式出租，相应地由存货转换为投资性房地产时，应当按该项房地产在转换日的公允价值入账，借记“投资性房地产——成本”账户，原已计提跌价准备的，借记“存货跌价准备”账户；按其账面余额，贷记“开发产品”等账户。同时，转换日该项房地产的公允价值小于其账面价值的，按其差额，借记“公允价值变动损益”账户；转换日该项房地产的公允价值大于其账面价值的，按其差额，贷记“其他综合收益”账户。当处置该项投资性房地产时，因转换计入其他综合收益的部分应转入当期损益。

【做中学8-14】甲公司为一家从事房地产经营开发的企业，2023年7月20日与M公司签订租赁协议，将其开发的一栋写字楼租赁给M公司使用，租赁期开始日为2023年7月15日。2023年7月15日，该写字楼账面余额为39 000万元，未计提存货跌价准备，公允价值为41 000万元。假设甲公司的投资性房地产采用公允价值模式进行后续计量。

甲公司根据租赁合同、投资性房地产公允价值变动计算表编制会计分录如下：

借：投资性房地产——成本　410 000 000

　　贷：开发产品　390 000 000

　　　　其他综合收益　20 000 000

（二）投资性房地产转换为非投资性房地产

1.成本模式下的转换

采用成本模式计量的投资性房地产转换为非投资性房地产，应当将投资性房地产在转换日的账面价值作为转换后非投资性房地产的入账价值。

企业将投资性房地产转换为自用房地产，应当将该项投资性房地产在转换日的账面余额、累计折旧（或摊销）、减值准备等，分别转入“固定资产”或“无形资产”、“累计折旧”或“累计摊销”、“固定资产减值准备”或“无形资产减值准备”账户。按投资性房地产的账面余额，借记“固定资产”或“无形资产”账户，贷记“投资性房地产”账户；按已计提的累计折旧或累计摊销，借记“投资性房地产累计折旧（摊销）”账户，贷记“累计折旧”或“累计摊销”账户；原已计提减值准备的，借记“投资性房地产减值准备”，贷记“固定资产减值准备”或“无形资产减值准备”账户。

【做中学8-15】2023年5月31日，租赁期满，晋华公司将出租在外的厂房收回，公司董事会就该厂房用于本公司生产产品形成了书面决议，2023年6月1日，开始用于生产本公司产品。该项房地产在转换前采用成本模式计量，该厂房账面价值为1 900万元，其中：原价3 100万元，累计已提折旧1 200万元。

晋华公司根据租赁合同等编制会计分录如下：

借：固定资产——厂房　31 000 000

　　投资性房地产累计折旧　12 000 000

　　贷：投资性房地产——厂房　31 000 000

　　　　累计折旧　12 000 000

2.公允价值模式下的转换

采用公允价值模式计量的投资性房地产转换为非投资性房地产，应当将投资性房地产在转换日的公允价值作为转换后非投资性房地产的入账价值，公允价值与原账面价值之间的差额计入当期损益。

转换日，按该项投资性房地产的公允价值，借记“固定资产”或“无形资产”账户；

按该项投资性房地产的成本，贷记“投资性房地产——成本”账户，按该项投资性房地产公允价值变动，贷记或借记“投资性房地产——公允价值变动”账户，按其差额，借记或贷记“公允价值变动损益”账户。

【做中学8-16】2023年6月30日，租赁期满，晋华公司将出租在外的写字楼收回，公司董事会就该写字楼用于本公司行政管理办公形成了书面决议，2023年7月1日开始作为本公司办公楼。该办公楼的公允价值为7 250万元。该写字楼在转换前采用公允价值模式计量，账面价值为7 100万元，其中：成本6 000万元，公允价值变动为增值1 100万元。

晋华公司根据租赁合同等编制会计分录如下：

借：固定资产——写字楼	72 500 000	
贷：投资性房地产——成本		60 000 000
——公允价值变动		11 000 000
公允价值变动损益		1 500 000

二、处置投资性房地产的核算

当投资性房地产被处置，或者永久退出使用且预计不能从其处置中取得经济利益时，应当终止确认该项投资性房地产。企业可以通过对外出售或转让的方式处置投资性房地产，对于那些由于使用而不断磨损直到最终报废，或者由于遭受自然灾害等发生毁损的投资性房地产应当及时进行清理。

企业出售、转让、报废投资性房地产或者发生投资性房地产毁损时，应当将实际收到的处置收入计入其他业务收入，所处置投资性房地产的账面价值计入其他业务成本；转换日计入其他综合收益或公允价值变动损益的金额，转入其他业务成本；持有过程中产生的公允价值变动损益，转入其他业务成本。

（一）采用成本模式计量的投资性房地产的处置

企业出售、转让采用成本模式进行后续计量的投资性房地产时，应当按实际收到的金额，借记“银行存款”等账户，贷记“其他业务收入”“应交税费——应交增值税（销项税额）”账户，如果企业采用简易计税方法计算缴纳增值税，则贷记“应交税费——简易计税”账户。按该项投资性房地产的账面价值，借记“其他业务成本”账户，按其账面余额，贷记“投资性房地产”账户，按照已计提的累计折旧或累计摊销，借记“投资性房地产累计折旧（摊销）”账户，原已计提减值准备的，借记“投资性房地产减值准备”账户。

【做中学8-17】晋华公司的投资性房地产采用成本模式进行后续计量。2023年6月10日，其出租的一栋写字楼租赁期满，晋华公司将该写字楼收回并出售给丙公司，采用简易计税方法计算缴纳增值税，增值税专用发票上注明价款29 900万元、增值税税额1 495万元，款项已收。出售时，该写字楼的账面余额为28 000万元，已提折旧5 000万元。

晋华公司根据租赁合同、增值税专用发票的记账联、写字楼转让合同、银行进账单回单编制会计分录如下：

借：银行存款	313 950 000	
贷：其他业务收入		299 000 000
应交税费——简易计税		14 950 000

借：其他业务成本　230 000 000
　　投资性房地产累计折旧　50 000 000
　　贷：投资性房地产——写字楼　280 000 000

（二）采用公允价值模式计量的投资性房地产的处置

企业出售、转让采用公允价值模式计量的投资性房地产时，应当按实际收到的金额，借记“银行存款”等账户，贷记“其他业务收入”“应交税费——应交增值税（销项税额）”账户，如果企业采用简易计税方法计算缴纳增值税，则贷记“应交税费——简易计税”账户。按该项投资性房地产的账面余额，借记“其他业务成本”账户，按其成本，贷记“投资性房地产——成本”账户，按其公允价值变动，贷记或借记“投资性房地产——公允价值变动”账户。同时，将该项投资性房地产公允价值变动转入其他业务成本，借记或贷记“公允价值变动损益”账户，贷记或借记“其他业务成本”账户。若存在原转换日计入其他综合收益的金额，也应一并转入其他业务成本，借记“其他综合收益”账户，贷记“其他业务成本”账户。

【做中学8-18】康华公司为一家房地产开发企业，2022年6月1日与丁企业签订了一份租赁协议，将其开发的一栋写字楼出租给丁企业使用，租赁期开始日为2022年6月1日。2022年6月1日，该写字楼的账面余额为45 000万元，公允价值为47 000万元。2022年12月31日，该项投资性房地产的公允价值为48 000万元。2023年5月31日租赁期满，2023年6月1日企业收回该项投资性房地产并出售，采用一般计税方法计算缴纳增值税，增值税税率为9%。增值税专用发票上注明价款52 500万元、增值税税额4 725万元，款项已收讫。康华公司的投资性房地产采用公允价值模式进行后续计量。

①2022年6月1日，存货转换为投资性房地产时，根据租赁合同编制会计分录如下：

借：投资性房地产——成本　470 000 000
　　贷：开发产品　450 000 000
　　　　其他综合收益　20 000 000

②2022年12月31日，确认公允价值变动损益时，根据投资性房地产公允价值变动计算表编制会计分录如下：

借：投资性房地产——公允价值变动　10 000 000
　　贷：公允价值变动损益　10 000 000

③2023年6月1日，出售投资性房地产时，根据租赁合同、增值税专用发票的记账联、写字楼转让合同、银行进账单回单编制会计分录如下：

借：银行存款　572 250 000
　　贷：其他业务收入　525 000 000
　　　　应交税费——应交增值税（销项税额）　47 250 000
借：其他业务成本　480 000 000
　　贷：投资性房地产——成本　470 000 000
　　　　　　　　　　——公允价值变动　10 000 000

同时，将投资性房地产公允价值变动转入其他业务成本：

借：公允价值变动损益　10 000 000
　　贷：其他业务成本　10 000 000

将转换时原计入其他综合收益的部分转入其他业务成本：

借：其他综合收益 20 000 000

贷：其他业务成本 20 000 000

【提示】小企业不单独核算投资性房地产。

【明德善思】

努力实现全体人民住有所居

住房和城乡建设事业事关经济社会发展大局，事关人民群众切身利益。在2021年8月31日举行的国新办新闻发布会上，住房和城乡建设部有关负责人介绍了住房和城乡建设事业为全面建成小康社会作出的重要贡献。

帮助2亿多困难群众改善住房条件。近年来，我国加快建立以公租房、保障性租赁住房和共有产权住房为主体的住房保障体系，并且建立了一套较为完善的住房保障政策和管理制度。其中，保障性租赁住房以人口净流入城市为重点，着力做好新市民和青年人的住房保障；共有产权住房则由城市政府因地制宜，主要帮助有一定经济实力、买不起房子的居民能够尽快改善居住条件。“十四五”时期，将以发展保障性租赁住房为重点，进一步完善住房保障体系，增加保障性住房供给，努力实现全体人民住有所居。与此同时，城镇老旧小区改造全面推进。2019年至2020年，全国累计新开工改造城镇老旧小区5.9万个，惠及1 088万户居民。2021年新开工改造5.3万个老旧小区，涉及居民900多万户；截至7月底，已开工建设4.22万个小区，占年度目标的78.2%。“从实际效果看，实施城镇老旧小区改造，完善了水电路气信等配套基础设施，因地制宜增加了养老、托育、便利店等公共服务设施，消除了大量安全隐患，改善了老旧小区居民的居住条件和生活环境。”住房和城乡建设部副部长黄艳介绍，“十四五”时期，我国将基本完成2000年年底前建成的21.9万个城镇老旧小区改造。

城市建设取得历史性成就，乡村面貌发生巨变。近年来，城市建设取得历史性成就，创造了世界城市发展史上的奇迹。2020年我国常住人口城镇化率达63.89%、城市数量达687个、城市建成区面积达6.1万平方公里。2019年，我国城镇生产总值、固定资产投资占全国比重均接近90%。城市基础设施建设步伐加快。2020年，全国城市道路长度是49.3万公里，城市轨道交通建成里程7 597.9公里，位居全球前列。市政公用设施水平显著提升。2020年，我国的供水普及率和燃气普及率分别达到了99%和97.9%，基本达到发达国家水平。此外，城市人居环境明显改善，历史文化保护力度不断加强。

乡村面貌发生巨变，历史性解决了农村贫困群众的住房安全问题。全面实施脱贫攻坚农村危房改造以来，790万户、2 568万贫困群众的危房得到改造；同步支持1 075万户农村低保户、分散供养特困人员、贫困残疾人家庭等贫困群体改造危房；全国2 341.6万户建档立卡贫困户实现住房安全有保障。时任住房和城乡建设部副部长倪虹说，将把农村危房改造作为一项长期性、基础性、系统性的工作持续推进，逐步建立起农村低保和低收入家庭的人口和家庭住房安全保障长效机制。

资料来源：丁怡婷．我国建成世界上最大住房保障体系：努力实现全体人民住有所居［EB/OL］．［2021-09-01］．http：//www.gov.cn/xinwen/2021-09/01/content_5634569.htm.

【启示】《中共中央关于制定国民经济和社会发展第十四个五年规划和二〇三五年远景目标的建议》提出：“促进住房消费健康发展”，“坚持房子是用来住的、不是用来炒的定位，租购并举、因城施策，促进房地产市场平稳健康发展”，“有效增加保障性住房供给，完善土地出让收入分配机制，探索支持利用集体建设用地按照规划建设租赁住房，完善长租房政策，扩大保障性租赁住房供给”。可以看出，坚持以人民为中心，心怀人民群众，不断增进人民福祉，是党的初心使命的集中体现与现实反映。

项目小结

本项目主要知识点归纳总结见表8-1。

表8-1　本项目主要知识点归纳总结

任务	知识点	账务处理要点
投资性房地产的初始计量	（1）投资性房地产的范围：已出租的土地使用权、持有并准备增值后转让的土地使用权和已出租的建筑物 （2）初始计量：按照成本进行初始计量	设置“投资性房地产”账户进行核算。 取得投资性房地产时，按成本借记“投资性房地产”账户，贷记有关账户
投资性房地产的后续计量	（1）投资性房地产的后续计量常采用成本模式计量，满足特定条件时可以采用公允价值模式计量。同一企业只能采用一种模式对所有投资性房地产进行后续计量 （2）采用成本模式进行后续计量的投资性房地产，应按期（月）计提折旧或摊销，当发生减值时，应当计提减值准备；已经计提减值准备的投资性房地产，其减值损失在以后的会计期间不得转回 （3）采用公允价值模式进行后续计量的投资性房地产，以资产负债表日投资性房地产的公允价值为基础，调整其账面余额 （4）投资性房地产的租金确认收入 （5）与投资性房地产有关的后续支出，满足投资性房地产确认条件的，应当资本化计入投资性房地产成本；不满足确认条件的，如日常维护所发生的支出，应当在发生时计入当期损益	（1）采用成本模式进行后续计量，按期（月）计提折旧或摊销，借记“其他业务成本”账户，贷记“投资性房地产累计折旧（摊销）”账户 （2）采用公允价值模式进行后续计量，设置“成本”“公允价值变动”明细账户核算。取得时借记“投资性房地产——成本”账户；公允价值增加时，借记“投资性房地产——公允价值变动”账户，贷记“公允价值变动损益”账户，公允价值减少时作相反的会计分录 （3）取得的租金收入，借记“银行存款”等账户，贷记“其他业务收入”“应交税费——应交增值税（销项税额）”账户，如果企业采用简易计税方法计算缴纳增值税，则贷记“应交税费——简易计税”账户 （4）采用成本模式计量的投资性房地产进入改扩建或装修阶段后，应当将其账面价值转入改扩建工程，借记“投资性房地产——在建”“投资性房地产累计折旧”等账户，贷记“投资性房地产”账户。改扩建或装修完成后，借记“投资性房地产”账户，贷记“投资性房地产——在建”账户。企业对投资性房地产进行再开发且将来仍作为投资性房地产的，在开发期间不计提折旧或摊销 （5）采用公允价值模式计量的投资性房地产进入改扩建或装修阶段后，应当将其账面余额转入改扩建工程，借记“投资性房地产——在建”账户，贷记“投资性房地产——成本”“投资性房地产——公允价值变动”等账户。改扩建或装修完成后，借记“投资性房地产——成本”账户，贷记“投资性房地产——在建”账户 （6）改扩建或装修阶段发生的资本化的改良或装修支出，借记“投资性房地产——在建”账户，贷记“银行存款”“应付账款”等账户 （7）对投资性房地产日常维护所发生的支出，应当在发生时借记“其他业务成本”等账户，贷记“银行存款”等账户

续表

任 务	知识点	账务处理要点
投资性房地产转换和处置的核算	（1）成本模式下，将转换前资产的账面价值作为转换后资产的入账价值 （2）公允价值模式下，将转换日资产的公允价值作为转换后资产的入账价值 （3）处置投资性房地产时，确认收入，相应结转成本。采用公允价值模式计量的投资性房地产，还应将该投资性房地产公允价值变动损益转入其他业务成本；若存在原转换日计入其他综合收益的金额，则也应一并转入其他业务成本	（1）公允价值模式下投资性房地产的转换 ①非投资性房地产转换为投资性房地产，转换日资产的公允价值与其账面价值之间的差额，如是借差记入“公允价值变动损益”账户，如是贷差记入“其他综合收益”账户 ②投资性房地产转换为非投资性房地产，转换日资产的公允价值与其账面价值之间的差额，记入“公允价值变动损益”账户 （2）投资性房地产处置 按不含税售价确认收入，贷记“其他业务收入”账户；按所处置投资性房地产的账面价值结转成本，借记“其他业务成本”账户。采用公允价值模式计量的投资性房地产，借记“公允价值变动损益”或“其他综合收益”账户，贷记“其他业务成本”账户；或作与上述相反的会计分录

阅读篇目

《企业会计准则第3号——投资性房地产》及其应用指南

《企业会计准则第8号——资产减值》及其应用指南

《中华人民共和国增值税暂行条例》及其实施细则

《财政部　国家税务总局关于全面推开营业税改征增值税试点的通知》（财税〔2016〕36号）

《纳税人转让不动产增值税征收管理暂行办法》

《房地产开发企业销售自行开发的房地产项目增值税征收管理暂行办法》

《纳税人提供不动产经营租赁服务增值税征收管理暂行办法》

《财政部关于印发〈增值税会计处理规定〉的通知》（财会〔2016〕22号）

项目九

无形资产和其他资产的核算

微课

项目九概述

学习目标

【知识目标】

1. 了解无形资产的核算内容
2. 掌握不同方式取得无形资产的初始计量和会计处理方法
3. 掌握研发支出的确认、计量和会计处理方法
4. 掌握无形资产的摊销原则、摊销方法及会计处理方法
5. 掌握无形资产处置的会计处理方法
6. 掌握无形资产减值损失的确认、计量和会计处理方法
7. 掌握长期待摊费用的核算内容和会计处理方法

【技能目标】

1. 能准确判断无形资产，并确定无形资产初始成本
2. 能结合实际业务对研发支出进行判断，分别资本化支出和费用化支出进行会计处理
3. 能根据经济利益取得的方式选择摊销方法、正确进行摊销的会计处理
4. 能根据企业会计准则要求估计无形资产减值损失并正确进行会计处理，加强无形资产管理
5. 能根据业务性质判断长期待摊费用业务并合理摊销

【素质目标】

1. 充分认识创新是引领发展的第一动力。明确创新在我国现代化建设全局中的核心地位，培养学生科技报国的家国情怀和使命担当
2. 坚定研发无形资产的信心，增强企业核心竞争力
3. 树立创新意识，提高创新思维，提升创新能力

工作情境与工作任务

无形资产是企业的一项重要的非流动资产，您知道企业如何确认无形资产吗？企业取得无形资产的方式有多种，其中常见的有外购和自行研发，您知道外购和自行研发无形资产的初始成本如何确定吗？企业通过不同方式取得无形资产需要设置哪些账户进行核算？

企业的无形资产在初始确认时就应当分为使用寿命有限的无形资产和使用寿命不确定的无形资产，分别进行核算。您知道如何划分吗？两类无形资产在核算上有什么不同？当企业对其持有的无形资产不再继续使用时，就会涉及无形资产出售与报废的核算，您会进行相应的账务处理吗？

长期待摊费用作为一项特殊的非流动资产，您知道如何确认、计量和进行相应的账务处理吗？

任务一　无形资产的核算

一、无形资产概述

（一）无形资产的定义和特征

无形资产，是指企业拥有或控制的没有实物形态的可辨认非货币性资产。无形资产与其他类别的资产相比具有以下特征：

1.无形资产不具有实物形态

无形资产通常表现为某种权利、某项技术或某种获取超额利润的综合能力，比如土地使用权、非专利技术等。它没有实物形态，却能够为企业带来经济利益，或使企业获取超额收益。

2.无形资产属于可辨认的非货币性资产

无形资产能够从企业中分离或者划分出来，并能够单独或者与相关合同、资产或负债一起，用于出售、转移、授予许可、租赁或者交换。这一特征主要是相对于商誉等不可辨认的经济资源而言的。比如，企业拥有的专利，其表现为一种技术，但经专利局注册后，可以出售或者转让，属于可辨认的非货币性资产。

3.无形资产在创造经济效益方面存在较大的不确定性

无形资产必须与企业的其他资产相结合，才能为企业创造经济利益。无形资产作用的发挥更大程度地受到员工队伍素质、企业组织、利益机制、技术环境和市场变化等因素的影响，这使得许多无形资产的经济寿命难以被准确地预计，因而也使得无形资产能为企业带来多少未来的经济利益难以被准确地预计。

（二）无形资产的内容

根据无形资产的定义和特征，企业的无形资产包括专利权、非专利技术、商标权、著作权、土地使用权和特许权等。

1.专利权

专利权是指国家专利主管机关依法授予发明创造专利申请人对其发明创造在法定期限内所享有的专有权利。专利权包括发明专利权、实用新型专利权和外观设计专利权。

2.非专利技术

非专利技术也称专有技术，是指不为外界所知，在生产经营活动中已采用了的、不享有法律保护，可以带来经济效益的各种技术和诀窍。非专利技术包括工业专有技术、商业贸易专有技术等。非专利技术具有经济性、机密性和动态性等特点。

3.商标权

商标权是指专门在某类指定的商品或产品上使用特定的名称或图案的权利。商标权包括独占使用权、禁止使用权等。商标经市场监督管理部门核准注册后，成为注册商标，受法律保护。

4.著作权

著作权又称版权，是指著作者或文艺作品创作者以及出版商依法享有的一定年限内发表、制作、出版和发行其作品的权利。著作权受法律保护，未经著作权所有者许可或转让，他人不得占有和行使。

5.土地使用权

土地使用权是指国家准许某企业在一定期间对国有土地享有的开发、利用、经营的权利。根据我国现行土地管理法的规定，我国土地实行公有制，任何单位和个人只能拥有土地使用权。企业取得土地使用权的方式有行政划拨、外购、投资者投入等。

【知识拓展】企业取得土地使用权通常确认为无形资产。土地使用权用于自行开发建造厂房等地上建筑物时，应当对土地使用权和地上建筑物分别进行摊销和提取折旧。但下列情况除外：(1) 房地产开发企业取得的土地使用权用于建造对外出售的房屋建筑物，相关的土地使用权的价值应当计入所建造的房屋建筑物成本。(2) 企业外购的房屋建筑物支付的价款无法在地上建筑物与土地使用权之间合理分配的，应当全部确认为固定资产原价。(3) 企业改变土地使用权的用途，将其用于出租或资本增值目的时，应当将其转为投资性房地产。

6.特许权

特许权又称经营特许权、专营权，是指企业在某一地区经营或销售某种特定商品的权利，或是一家企业接受另一家企业使用其商标、商号、技术秘密等的权利。特许权可以是政府授予的，如烟草专卖权等；也可以是某单位或个人授予的，如连锁分店使用总店的名称等。

【思考】企业自创商誉以及内部产生的品牌、报刊名等，应该作为无形资产核算吗?

【德技并修】创新是企业的灵魂，是企业发展壮大的不竭动力和重要法宝。纵观国内外优秀企业，无不通过创新形成自己的核心技术和能力，在市场竞争中占据主动。党的二十大报告指出“创新是第一动力”，要完善科技创新体系，坚持创新在我国现代化建设全局中的核心地位。党的十八大以来，我国不断加快推进科技自立自强，基础研究和原始创新不断加强，一些关键核心技术实现突破，战略性新兴产业发展壮大，载人航天、探月探火、深海深地探测、超级计算机、卫星导航、量子信息、核电技术、大飞机制造、生物医药等取得重大成果，进入创新型国家行列。同学们，我们要坚持对中国特色社会主义的坚定信念，坚定“四个自信”，以积极的历史担当和创造精神，让青春在全面建设社会主义现代化国家的火热实践中绽放绚丽之花。

（三）无形资产的分类

企业应当于取得无形资产时分析判断其使用寿命，将无形资产分为使用寿命不确定的无形资产和使用寿命有限的无形资产。

1.使用寿命不确定的无形资产

无形资产为企业带来经济利益的期限如果无法预见，应视为使用寿命不确定的无形资产。使用寿命不确定的无形资产，其成本不予摊销。如果期末重新复核后使用寿命仍不确定的，则应当在每个会计期间进行减值测试。需要计提减值准备的，相应计提有关的减值准备。

2.使用寿命有限的无形资产

无形资产为企业带来经济利益的期限如果能够合理预见，应视为使用寿命有限的无形资产。使用寿命有限的无形资产，其成本应当摊销。

企业预计无形资产使用寿命时应考虑的因素有：运用该资产生产的产品通常的寿命周期、可获得的类似资产使用寿命的信息；技术、工艺等方面的现阶段情况及对未来发展趋势的估计；以该资产生产的产品或提供的劳务的市场需求情况；现在或潜在竞争者预期采取的行动；为维持该资产获利能力带来经济利益的预期维护支出，以及企业预计支付有关支出的能力；对该资产控制期限的有关法律规定或类似限制；与企业持有其他资产使用寿命的关联性等。

二、无形资产的初始计量

无形资产应当按照成本进行初始计量。无形资产取得的方式不同，其成本构成也不同。

（一）外购的无形资产

1.初始成本的确定

外购无形资产的成本，包括购买价款、进口关税和其他相关税费以及直接归属于使该项资产达到预定用途所发生的律师费、咨询费、公证费、鉴定费、注册登记费等其他支出。企业应根据购入无形资产的实际成本，借记“无形资产”账户，按当月已认证的可抵扣增值税税额，借记“应交税费——应交增值税（进项税额）”账户，按当月未认证的可抵扣增值税税额，借记“应交税费——待认证进项税额”账户，按应付或实际支付的金额，贷记“应付账款”“银行存款”等账户。

【知识拓展】如果企业购买无形资产的价款超过正常信用条件延期支付，实质上具有融资性质，无形资产的成本应以购买价款的现值为基础确定。实际支付的价款与购买价款的现值之间的差额，除按照借款费用准则应予资本化的以外，应当在信用期间计入当期财务费用。

2.账务处理

设置“无形资产”账户，核算企业持有的无形资产的成本。该账户属于资产类账户，借方登记无形资产的取得成本；贷方登记出售或报废无形资产转出的无形资产账面余额；期末借方余额，反映无形资产的成本。该账户可以根据无形资产的具体项目（如专利权、非专利技术等）设置明细账户进行明细核算。

【做中学9-1】晋华公司于2023年6月购入一项非专利技术，取得的增值税专用发票已通过认证，价款90万元、增值税税额5.4万元，共计95.4万元，开出转账支票支付。

晋华公司根据增值税专用发票的发票联、转账支票存根、银行付款通知、无形资产验收单、无形资产交接单编制会计分录如下（可抵扣进项税额按不含税价款的6%计算）：

借：无形资产——非专利技术	900 000	
应交税费——应交增值税（进项税额）	54 000	
贷：银行存款		954 000

【思考】企业取得无形资产时支付的进项税额，都可以进行抵扣吗？如果不能抵扣，该如何处理？

（二）自行开发的无形资产

1.企业内部研究开发项目支出的处理原则

企业内部研究开发项目的支出，应当区分研究阶段支出与开发阶段支出，并按相应企业会计准则的规定处理。

（1）内部研究开发项目的研究阶段，是指为获得新的科学或技术知识并理解它们而进行的独创性的有计划调查。研究阶段属于探索性的过程，是为进一步的开发活动进行资料及相关方面的准备。从已经进行的研究活动看，将来是否能转入开发，或开发后是否会形成无形资产等具有较大的不确定性。因此，企业内部研究开发项目研究阶段的支出，应当于发生时计入当期损益。

（2）内部研究开发项目的开发阶段，是指在进行商业性生产或使用前，将研究成果或其他知识应用于某项计划或设计，以生产出新的或具有实质性改进的材料、装置、产品等。由于开发阶段在很大程度上形成一项新产品或新技术的基本条件已经具备，所以内部研究开发项目开发阶段的支出同时满足下列条件时应当确认为无形资产。

① 从技术上讲，完成该无形资产以使其能够使用或出售具有可行性。比如，企业已完成了全部计划、设计和测试活动，这些活动是使资产能够达到设计规划书中的功能、特征和技术所必需的活动，或经过专家鉴定等。

② 具有完成该无形资产并使用或出售的意图。企业管理层应当能够说明其开发无形资产的目的。

③ 从无形资产产生经济利益的方式看，能够证明运用该无形资产生产的产品存在市场或无形资产自身存在市场；无形资产将在内部使用的，应当证明其有用性。

④ 有足够的技术、财务资源和其他资源支持，以完成该无形资产的开发，并有能力使用或出售该无形资产。

⑤ 归属于该无形资产开发阶段的支出能够可靠计量。企业对于研究开发的支出应当单独核算。同时从事多项研究开发活动的，所发生的支出能够按照合理的标准在各项研究开发活动之间进行分配，无法明确分配的，应当计入当期损益，不计入开发成本。

2.初始成本的确定

自行开发的无形资产，其研发支出能够形成企业的无形资产时，将其达到预定用途前发生的支出总额确认为无形资产的成本，但对以前期间已经费用化的支出不再调整。

3. 账务处理

设置“研发支出”账户，核算企业进行研究与开发无形资产过程中发生的各项支出。该账户属于成本类账户，借方登记实际发生的研发支出，贷方登记结转的研发支出。期末借方余额反映尚未开发完成的研发活动资本化支出。该账户可以设置“费用化支出”和“资本化支出”明细账户进行明细核算。发生研发支出时，借记“研发支出——费用化支出”或“研发支出——资本化支出”账户，贷记“银行存款”等账户；期末，将费用化支出转入管理费用，借记“管理费用”账户，贷记“研发支出——费用化支出”账户；自行开发的无形资产达到预定用途时，结转开发成本中的资本化支出，借记“无形资产”账户，贷记“研发支出——资本化支出”账户。

微课

无形资产内部研发支出的核算

【提示】研发费用作为利润表项目单独列示，即研发支出（费用化支出）转入管理费用后，在编制利润表时，最后并入利润表中的研发费用项目。

【做中学9-2】凯盛公司是一家高科技软件实业公司，2023年开发了一种新的应用程序软件。软件开发分三个阶段进行。第一阶段为市场调研阶段，主要是通过中介公司进行市场调查，本阶段发生的调研费用为106 000元，其中6 000元为可抵扣进项税额。第二阶段为研究阶段，对产品进行可行性研究，并提出具体开发产品的初步方案，本阶段发生研发人员的工资、各种耗材费用、办公费用等100万元。第三阶段为开发阶段，使开发的产品具有商品价值，能直接上市出售。企业这一阶段发生的费用为300万元，为研发人员薪酬、耗材费用、办公费用等。以上各项费用均已转账支付。

（1）确认第一阶段发生的相关费用，根据转账支票存根或其他付款手续、取得的费用发票等编制会计分录如下：

借：研发支出——费用化支出　　100 000
　　应交税费——应交增值税（进项税额）　　6 000
　　贷：银行存款　　106 000
借：管理费用　　100 000
　　贷：研发支出——费用化支出　　100 000

（2）确认第二阶段发生的相关费用，根据职工薪酬分配表、领料单、转账支票存根等编制会计分录如下：

借：研发支出——费用化支出　　1 000 000
　　贷：应付职工薪酬（原材料、银行存款等）　　1 000 000
借：管理费用　　1 000 000
　　贷：研发支出——费用化支出　　1 000 000

（3）确认第三阶段发生的相关费用，根据职工薪酬分配表、领料单、转账支票存根、费用发票、取得的专利权证书等编制会计分录如下：

借：研发支出——资本化支出　　3 000 000
　　贷：应付职工薪酬（原材料、银行存款等）　　3 000 000
借：无形资产　　3 000 000
　　贷：研发支出——资本化支出　　3 000 000

【提示】以上各阶段发生的研发支出，如果企业外购项目取得增值税专用发票，作为一般纳税人，其进项税额是可以抵扣的。

（三）投资者投入的无形资产

1.初始成本的确定

投资者投入的无形资产，应当按照投资合同或协议约定的价值作为成本，但合同或协议约定价值不公允的除外。

2.账务处理

按确定的初始成本借记“无形资产”账户，按本期可抵扣的增值税借记“应交税费——应交增值税（进项税额）”账户，按投资者在被投资单位注册资本中享有的份额贷记“实收资本”账户，如有差额借记或贷记“资本公积——资本溢价”账户。

【做中学9-3】2023年1月晋华公司与乙公司合资设立丙公司，注册资本为400万元，经双方协商约定，晋华公司以商标权折价（含税，增值税税率为6%）50万元、专利权折价（含税，增值税税率为6%）80万元、现金70万元进行投资；乙公司投入现金200万元。晋华公司与乙公司各占一半股权。在考虑各种因素后，认定商标权使用寿命不确定，投资的专利权按有关法律规定其受保护的期限为15年。按合同约定丙公司享有该专利10年期的收益权。

丙公司根据投资协议书、专利权证、商标权证、无形资产评估报告、增值税专用发票的发票联、银行收账通知，编制会计分录如下：

借：银行存款	2 700 000	
无形资产——商标权	471 698	
——专利权	754 717	
应交税费——应交增值税（进项税额）	73 585	
贷：实收资本——晋华公司		2 000 000
——乙公司		2 000 000

三、无形资产的后续计量

无形资产的后续计量主要指无形资产的摊销。使用寿命有限的无形资产应进行摊销，使用寿命不确定的无形资产不应摊销。

（一）影响无形资产摊销的因素

1.初始成本

无形资产的摊销应当以无形资产取得时的初始入账价值为基础。

2.摊销期

使用寿命有限的无形资产，其应摊销金额应当在使用寿命内系统合理摊销。无形资产的摊销期自其可供使用时（即其达到能够按管理层预定的方式运作所必需的状态）开始至终止确认时止，即当月增加的无形资产，从增加当月开始摊销；当月减少的无形资产，从减少当月不再摊销。

【做中学9-4】甲企业以支付土地出让金的方式取得一块土地50年的使用权，如果企业准备持续持有，在50年内不计划出售，则该土地使用权预期为企业带来经济利益的期限为50年，即摊销期为50年。

【做中学9-5】乙企业取得一项专利技术，法律保护期限为20年，企业预计运用该专利技术生产的产品在未来15年内会为企业带来经济利益，该专利技术应在15年内摊销。

3.预计残值

无形资产的残值一般为零，但是如果有第三方承诺在无形资产使用寿命结束时购买该无形资产，或可以通过活跃市场得到其预计残值信息，并且该市场在无形资产使用寿命结束时很可能存在，则可以预计其残值。

【做中学9-6】沿用【做中学9-5】的资料，假定对于乙企业的某项专利技术，第三方承诺在5年内以其取得之日公允价值的60%来购买，从企业管理层目前的持有计划来看，准备在5年内将其出售给第三方。则该专利技术应在5年内摊销，其残值为该专利技术取得之日公允价值的60%。

（二）无形资产的摊销方法

无形资产的摊销方法，应反映与该项无形资产有关的经济利益的预期实现方式，可以采用年限平均法、工作量法、双倍余额递减法和年数总和法等。例如，受技术陈旧因素影响较大的专利权和专有技术等无形资产，可采用类似固定资产加速折旧的方法进行摊销；有特定产量限制的特许经营权或专利权，应采用产量法进行摊销。无法可靠确定其经济利益预期实现方式的，应当采用年限平均法摊销。

无形资产的摊销金额为其成本扣除预计残值后的金额。已计提减值准备的无形资产，还应扣除已计提的无形资产减值准备累计金额。

（三）无形资产摊销的账务处理

设置“累计摊销”账户，核算无形资产的累计摊销额。该账户是无形资产账户的备抵账户，贷方登记按期计提的摊销额，借方登记因无形资产处置等原因结转出的摊销额，期末贷方余额反映无形资产的累计摊销额。

微课

无形资产的摊销

摊销无形资产成本时，一般应借记“管理费用”账户，贷记“累计摊销”账户。但如果某项无形资产是专门用于生产某种产品的，其所包含的经济利益是通过所生产的产品实现的，无形资产的摊销费用应构成产品成本的一部分。

【做中学9-7】沿用【做中学9-3】的资料，由于该商标权没有使用寿命期限，不予摊销；专利权的摊销期限确定为10年，残值为零，该专利权每年的摊销额为75 471.70元。丙公司根据无形资产摊销计算表编制会计分录如下：

借：管理费用——专利权摊销　　　　75 471.70

　　贷：累计摊销——专利权　　　　75 471.70

【提示】企业至少应当于每年年度终了时，对使用寿命有限的无形资产的使用寿命及摊销方法进行复核；无形资产的使用寿命及摊销方法与以前估计不同的，应当改变摊销期限和摊销方法。

使用寿命不确定的无形资产，也应当于每年年度终了时进行复核。如果有证据表明无形资产的使用寿命是有限的，应当估计其使用寿命，并选择适当的方法对其成本进行摊销。

四、无形资产出售和出租的核算

（一）无形资产的出售

无形资产的出售是将无形资产的所有权转让给他人，转让之后，企业不再对该项无形资产拥有占有、使用、收益、处置的权利。

企业出售无形资产时，应将出售所得的价款扣除相关税费和该项无形资产账面价值后的差额，确认为利得或损失计入当期损益。企业应按出售无形资产价款，借记“银行存款”等账户；按应缴纳的税费，贷记“应交税费”账户；按无形资产的累计摊销额，借记“累计摊销”账户；按无形资产的账面余额，贷记“无形资产”账户（如果计提了减值准备，还应借记“无形资产减值准备”账户）；按其差额，借记或贷记“资产处置损益”账户。

【做中学9-8】2023年6月12日，晋华公司出售一项无形资产（专利权），收取价税合计10万元，用银行存款支付律师费0.25万元，该无形资产的成本为15万元，累计摊销额为4万元，已计提减值准备2万元。

晋华公司根据转让协议、银行进账单、增值税专用发票记账联编制会计分录如下：

借：银行存款	100 000	
无形资产减值准备	20 000	
累计摊销	40 000	
贷：无形资产——专利权		150 000
应交税费——应交增值税（销项税额）		5 660
银行存款		2 500
资产处置损益——无形资产处置收益		1 840

（二）无形资产的出租

无形资产的出租，是将无形资产的使用权让渡给他人，企业仍保留对无形资产的所有权。

企业出租无形资产取得的收入，应作为其他业务收入处理。取得收入时，应借记“银行存款”等账户，贷记“其他业务收入”“应交税费——应交增值税（销项税额）”账户。企业在出租无形资产的过程中发生的律师费、咨询费等费用，按实际发生额借记“其他业务成本”账户，贷记“银行存款”等账户；出租无形资产的摊销额借记“其他业务成本”账户，贷记“累计摊销”账户。

【做中学9-9】2023年1月1日，晋华公司将其自行研发完成的非专利技术出租给凯盛公司，租期5年，每年年初收取固定租金20万元，增值税税额12 000元。该项非专利技术成本为40万元，租赁期内晋华公司不使用该项非专利技术，租赁期满该技术将失去使用价值，2023年1月1日，晋华公司收到当年租金20万元，并开具增值税专用发票。2023年1月末该项非专利技术的摊销额为80 000元（400 000 ÷ 5）。

（1）2023年1月1日，根据租赁合同、银行收款凭证、增值税专用发票记账联编制会计分录如下：

借：银行存款	212 000	
贷：其他业务收入		200 000
应交税费——应交增值税（销项税额）		12 000

（2）2023年1月末，根据无形资产摊销计算表编制会计分录如下（当年的出租收入确认与成本摊销一次性对应处理）：

借：其他业务成本	80 000	

贷：累计摊销　　80 000

【知识拓展】企业出租无形资产的摊销，一般有以下三种处理方法：（1）全部计入其他业务成本，由取得的收入来补偿。这是针对出租之后企业不再使用该无形资产的情况，按照配比原则，其摊销额应当计入其他业务成本，而不是计入管理费用。摊销时，借记“其他业务成本”账户，贷记“累计摊销”账户。（2）一部分计入其他业务成本，由取得的收入来补偿；另一部分计入管理费用。这是针对出租之后企业仍在使用该无形资产的情况，按照配比原则，其摊销额应当按照一定的标准进行分配。摊销时借记“其他业务成本”“管理费用”账户，贷记“累计摊销”账户。（3）全部计入管理费用。如果无形资产出租收入所占比例不大，按重要性原则，也可以将无形资产的摊销额全部计入管理费用。

五、无形资产的减值和报废的核算

（一）无形资产的减值

无形资产在资产负债表日存在可能发生减值的迹象，经过减值测试，其可收回金额低于账面价值的，企业应当将无形资产的账面价值减记至可收回金额，减记的金额确认为减值损失，计入当期损益，同时计提相应的资产减值准备，按照应减记的金额，借记“资产减值损失——无形资产减值准备”账户，贷记“无形资产减值准备”账户。无形资产减值损失一经确认，不得转回。

【做中学9-10】2023年12月31日，市场上某项新技术生产的产品销售势头较好，对晋华公司的产品销售产生重大不利影响。与该产品生产相关的晋华公司的某项外购专利技术的价值余额为80万元，剩余摊销年限为4年，经减值测试，该专利技术的可收回金额为75万元。假定该项资产之前未计提过减值准备。晋华公司根据资产减值计算表编制会计分录如下：

借：资产减值损失——无形资产减值准备　　50 000

贷：无形资产减值准备　　50 000

【提示】无形资产减值的确认和计量，与固定资产减值的确认和计量的原则相一致。

（二）无形资产的报废

无形资产报废是指无形资产由于已被其他新技术所代替或不受法律保护等原因，预期不能为企业带来未来经济利益而进行的处置。无形资产报废时，应按照累计摊销额，借记“累计摊销”账户；按照已计提的减值准备，借记“无形资产减值准备”账户；按照其账面余额，贷记“无形资产”账户；按其差额，借记“营业外支出”账户。

【做中学9-11】2023年年底，晋华公司某项专利技术的账面余额为600万元，摊销期限为10年，采用直线法摊销，已摊销了5年，假定该项专利权的残值为零，年底确认用其生产的产品已没有市场，应予转销。假定不考虑其他因素，公司根据经批准的无形资产报废申请单编制会计分录如下：

借：累计摊销　　3 000 000

营业外支出——无形资产处置损失　　3 000 000

贷：无形资产——专利权　　6 000 000

【知识拓展】根据《小企业会计准则》的规定，小企业的无形资产不计提减值准备。无形资产发生的减值损失，待无形资产处置时一并处理，计入营业外支出。

任务二　其他资产的核算

一、其他资产的内容

其他资产，是指除货币资金、交易性金融资产、应收及预付款项、存货、长期股权投资、债权投资、其他债权投资、固定资产、投资性房地产、无形资产等以外的资产。例如，长期待摊费用、国家批准储备的特种物资、银行冻结存款以及涉及诉讼的财产等。

二、其他资产的账务处理

（一）长期待摊费用的账务处理

长期待摊费用是指企业已经发生但应由本期和以后各期负担的、分摊期限在1年以上的各项费用。

设置“长期待摊费用”账户进行总分类核算，核算应由本期和以后各期分担的分摊期限在1年以上的各项费用。该账户属于资产类账户，借方登记各项长期待摊费用的支出金额；贷方登记各期摊销的金额；期末借方反映尚未摊销完毕的长期待摊费用。该账户可以按照费用项目设置明细账户进行明细分类核算。

企业发生的长期待摊费用，借记“长期待摊费用”账户，贷记“原材料”“应付职工薪酬”“银行存款”等账户；每月摊销时，借记“制造费用”“管理费用”等账户，贷记“长期待摊费用”账户。

【做中学9-12】2023年3月20日，晋华公司对公司办公大楼进行装修，发生如下支出：领用专项物资240 000元，支付工程人员薪酬54 700元，其他支出62 000元。2023年12月31日，装修工程完工，达到预定可使用状态交付使用。假定该装修预计可使用6年，采用直线法进行摊销。不考虑其他因素，晋华公司进行如下会计处理：

（1）领用专项物资，晋华公司根据领料单编制会计分录如下：

借：在建工程	240 000	
贷：工程物资		240 000

（2）发生工程人员薪酬，晋华公司根据职工薪酬分配表编制会计分录如下：

借：在建工程	54 700	
贷：应付职工薪酬		54 700

（3）发生其他支出，根据付款凭证编制会计分录如下：

借：在建工程	62 000	
贷：银行存款		62 000

（4）装修工程完工达到预定可使用状态交付使用，晋华公司根据工程决算报告编制会计分录如下：

借：长期待摊费用	356 700	

贷：在建工程 356 700

（5）2024年开始摊销，每月摊销4 954.17元（356 700 ÷ 6 ÷ 12），晋华公司根据长期待摊费用摊销表编制会计分录如下：

借：管理费用 4 954.17

贷：长期待摊费用 4 954.17

【知识拓展】《中华人民共和国企业所得税法》第十三条规定，在计算应纳税所得额时，企业发生的下列支出作为长期待摊费用，按照规定摊销的，准予扣除：（1）已足额提取折旧的固定资产的改建支出；（2）租入固定资产的改建支出；（3）固定资产的大修理支出；（4）其他应当作为长期待摊费用的支出。按照企业会计准则的规定，会计上确认长期待摊费用是以支出可以资本化为前提的，这与企业所得税法对长期待摊费用的处理是不同的。

（二）除长期待摊费用以外的其他资产的账务处理

除长期待摊费用以外的其他资产，可以设置"其他资产"账户单独核算，也可以根据资产的性质、特点和重要性分别设置"特种储备物资""银行冻结存款""涉及诉讼的财产"等账户进行核算。

其他资产应区分流动资产和非流动资产分别在资产负债表中的流动资产和非流动资产列示。

【知识拓展】根据《小企业会计准则》的规定，小企业的固定资产大修理支出作为长期待摊费用处理，按照固定资产尚可使用年限分期摊销。

【明德善思】

推进全球知识产权治理的中国担当

世界知识产权组织发布的报告显示，2019年中国国家知识产权局受理的专利申请数量达到140万件，继续排名全球第一。该报告再次印证了中国知识产权保护的卓著成效。多年来，中国政府坚持把科技创新摆在国家发展全局的核心位置，走出了一条中国特色知识产权发展之路。与此同时，中国积极参与知识产权领域的国际合作，为完善全球知识产权治理体系作出贡献。

创新引领，中国知识产权保护工作取得历史性成就。近年来，中国大力实施创新驱动发展战略和知识产权战略，在全社会牢固树立起"保护知识产权就是保护创新"的理念。中国受理的发明专利申请量连续9年位居世界第一，相继实现了年发明专利申请量和发明专利拥有量"两个一百万件"的重大突破。《2020年世界知识产权指标》报告指出，2019年中国继续在世界知识产权领域发挥引领作用并作出巨大贡献，大多数知识产权指标继续位居世界第一。世界知识产权组织前总干事弗朗西斯·高锐认为，中国快速推进知识产权事业是一个"非常了不起的故事"。

系统推进，中国知识产权保护工作步伐扎实，稳健前行。近年来，中国采取建机制、建平台、促产业等多项措施打通知识产权创造、运用、保护、管理、服务全链条，健全知识产权综合管理体制，增强系统保护能力。迄今中国已经实现了专利、商标、地理标志等知识产权的全方位、立体化保护，基本建立起了符合国际通行规则、门类较为齐全的知识产权法律制度。知识产权保护工作驰而不息。中共十九届五中全会对进一步加强知识产权保护工作提出明确要求。目前中国正加快制定面向2035年的知识产权强国战略纲要和知识产权“十四五”规划。德国慕尼黑大学法学教授约瑟夫·施特劳斯表示，自1985年中国第一部专利法生效以来，中国一直在不断发展和完善其知识产权保护制度，中国在保护知识产权方面所做的努力经得起检验。

展现担当，中国为完善全球知识产权治理积极贡献力量。中国始终是知识产权国际规则的遵循者、参与者和维护者。迄今中国已加入几乎所有主要的知识产权国际公约，与全球80多个国家和地区以及国际组织建立了知识产权合作关系，为全球知识产权平衡、包容、可持续发展作出了积极贡献。与欧盟签署《中华人民共和国与欧洲联盟地理标志保护与合作协定》，与非洲知识产权组织行政理事会签署2020—2021年行动计划，开展“一带一路”知识产权合作取得一批务实成果……中国近年来持续加大在知识产权保护领域的国际合作，并正在加快构建多边、周边、小多边、双边“四边联动、协调推进”的知识产权国际合作新格局。世界知识产权组织发布的年度报告指出，中国已成为世界知识产权发展的主要推动力。

资料来源：华迪．推进全球知识产权治理的中国担当［EB/OL］．［2020-12-15］．https：//baijiahao.baidu.com/s？id=1686106020495222132&wfr=spider&for=pc.

【启示】终日乾乾，与时偕行。当前的中国正在从知识产权引进大国向知识产权创造大国转变，知识产权工作正在从追求数量向提高质量转变。展望未来，中国建设知识产权强国新图景正在绘就，中国知识产权保护事业必将持续稳步向前，并为完善全球知识产权治理体系贡献更多中国智慧、中国力量。作为中华民族的优秀儿女，我们必将从灵魂深处厚植爱党爱国情怀，进一步增强中国特色社会主义道路自信、理论自信、制度自信、文化自信。

项目小结

本项目主要知识点归纳总结见表9-1。

表9-1　本项目主要知识点归纳总结

任务	知识点	账务处理要点
无形资产的核算	（1）无形资产的初始计量：按照取得成本进行初始计量 ①内部研发支出的处理。研究阶段的支出计入当期损益；开发阶段符合资本化条件的支出资本化，研发完成时计入无形资产初始成本 ②无形资产在初始确认时就将其划分为使用寿命有限的无形资产和使用寿命不确定的无形资产	（1）设置“无形资产”账户 （2）内部研发支出通过“研发支出”账户核算，分别“费用化支出”和“资本化支出”进行明细分类核算。期末将费用化支出转入“管理费用”账户；无形资产达到预定用途时，将资本化支出转入“无形资产”账户

续表

任 务	知识点	账务处理要点
无形资产的核算	（2）无形资产的后续计量 ①使用寿命有限的无形资产可以比照固定资产计提折旧的方法处理 ②当月增加的无形资产，当月应进行摊销；当月减少的无形资产，当月不再进行摊销	设置“累计摊销”账户。 借：管理费用、制造费用、其他业务成本等 　　贷：累计摊销
	（3）无形资产出售和出租 ①无形资产出售，结转无形资产账面价值，确认利得或损失 ②无形资产出租，确认收入，结转相应的成本	（1）出售无形资产时，将实际收到的价款与无形资产账面价值之间的差额，扣除增值税和其他相关税费后，如果确认利得贷记“资产处置损益”账户，如果确认损失借记“资产处置损益”账户 （2）出租无形资产，确认租金收入，借记“银行存款”等账户，贷记“其他业务收入”“应交税费——应交增值税（销项税额）”账户；月末结转成本，借记“其他业务成本”账户
	（4）无形资产减值和报废 ①当无形资产的可收回金额低于其账面价值时，确认资产减值损失，计提无形资产减值准备。无形资产减值损失一旦确认，不得转回 ②无形资产报废时，将尚未摊销的无形资产账面价值作为损失计入当期损益	（1）确认无形资产减值损失，计提无形资产减值准备时，借记“资产减值损失”账户，贷记“无形资产减值准备”账户 （2）无形资产报废 借：营业外支出 　　累计摊销 　　无形资产减值准备 　　贷：无形资产
其他资产的核算	分别流动资产和非流动资产在报表中列示	（1）设置“长期待摊费用”账户核算长期待摊费用 （2）设置“其他资产”账户核算其他资产

阅读篇目

《企业会计准则第6号——无形资产》及其应用指南

《企业会计准则第8号——资产减值》及其应用指南

《中华人民共和国增值税暂行条例》及其实施细则

《财政部 国家税务总局关于全面推开营业税改征增值税试点的通知》（财税〔2016〕36号）

《财政部关于印发〈增值税会计处理规定〉的通知》（财会〔2016〕22号）

项目十

流动负债的核算

微课

项目十概述

学习目标

【知识目标】

1. 掌握短期借款的核算
2. 掌握应付及预收款项的核算
3. 掌握应付职工薪酬的内容、确认原则和计量方法
4. 掌握应交税费的核算

【技能目标】

1. 会办理短期借款相关业务
2. 能正确计算应付职工薪酬并结合相关政策办理扣税、扣费业务
3. 会办理相关税费业务
4. 能按照流动负债业务流程和处理方法，结合财经法规和企业要求，自主解决流动负债各项业务会计处理中出现的常见问题

【素质目标】

1. 诚实守信、遵纪守法、严于律己。树立诚信意识，明确履约还款责任，树立良好的信用形象是企业发展的重要条件。践行“社会主义核心价值观”中的法治理念，树立“偷税抗税违法，纳税协税光荣”的观念，激发同学们的家国情怀和担当意识，做一个自觉纳税、遵纪守法的好公民
2. 控制流动负债，未雨绸缪。流动负债关乎企业的现金流量，现金流量关乎企业正常营运，正确核算各项流动负债，树立风险意识，合理利用和控制流动负债，为企业利益最大化提供营运资金

工作情境与工作任务

企业为了维持正常的生产经营资金需要或者为了抵偿某项债务，有时需要向银行或其他金融机构借款，借款的偿还期不同，会计处理也不一样。您知道偿还期在1年以内的借款应设置什么账户进行核算吗？如何进行账务处理？

企业购进商品或接受劳务供应时，可能采用赊购的方式。您知道不同结算方式下赊购产生的流动负债设置什么账户进行核算吗？如何进行账务处理？

企业销售商品或提供劳务时，也可能采用预收款的方式，即由购买方先行付款，再由本企业提供商品或劳务。您知道此时应设置什么账户进行核算吗？如何进行账务处理？

企业为了获得职工提供的服务或解除劳动关系，应给予职工各种形式的报酬或补偿。您知道这些报酬或补偿包括哪些内容吗？您会正确计算这些报酬或补偿吗？不同形式的报酬和补偿如何进行账务处理？

纳税是企业的义务，您知道企业应依法缴纳的各种税费主要有哪些吗？您知道企业计算缴纳的各项税费如何进行账务处理吗？

任务一　短期借款的核算

一、短期借款的内容

短期借款，是指企业向银行或其他金融机构借入的期限在1年以内（含1年）的各种借款。短期借款一般是企业为维持正常的生产经营所需，或是为抵偿某项债务而借入的。企业借入的短期借款构成了企业的一项负债，应按规定的用途使用，并按期还本付息。

二、短期借款的账务处理

设置“短期借款”账户，核算企业短期借款本金的取得及偿还情况。该账户属于负债类账户，贷方登记取得短期借款本金的数额；借方登记偿还短期借款本金的数额；期末余额在贷方，表示尚未偿还的短期借款本金的金额。该账户应按借款种类、债权人和币种设置明细账户进行明细核算。

企业从银行或其他金融机构取得短期借款时，借记“银行存款”账户，贷记“短期借款”账户。企业短期借款到期，偿还本金时，作相反会计分录。

企业借入短期借款应支付利息。在实际工作中，短期借款利息的核算应区别情况处理：

（1）若企业的短期借款利息是按期（超过1个月）支付的，如按季度支付利息，或者利息是在借款到期时连同本金一起归还且数额较大的，则应当采用月末预提方式进行短期借款利息的核算。短期借款利息属于筹资费用，应于发生时直接计入当期财务费用。企业应当于月末按照计算确定的短期借款利息费用，借记“财务费用”账户，贷记“应付利息”账户；实际支付利息时，根据已预提的利息，借记“应付利息”账户，根据应计利息，借记“财务费用”账户，根据应付利息总额，贷记“银行存款”账户。

【做中学10-1】2023年1月1日，晋华公司向银行借入120万元短期借款，用于生产经营，年利率为4%，期限6个月。根据与银行签署的借款协议，该项借款的本金到期后一次归还，利息按季支付。

原始凭证

①1月1日取得借款，根据银行特种转账凭证、借款合同编制会计分录如下：

借：银行存款　1 200 000

　　贷：短期借款　1 200 000

②1月末预提借款利息4 000元（1 200 000 × 4% ÷ 12），根据贷款利息计提表编制会计分录如下：

借：财务费用　4 000

　　贷：应付利息　4 000

2月末计提2月份利息费用的会计处理与1月份相同。

③3月末，支付第一季度银行借款利息时，根据银行计收利息清单（支款通知）编制会计分录如下：

借：应付利息　8 000

　　财务费用　4 000

　　贷：银行存款　12 000

第二季度的会计处理同上。

④7月1日偿还银行借款本金，根据银行收贷凭单编制会计分录如下：

借：短期借款　1 200 000

　　贷：银行存款　1 200 000

（2）若企业的短期借款利息是按月支付的，或者利息是在借款到期时连同本金一起归还但数额不大的，可以不采用预提的方法，而在实际支付或收到银行的计息通知时，直接计入当期损益，借记“财务费用”账户，贷记“银行存款”账户。

【做中学10-2】2023年1月1日，晋华公司向银行借入120万元短期借款，用于生产经营，年利率为4%，期限6个月。根据与银行签署的借款协议，该项借款的本金、利息到期后一次归还，利息采用不预提的方法。

①1月1日取得借款，根据银行特种转账凭证、借款合同编制会计分录如下：

借：银行存款　1 200 000

　　贷：短期借款　1 200 000

②7月1日偿还银行借款本金和利息，根据银行收贷凭单编制会计分录如下：

借：短期借款　1 200 000

　　财务费用（1 200 000 × 4% ÷ 12 × 6）　24 000

　　贷：银行存款　1 224 000

【提示】短期借款利息采用预提方式和直接支付方式在核算上的区别在于是否通过“应付利息”账户核算。短期借款利息属于企业的筹资费用，在发生时计入财务费用。但企业筹建期间的短期借款利息（不符合资本化条件）计入管理费用。

【知识拓展】根据《小企业会计准则》的规定，短期借款利息费用的计提时点为借款合同约定的应付利息日，既不是实际支付日，也不是资产负债表日，即不需要预提利息费用。

任务二　应付及预收款项的核算

一、应付账款的核算

（一）应付账款的确认和计量

应付账款，是指企业因购买材料、商品或接受劳务供应等经营活动而应付给供应单位的款项，包括购买材料、商品或接受服务等应支付的价款、增值税税额，以及销货方代垫的运杂费、包装费等。

应付账款主要是由于企业取得物资与支付货款在时间上的不一致而产生的负债。

1.应付账款入账时间的确定

应付账款入账时间的确定，应以与所购买物资所有权有关的风险和报酬已经转移或劳务已经接受为标志。但在实际工作中，应区别情况处理：

（1）在货物与发票账单同时到达的情况下，应付账款一般待货物验收入库后，按发票账单登记入账。这主要是为了确认所购货物的品种、数量及质量是否与合同条款相符，避免先入账而在验收入库时发现购入物资错、漏、破损等问题再进行调账的情况。

（2）在货物与发票账单非同时到达，且两者间隔较长时间的情况下，应付账款的入账时间以收到发票账单为准。但对于货物已到而发票账单在月末仍未到达的情况，为了在资产负债表上客观反映企业所拥有的资产和承担的债务，月末编制资产负债表时，企业应将所购货物和应付账款暂估入账，待下月初做方向相反的分录，将上月末暂估入账的应付账款予以冲回。

2.应付账款入账金额的确定

应付账款一般按未来应付金额入账。在购货存在现金折扣的情况下，应付账款入账金额采用总价法，即按发票上记载的应付金额（不扣除现金折扣）记账，享受的现金折扣，冲减财务费用。

（二）应付账款的账务处理

设置“应付账款”账户，核算企业应付账款的形成、偿还和转销等情况。该账户属于负债类账户，贷方登记企业购买材料、商品或接受劳务等而发生的应付未付款项的增加数；借方登记归还数；期末余额一般在贷方，表示尚未支付的应付账款余额。该账户可以按债权人设置明细账户进行明细核算。

微课

应付款项的核算范围

1.应付账款的发生和偿还

企业购入材料、商品或接受劳务等所发生的应付账款，应按应付金额入账。购入材料、商品等验收入库，但货款尚未支付，根据有关凭证（发票账单、随货同行发票上记载的实际价款或暂估价值），借记“材料采购”或“在途物资”等账户，按照可抵扣的增值税进项税额，借记“应交税费——应交增值税（进项税额）”账户，按应付的款项，贷记“应付账款”账户。企业接受供应单位提供劳务而发生的应付未付的款项，根据供应单位的发票账单，借记“生产成本”“管理费用”等账户，贷记“应付账款”账户。

企业偿还应付账款或开出商业汇票抵付应付账款时，借记“应付账款”账户，贷记“银行存款”“应付票据”等账户。

【做中学10-3】晋华公司为增值税一般纳税人，原材料按实际成本计价核算。2023年6月1日，从凯盛公司购入材料一批，价款10万元，增值税税额1.3万元，同时，对方代垫运费1 000元，增值税税额90元，已收到对方转来的增值税专用发票。材料当日验收入库，款项尚未支付。2023年6月10日，晋华公司开出转账支票支付了购入材料相关款项114 090元。

原始凭证

①6月1日购入材料，确认应付账款时，根据增值税专用发票的发票联、材料入库单编制会计分录如下：

借：原材料	101 000	
应交税费——应交增值税（进项税额）	13 090	
贷：应付账款——凯盛公司		114 090

②6月10日偿还应付账款时，根据转账支票存根编制会计分录如下：

借：应付账款——凯盛公司	114 090	
贷：银行存款		114 090

应付账款附有商业折扣、现金折扣条件的，应按照扣除商业折扣后、未扣除现金折扣前的应付款总额入账。因在折扣期限内付款而获得的现金折扣，应在偿付应付账款时冲减财务费用。

【做中学10-4】晋华公司为增值税一般纳税人，2023年6月1日从凯盛公司购入甲商品一批，价款60万元，增值税税率13%，凯盛公司给予购货方10%的商业折扣，商品当日验收入库。按照购货协议的规定，晋华公司的付款条件为“2/10，1/30，n/60”（假定计算现金折扣时需考虑增值税）。假定晋华公司于2023年6月15日用银行存款付清了所欠凯盛公司的货款。

①6月1日购入商品入库时，根据增值税专用发票的发票联、商品入库单编制会计分录如下：

借：库存商品——甲商品	540 000	
应交税费——应交增值税（进项税额）	70 200	
贷：应付账款——凯盛公司		610 200

②6月15日付款时，享受现金折扣6 102元（610 200 × 1%）。根据银行付款通知编制会计分录如下：

借：应付账款——凯盛公司	610 200	
贷：银行存款		604 098
财务费用		6 102

【知识拓展】在实务中，企业外购电力、燃气等动力一般也通过“应付账款”账户核算。在每月付款时先做暂付款处理，按照增值税专用发票上注明的价款，借记“应付账款”账户，按照增值税专用发票上注明的可抵扣的增值税进项税额，借记“应交税费——应交增值税（进项税额）”账户，贷记“银行存款”等账户；月末按照外购动力的用途分

配动力费时，借记“生产成本”“制造费用”“管理费用”等账户，贷记“应付账款”账户。

【做中学10-5】2023年8月2日，晋华公司收到7月份电费增值税专用发票，电费68 000元、增值税税额8 840元。8月末，经计算，本月应付电费68 400元，其中生产车间电费45 600元，行政管理部门电费22 800元，款项尚未支付。

①8月2日支付电费时，根据增值税专用发票的发票联、银行特种委托收款凭证（付款通知）编制会计分录如下：

借：应付账款——××电力公司	68 000	
应交税费——应交增值税（进项税额）	8 840	
贷：银行存款		76 840

②月末分配外购动力费时，根据外购动力费用分配表编制会计分录如下：

借：制造费用	45 600	
管理费用	22 800	
贷：应付账款——××电力公司		68 400

2.应付账款的转销

应付账款一般在较短期限内支付，但有时由于债权单位撤销或其他原因而使应付账款无法清偿。企业应将确实无法支付的应付账款予以转销，按其账面余额计入营业外收入，借记“应付账款”账户，贷记“营业外收入”账户。

【做中学10-6】2023年6月30日，晋华公司确定一笔60 000元的应付账款为无法支付的应付款项，应予以转销。

晋华公司根据公司董事会或法律机构作出的书面决议编制会计分录如下：

借：应付账款	60 000	
贷：营业外收入		60 000

二、应付票据的核算

（一）应付票据的确认和计量

应付票据，是指企业购买材料、商品和接受劳务供应等而开出、承兑的商业汇票。

应付票据按承兑人的不同分为商业承兑汇票和银行承兑汇票。承兑人为银行的商业汇票，是银行承兑汇票；承兑人为购货单位的商业汇票，是商业承兑汇票。应付票据按是否带息分为带息应付票据和不带息应付票据两种。带息票据是指在票面上注明利率的商业汇票，到期承兑时，承兑人除支付票面金额外，还要支付利息。不带息票据是指票据到期时按面值支付，票据上无利息的规定。目前我国常用的是不带息票据。

由于我国商业汇票的付款期限不超过6个月，因此，将应付票据归于流动负债进行管理和核算。同时，由于应付票据的偿付时间较短，在会计实务中，一般均按照开出、承兑的应付票据的面值入账。

企业发生的交易在采用商业承兑汇票结算方式下，承兑人应为付款人，承兑人对这项债务在一定时期内支付的承诺，作为企业的一项负债。在采用银行承兑汇票结算方式下，承兑人应为银行。由银行承兑的银行承兑汇票，只是为收款人按期收回债权提供了可靠的信用保证，对付款人来说，不会由于银行承兑而使这项负债消失。因此，即使是由银行承兑的汇票，付款人的现时义务依然存在，应将其作为一项负债。商业汇票是一种延期付款的证明，票据到期，付款人负有无条件支付票款的责任。

（二）应付票据的账务处理

设置“应付票据”账户，核算企业应付票据的发生、偿还等情况。该账户属于负债类账户，贷方登记开出、承兑的商业汇票的票面金额；借方登记到期兑付的票面金额；期末余额在贷方，反映企业尚未到期的商业汇票的票面金额。该账户可以按债权人设置明细账户进行明细核算。

1.应付票据的发生与兑付

企业因购买材料、商品或接受劳务等而开出、承兑商业汇票，应将票面金额作为应付票据的入账金额，借记“材料采购”“原材料”“库存商品”“应交税费——应交增值税（进项税额）”等账户，贷记“应付票据”账户。

企业因开出银行承兑汇票而支付的银行承兑手续费，计入当期财务费用。支付手续费时，按照确认的手续费，借记“财务费用”账户，取得增值税专用发票的，按注明的增值税进项税额，借记“应交税费——应交增值税（进项税额）”账户，按照实际支付的金额，贷记“银行存款”账户。

商业汇票（包括商业承兑汇票和银行承兑汇票）到期时，如果企业有能力支付票据款，则企业的开户银行在收到商业汇票付款通知时无条件支付票据款，借记“应付票据”账户，贷记“银行存款”账户。

【做中学10-7】晋华公司为增值税一般纳税人，原材料按实际成本核算。2023年5月6日，晋华公司从凯盛公司购入甲材料一批，取得增值税专用发票上注明的价款为60 000元、增值税税额为7 800元，材料已验收入库。晋华公司开出一张商业汇票并经开户银行承兑，面值67 800元、期限为5个月，支付银行承兑手续费为33.9元，其中增值税税额1.92元。10月6日商业汇票到期，晋华公司通知开户银行以银行存款支付票款。

①开出商业汇票购入材料时，根据增值税专用发票的发票联、银行承兑汇票复印件编制会计分录如下：

借：原材料——甲材料	60 000	
应交税费——应交增值税（进项税额）	7 800	
贷：应付票据——凯盛公司		67 800

②支付承兑手续费，根据银行承兑手续费回执单编制会计分录如下：

借：财务费用	31.98	
应交税费——应交增值税（进项税额）	1.92	
贷：银行存款		33.9

③票据到期付款时，根据银行特种委托收款凭证（付款通知）编制会计分录如下：

借：应付票据——凯盛公司	67 800	
贷：银行存款		67 800

2.应付票据的转销

商业汇票到期时，如果企业无力支付票据款，则应根据不同情况进行处理：

（1）若企业采用商业承兑汇票进行结算，企业即为承兑人，也就是付款人，银行将把商业承兑汇票退还给收款人，由收付款双方协商解决。由于商业承兑汇票已经失效，企业应将应付票据款转为应付账款，按票面价值借记“应付票据”账户，贷记“应付账款”账户。

（2）若企业采用银行承兑汇票进行结算，银行为承兑人，承兑银行将代为支付票款，并将其转为对企业的逾期贷款。由于商业汇票已经失效，企业应将应付票据款转为短期借款，按票面价值借记“应付票据”账户，贷记“短期借款”账户。

【提示】企业支付的罚息，应计入财务费用。

【做中学10-8】沿用【做中学10-7】的资料。假设上述银行承兑汇票到期，晋华公司无力支付票款，晋华公司根据特种转账传票编制会计分录如下：

借：应付票据——凯盛公司　　67 800

　　贷：短期借款　　67 800

三、预收账款的核算

预收账款，是指企业按照合同规定预收的款项。

【提示】此处预收账款视同提供租赁服务预收租金，在实际收款时就产生纳税义务，确认增值税销项税额。在新的“收入”准则中，销售商品、服务而预收的款项通过“合同负债”账户核算，不记入“预收账款”账户。销售商品、服务而预收款时，不产生增值税纳税义务，发货时才产生纳税义务。

设置“预收账款”账户，核算预收账款的取得、偿付等情况。该账户属于负债类账户，贷方登记预先收取的款项和补付的款项；借方登记收入实现时结转的款项和客户退回的多余款；期末若为贷方余额，表示尚未结清的预收账款，若为借方余额，表示应收的款项（即应由客户补付的款项）。该账户可以按客户名称设置明细账户进行明细核算。

企业预收款项时，按实际收到的全部预收款，借记“库存现金”“银行存款”账户，涉及增值税的，按照预收款计算的应交增值税，贷记“应交税费——应交增值税（销项税额）”账户，全部预收款扣除应交增值税的差额，贷记“预收账款”账户。

企业分期确认有关收入时，按照实现的收入，借记“预收账款”账户，贷记“主营业务收入”“其他业务收入”账户。

企业收到客户补付的款项时，借记“库存现金”“银行存款”账户，贷记“预收账款”“应交税费——应交增值税（销项税额）”账户；退回客户多预付的款项，借记“预收账款”“应交税费——应交增值税（进项税额）”账户，贷记“库存现金”“银行存款”账户。

【做中学10-9】紫云公司为增值税一般纳税人，适用的增值税税率为13%。2023年7月1日，紫云公司与乙公司签订经营租赁（非主营业务）吊车合同，向乙公司出租吊车3台，期限为6个月，3台吊车租金（含税）共计67 800元。合同约定，合同签订日预付租金（含税）22 600元，合同到期结清全部租金余款。合同签订日，紫云公司收到租金并存入银行，开具的增值税专用发票注明租金20 000元、增值税税额2 600元。租赁期满日，紫云公司收到租金余款及相应的增值税。

①2023年7月1日，收到乙公司预付租金时，根据增值税专用发票记账联，银行收款凭证编制会计分录如下：

借：银行存款　　22 600

贷：预收账款——乙公司　　20 000

应交税费——应交增值税（销项税额）　　2 600

②每月末确认租金收入时，根据租金收入分摊计算表编制会计分录如下：

借：预收账款——乙公司　　10 000

贷：其他业务收入　　10 000

③租赁期满收到租金余款及增值税时，根据增值税专用发票记账联，银行收款凭证编制会计分录如下：

借：银行存款　　45 200

贷：预收账款——乙公司　　40 000

应交税费——应交增值税（销项税额）　　5 200

【提示】在预收账款业务不多的企业，可以不单独设置“预收账款”账户，而是将其合并在“应收账款”账户中核算。采用这种方法，“应收账款”账户能够完整地反映与客户的结算情况，但在填列会计报表时需要根据“应收账款”账户的明细账户分析填列。

【做中学10-10】沿用【做中学10-9】的资料，假设紫云公司不单独设置“预收账款”账户，其预收的款项通过“应收账款”账户核算。

①2023年7月1日，收到乙公司预付租金时，根据增值税专用发票记账联，银行收款凭证编制会计分录如下：

借：银行存款　　22 600

贷：应收账款——乙公司　　20 000

应交税费——应交增值税（销项税额）　　2 600

②每月末确认租金收入时，根据租金收入分摊计算表编制会计分录如下：

借：应收账款——乙公司　　10 000

贷：其他业务收入　　10 000

③租赁期满收到租金余款及增值税时，根据增值税专用发票记账联，银行收款凭证编制会计分录如下：

借：银行存款　　45 200

贷：应收账款——乙公司　　40 000

应交税费——应交增值税（销项税额）　　5 200

【思考】“预收账款”账户和“应收账款”账户有什么异同点？

四、其他应付款的核算

其他应付款是指企业除应付票据、应付账款、预收账款、应付职工薪酬、应付利息、应付股利、应交税费等经营活动以外的其他各种应付、暂收款项。例如，应付短期租赁固定资产租金，应付低价值资产租赁的租金，应付租入包装物的租金，出租、出借包装物押金向客户收取的押金，存入保证金，应付赔偿和罚款，应付或暂收所属单位或个人的款项等。这些应付、暂收款项也构成企业的一项流动负债。

设置“其他应付款”账户，核算其他应付款的增减变动及其结存情况。该账户属于负债类账户，贷方登记发生的各种应付、暂收款项；借方登记偿还或转销的各种应付、暂收款项；期末余额在贷方，表示企业应付未付的其他应付款项。该账户可以按照其他应付款的项目和对方单位（或个人）设置明细账户进行明细核算。

企业发生其他应付、暂收款项时，借记“管理费用”等账户，贷记“其他应付款”账户。实际支付或退回其他应付、暂收款项时，借记“其他应付款”账户，贷记“银行存款”等账户。

【做中学10-11】晋华公司为增值税一般纳税人，从2023年7月1日起，以短期租赁方式租入一批管理用办公设备，每月租金8 000元（不含税），按季支付。9月30日，公司以银行存款支付了租金24 000元及增值税税额3 120元。

①7月31日计提短期租入固定资产租金时，根据租赁合同（副本）、固定资产租金计算表编制会计分录如下：

借：管理费用	8 000	
贷：其他应付款		8 000

8月末计提短期租入固定资产租金的会计处理同上。

②9月30日支付本季度短期租入固定资产租金时，根据增值税专用发票、转账支票存根编制会计分录如下：

借：其他应付款	16 000	
管理费用	8 000	
应交税费——应交增值税（进项税额）	3 120	
贷：银行存款		27 120

任务三　应付职工薪酬的核算

一、职工薪酬的内容

职工薪酬，是指企业为获得职工提供的服务或解除劳动关系而给予的各种形式的报酬或补偿。这里所称的“职工”包括三类人员：（1）与企业订立劳动合同的所有人员，含全职、兼职和临时职工；（2）虽未与企业订立正式劳动合同但由企业正式任命的人员，如董事会成员、监事会成员等；（3）虽未与企业订立劳动合同或未由其正式任命，但向企业所提供服务与职工所提供服务类似的人员，也属于职工的范畴，包括通过企业与劳务中介公司签订用工合同而向企业提供服务的人员。

【提示】企业提供给职工配偶、子女、受赡养人、已故员工遗属及其他受益人等的福利，也属于职工薪酬。

职工薪酬包括短期薪酬、离职后福利、辞退福利和其他长期职工福利。

（一）短期薪酬

短期薪酬是指企业在职工提供相关服务的年度报告期间结束后12个月内需要全部予以支付的职工薪酬，因解除与职工的劳动关系给予的补偿除外。其具体包括：

1.职工工资、奖金、津贴和补贴

职工工资、奖金、津贴和补贴是指构成工资总额的计时工资、计件工资、支付给职工的超额劳动报酬和增收节支的劳动报酬、为补偿职工特殊或额外的劳动消耗和因其他特殊原因支付给职工的津贴，以及为保证职工工资水平不受物价影响支付给职工的物价补贴等。

【知识拓展】工资总额，是指企业在一定时期内支付给本单位全部职工的劳动报酬总和。根据国家统计局规定，工资总额包括计时工资、计件工资、奖金、津贴和补贴、加班加点工资和特殊情况下支付的工资。工资总额是计算和提取各种社会保险费、住房公积金以及工会经费、职工教育经费等的依据。

2.职工福利费

职工福利费是指企业向职工提供的生活困难补助、丧葬补助费、抚恤金、职工异地安家费、防暑降温费等职工福利支出。

3.社会保险费

社会保险费是指企业按照国家规定的基准和比例计算，向社会保险经办机构缴存的医疗保险费、工伤保险费等。

4.住房公积金

住房公积金是指企业按照国务院《住房公积金管理条例》规定的基准和比例计算，向住房公积金管理机构缴存的住房公积金。

5.工会经费和职工教育经费

工会经费和职工教育经费是指企业为了改善职工文化生活、为职工学习先进技术以及提高文化水平和业务素质，用于开展工会活动和职工教育及职业技能培训等的相关支出。

6.短期带薪缺勤

带薪缺勤是指企业支付工资或提供补偿的职工缺勤，包括年休假、病假、短期伤残、婚假、产假、丧假、探亲假等。短期带薪缺勤属于短期薪酬，长期带薪缺勤属于其他长期职工福利。

7.短期利润分享计划

短期利润分享计划是指因职工提供服务而与职工达成的基于利润或其他经营成果提供薪酬的协议。长期利润分享计划属于其他长期职工福利。

8.非货币性福利

非货币性福利包括企业以自产产品或外购商品发放给职工作为福利，将企业拥有的或租赁的资产无偿提供给职工使用，为职工无偿提供医疗保健服务，或向职工提供企业支付了一定补贴的商品或服务等，比如以低于成本的价格向职工出售住房等。

9.其他短期薪酬

其他短期薪酬，是指除上述薪酬以外的其他为获得职工提供的服务而给予的短期薪酬。

（二）离职后福利

离职后福利是指企业为获得职工提供的服务而在职工退休或与企业解除劳动关系后提供的各种形式的报酬和福利，短期薪酬和辞退福利除外。如养老保险、失业保险等。

（三）辞退福利

辞退福利是指企业在职工劳动合同到期之前解除与职工的劳动关系，或者为鼓励职工自愿接受裁员而给予职工的补偿。

（四）其他长期职工福利

其他长期职工福利是指除短期薪酬、离职后福利、辞退福利之外所有的职工薪酬，包括长期带薪缺勤、长期残疾福利、长期利润分享计划等。

二、短期薪酬的核算

设置“应付职工薪酬”账户，核算应付职工薪酬的提取、结算、使用等情况。该账户属于负债类账户，贷方登记企业根据职工提供服务的受益对象分配计入有关成本费用项目的职工薪酬；借方登记企业支付和按规定缴纳的职工薪酬，以及从职工薪酬中扣还的各种款项（如代垫的家属医药费、个人所得税）等；期末贷方余额，反映企业应付未付的职工薪酬。该账户应当按照“工资”“职工福利费”“社会保险费”“住房公积金”“工会经费”“职工教育经费”“带薪缺勤”“非货币性福利”“利润分享计划”“设定提存计划”“设定受益计划”“辞退福利”等项目设置明细账户进行明细核算。

（一）职工工资、奖金、津贴和补贴的核算

1.职工工资、奖金、津贴和补贴的确认和计量

企业发生的职工工资、奖金、津贴和补贴等货币性职工薪酬，应当在职工为其提供服务的会计期间，将实际发生的职工工资、津贴和补贴等，根据职工提供的服务的受益对象计入当期损益或相关资产成本，并确认职工薪酬负债。

在实务中，企业本期应付的工资、奖金、津贴和补贴往往是在下一期期初支付，在尚未支付之前，应付未付的工资、奖金、津贴和补贴实质上构成企业对职工的债务，因此，企业应在每个会计期间结束时将本期应付的工资、奖金、津贴和补贴确认为一项流动负债。

2.职工工资、奖金、津贴和补贴的账务处理

企业应当在“应付职工薪酬”账户下设置“工资”明细账户，核算企业与职工的工资、奖金、津贴和补贴等的结算及其费用的分配情况。该明细账户贷方登记分配计入有关成本费用项目的职工工资、奖金、津贴和补贴金额，借方登记实际支付给职工的工资、奖金、津贴和补贴（包括扣还的各种款项）金额，期末余额在贷方余额，表示企业尚未支付的工资、奖金、津贴和补贴金额。

【提示】在“应付职工薪酬”账户下设置的“工资”明细账户，集中核算应付给职工的工资总额，凡属工资总额的各项内容，不论是否在当月支付，都应通过本明细账户核算。

（1）工资结算

工资结算包括工资的计算和工资的发放。

企业应按照劳动工资制度的规定，根据考勤记录、工时记录、产量记录、工资标准、工资等级等，编制“工资结算单”（见表10-1），计算当月应付的工资。在此基础上，扣除应由职工个人负担而需要由企业代扣代缴的款项，如企业为职工代垫的房租、水电费，由企业代扣代缴的个人所得税、社会保险费及住房公积金等，应付职工的工资总额减去代扣款项，即为职工的实发工资。

表10-1　　工资结算单

部门：一车间　　2023年3月　　单位：元

姓名	应付工资						各项扣款					实发工资
	岗位工资	奖金	补助	加班工资	请假扣款	应付工资合计	社会保险费	住房公积金	个人所得税	其他（水电费）	扣款合计	
程浩	4 200	1 600	200	1 000	240	6 760	140	676	24	60	900	5 860
王力	3 780	1 200	200	800	360	5 620	100	562	18	20	700	4 920
合计	60 000	15 400	6 500	13 000	4 400	90 500	3 000	9 050	700	950	13 700	76 800

为了反映企业工资总额的构成，便于进行工资结算的会计处理，财会部门应将“工资结算单”进行汇总，编制“工资结算汇总表”（见表10-2）。工资结算汇总表应按照职工类别和工资总额的构成项目分别反映。

表10-2　　工资结算汇总表

2023年3月　　单位：元

部门			应付工资						各项扣款					实发工资
			岗位工资	奖金	补助	加班工资	请假扣款	应付工资合计	社会保险费	住房公积金	个人所得税	其他（水电费）	扣款合计	
基本生产车间	一车间	生产工人	60 000	15 400	6 500	13 000	4 400	90 500	3 000	9 050	700	950	13 700	76 800
		管理人员	9 000	2 300	900		100	12 100	400	1 210	150	140	1 900	10 200
	二车间	生产工人	170 000	56 000	21 000	38 000	6 500	278 500	6 300	27 850	1 050	100	35 300	243 200
		管理人员	14 000	4 200	1 600		500	19 300	800	1 930	270	500	3 500	15 800
管理部门			62 000	16 600	6 400		1 200	83 800	2 000	8 380	680	140	11 200	72 600
专设销售机构			40 000	10 800	5 000	7 200	1 200	61 800	1 600	6 180	560	260	8 600	53 200
合计			355 000	105 300	41 400	58 200	13 900	546 000	14 100	54 600	3 410	2 090	74 200	471 800

企业发放工资，通常通过银行转账方式直接转入职工的银行存款账户，应按照实发工资的金额，借记“应付职工薪酬——工资”账户，贷记“银行存款”账户；结转代扣款项（如水电费等），若先扣后交，则借记“应付职工薪酬——工资”账户，贷记“其他应付款”账户；若先交后扣，则借记“应付职工薪酬——工资”账户，贷记“其他应收款”账户。结转代扣款项（如个人所得税、社会保险费及住房公积金等）见本任务相关内容。

【做中学10-12】晋华公司2023年3月依据“工资结算汇总表”（见表10-2）发放工资。

①通过银行转账方式发放工资时，根据特色业务批量转账凭证编制会计分录如下：

借：应付职工薪酬——工资　　471 800

　　贷：银行存款　　471 800

②结转代扣水电费（假定先扣后缴）时，根据代扣款凭证编制会计分录如下：

借：应付职工薪酬——工资　　2 090

　　贷：其他应付款　　2 090

（2）工资分配

工资分配是指企业将本月应付的工资、奖金、津贴和补贴，于月末按照职工提供服务的受益对象进行分配，计入当期损益或相关资产成本。根据生产工人的工资借记“生产成本”账户，车间管理人员工资借记“制造费用”账户，提供劳务人员的工资借记“合同履约成本”账户，企业管理部门人员工资借记“管理费用”账户，销售机构人员工资借记“销售费用”账户，应由在建工程、研发支出负担的人员工资借记“在建工程”“研发支出”账户；根据应付职工工资总额贷记“应付职工薪酬——工资”账户。

为了便于进行工资费用的分配，在月份终了时，企业应根据“工资结算汇总表”编制“工资费用分配表”（见表10-3）。

表10-3　　工资费用分配表

2023年3月　　单位：元

项　目	基本生产车间	管理部门	专设销售机构	合　计
生产成本	369 000			369 000
制造费用	31 400			31 400
管理费用		83 800		83 800
销售费用			61 800	61 800
合　计	400 400	83 800	61 800	546 000

【做中学10-13】沿用【做中学10-12】的资料，晋华公司2023年3月末根据“工资分配表”（见表10-3）进行工资费用的分配。

月末分配工资费用时，根据工资费用分配表编制会计分录如下：

借：生产成本　　369 000

　　制造费用　　31 400

　　管理费用　　83 800

　　销售费用　　61 800

　　贷：应付职工薪酬——工资　　546 000

（二）职工福利费的核算

1.职工福利费的确认和计量

对于发生的职工福利费，企业应当在实际发生时根据实际发生额计入当期损益或相关资产成本。

2.职工福利费的账务处理

企业应在“应付职工薪酬”账户下设置“职工福利费”明细账户，反映职工福利费的支付与分配情况。

企业发生职工福利费支出时，应借记“应付职工薪酬——职工福利费”账户，贷记有关账户。

月末，企业按照职工提供服务的受益对象对实际发生的职工福利费支出进行分配时，借记“生产成本”“制造费用”“合同履约成本”“管理费用”“销售费用”“在建工程”和“研发支出”等账户，贷记“应付职工薪酬——职工福利费”账户。

【做中学10-14】晋华公司下设一所职工食堂，每月根据在岗职工数量及岗位分布情况、相关历史经验数据等计算需要补贴食堂的金额，从而确定企业每期因职工食堂而需要承担的福利费金额。2023年5月份，企业在岗职工共计200人，其中管理部门30人，生产车间170人，企业的历史经验数据表明，每个职工每月需补贴150元。2023年6月，公司支付30 000元补贴给食堂。

①2023年5月末，计算分配职工福利费时，根据职工福利费分配表编制会计分录如下：

借：生产成本	25 500	
管理费用	4 500	
贷：应付职工薪酬——职工福利费		30 000

②2023年6月，支付给食堂补贴时，根据转账支票存根编制会计分录如下：

借：应付职工薪酬——职工福利费	30 000	
贷：银行存款		30 000

（三）社会保险费和住房公积金的核算

1.社会保险费和住房公积金的确认和计量

社会保险费包括医疗保险费、工伤保险费、养老保险费、失业保险费。企业承担的社会保险费，除养老保险费、失业保险费按规定确认为离职后福利，其他的社会保险费作为企业的短期薪酬。医疗保险费按国家规定由企业和职工共同负担，工伤保险费由企业负担。住房公积金是按照国家规定由企业和职工共同负担用于解决职工住房问题的费用。

微课

“五险一金”的核算

企业为职工缴纳的医疗保险费、工伤保险费等社会保险费和住房公积金，应当在职工提供服务的会计期间，按照国家规定的计提基础和比例计算确定相应的职工薪酬金额，根据受益对象计入当期损益或相关资产成本，并确认相应的负债。

2.社会保险费和住房公积金的账务处理

企业应在“应付职工薪酬”账户下设置“社会保险费”和“住房公积金”明细账户，分别核算由企业负担的社会保险费和住房公积金的提取和缴纳情况。

月末，对于企业为职工缴纳的医疗保险费、工伤保险费等社会保险费和住房公积金，应按照国家规定的计提基础和比例计算确定的金额，借记“生产成本”“制造费用”“管理费用”“合同履约成本”“销售费用”“在建工程”和“研发支出”等账户，贷记“应付职工薪酬——社会保险费”“应付职工薪酬——住房公积金”账户。

对于职工个人负担的社会保险费和住房公积金，由职工所在企业每月从其工资中代扣代缴，借记“应付职工薪酬——工资”账户，贷记“其他应付款——社会保险费”“其他应付款——住房公积金”账户。

企业缴纳社会保险费和住房公积金时，借记“应付职工薪酬——社会保险费”“应付职工薪酬——住房公积金”“其他应付款——社会保险费”“其他应付款——住房公积金”账户，贷记“银行存款”账户。

原始凭证

【做中学10-15】沿用【做中学10-13】的资料，晋华公司职工住房公积金由企业负担50%，职工个人负担50%。企业为职工缴纳的住房公积金，按职工工资总额的10%确定，职工个人负担部分由企业代扣代缴。

①企业按受益对象进行分配时，根据住房公积金计提表编制会计分录如下：

借：生产成本　36 900
　　制造费用　3 140
　　管理费用　8 380
　　销售费用　6 180
　　贷：应付职工薪酬——住房公积金　54 600

企业应计提的住房公积金 = 546 000 × 10% = 54 600（元）

②企业代扣代缴由职工个人负担的住房公积金时，根据代扣个人住房公积金计算表编制会计分录如下：

借：应付职工薪酬——工资、奖金、津贴和补贴　54 600
　　贷：其他应付款——住房公积金　54 600

③本期缴纳住房公积金时，根据住房公积金汇（缴）书、转账支票存根编制会计分录如下：

借：应付职工薪酬——住房公积金　54 600
　　其他应付款——住房公积金　54 600
　　贷：银行存款　109 200

（四）工会经费和职工教育经费的核算

1. 工会经费和职工教育经费的确认和计量

根据《中华人民共和国工会法》的规定，企业应按每月全部职工工资总额的2%向工会拨缴工会经费，并在成本费用中列支，主要用于为职工服务和工会活动。

职工教育经费一般由企业按照每月工资总额的8%计提，主要用于职工接受岗位培训、继续教育等方面的支出。

企业按照规定提取的工会经费和职工教育经费，应当在职工提供服务的会计期间，分别按照国家规定的计提标准，计量应付职工薪酬（工会经费、职工教育经费）义务金额，并按受益对象计入当期损益或相关资产成本。

2. 工会经费和职工教育经费的账务处理

企业在“应付职工薪酬”账户下设置“工会经费”“职工教育经费”明细账户进行明细分类核算。

月末，企业计提工会经费和职工教育经费时，应根据受益对象进行分配，借记“生产成本”“制造费用”“管理费用”“销售费用”“在建工程”“研发支出”等账户，贷记“应付职工薪酬——工会经费（或职工教育经费）”账户。

企业支付工会经费用于工会活动时，根据转账支票存根、工会专用结算凭证等，借记“应付职工薪酬——工会经费”账户，贷记“银行存款”账户。

企业支付职工教育经费用于职工培训等时，根据转账支票存根、增值税专用发票等，借记“应付职工薪酬——职工教育经费”“应交税费——应交增值税（进项税额）”账户，贷记“银行存款”账户。

【提示】《财政部税务总局关于企业职工教育经费税前扣除政策的通知》（财税〔2018〕51号）规定，自2018年1月1日起，企业发生的职工教育经费支出，不超过工资薪金总额8%的部分，准予在计算企业所得税应纳税所得额时扣除；超过部分，准予在以后纳税年度结转扣除。

【做中学10-16】沿用【做中学10-13】的资料，2023年3月末，晋华公司根据“工资费用分配汇总表”结算的本月应付职工工资总额546 000元。按照国家规定，公司分别按照职工工资总额的2%和8%的计提标准，确认应付工会经费和职工教育经费。

晋华公司根据工会经费计提表，职工教育经费计提表编制会计分录如下：

借：生产成本	36 900	
制造费用	3 140	
管理费用	8 380	
销售费用	6 180	
贷：应付职工薪酬——工会经费		10 920
——职工教育经费		43 680

（五）非货币性福利的核算

企业应当在“应付职工薪酬”账户下设置“非货币性福利”明细账户，核算非货币性福利的支付和分配情况。

1.企业以其自产产品发放给职工作为非货币性福利

企业以其自产产品作为非货币性福利发放给职工的，应当根据受益对象，按照该产品的公允价值加相关税费计入相关资产成本和当期损益，同时确认应付职工薪酬，借记“生产成本”“制造费用”“管理费用”“销售费用”“在建工程”和“研发支出”等账户，贷记“应付职工薪酬——非货币性福利”账户。

企业以自产产品作为福利实际发放给职工时，应当作为正常商品销售处理，按照该产品的公允价值加相关税费确定非货币性福利金额，借记“应付职工薪酬——非货币性福利”账户，贷记“主营业务收入”“应交税费——应交增值税（销项税额）”账户；同时结转相关成本。

【做中学10-17】甲公司为增值税一般纳税人，共有职工200人，其中生产工人170人，企业管理人员30人。2023年2月，公司决定将自己生产的羊绒衫作为福利发放给公司职工（每人一件）。该羊绒衫的单位生产成本为1 500元，售价为每件2 800元，甲公司适用的增值税税率为13%。

①决定发放非货币性福利（羊绒衫）时，根据福利费用分配表编制会计分录如下：

借：生产成本	537 880	
管理费用	94 920	
贷：应付职工薪酬——非货币性福利		632 800

计入生产成本的金额 = 170 × 2 800 ×（1 + 13%）= 537 880（元）

计入管理费用的金额 = 30 × 2 800 ×（1 + 13%）= 94 920（元）

②实际发放非货币性福利（羊绒衫）时，根据福利费用汇总表、产成品出库单编制会计分录如下：

借：应付职工薪酬——非货币性福利	632 800	
贷：主营业务收入		560 000
应交税费——应交增值税（销项税额）		72 800
借：主营业务成本	300 000	
贷：库存商品		300 000

主营业务收入 = 200 × 2 800 = 560 000（元）

增值税销项税额 = 200 × 2 800 × 13% = 72 800（元）

2.企业以外购商品发放给职工作为非货币性福利

企业以外购商品发放给职工作为非货币性福利的，应当按照该商品的公允价值加相关税费确定非货币性福利金额，并计入相关资产成本或当期损益。借记“生产成本”“制造费用”“管理费用”“销售费用”“在建工程”和“研发支出”等账户，贷记“应付职工薪酬——非货币性福利”账户。

企业以外购商品发放给职工作为非货币性福利的，其外购商品的进项税额按照现行增值税制度规定不得从销项税额中抵扣，应计入外购商品的成本。外购商品取得增值税专用发票时，应将实际支付的买价加增值税进项税额等，借记“库存商品”账户，贷记“银行存款”“应付账款”等账户。实际发放时，借记“应付职工薪酬——非货币性福利”账户，贷记“库存商品”账户。

【做中学 10-18】甲公司为增值税一般纳税人，共有职工 200 名，其中生产工人 170 人，企业管理人员 30 人。2023 年 3 月，公司决定外购电暖气作为福利发放给职工（每人一台）。外购电暖气每台不含税价 1 000 元，增值税税率为 13%。甲公司以银行存款支付了外购电暖气的价款和增值税进项税额。

①决定发放非货币性福利（外购电暖气）时，根据福利费用分配表编制会计分录如下：

借：生产成本	192 100	
管理费用	33 900	
贷：应付职工薪酬——非货币性福利		226 000

计入生产成本的金额 = 170 × 1 000 ×（1 + 13%）= 192 100（元）

计入管理费用的金额 = 30 × 1 000 ×（1 + 13%）= 33 900（元）

②外购电暖气时，根据增值税专用发票的发票联、转账支票存根编制会计分录如下：

借：库存商品	226 000	
贷：银行存款		226 000

③实际发放非货币性福利（外购电暖气）时，根据福利费用汇总表、商品出库单编制会计分录如下：

借：应付职工薪酬——非货币性福利	226 000	
贷：库存商品		226 000

3.企业将拥有的房屋等资产无偿提供给职工使用

企业将拥有的房屋等资产无偿提供给职工使用的，应当根据受益对象，将该住房每期应计提的折旧计入相关资产成本或当期损益，同时确认应付职工薪酬，借记“生产成本”“制造费用”“管理费用”“销售费用”“在建工程”和“研发支出”等账户，贷记“应付职工薪酬——非货币性福利”账户。同时根据该住房每期应计提的折旧金额，借记“应付职工薪酬——非货币性福利”账户，贷记“累计折旧”账户。

【做中学10-19】晋华公司为远途上班的生产一线工人免费提供职工集体宿舍，该集体宿舍楼每月计提折旧4 000元。

每月计提折旧时，根据固定资产折旧计算表编制会计分录如下：

借：制造费用	4 000	
贷：应付职工薪酬——非货币性福利		4 000
借：应付职工薪酬——非货币性福利	4 000	
贷：累计折旧		4 000

4.企业将租赁住房等资产供职工无偿使用

企业应当根据受益对象，将该住房每期应付的租金计入相关资产成本或当期损益，同时确认应付职工薪酬，借记“生产成本”“制造费用”“管理费用”“销售费用”“在建工程”“研发支出”等账户，贷记“应付职工薪酬——非货币性福利”账户。实际支付租金时，借记“应付职工薪酬——非货币性福利”账户，贷记“银行存款”等账户。

【做中学10-20】晋华公司为其高级管理人员、高级工程师及科研人员租赁几套公寓免费使用，公司每月需支付租金共计3万元。由于为上述人员发生的3万元租金费用无法认定受益对象，按规定直接计入管理费用。

①确认住房租金费用时，根据租金费用分配表编制会计分录如下：

借：管理费用	30 000	
贷：应付职工薪酬——非货币性福利		30 000

②实际支付租金时，根据转账支票存根编制会计分录如下：

借：应付职工薪酬——非货币性福利	30 000	
贷：银行存款		30 000

（六）带薪缺勤的核算

带薪缺勤分为累积带薪缺勤和非累积带薪缺勤。企业应当对职工享有的累积带薪缺勤和非累积带薪缺勤分别进行会计处理。如果带薪缺勤属于长期带薪缺勤的，企业应当作为其他长期职工福利进行处理。

1.累积带薪缺勤

累积带薪缺勤是指带薪权利可以结转至下期的带薪缺勤，如果本期的权利没有用完，可以在未来期间使用。

企业应当在“应付职工薪酬”账户下设置“累计带薪缺勤”明细账户，核算企业因职工未使用累积带薪缺勤权利而增加的预期支付金额和实际支付情况。

企业应当在职工提供了服务从而增加了其享有的未来带薪缺勤的权利时，确认与累计带薪缺勤相关的职工薪酬，并以累积未行使权利而增加的预期支付金额计量。确认累计带薪缺勤时，借记“生产成本”“制造费用”“管理费用”“销售费用”“在建工程”和“研发支出”等账户，贷记“应付职工薪酬——累计带薪缺勤”账户。

【做中学10–21】华能公司共有1 000名职工，该公司从2024年1月1日起实行累积带薪缺勤制度。该制度规定，每个职工每年可享受5个工作日带薪年休假，未使用的年休假只能向后结转一个日历年度，超过1年未使用的权利作废；职工休年休假时，首先使用当年可享受的权利，不足部分再从上年结转的带薪年休假余额中扣除；职工离开公司时，公司对职工未使用的累积带薪年休假权利不支付现金。2024年12月31日，每个职工当年平均未使用带薪年休假为2个工作日。华能公司预计2025年有950名职工将享受不超过5个工作日的带薪年休假，剩余50名职工平均每人将享受6.5个工作日的带薪年休假，假定这50名职工全部为总部各部门经理，该公司平均每名职工每个工作日工资为300元。

（1）华能公司2024年的会计处理。

2024年12月31日，根据累积带薪缺勤预期支付金额计算表确认由于职工累积未使用的带薪年休假权利而导致预期支付的金额编制会计分录如下：

借：管理费用　　22 500

　　贷：应付职工薪酬——累积带薪缺勤　　22 500

企业预期支付的追加金额＝50（人）×1.5（预计结转下年使用的休假天数）×300（日工资）

＝22 500（元）

（2）华能公司2025年的会计处理。

①假定2025年上述50名部门经理中有40名享受了6.5个工作日的带薪年休假，并随同正常工资以银行存款支付。

在职工享受了上年转入的年休假的当月，根据累积带薪缺勤支付金额计算表编制会计分录如下：

借：应付职工薪酬——累积带薪缺勤　　18 000

　　贷：银行存款（40×1.5×300）　　18 000

②另有10名部门经理只享受了5个工作日的带薪年休假，由于该公司的带薪缺勤制度规定，未使用的权利只能结转1年，超过1年未使用的权利将作废。

2025年12月31日，根据累积带薪缺勤未使用权利金额计算表编制会计分录如下：

借：应付职工薪酬——累积带薪缺勤　　4 500

　　贷：管理费用（10×1.5×300）　　4 500

2. 非累积带薪缺勤

非累积带薪缺勤，是指带薪缺勤权利不能结转下期的带薪缺勤，本期尚未用完的带薪缺勤权利将予以取消，并且职工离开企业时也无权获得现金支付。我国企业职工休婚假、产假、丧假、探亲假、病假期间的工资通常属于非累积带薪缺勤。

由于职工提供服务本身不能增加其能够享受的福利金额，企业在职工未缺勤时不应当计提相关费用和负债。

企业应当在职工实际发生缺勤的会计期间确认与非累计带薪缺勤相关的职工薪酬，视同职工出勤确认的当期损益或相关资产成本。通常情况下，与非累积带薪缺勤相关的职工薪酬已经包括在企业每期向职工发放的工资等薪酬中，因此，不必额外作相应的账务处理。

三、离职后福利的核算

（一）离职后福利的确认和计量

职工的离职后福利，如在正常退休时获得的养老金，是其与企业签订的劳动合同到期时或者职工达到了国家规定的退休年龄时获得的离职后生活补偿金额，此种情况下引发补偿的事项是职工在职时提供的服务而不是退休本身，因此，企业应当在职工提供服务的会计期间进行确认和计量。

企业应当将离职后福利计划分类为设定提存计划和设定受益计划两种类型。

设定提存计划，是指向独立的基金缴存固定费用后，企业不再承担进一步支付义务的离职后福利计划（如养老保险、失业保险）。设定受益计划，是指除设定提存计划以外的离职后福利计划。

（二）离职后福利的账务处理

在“应付职工薪酬”总账账户下设置“设定提存计划”“设定受益计划”明细账户进行明细核算。

对于设定提存计划，企业应当根据在资产负债表日将为换取职工在会计期间提供的服务而应向单独的主体缴存的提存金，确认为应付职工薪酬负债，并计入当期损益或相关资产成本，借记“生产成本”“制造费用”“管理费用”“销售费用”“在建工程”“研发支出”等账户，贷记“应付职工薪酬——设定提存计划”账户。

【做中学10-22】晋华公司根据所在地政府规定，按照职工工资总额的16%计提基本养老保险费，缴存当地社会保险经办机构。2023年3月，晋华公司职工工资总额见表10-3。晋华公司3月缴存的基本养老保险费，应计入生产成本的金额为59 040元，应计入制造费用的金额为5 024元，应计入管理费用的金额为13 408元，应计入销售费用的金额为9 888元。

2023年3月末，晋华公司根据基本养老保险费计算表编制会计分录如下：

借：生产成本	59 040	
制造费用	5 024	
管理费用	13 408	
销售费用	9 888	
贷：应付职工薪酬——设定提存计划		87 360

【德技并修】社会保障是保障和改善民生、维护社会公平、增进人民福祉的基本制度，是促进经济社会发展、实现广大人民群众共享改革发展成果的重要制度安排。社会保障制度的核心内容是社会保险，是指国家依法建立的，由国家、用人单位和个人共同筹集资金、建立基金，使个人在年老（退休）、患病、工伤（因工伤残或者患职业病）、失业、生育等情况下获得物质帮助和补偿的制度，包括基本养老保险、基本失业保险、医疗保险、工伤保险和生育保险等。

党的十八大以来，以习近平同志为核心的党中央坚持以人民为中心的发展思想，建成了世界上规模最大的社会保障体系，统一城乡居民养老保险制度，不断完善城乡基本医疗保险制度，全面实施大病保险和医疗救助制度，使得农民看病有医保，养老有养老保险，再加上低保兜底，生活更有保障；企业职工，除了享受基本养老、医疗、工伤、失业等保险外，还有企业年金、企业补充医疗保险等福利。截至2022年6月，基本养老保险参保人数达到10.4亿人；基本医疗保险参保人数2021年底已达13.6亿人，覆盖率稳定在95%以上……更公平、更可靠、可持续的社会保障体系，为人民创造美好生活奠定了坚实基础，为经济平稳运行、社会和谐稳定提供了有力支撑。

资料来源：李心萍，罗珊珊，常钦，等. 健全社会保障体系（新征程·全心全意为人民服务）[EB/OL]. [2023-11-23]. http://cpc.people.com.cn/20th/n1/2022/1022/c448334-32549382.html.

党的二十大报告提出，“健全覆盖全民、统筹城乡、公平统一、安全规范、可持续的多层次社会保障体系”，“完善基本养老保险全国统筹制度，发展多层次、多支柱养老保险体系”，“扩大社会保险覆盖面，健全基本养老、基本医疗保险筹资和待遇调整机制，推动基本医疗保险、失业保险、工伤保险省级统筹。促进多层次医疗保障有序衔接，完善大病保险和医疗救助制度，落实异地就医结算，建立长期护理保险制度，积极发展商业医疗保险”。这些重要论述为做好新时代社会保障工作提供了遵循、指明了方向，使得人民群众在面对疾病、失业等风险时有了相应的制度保障，获得感、幸福感、安全感更加充实、更有保障、更可持续。

“江山就是人民，人民就是江山”。为民造福是立党为公、执政为民的本质要求。作为新时代的青年，同学们要深学细悟党的二十大精神，时刻不忘初心、牢记使命，以高度的思想自觉和行动自觉做到对党忠诚，坚定不移听党话、跟党走，以青春之我，矢志不渝地奋进伟大征程。

四、辞退福利的核算

（一）辞退福利的确认和计量

辞退福利是企业在职工劳动合同到期之前解除与职工的劳动关系，或者为鼓励职工自愿接受裁减而提出在补偿建议的计划中给予职工的经济补偿。由于导致义务产生的事项是终止雇佣而不是为获得职工的服务，因此，企业应当将辞退福利作为单独一类职工薪酬进行会计处理。企业应当按照辞退计划条款的规定，合理预计并确认辞退福利产生的职工薪酬负债，并计入当期损益。

（二）辞退福利的账务处理

企业应当在“应付职工薪酬”账户下设置“辞退福利”明细账户，核算辞退福利的提取和支付情况。

企业应当根据已确定的解除劳动关系计划或自愿裁减建议，借记“管理费用”账户，贷记“应付职工薪酬——辞退福利”账户。

实际支付辞退福利时，借记“应付职工薪酬——辞退福利”账户，贷记“银行存款”账户。

【做中学10-23】丙公司为一家空调制造公司。2024年11月，丙公司管理层为在2025年顺利实施转产，制订了一项辞退计划，规定自2025年1月1日起，以职工自愿方式辞退柜式空调生产车间职工。辞退计划的详细内容包括拟辞退职工所在部门、数量、各级别职工能够获得的补偿标准以及计划实施时间等，均已与职工协商一致。该辞退计划已于2024年12月15日经公司董事会正式批准，并将在2025年实施完毕。辞退计划的有关内容见表10-4。

表10-4　　丙公司柜式空调生产车间职工辞退计划一览表

职位	拟辞退职工人数	工龄/年	每人补偿标准/元
车间主任	10	1 ~ 10	100 000
		11 ~ 20	200 000
		21 ~ 30	300 000
高级技工	50	1 ~ 10	80 000
		11 ~ 20	180 000
		21 ~ 30	280 000
一般技工	100	1 ~ 10	50 000
		11 ~ 20	150 000
		21 ~ 30	250 000
合计	160	—	—

2024年12月31日，丙公司根据表10-4的资料预计柜式空调生产车间接受辞退职工数量的最佳估计数及应支付的补偿金额，见表10-5。

表10-5　　预计柜式空调生产车间接受辞退职工数量及补偿金额一览表

职位	拟辞退职工人数	工龄/年	接受辞退计划职工人数	每人补偿标准/元	补偿金额/元
车间主任	10	1~10	5	100 000	500 000
		11~20	2	200 000	400 000
		21~30	1	300 000	300 000
高级技工	50	1~10	20	80 000	1 600 000
		11~20	10	180 000	1 800 000
		21~30	5	280 000	1 400 000
一般技工	100	1~10	50	50 000	2 500 000
		11~20	20	150 000	3 000 000
		21~30	10	250 000	2 500 000
合计	160		123		14 000 000

丙公司2024年12月31日根据辞退福利计算表编制会计分录如下：

借：管理费用　　14 000 000

　　贷：应付职工薪酬——辞退福利　　14 000 000

任务四　应交税费的核算

一、应交增值税的核算

（一）纳税人及应纳税额的计算

增值税是对我国境内销售货物、进口货物，或提供加工、修理修配劳务以及销售服务、无形资产或者不动产的增值额征收的一种流转税。

按照纳税人的经营规模及会计核算的健全程度，增值税的纳税人分为一般纳税人和小规模纳税人两类，与此相应，增值税的计算与会计核算也不相同。

增值税的计税方法，包括一般计税方法和简易计税方法。一般纳税人发生应税行为适用一般计税方法计税；一般纳税人发生财政部和国家税务总局规定的特定应税行为，可以选择适用简易计税方法计税，但一经选择，36个月内不得变更。小规模纳税人发生应税行为适用简易计税方法计税。

1.一般计税方法应纳税额的计算

一般计税方法应纳税额的计算公式如下：

应纳税额 = 当期销项税额 - 当期进项税额

一般纳税人选择一般计税方法核算增值税时需要注意以下几点：

（1）增值税属于价外税，销项税额按不含税的销售额及适用税率计算。这里的销售额是指纳税人向购买方收取的全部价款及价外费用，如手续费、包装费、集资费、违约金等。对应税货物或劳务采用销售额和销项税额合并定价的（如零售企业），应将其换算为不含税的销售额。将含税销售额换算为不含税销售额的计算公式为：

不含税销售额 = 含税销售额 ÷（1 + 税率）

（2）进项税额的抵扣，必须以合法的扣税凭证为依据。下列进项税额准予从销项税额中抵扣：①从销售方取得的增值税专用发票（含税控机动车销售统一发票）上注明的增值税额。②从海关取得的海关进口增值税专用缴款书上注明的增值税额。③购进农产品，除取得增值税专用发票或海关进口增值税专用缴款书外，按照农产品销售或收购发票注明的农产品买价和9%扣除率计算的进项税额；如购进用于生产销售或委托加工13%税率货物的农产品，按照10%的扣除率计算的进项税额。④自境外单位或者个人购进服务、无形资产或者不动产，从税务机关或者扣缴义务人取得的代扣代缴税款的完税凭证上注明的增值税额。⑤一般纳税人支付的道路、桥、闸通行费，凭取得的通行费发票上注明的收费金额和规定的方法计算的可抵扣的增值税进项税额。

【提示】一般纳税人企业如果未按规定取得并保存增值税扣税凭证，或扣税凭证上未注明增值税税额及其他有关事项，其进项税额不能从销项税额中抵扣，只能计入所购入货物或所接受劳务的成本。

（3）当期销项税额小于当期进项税额不足抵扣时，其不足部分可以结转下期继续抵扣。

2.简易计税方法应纳税额的计算

简易计税方法应纳税额的计算公式如下：

应纳税额 = 销售额 × 征收率

【提示】采用简易计税方法的纳税人，不得抵扣进项税额。简易计税方法的销售额不包括增值税应纳税额，纳税人采用销售额和应纳税额合并定价方法的，按照下列公式计算销售额：销售额 = 含税销售额 ÷（1 + 征收率）。

（二）一般纳税人应交增值税的核算

1.账户设置

为了核算企业应交增值税的发生、抵扣、缴纳、转出等情况，增值税一般纳税人应在“应交税费”账户下设置“应交增值税”“未交增值税”“预交增值税”“待认证进项税额”“待转销项税额”“简易计税”“转让金融商品应交增值税”“代扣代交增值税”等明细账户进行核算。

微课

一般纳税人“应交增值税”和“未交增值税”的核算

（1）“应交增值税”明细账户。该明细账户核算增值税进项税额、销项税额抵减、已交税金、出口抵减内销产品应纳税额、减免税款、转出未交增值税、销项税额、出口退税、进项税额转出、转出多交增值税等项内容，并采用多栏式账页，账户格式见表10-6。

表10-6 应交增值税明细账

年		凭证		摘要	借方							贷方					借或贷	余额
月	日	种类	编号		合计	进项税额	销项税额抵减	已交税金	出口抵减内销产品应纳税额	减免税款	转出未交增值税	合计	销项税额	出口退税	进项税额转出	转出多交增值税		

“进项税额”专栏，记录一般纳税人购进货物、加工修理修配劳务、服务、无形资产或者不动产等而支付或负担的、准予从当期销项税额中抵扣的增值税税额。企业购进货物或接受应税劳务和服务等支付的进项税额，用蓝字登记；退回所购货物等应冲销的进项税额，用红字登记。

“销项税额抵减”专栏，记录一般纳税人按照现行增值税制度规定因扣减销售额而减少的销项税额。

“已交税金”专栏，记录一般纳税人当月已缴纳的应交增值税税额。

“出口抵减内销产品应纳税额”专栏，记录实行“免、抵、退”办法的一般纳税人按规定计算的出口货物的进项税额抵减内销产品的应纳税额。

“减免税款”专栏，记录一般纳税人按现行增值税制度规定准予减免的增值税税额。

“转出未交增值税”专栏，记录一般纳税人月度终了转出当月应交未交的增值税税额。

“销项税额”专栏，记录企业销售货物、加工修理修配劳务、服务、无形资产或者不动产等而向购买方收取的增值税税额。企业销售货物、提供应税劳务和服务等应收取的销项税额，用蓝字登记；退回销售货物等应冲销的销项税额，用红字登记。

“出口退税”专栏，记录一般纳税人出口货物、加工修理修配劳务、服务、无形资产按规定退回的增值税税额。

“进项税额转出”专栏，记录一般纳税人购进货物、加工修理修配劳务、服务、无形资产或不动产等发生非正常损失及其他原因而不应从销项税额中抵扣、按规定转出的进项税额。

“转出多交增值税”专栏，记录一般纳税人月度终了转出当月多交的增值税税额。

（2）“未交增值税”明细账户。该明细账户核算一般纳税人月终从“应交增值税”或“预交增值税”明细账户转入当月应交未交、多交或预交的增值税税额，以及当月缴纳以前期间未交的增值税税额。“未交增值税”明细账户如图10-1所示。

借方 **未交增值税明细账** 贷方

借方	贷方
发生额： ①缴纳上月应交未交的增值税税额 ②月度终了转入当月多交的增值税税额	发生额： 月度终了转入当月应交未交的增值税税额
借方余额：多交的增值税	贷方余额：未交的增值税

图10-1 “未交增值税”明细账户

（3）“预交增值税”明细账户。该账户核算一般纳税人转让不动产、提供不动产经营租赁服务、提供建筑服务、采用预收款方式销售自行开发的房地产项目等，以及其他按现行增值税制度规定应预缴的增值税税额。

（4）“待认证进项税额”明细账户。该明细账户核算一般纳税人由于未经税务机关认证而不得从当期销项税额中抵扣的进项税额。该明细账户可采用一般的三栏式账页，借方登记一般纳税人已取得增值税扣税凭证，按照现行增值税制度规定准予从销项税额中抵扣，但尚未经税务机关认证的进项税额，贷方登记经税务机关认证后的转出数或购进货物等退回时的转出数，期末借方余额，表示尚未经税务机关认证的进项税额。

【提示】一般纳税人已申请稽核但尚未取得稽核相符结果的海关缴款书进项税额也通过该明细账户核算。

（5）“待转销项税额”明细账户。该明细账户核算一般纳税人销售货物、加工修理修配劳务、服务、无形资产或不动产，已确认相关收入（或利得）但尚未发生增值税纳税义务而需要在以后期间确认为销项税额的增值税税额。

（6）“简易计税”明细账户。该明细账户核算一般纳税人采用简易计税方法发生的增值税计提、扣减、预缴、缴纳等业务。

（7）“转让金融商品应交增值税”明细账户。该明细账户核算增值税纳税人转让金融商品发生的增值税税额。

（8）“代扣代交增值税”明细账户。该明细账户核算纳税人购进在境内未设经营机构的境外单位或个人在境内的应税行为代扣代缴的增值税。

2.取得资产或接受劳务等进项税额允许抵扣的核算

一般纳税人购进货物、加工修理修配劳务、服务、无形资产或不动产等，按应计入相关货物成本的金额，借记“在途物资”或“原材料”“材料采购”“无形资产”“固定资产”等账户，按当月已认证的可抵扣增值税进项税额，借记“应交税费——应交增值税（进项税额）”账户，按当月未认证的可抵扣增值税进项税额，借记“应交税费——待认证进项税额”账户，按应付或实际支付的金额，贷记“应付账款”“应付票据”“银行存款”等账户。

原未认证的可抵扣增值税税额，经税务机关认证后，应借记“应交税费——应交增值税（进项税额）”账户，贷记“应交税费——待认证进项税额”账户。

（1）一般购进货物进项税额的账务处理。一般纳税人在购进货物时，会计处理上实行价与税的分离，分离的依据为销售方提供的增值税专用发票，发票上注明的价款计入货物的成本，发票上注明的增值税作为进项税额抵扣。

【做中学10-24】晋华公司为增值税一般纳税人，2023年5月购入甲材料一批，增值税专用发票上注明的材料价款为2万元，增值税税率为13%，增值税税额为2 600元，货款已经支付，材料已经到达并验收入库。增值税专用发票已经过税务机关认证。

购入材料时，根据增值税专用发票的发票联、银行付款凭证、材料入库单编制会计分录如下：

借：原材料——甲材料	20 000	
应交税费——应交增值税（进项税额）	2 600	
贷：银行存款		22 600

（2）购入免税农产品进项税额的账务处理。企业购入免税农产品，可以按购进凭证上注明的金额（买价）乘以适用税率（9%或10%）计算进项税额，并以此作为抵扣税款和记账的依据。买价减去准予扣除的进项税额后的差额计入货物成本。

【做中学10-25】晋华公司为增值税一般纳税人，收购农产品作为企业的原材料使用，支付的农产品价款为8万元，购买该农产品适用10%的增值税扣除率，农产品已验收入库，价款已用银行存款支付。

购入时，根据农产品收购发票、银行付款凭证、材料入库单编制会计分录如下：

借：原材料	72 000	
应交税费——应交增值税（进项税额）	8 000	
贷：银行存款		80 000

进项税额 = 80 000 × 10% = 8 000（元）

计入货物成本的金额 = 80 000 − 8 000 = 72 000（元）

（3）支付运输费、装卸费、搬运费、仓储费等进项税额的账务处理。一般纳税人支付的运输费用，可以按取得的增值税专用发票上注明的金额（买价）乘以9%计算进项税额；支付的装卸费、搬运费、仓储费等，可以按取得的增值税专用发票上注明的金额（买价）乘以6%计算进项税额。

【做中学10-26】晋华公司为增值税一般纳税人，2023年6月份购进原材料一批，增值税专用发票上注明价款500 000元，增值税税额65 000元。另取得运费、装卸费增值税专用发票，注明金额为运费8 000元，装卸费4 000元，增值税税额分别为720元、240元，价税合计12 960元，材料已验收入库，货款未付。增值税专用发票已经过税务机关认证。

购入材料时，根据增值税专用发票的发票联、材料入库单编制会计分录如下：

借：原材料 512 000

应交税费——应交增值税（进项税额） 65 960

贷：应付账款 577 960

（4）进货退出进项税额的账务处理。一般纳税人购进货物发生退货时，购货方应区别下列两种不同情况进行具体处理：

① 购货方未付货款也未作账务处理。在这种情况下，购货方只需将增值税专用发票发票联和抵扣联退还给销货方即可，既然购货方进货后还未作账务处理，退货时也无须进行账务处理。如果是部分退货，将发票联和抵扣联退还给销货方后，由销货方按实际数量重新开具增值税专用发票，购货方也不用对退货进行账务处理，只要按实购数量、金额进行正常的购货账务处理即可。

② 购货方已付货款，或者货款未付但已作账务处理。这种情况下，如果原增值税专用发票已认证，发票联及抵扣联无法退还，购货方必须取得当地主管税务机关开具的“进货退出及索取折让证明单”送交销货方，作为销货方开具红字增值税专用发票的合法依据。购货方根据销货方转来的红字增值税专用发票发票联、抵扣联，应将原账务处理冲回。在办理退货时，借记“应付账款”“应付票据”“银行存款”等账户，贷记“应交税费——应交增值税（进项税额）”（实际登账时，应以红字记入借方）、“材料采购”、“在途物资”等账户。如果原增值税专用发票未认证，应将发票退回并作相反的账务处理。在办理退货时，借记“应付账款”“应付票据”“银行存款”等账户，贷记“应交税费——待认证进项税额”“材料采购”“在途物资”等账户。

【做中学10-27】晋华公司2023年5月购进甲材料一批，2023年6月因上述材料存在质量问题退回部分材料，取得当地主管税务机关开具的“进货退出及索取折让证明单”送交销货方，退回金额20 000元、增值税税额2 600元，已收到对方开具的红字增值税专用发票。

根据红字增值税专用发票发票联、材料出库单编制会计分录如下：

借：银行存款 22 600

贷：原材料——甲材料 20 000

应交税费——应交增值税（进项税额） 2 600

（5）接受应税劳务进项税额的账务处理。一般纳税人接受加工修理修配劳务，按增值税专用发票上注明的增值税税额，借记“应交税费——应交增值税（进项税额）”或“应交税费——待认证进项税额”账户，按受益对象，借记“委托加工物资”“管理费用”等账户，按应付或实际支付的金额，贷记“应付账款”“银行存款”等账户。

【做中学10-28】晋华公司为增值税一般纳税人，以银行存款支付汽车修理厂小汽车修理费4 520元，取得增值税专用发票已认证，修理费为4 000元，增值税税额为520元。

支付修理费时，根据增值税专用发票的发票联、银行付款通知编制会计分录如下：

借：管理费用 4 000

应交税费——应交增值税（进项税额） 520

贷：银行存款 4 520

3.购进货物不得抵扣进项税额的核算

（1）一般纳税人购进货物、加工修理修配劳务、服务、无形资产或不动产，用于简易计税方法计税项目、免征增值税项目、集体福利或个人消费等，其进项税额按照现行增值税制度规定不得从销项税额中抵扣。取得增值税专用发票时，应借记有关成本费用或资产账户，借记“应交税费——待认证进项税额”账户，贷记“银行存款”“应付账款”等账户。经税务机关认证为不可抵扣的增值税进项税额时，借记“应交税费——应交增值税（进项税额）”账户，贷记“应交税费——待认证进项税额”账户；同时，将增值税进项税额转出，借记相关成本费用或资产账户，贷记“应交税费——应交增值税（进项税额转出）”账户。

【做中学10-29】甲公司为一家生产性企业，该公司于2023年6月购入一辆皮卡汽车交付给企业职工内部餐厅使用，并取得增值税专用发票，价款6万元，增值税税额为0.78万元。7月增值税专用发票经税务机关认证。

①2023年6月，根据增值税专用发票的发票联、银行付款通知、固定资产验收单、固定资产交接单编制会计分录如下：

借：固定资产	60 000	
应交税费——待认证进项税额	7 800	
贷：银行存款		67 800

②2023年7月，经税务机关认证后编制会计分录如下：

借：应交税费——应交增值税（进项税额）	7 800	
贷：应交税费——待认证进项税额		7 800
借：固定资产	7 800	
贷：应交税费——应交增值税（进项税额转出）		7 800

（2）购进货物改变用途。企业已单独确认进项税额的购进货物、加工修理修配劳务或者服务、无形资产或者不动产但其事后改变用途，如用于简易计税项目、免征增值税项目（免征销项税额）、集体福利或个人消费等，原已计入进项税额或待认证进项税额，按照现行增值税制度规定不得从销项税额中抵扣，借记有关成本费用或资产账户，贷记“应交税费——应交增值税（进项税额转出）”或“应交税费——待认证进项税额”账户。

【做中学10-30】晋华公司为一般纳税人，2023年12月1日外购库存商品1 000件，增值税专用发票上价款140万元、增值税税额18.2万元，验收入库，货款已付，增值税专用发票已经过税务机关认证。2024年1月10日将该商品发给本企业职工作为节日礼物。晋华公司有职工1 000名（其中管理人员30名）。

①2023年12月1日购入库存商品入库时，根据增值税专用发票的发票联、商品入库单、银行付款凭证编制会计分录如下：

借：库存商品	1 400 000	
应交税费——应交增值税（进项税额）	182 000	
贷：银行存款		1 582 000

②2024年1月10日决定发放福利时，根据非货币性福利分配表编制会计分录如下：

借：生产成本［970×1 400×（1+13%）］	1 534 540	
管理费用［30×1 400×（1+13%）］	47 460	

贷：应付职工薪酬——非货币性福利　　1 582 000

③实际发放时，根据发放福利费用汇总表、商品出库单编制会计分录如下：

借：应付职工薪酬——非货币性福利　　1 582 000

贷：库存商品　　1 400 000

应交税费——应交增值税（进项税额转出）　　182 000

（3）企业购进货物、生产的在产品或产成品等发生非常损失，原已计入进项税额或待认证进项税额的部分，按照现行增值税制度规定不得从销项税额中抵扣。当发生非常损失时，按非常损失的购进货物、在产品、产成品的实际成本与负担的进项税额的合计数，借记“待处理财产损溢——待处理流动资产损溢”账户；按实际损失的购进货物、在产品、产成品成本，贷记“原材料”“生产成本”“库存商品”等账户；按计算出的应转出的税金数额，贷记“应交税费——应交增值税（进项税额转出）”或“应交税费——待认证进项税额”账户。

【提示】①非正常损失是指因管理不善造成的存货的被盗、丢失、霉烂变质的损失，以及被执法部门依法没收或者强令自行销毁的货物。发生非正常损失的货物，原已计入进项税额的部分应做进项税额转出。②非常损失是指企业对于因客观因素（如自然灾害等）造成的损失。发生非常损失的货物，原已计入进项税额的部分不作进项税额转出。

【做中学10-31】晋华公司因管理不善引起火灾，导致毁损一批库存材料，该批材料成本20 000元，进项税额2 600元。

根据材料火灾毁损报告单编制会计分录如下：

借：待处理财产损溢——待处理流动资产损溢　　22 600

贷：原材料　　20 000

应交税费——应交增值税（进项税额转出）　　2 600

【做中学10-32】晋华公司2023年6月由于仓库倒塌毁损产品一批，损失产品账面价值为8万元。当期总的生产成本为42万元，其中耗用的外购材料、低值易耗品等价值为25.2万元，外购货物均适用13%的增值税税率。

根据产成品毁损报告单编制会计分录如下：

借：待处理财产损溢——待处理流动资产损溢　　86 240

贷：库存商品　　80 000

应交税费——应交增值税（进项税额转出）　　6 240

损失产品成本中所耗用外购货物的价值 = 80 000 ×（252 000 ÷ 420 000）

= 48 000（元）

应转出进项税额 = 48 000 × 13% = 6 240（元）

4.销项税额的核算

（1）一般国内销售及提供应税劳务销项税额的账务处理。一般纳税企业销售货物、加工修理修配劳务、服务、无形资产或不动产，应当按应收或已收的金额，借记“应收账款”“应收票据”“银行存款”等账户，按取得的收益金额，贷记“主营业务收入”“其他业务收入”等账户，按现行增值税制度规定计算的销项税额，贷记“应交税费——应交增值税（销项税额）”。

【做中学10-33】盛达公司为增值税一般纳税人，2023年5月份发生与销售相关的交易或事项如下：

①15日，销售产品一批，开具增值税专用发票上注明的价款为300 000元，增值税税额39 000元，提货单和增值税专用发票已交给买方，款项尚未收到。

销售货物确认收入时，根据增值税专用发票记账联编制会计分录如下：

借：应收账款　　339 000

　贷：主营业务收入　　300 000

　　应交税费——应交增值税（销项税额）　　39 000

②20日，为外单位代加工电脑桌500个，每个收取加工费80元，加工完成，开具增值税专用发票上注明价款40 000元，增值税税额5 200元，款项已收到并存入银行。

提供劳务确认收入时，根据受托加工合同、增值税专用发票记账联、银行收款凭证编制会计分录如下：

借：银行存款　　45 200

　贷：主营业务收入　　40 000

　　应交税费——应交增值税（销项税额）　　5 200

（2）视同销售销项税额的账务处理。按照我国现行增值税制度的规定，视同销售需要缴纳增值税的事项主要有：企业将自产或委托加工的货物用于集体福利或个人消费、将自产的或委托加工的以及外购的货物作为投资提供给其他单位或个体工商户、分配给股东或投资者、对外捐赠等。企业应当根据视同销售的具体内容，按照现行增值税制度规定计算的销项税额（或采用简易计税方法计算的应纳增值税税额），借记“应付职工薪酬”“长期股权投资”“应付股利”“营业外支出”等账户，贷记“应交税费——应交增值税（销项税额）”或“应交税费——简易计税”账户。会计方面是否需要确认收入，要看其是否满足销售收入的确认原则。对于在会计上符合收入确认条件的行为，应确认收入；不符合收入确认条件的行为，只按成本结转。

【提示】外购货物用于集体福利或个人消费、简易计税、免征增值税项目的，税法不视同销售，属于进项税额不得抵扣。购入时已经明确用途的其进项税额计入货物成本；购入时未明确用途而后来改变用途用于集体福利或个人消费的进项税额需要转出。

视同销售涉及的货物，如果离开了企业，就需要确认收入（对外捐赠除外）；如果没有离开企业就不需要确认收入，按成本转账。

【做中学10-34】智远公司为增值税一般纳税人，2023年3月用一批原材料对乙公司进行投资。该批原材料实际成本为140万元，双方协议不含税价值为220万元，开具的增值税专用发票上注明的增值税税额为28.6万元。假定该笔交易符合企业会计准则收入的确认条件。

智远公司根据投资协议、增值税专用发票记账联、材料出库单、对外投资发出材料计算表编制会计分录如下：

借：长期股权投资——乙公司　　2 486 000

　贷：其他业务收入　　2 200 000

　　应交税费——应交增值税（销项税额）　　286 000

借：其他业务成本　　1 400 000

　　贷：原材料　　1 400 000

【做中学10-35】晋华公司为增值税一般纳税人，2023年3月将自己生产的产品分给股东，其账面成本价为40万元，销售价格为70万元，增值税税率为13%。该笔交易符合企业会计准则收入的确认条件。

①利润分配时，根据公司会议决议书、应付股利计算表编制会计分录如下：

借：利润分配——应付现金股利或利润　　791 000

　　贷：应付股利　　791 000

②实际分给投资者时，根据增值税专用发票记账联、产成品出库单、分配股利发出商品成本计算表编制会计分录如下：

借：应付股利　　791 000

　　贷：主营业务收入　　700 000

　　　　应交税费——应交增值税（销项税额）　　91 000

借：主营业务成本　　400 000

　　贷：库存商品　　400 000

【做中学10-36】晋华公司为增值税一般纳税人，将本企业生产的产品一批，通过减灾委员会捐赠给地震灾区，该产品成本为70万元，售价为100万元，增值税税率为13%。该事项不符合会计准则收入的确认条件。

晋华公司根据增值税专用发票记账联、产成品出库单、对外捐赠发出商品成本计算表编制会计分录如下：

借：营业外支出　　830 000

　　贷：库存商品　　700 000

　　　　应交税费——应交增值税（销项税额）　　130 000

销项税额 = 1 000 000 × 13% = 130 000（元）

5.出口货物增值税的核算

按照税法规定，出口货物的增值税税率为零，即出口货物在出口环节不征增值税，但企业在购进出口货物或购进出口货物所耗原材料时还要按照税法规定支付增值税进项税额。企业支付的进项税额，按规定可以先计入增值税进项税额，在货物出口后，再根据出口报关单等有关凭证，向税务部门申报办理该项出口货物的退税。

按照现行制度规定，实行“免、抵、退”办法的一般纳税人出口货物，按规定计算的当期出口货物应退的进项税额，国家不直接退还，而是允许抵减内销产品的应纳税额，借记“应交税费——应交增值税（出口抵减内销产品应纳税额）”账户，贷记“应交税费——应交增值税（出口退税）”账户；在规定期限内，内销产品的应纳税额不足以抵减出口货物的进项税额，不足部分按有关税法规定给予退税的，应在实际收到退税款时，借记“银行存款”账户，贷记“应交税费——应交增值税（出口退税）”账户。按规定计算的退税额低于购进时取得的增值税专用发票上的增值税税额的差额，在货物出口销售后结转产品销售成本时，借记“主营业务成本”账户，贷记“应交税费——应交增值税（进项税额转出）”账户。

【做中学10-37】晋华公司2023年8月发生下列有关出口退税业务：

（1）出口丙产品20件，价款折合人民币200 000元，货款尚未收到。根据出口商品发票编制会计分录如下：

借：应收账款　　200 000

　　贷：主营业务收入　　200 000

（2）出口丙产品20件所耗原材料价值100 000元，进项税额13 000元，申报退税后，应退回税款9 000元。

①应退回的税款9 000元允许从内销产品应纳税额中抵扣，本期内销产品应纳税额足以抵扣应退回税款。假定内销产品销项税额为85 000元，本期进项税额为86 000元，其中出口丙产品20件所耗用原材料的进项税额为13 000元。根据出口退税申报表和批复单编制会计分录如下：

借：应交税费——应交增值税（出口抵减内销产品应纳税额）　　9 000

　　贷：应交税费——应交增值税（出口退税）　　9 000

内销产品应纳税额 = 85 000 -（86 000 - 13 000）= 85 000 - 73 000 = 12 000（元）

②应退回的税款9 000元允许从内销产品应纳税额中抵扣，但本期内销产品应纳税额不足以抵扣应退回税款。假定内销产品销项税额为75 000元，本期进项税额为86 000元，其中出口丙产品20件所耗用原材料的进项税额为13 000元。根据出口退税申报表和批复单、银行进账单编制会计分录如下：

借：银行存款　　7 000

　　应交税费——应交增值税（出口抵减内销产品应纳税额）　　2 000

　　贷：应交税费——应交增值税（出口退税）　　9 000

内销产品应纳税额 = 75 000 -（86 000 - 13 000）= 75 000 - 73 000 = 2 000（元）

（3）出口丙产品所耗用原材料未退回的进项税额4 000元（13 000 - 9 000），计入销售成本。根据出口退税申报表和批复单编制会计分录如下：

借：主营业务成本　　4 000

　　贷：应交税费——应交增值税（进项税额转出）　　4 000

6.计算缴纳增值税的核算

企业缴纳当月的增值税时，借记“应交税费——应交增值税（已交税金）”账户，贷记“银行存款”账户。

月份终了，企业应根据“应交税费——应交增值税”明细账户各专栏本期发生额，计算企业当期应缴纳的增值税税额和当期应交未交的增值税额（或多交的增值税额），并在规定期限内申报缴纳。其计算公式为：

$$\text{当期应纳税额} = \text{当期销项税额} - \left(\text{当期发生的允许抵扣的进项税额} - \text{当期进项税额转出} - \text{当期出口退税发生额}\right) - \text{上期留抵进项税额}$$

当期应交未交的增值税额 = 当期应纳税额 - 已交税金

【提示】当期应交未交的增值税额的计算公式，若计算结果为负，则为当期多交的增值税额。

月份终了，企业计算出当月应交而未交的增值税时，借记“应交税费——应交增值税（转出未交增值税）”账户，贷记“应交税费——未交增值税”账户；下月初实际上缴上月未交的增值税时，借记“应交税费——未交增值税”账户，贷记“银行存款”

账户。

月份终了，企业计算出当月多交的增值税时，借记“应交税费——未交增值税”账户，贷记“应交税费——应交增值税（转出多交增值税）”账户。当月多交的增值税额可以抵减以后月份的应交未交的增值税额。

【提示】月份终了，企业将本月应交未交或多交的增值税额，从“应交增值税”明细账户有关栏内转至“未交增值税”明细账户，从而使应交增值税明细账户的期末借方余额，反映企业尚未抵扣的进项税额。

原始凭证

【做中学10-38】晋华公司2023年1月购进商品允许抵扣的进项税额合计20万元，1月初“应交税费——应交增值税”明细账户借方余额为3万元，当月销售商品发生的销项税额合计31万元，当月因购进货物发生非常损失，原已计入进项税额的部分做进项税额转出的金额为6 000元。该公司2月发生允许抵扣的进项税额合计10万元，销项税额合计7万元，公司依法申报缴纳上月应交未交的增值税税额8.6万元、本月的增值税税额9 000元。除此以外，该公司没有发生其他涉及增值税的业务。

（1）晋华公司1月的账务处理。1月末，根据未交增值税计算表编制会计分录如下：

借：应交税费——应交增值税（转出未交增值税）　　86 000

　　贷：应交税费——未交增值税　　86 000

1月应纳增值税税额 = 310 000 –（200 000 – 6 000）– 30 000 = 86 000（元）

（2）晋华公司2月的账务处理。

①缴纳增值税时，根据银行电子缴税付款凭证编制会计分录如下：

借：应交税费——未交增值税　　86 000

　　　　　　——应交增值税（已交税金）　　9 000

　　贷：银行存款　　95 000

②晋华公司2月应纳增值税税额 = 70 000 –100 000 = –30 000（元）

2月末“应交税费——应交增值税”账户为借方余额30 000元，作为留抵的进项税额，抵减以后月份的销项税额。

③转出2月多交的增值税时，根据未交增值税计算表编制会计分录如下：

借：应交税费——未交增值税　　9 000

　　贷：应交税费——应交增值税（转出多交增值税）　　9 000

7.增值税减免的核算

根据有关规定，直接减免的增值税应通过“应交税费——应交增值税（减免税款）”账户核算。企业按规定享受直接减免的增值税，应借记“应交税费——应交增值税（减免税款）”账户，贷记“其他收益”账户。

企业按规定享受即征即退、先征后退的增值税减免，实际收到减免的增值税款时，应借记“银行存款”账户，贷记“其他收益”账户。

【做中学10-39】晋华公司为增值税一般纳税人，2023年8月购进货物取得的增值税专用发票注明价款30万元、增值税税额3.9万元，当月实现销售收入50万元，销项税额6.5万元。经企业申请，主管税务机关批准对该公司减半征收增值税1年。

（1）如果该公司享受的免税优惠属于直接减免，则账务处理如下：

①计算缴纳当月应纳增值税时，根据增值税纳税申报表、银行电子缴税付款凭证编制会计分录如下：

借：应交税费——应交增值税（已交税金）　　13 000

　　贷：银行存款　　13 000

应纳税额 =（65 000 - 39 000）× 50% = 13 000（元）

②核算减免税额时，根据减免税申报表和批复单（或备案书）编制会计分录如下：

借：应交税费——应交增值税（减免税款）　　13 000

　　贷：其他收益　　13 000

（2）假设该公司按先征后退办法享受减免，则账务处理如下：

①计算缴纳当月应纳增值税税额时，根据增值税纳税申报表、银行电子缴税付款凭证编制会计分录如下：

借：应交税费——应交增值税（已交税金）　　26 000

　　贷：银行存款　　26 000

应纳税额 = 65 000 - 39 000 = 26 000（元）

②收到先征后退的增值税税额时，根据减免税申报表和批复单（或备案书）、银行进账单编制会计分录如下：

借：银行存款　　13 000

　　贷：其他收益　　13 000

【知识拓展】属于一般纳税人的商贸企业、服务型企业、劳动就业服务企业中的加工型企业根据税法规定招用自主就业退役士兵，按定额扣减增值税的，应当将减征的税额计入当期损益，借记“应交税费——应交增值税（减免税额）”账户，贷记“其他收益”账户。

（三）小规模纳税人应交增值税的核算

小规模纳税企业核算增值税采用简易计税方法，购进货物、应税劳务（服务）取得的增值税专用发票上注明的增值税进项税额，一律不予抵扣，直接计入有关货物或劳务等的成本；销售货物、应税劳务（服务）时，应当按照不含税销售额和规定的增值税征收率计算缴纳增值税，但不得开具增值税专用发票。实行销售额与应纳增值税合并定价的方法并向客户结算款项的，应将含税销售额还原为不含税销售额后，再计算应纳税额。其计算公式为：

不含税销售额 = 含税销售额 ÷（1 + 征收率）

应纳税额 = 不含税销售额 × 征收率

小规模纳税企业进行账务处理时，只需在“应交税费”账户下设置“应交增值税”明细账户，该明细账户不再设置增值税专栏，其格式沿用一般的三栏式账页，贷方登记应纳税额的增加，借方登记实际缴纳的增值税税额，余额一般在贷方，表示应交未交的增值税税额；若为借方余额，则表示多交的增值税税额。

如果小规模纳税企业转让金融商品发生增值税应税行为和购进在境内未设经营机构的境外单位或个人在境内的应税行为代扣代缴增值税，分别设置“转让金融商品应交增值税”和“代扣代交增值税”明细账户核算。

【做中学10-40】某工业企业为小规模纳税人，增值税征收率为3%。该企业本期购入原材料一批，增值税专用发票上注明的价款为5万元、增值税税额为6 500元，企业开出一张商业承兑汇票，材料尚未到达。同期销售产品一批，含税价格为6.18万元，货款尚未收到。

①购进货物时，根据增值税专用发票（或普通发票）、商业承兑汇票复印件编制会计分录如下：

借：在途物资 56 500

贷：应付票据 56 500

②销售货物时，根据销售合同、增值税普通发票编制会计分录如下：

借：应收账款 61 800

贷：主营业务收入 60 000

应交税费——应交增值税 1 800

不含税价 = 61 800 ÷（1 + 3%）= 60 000（元）

应交增值税 = 60 000 × 3% = 1 800（元）

③小规模纳税人期末“应交税费——应交增值税”明细账户的贷方余额，即为本月应交增值税。按规定缴纳时，根据银行电子缴税付款凭证编制会计分录如下：

借：应交税费——应交增值税 1 800

贷：银行存款 1 800

【知识拓展】根据小微企业免征增值税的相关规定，小微企业在取得销售收入时，应当按照税法的规定计算应交增值税，并确认为应交税费，在达到现行增值税制度规定的免征增值税条件时，应将有关应交增值税转入当期损益，借记“应交税费——应交增值税”账户，贷记“其他收益”账户。

二、应交消费税的核算

（一）消费税应纳税额的计算

消费税是对我国境内从事生产、委托加工和进口应税消费品的单位和个人征收的一种税。国家在对商品普遍征收增值税的基础上，选择少数消费品再征收一道消费税，目的是调节消费结构，引导消费方向，增加财政收入。

消费税并非在应税消费品的所有环节征收，只在其生产、委托加工或进口环节实行单环节征收。除金银首饰和卷烟外，批发及零售环节不征收消费税。

消费税的计算有从价定率、从量定额、从价定率和从量定额复合计算三种方法。其计算公式分别为：

$$\text{从价定率下的消费税应纳税额} = \text{销售额} \times \text{比例税率}$$

$$\text{从量定额下的消费税应纳税额} = \text{销售数量} \times \text{定额税率}$$

$$\begin{array}{c}\text{从价定率和从量定额复合}\\\text{计算下的消费税应纳税额}\end{array} = \text{销售额} \times \begin{array}{c}\text{比例}\\\text{税率}\end{array} + \begin{array}{c}\text{销售}\\\text{数量}\end{array} \times \begin{array}{c}\text{定额}\\\text{税率}\end{array}$$

【提示】增值税是价外税，消费税是价内税且单环节征收，计算增值税销项税额与计算消费税的销售额是一致的，均为不含增值税的销售额。

（二）消费税的账务处理

企业应在“应交税费”账户下设置“应交消费税”明细账户，核算应交消费税的发生、缴纳情况。应交消费税明细账户的贷方发生额，反映按规定应缴纳的消费税；借方发生额，反映实际缴纳的消费税以及准予抵扣的消费税。期末一般为贷方余额，表示应交未交的消费税；如为借方余额，则表示多交或待抵扣的消费税。

企业应设置“税金及附加”账户，核算企业经营活动发生的消费税、城市维护建设税、资源税、教育费附加、土地增值税等相关税费。该账户属于损益类账户，借方登记企业按规定计算确定的本期与经营活动相关的各种税费；贷方登记期末转入“本年利润”账户的金额。期末结转后无余额。

1. 销售应税消费品

消费税属于价内税，生产应税消费品的企业销售产品应缴纳的消费税，应借记“税金及附加”账户，贷记“应交税费——应交消费税”账户；实际缴纳消费税时，应借记“应交税费——应交消费税”账户，贷记“银行存款”账户。

【做中学10-41】甲公司为增值税一般纳税人，2023年6月销售摩托车20辆，每辆售价5 000元（不含向购买方收取的增值税），增值税专用发票上注明的增值税税额为1.3万元，货款尚未收到，每辆摩托车成本为3 000元。摩托车消费税税率为10%。

该公司销售摩托车时，根据增值税专用发票记账联、产成品出库单、销售成本计算表、消费税计算表编制会计分录如下：

应缴纳的消费税 = 5 000 × 20 × 10% = 10 000（元）

借：应收账款	113 000	
贷：主营业务收入		100 000
应交税费——应交增值税（销项税额）		13 000
借：税金及附加	10 000	
贷：应交税费——应交消费税		10 000
借：主营业务成本	60 000	
贷：库存商品		60 000

2. 自产自用应税消费品

企业将生产的应税消费品用于在建工程等非生产机构时，按规定应缴纳的消费税，借记“在建工程”“管理费用”等账户，贷记“应交税费——应交消费税”账户。企业将生产的应税消费品用于分配股利、集体福利、个人消费时，借记“税金及附加”账户，贷记“应交税费——应交消费税”账户。

【做中学10-42】深华公司为增值税一般纳税人，在建工程领用自产柴油，成本为50 000元，应纳消费税6 000元，产品售价60 000元，增值税税率13%。不考虑其他相关税费。

深华公司根据产成品出库单、消费税计算表编制会计分录如下：

借：在建工程	56 000	
贷：库存商品		50 000
应交税费——应交消费税		6 000

【做中学10-43】A企业下设的职工食堂享受企业提供的补贴，本月领用自产产品一批，该产品的账面成本20 000元，市场价格30 000元，适用的增值税税率为13%、消费税税率为10%。

A企业根据增值税专用发票的发票联、产成品出库单、消费税计算表编制会计分录如下：

借：应付职工薪酬——职工福利费　33 900

　贷：主营业务收入　30 000

　　应交税费——应交增值税（销项税额）　3 900

借：主营业务成本　20 000

　贷：库存商品　20 000

同时计算消费税：

借：税金及附加　3 000

　贷：应交税费——应交消费税　3 000

应交消费税 = 30 000 × 10% = 3 000（元）

3.委托加工应税消费品

企业委托外单位加工应税消费品，按税法规定应由受托方在向委托方交货时代收代缴消费税。

企业收回委托加工应税消费品后直接对外销售的，应将受托方代收代缴的消费税计入委托加工物资的成本，借记“委托加工物资”账户，贷记“应付账款”“银行存款”等账户，该产品销售时不再缴纳消费税。

企业收回委托加工应税消费品后用于连续生产应税消费品，受托方代收代缴的消费税按规定准予抵扣的，应借记“应交税费——应交消费税”账户，贷记“应付账款”“银行存款”等账户；在企业最终销售应税消费品时，再根据其销售额计算应交的全部消费税，借记“税金及附加”账户，贷记“应交税费——应交消费税”账户；应交的全部消费税扣除收回委托加工应税消费品时受托方代收代缴的消费税，为应补交的消费税，缴纳消费税时，借记“应交税费——应交消费税”账户，贷记“银行存款”账户。

【做中学10-44】云溪卷烟厂委托甲公司加工烟丝，发出材料（烟叶）的总成本为9万元，加工费为5 000元，加工完毕收回入库，加工费以及受托方代收代缴的消费税已通过银行支付。该公司没有同类烟丝的售价，经计算，该烟丝的组成计税价格为10万元，烟丝的消费税税率为30%，增值税税率为13%。

（1）假定收回的烟丝用于连续生产卷烟后再销售，云溪卷烟厂的会计处理如下：

①发出委托加工材料时，根据委托加工材料领料单编制会计分录如下：

借：委托加工物资——烟丝　90 000

　贷：原材料——烟叶　90 000

②支付加工费及代收代缴的消费税时，根据增值税专用发票的发票联、代扣代缴税款凭证、银行付款凭证编制会计分录如下：

借：委托加工物资——烟丝　5 000

　应交税费——应交增值税（进项税额）　650

　　——应交消费税　30 000

　贷：银行存款　35 650

应纳消费税 = 100 000 × 30% = 30 000（元）

应纳增值税 = 5 000 × 13% = 650（元）

③烟丝验收入库时，根据材料入库单编制会计分录如下：

借：原材料——烟丝　95 000

　　贷：委托加工物资——烟丝　95 000

（2）假定收回的烟丝直接对外销售，云溪卷烟厂的会计处理如下：

①发出委托加工材料时，会计分录同上。

②支付加工费及代收代缴的消费税时，根据增值税专用发票的发票联、代扣代缴税款凭证、银行付款凭证编制会计分录如下：

借：委托加工物资——烟丝　35 000

　　应交税费——应交增值税（进项税额）　650

　　贷：银行存款　35 650

③烟丝验收入库时，根据材料入库单编制会计分录如下：

借：原材料——烟丝　125 000

　　贷：委托加工物资——烟丝　125 000

4. 进口货物应交消费税

企业进口应税物资在进口环节应交的消费税，由海关代征。企业进口应税消费品缴纳的消费税，应计入货物成本，借记“材料采购”“在途物资”“原材料”“库存商品”“固定资产”等账户，贷记“银行存款”账户。

【做中学10-45】甲企业从国外进口一批需要缴纳消费税的商品，已知该商品关税完税价格540 000元，按规定应缴纳关税108 000元，假定进口的应税消费品的消费税税率为10%，增值税税率为13%，消费税税额72 000元，增值税税额93 600元。进口商品已经验收入库，货款和税款已经用银行存款支付。

甲企业根据进口商品发票、商品入库单、海关进口消费税专用缴款书、海关进口增值税专用缴款书、银行付款凭证编制会计分录如下：

借：库存商品　720 000

　　应交税费——应交增值税（进项税额）　93 600

　　贷：银行存款　813 600

应交消费税税额 =［（540 000 + 108 000）÷（1 − 10%）］× 10% = 72 000（元）

库存商品成本 = 540 000 + 108 000 + 72 000 = 720 000（元）

应交增值税税额 =（540 000 + 108 000 + 72 000）× 13% = 93 600（元）

三、其他应交税费的核算

（一）应交城市维护建设税的核算

1. 城市维护建设税应纳税额的计算

城市维护建设税是为了加强城市的维护和建设，扩大和稳定城市建设资金的来源，对缴纳消费税、增值税的单位和个人征收的一种税。城市维护建设税与消费税、增值税同时缴纳。

城市维护建设税是一种附加税，应按纳税人实际缴纳的消费税、增值税税额之和乘以适用税率计算。其计算公式为：

城市维护建设税应纳税额 =（增值税税额 + 消费税税额）× 适用税率

2. 城市维护建设税的账务处理

企业应交的城市维护建设税通过“应交税费——应交城市维护建设税”账户核算。

城市维护建设税属于价内税，应由形成应交税费的各种收入来补偿。企业按规定计算应交的城市维护建设税，应借记“税金及附加”等账户，贷记“应交税费——应交城市维护建设税”账户；实际缴纳时，借记“应交税费——应交城市维护建设税”账户，贷记“银行存款”账户。

【做中学10-46】甲公司本期实际应交增值税税额36万元、消费税税额24万元，适用的城市维护建设税税率为7%。

应交的城市维护建设税 = （360 000 + 240 000）× 7% = 42 000（元）

（1）计算应交城市维护建设税时，根据城市维护建设税计算表编制会计分录如下：

借：税金及附加　42 000

　　贷：应交税费——应交城市维护建设税　42 000

（2）实际缴纳时，根据银行电子缴税付款凭证编制会计分录如下：

借：应交税费——应交城市维护建设税　42 000

　　贷：银行存款　42 000

（二）应交教育费附加的核算

1. 教育费附加的计算

教育费附加是国家为了发展教育事业而征收的一项费用。这项费用是一种附加的费用，应按照企业实际缴纳的增值税税额、消费税税额的一定比例计算，与流转税一起缴纳。其计算公式为：

应交教育费附加 = （增值税税额 + 消费税税额）× 征收比率

2. 教育费附加的账务处理

企业应交的教育费附加在“应交税费”总账账户下设置“应交教育费附加”明细账户进行核算。

企业计算应交的教育费附加，借记“税金及附加”账户，贷记“应交税费——应交教育费附加”账户；实际缴纳时，借记“应交税费——应交教育费附加”账户，贷记“银行存款”账户。

【做中学10-47】沿用【做中学10-46】的资料，甲公司适用的教育费附加征收比率为3%。

应交的教育费附加 = （360 000 + 240 000）× 3% = 18 000（元）

（1）计算应交的教育费附加时，根据教育费附加计算表编制会计分录如下：

借：税金及附加　18 000

　　贷：应交税费——应交教育费附加　18 000

（2）实际缴纳时，根据银行电子缴税付款凭证编制会计分录如下：

借：应交税费——应交教育费附加　18 000

　　贷：银行存款　18 000

（三）应交资源税的核算

1. 资源税应纳税额的计算

资源税是国家对从事资源开采或者生产盐的单位和个人征收的一种税。资源税在应税产品的销售或自用环节计算缴纳。

2.资源税的账务处理

企业按规定应缴纳的资源税，在“应交税费”总账下设置“应交资源税”明细账户进行核算。

企业按规定计算销售应税产品应交的资源税，借记“税金及附加”账户，贷记“应交税费——应交资源税”账户；企业计算出自产自用的应税产品应交的资源税，借记“生产成本”“制造费用”等账户，贷记“应交税费——应交资源税”账户；企业按规定缴纳资源税时，借记“应交税费——应交资源税”账户，贷记“银行存款”账户。

【做中学10-48】M公司本期对外销售资源税应税矿产品3 600吨、将自产资源税应税矿产品800吨用于其产品生产，税法规定每吨矿产品应交资源税5元。

企业对外销售应税产品应交的资源税 = 3 600 × 5 = 18 000（元）

企业自产自用应税矿产品应缴纳的资源税 = 800 × 5 = 4 000（元）

①计算对外销售应税矿产品应交资源税，根据应交资源税计算表编制会计分录如下：

借：税金及附加　18 000

　贷：应交税费——应交资源税　18 000

②计算自产自用应税矿产品应交资源税，根据应交资源税计算表编制会计分录如下：

借：生产成本　4 000

　贷：应交税费——应交资源税　4 000

③缴纳资源税时，根据银行电子缴税付款凭证编制会计分录如下：

借：应交税费——应交资源税　22 000

　贷：银行存款　22 000

（四）应交土地增值税的核算

土地增值税是对有偿转让国有土地使用权、地上建筑物及其附着物（简称转让房地产）并取得收入的单位和个人，就其转让房地产所取得的增值额征收的一种税。

企业应缴纳的土地增值税通过“应交税费——应交土地增值税”账户核算。

根据企业对房地产核算方法不同，企业应交土地增值税的账务处理也有所区别：企业转让土地使用权连同地上建筑物及其附着物一并在“固定资产”账户核算的，转让时应交的土地增值税，借记“固定资产清理”账户，贷记“应交税费——应交土地增值税”账户。土地使用权在“无形资产”账户核算的，按实际收到的金额，借记“银行存款”账户，按摊销的无形资产金额，借记“累计摊销”账户，按已计提的无形资产减值准备，借记“无形资产减值准备”账户，按无形资产账面余额，贷记“无形资产”账户，按应交的土地增值税，贷记“应交税费——应交土地增值税”账户，按其差额，借记或贷记“资产处置损益”账户。房地产开发企业销售房地产应交的土地增值税，借记“税金及附加”账户，贷记“应交税费——应交土地增值税”账户。

企业按规定缴纳土地增值税时，借记“应交税费——应交土地增值税”账户，贷记“银行存款”账户。

【做中学10-49】智诚公司对外转让一栋厂房，根据税法规定计算的应交土地增值税为25 000元。

①计算应交土地增值税时，根据土地增值税计算表编制会计分录如下：

借：固定资产清理　　25 000

　　贷：应交税费——应交土地增值税　　25 000

②用银行存款缴纳土地增值税时，根据银行电子缴税付款凭证编制会计分录如下：

借：应交税费——应交土地增值税　　25 000

　　贷：银行存款　　25 000

（五）应交房产税、城镇土地使用税、车船税的核算

房产税是国家对在城市、县城、建制镇和工矿区征收的由产权所有人缴纳的税。房产税依照房产原值一次扣减10%~30%后的余额计算缴纳。没有房产原值作为依据的，由房产所在地税务机关参考同类房产核定。房产出租的，以房产租金收入为房产税的计税依据。

城镇土地使用税是对在我国境内的城市、县城、建制镇、工矿区范围内使用土地的单位和个人就其实际占用的土地面积征收的一种税。其目的是促进城镇土地合理利用，调节土地级差收入。

车船税是对行驶在公共道路上的车辆和航行于国内河流、湖泊或领海岸口的船舶，按照其种类、吨位和规定的税额计算征收的一种税。

国家为实施对矿产资源的保护性开发利用，规定在中华人民共和国领域或其他管辖海域开采矿产资源，应缴纳矿产资源补偿费。

企业按规定计算应交的房产税、城镇土地使用税、车船税，借记“税金及附加”账户，贷记“应交税费——应交房产税（或城镇土地使用税、车船税）”账户；实际缴纳时，借记“应交税费——应交房产税（或城镇土地使用税、车船税）”账户，贷记“银行存款”账户。

原始凭证

【做中学10-50】按税法规定，晋华公司本期应缴纳房产税16万元、城镇土地使用税4.5万元、车船税3.8万元。

①计算应缴纳的上述税金时，根据应交财产税计算表编制会计分录如下：

借：税金及附加　　243 000

　　贷：应交税费——应交房产税　　160 000

　　　　　　　　——应交城镇土地使用税　　45 000

　　　　　　　　——应交车船税　　38 000

②实际缴纳时，根据银行电子缴税付款凭证编制会计分录如下：

借：应交税费——应交房产税　　160 000

　　　　　　——应交城镇土地使用税　　45 000

　　　　　　——应交车船税　　38 000

　　贷：银行存款　　243 000

（六）应交个人所得税的核算

职工按规定应缴纳的个人所得税通常由单位代扣代缴。企业按规定计算应代扣代缴的职工个人所得税，借记“应付职工薪酬——工资”账户，贷记“应交税费——应交个人所得税”账户；实际缴纳时，借记“应交税费——应交个人所得税”账户，贷记“银行存款”账户。

（七）印花税的核算

印花税是对书立、领受、使用购销合同等凭证行为征收的税款。一般情况下，企业需要预先购买印花税票，待发生应税行为时，再根据凭证的性质和规定的比例税率或者按件定额计算应纳税额，将已购买的印花税票粘贴在应纳税凭证上，并在每枚税票的骑缝处盖戳注销或者划销，办理完税手续。企业缴纳的印花税，不会发生应付未付税款的情况，同时也不存在与税务机关结算与清算的问题，因此，不需要通过“应交税费”账户核算。企业购买印花税票时，直接借记“税金及附加”等账户，贷记“银行存款”账户。

（八）耕地占用税的核算

耕地占用税是国家为了合理利用土地资源，加强土地管理，保护耕地而征收的税款。耕地占用税以实际占用的耕地面积计税，按照规定税额一次征收。企业缴纳的耕地占用税，不需要通过“应交税费”账户核算。企业按规定计算缴纳的耕地占用税，借记“在建工程”账户，贷记“银行存款”账户。

【明德善思】

依法纳税是每个公民应尽的责任与义务

2018年6月初，群众举报范某某“阴阳合同”涉税问题后，国家税务总局高度重视，即责成江苏等地税务机关依法开展调查核实。从调查核实的情况看，范某某在电影《大轰炸》剧组拍摄过程中实际取得片酬3 000万元，其中1 000万元已经申报纳税，其余2 000万元以拆分合同方式偷逃个人所得税618万元，少缴税金及附加112万元，合计730万元。此外，还查出范某某及其担任法定代表人的企业少缴税款2.48亿元，其中偷逃税款1.34亿元。

对于上述违法行为，根据国家税务总局指定管辖，江苏省税务局依据《中华人民共和国税收征管法》第三十二条、第五十二条的规定，对范某某及其担任法定代表人的企业追缴税款2.55亿元，加收滞纳金0.33亿元；依据《中华人民共和国税收征管法》第六十三条的规定，对范某某采取拆分合同手段隐瞒真实收入偷逃税款处4倍罚款计2.4亿元，对其利用工作室账户隐匿个人报酬的真实性质偷逃税款处3倍罚款计2.39亿元；对其担任法定代表人的企业少计收入偷逃税款处1倍罚款计94.6万元；依据《中华人民共和国税收征管法》第六十九条和《中华人民共和国税收征管法实施细则》第九十三条的规定，对其担任法定代表人的两户企业未代扣代缴个人所得税和非法提供便利协助少缴税款各处0.5倍罚款，分别计0.51亿元、0.65亿元。2018年9月30日，江苏省税务局依法向范某某正式下达《税务处理决定书》和《税务行政处罚决定书》，要求其将追缴的税款、滞纳金、罚款在收到上述处理处罚决定后在规定期限内缴清。超过规定期限不缴纳税款和滞纳金、不接受行政处罚的，税务机关将依法移送公安机关处理。

经查，2018年6月，在税务机关对范某某及其经纪人牟某广所控制的相关公司展开调查期间，牟某广指使公司员工隐匿、故意销毁涉案公司会计凭证、会计账簿，阻挠税务机关依法调查，涉嫌犯罪。现牟某广等人已被公安机关依法采取强制措施。

资料来源：佚名. 税务部门依法查处范冰冰“阴阳合同”等偷逃税问题［EB/OL］.［2018-10-03］. https：//news.sina.com.cn/c/2018-10-03/doc-ifxeuwws0567136.shtml.

【启示】税收是国家存在发展的经济基础，依法纳税是我们每一个公民应尽的责任与义务。偷税漏税不仅影响国家的财政收入、财富分配，甚至于威胁到国家的经济安全，同时也给违法者个人及企业带来严重的经济损失。明星偷税漏税案的发生及惩处给我们以警示，我们应当践行“社会主义核心价值观”中的法治理念，树立“偷税抗税违法，纳税协税光荣”的观念，培养家国情怀和担当意识，做一个自觉纳税的遵纪守法的好公民。

项目小结

本项目主要知识点归纳总结见表10-7。

表10-7　本项目主要知识点归纳总结

任 务	知识点	账务处理要点
短期借款的核算	短期借款是指向银行或其他金融机构等借入的期限在1年以内（含1年）的各种借款	设置“短期借款”账户，核算借款本金。 按月计提利息，借记“财务费用”账户，贷记“应付利息”等账户
应付及预收款项的核算	（1）应付账款 内容：购买行为产生的应付款项 计量：按未来应付金额 （2）应付票据 内容：采用商业汇票结算产生的应付款项 分类：商业承兑汇票和银行承兑汇票 （3）预收账款 内容：企业按照合同规定提供租赁服务预收的租金。报表列示：“预收账款”各明细账户的期末贷方余额反映预收账款；“预收账款”各明细账户的期末借方余额反映应收账款 （4）其他应付款：非购买行为产生的各种应付、暂收款项	设置“应付账款”账户。 （1）如果有现金折扣，采用总价法计量，产生的折扣冲减财务费用，不得冲减购买成本 （2）企业应将确实无法支付的应付账款予以转销，计入营业外收入
		设置“应付票据”账户。 （1）企业支付的银行承兑汇票的手续费计入当期财务费用 （2）票据到期，若企业无力支付票款 借：应付票据（账面余额） 　　贷：应付账款（不附连带责任） 　　　　短期借款（附有连带责任）
		设置“预收账款”账户。 （1）预收时按照预收金额记入“预收账款”账户的贷方，结转时按照实际应结转金额记入“预收账款”账户的借方 （2）若预收账款业务不多，可将其合并在“应收账款”账户中核算
		设置“其他应付款”账户，核算企业发生的其他各种应付、暂收款项

续表

<table>
<tr><th>任 务</th><th>知识点</th><th>账务处理要点</th></tr>
<tr><td rowspan="3">应付职工薪酬的核算</td><td>(1) 职工薪酬包括短期薪酬、离职后福利、辞退福利和其他长期职工福利
(2) 短期薪酬
①工资总额包括计时工资、计件工资、奖金、津贴和补贴、加班加点工资、特殊情况下支付的工资
②职工福利费，按照实际发生额确认和计量
③工会经费和职工教育经费分别按照工资总额的2%和8%计提
④社会保险费和住房公积金按照规定的基础和比例计提
⑤非货币性职工薪酬按照公允价值和相关税费计量
⑥累积带薪缺勤可以在未来期间使用，按照带薪缺勤计划予以确认和计量；非累积带薪缺勤在缺勤期间计提应付工资时一并处理</td><td>(1) 企业应设置“应付职工薪酬”总账账户，按照“工资”“职工福利费”“社会保险费”“住房公积金”“工会经费”“职工教育经费”“带薪缺勤”“非货币性福利”“利润分享计划”“设定提存计划”“设定受益计划”“辞退福利”等项目设置明细账户进行明细核算
(2) 企业应当在职工为其提供服务的会计期间，根据职工提供服务的受益对象，将实际发生的短期薪酬计入相关资产成本或当期损益，同时确认应付职工薪酬
借：生产成本等
　　贷：应付职工薪酬——××
(3) 非货币性福利
①以自产的产品作为职工福利：
借：生产成本、管理费用等
　　贷：应付职工薪酬——非货币性福利（公允价值和相关税费）
借：应付职工薪酬——非货币性福利
　　贷：主营业务收入（公允价值）
　　　　应交税费——应交增值税（销项税额）
借：主营业务成本
　　贷：库存商品
②以外购的商品作为职工福利：
借：生产成本等
　　贷：应付职工薪酬——非货币性福利（公允价值和相关税费）
借：库存商品（买价+进项税额）
　　贷：银行存款
借：应付职工薪酬——非货币性福利
　　贷：库存商品</td></tr>
<tr><td>(3) 离职后福利
离职后福利计划分为设定提存计划和设定受益计划两类</td><td>对于设定提存计划：
借：生产成本、管理费用等
　　贷：应付职工薪酬——设定提存计划</td></tr>
<tr><td>(4) 辞退福利
按照最佳估计数计量</td><td>借：管理费用
　　贷：应付职工薪酬——辞退福利</td></tr>
</table>

续表

任 务	知识点	账务处理要点
应交税费的核算	企业依法缴纳的各种税费主要有增值税、消费税、城市维护建设税、资源税、土地增值税、房产税、车船税、城镇土地使用税、教育费附加、印花税、耕地占用税，以及由企业代扣代缴的个人所得税等	设置“应交税费”账户。 （1）增值税：增值税一般纳税人设置“应交增值税”“未交增值税”等明细账户进行核算。“应交增值税”明细账户下设置“进项税额”“销项税额抵减”“销项税额”“进项税额转出”“已交税金”“减免税款”“出口退税”“出口抵减内销产品应纳税额”“转出多交的增值税”“转出未交的增值税”专栏。增值税小规模纳税人应在“应交税费”账户下设置“应交增值税”明细账户进行核算 （2）消费税：企业生产销售应税消费品应缴纳的消费税计入税金及附加 （3）城市维护建设税和教育费附加计入税金及附加 （4）资源税：销售应税产品应缴纳的资源税计入税金及附加，自产自用的应税产品应缴纳的资源税计入相关资产成本或费用 （5）房产税、城镇土地使用税、车船税、印花税，应计入税金及附加。耕地占用税实际缴纳时应计入在建工程 （6）印花税和耕地占用税不通过“应交税费”账户核算，其余税费均应通过“应交税费”账户核算

阅读篇目

《企业会计准则——基本准则》

《企业会计准则第9号——职工薪酬》及其应用指南

《财政部　国家税务总局关于全面推开营业税改征增值税试点的通知》（财税〔2016〕36号）

《财政部　国家税务总局关于资源税改革具体政策问题的通知》（财税〔2016〕54号）

《财政部关于印发〈增值税会计处理规定〉的通知》（财会〔2016〕22号）

《小企业会计准则》

项目十一

非流动负债的核算

微课

项目十一概述

学习目标

【知识目标】

1. 熟悉长期借款和长期应付款的内容
2. 掌握长期借款和长期应付款的核算
3. 掌握未确认融资费用的计算及摊销方法

【技能目标】

1. 能够正确填写借款合同、购货合同等业务单据
2. 能按期确认长期借款利息费用、按期还本付息，并正确进行会计处理
3. 能根据业务确认长期应付款，正确进行会计处理

【素质目标】

1. 涵养契约精神、强化守约观念；诚信贷款，及时还款。人无信不立，业无信不兴，国无信不强。让学生明白时任国务院总理朱镕基为会计人的题词“不做假账”，并牢记心中
2. 培养风险管控意识与能力。作为财务人员应合理安排企业债务融资规模，规范债务资金用途；能够有效管控债务风险，增强企业风险承担与应对能力；推动企业做强做优做大，实现高质量发展

工作情境与工作任务

企业在购建长期资产但自有资金不足时，可以向银行或其他金融机构借款来筹集所需资金，从而形成企业的长期负债，企业负有到期还本付息的义务。您知道如何确认和计量长期借款利息费用吗？如何进行会计处理？为了取得银行借款，企业也会产生一定的辅助费用，您知道这些辅助费用如何处理吗？

企业购建长期资产但自有资金不足时，也可以与销售方协商采用分期付款方式购入长期资产，或向租赁公司租入所需的长期资产，您知道这两类业务应通过哪些账户进行核算吗？如何进行会计处理？

任务一　长期借款的核算

一、长期借款的内容

长期借款是指企业从银行或其他金融机构借入的期限在1年以上（不含1年）的各项借款。企业举借长期借款，一般用于固定资产的购建、改扩建工程、对外投资以及满足保持长期经营能力等方面的需要。

【思考】长期借款与短期借款相比有何不同？

二、长期借款的账务处理

设置“长期借款”账户，核算长期借款的借入、归还等情况。该账户贷方登记借入的本金及计提的利息；借方登记归还的借款本金及利息；期末贷方余额表示尚未偿还的长期借款本金及利息。该账户可以按贷款单位和贷款种类，设置“本金”“利息调整”“应计利息”等明细账户进行明细核算。

设置“应付利息”账户，核算企业应付利息的发生、支付情况。该账户贷方登记按照合同约定计算的应付利息；借方登记实际支付的利息；期末贷方余额反映企业应付未付的利息。

（一）取得长期借款

企业借入长期借款，应按实际收到的金额，借记“银行存款”账户，贷记“长期借款——本金”账户。

（二）确认长期借款利息

期末，按照应确认的利息费用，借记“在建工程”“制造费用”“研发支出”“财务费用”等账户；如果属于分期付息的，贷记“应付利息”账户，如果属于到期一次还本付息的，贷记“长期借款——应计利息”账户。

【知识拓展】长期借款发生的利息费用，按照《企业会计准则第17号——借款费用》的规定，分别记入“在建工程”“制造费用”“研发支出”“财务费用”等账户。

当长期借款的合同利率与实际利率不同时，企业的利息费用按照实际利率计算确认，合同约定利息与实际利息之间的差额，通过“长期借款——利息调整”账户核算。具体会计处理如下：

（1）企业借入长期借款，按实际收到的金额，借记“银行存款”账户，按长期借款的本金，贷记“长期借款——本金”账户，按两者之间的差额，借记“长期借款——利息调整”账户。

（2）资产负债表日，应按摊余成本和实际利率计算确定的长期借款利息费用，借记“在建工程”“制造费用”“研发支出”“财务费用”等账户，按借款本金和合同利率计算确定的应付未付利息，贷记“应付利息”或“长期借款——应计利息”账户，按其差额，贷记“长期借款——利息调整”账户。

实际利率与合同利率差异较小的，也可以采用合同利率计算确定利息费用。

（三）归还长期借款

企业归还长期借款，按归还的借款本金，借记“长期借款——本金”账户，按已计提的利息，借记“应付利息”或“长期借款——应计利息”账户，按实际支付的借款本息，贷记“银行存款”账户。

【做中学11-1】晋华公司2022年11月30日从银行借入资金100万元用于购买不需安装的生产设备，该借款期限为3年，年利率为6%，到期一次还本付息。

原始凭证

①2022年11月30日取得借款时，根据借款合同、银行特种转账凭证编制会计分录如下：

借：银行存款	1 000 000	
贷：长期借款——本金		1 000 000

②2022年12月31日计提利息，根据利息计算表编制会计分录如下：

借：财务费用（1 000 000 × 6% ÷ 12）	5 000	
贷：长期借款——应计利息		5 000

③2023年1月至2025年10月末，计提利息。会计分录同②。

④2025年11月30日还本付息，根据借款合同、银行计收利息清单（支款通知）和银行支付凭证编制会计分录如下：

借：长期借款——本金	1 000 000	
——应计利息	175 000	
财务费用	5 000	
贷：银行存款		1 180 000

【知识拓展】根据《小企业会计准则》的规定，小企业的长期借款应当按照借款本金和借款合同利率在应付利息日计提利息费用，计入相关资产成本或财务费用。

任务二　租赁负债的核算

一、租赁负债的内容

在租赁期开始日，承租人应当对租赁确认使用权资产和租赁负债，采用简化处理的短期租赁和低价值资产租赁除外。租赁负债应当按照租赁期开始日尚未支付的租赁付款额的现值进行初始计量。

租赁付款额，是指承租人向出租人支付的与在租赁期内使用租赁资产的权利相关的款项，主要包括：①固定付款额及实质固定付款额，存在租赁激励的，扣除租赁激励相关金额；②取决于指数或比率的可变租赁付款额，该款项在初始计量时根据租赁期开始日的指数或比率确定；③购买选择权的行权价格，前提是承租人合理确定将行使该选择权；④行使终止租赁选择权需支付的款项，前提是租赁期反映出承租人将行使终止租赁选择权；⑤根据承租人提供的担保余值预计应支付的款项。担保余值，是指与出租人无关的一方向出租人提供担保，保证在租赁结束时租赁资产的价值至少为某指定的金额。

承租人在计算租赁付款额的现值时，应当采用租赁内含利率作为折现率；无法确定租赁内含利率的，应当采用承租人增量借款利率作为折现率。租赁内含利率，是指使出租人的租赁收款额的现值与未担保余值的现值之和等于租赁资产公允价值与出租人的初始直接费用之和的利率。

在租赁期开始日后，承租人应当按照固定的周期性利率计算租赁负债在租赁期内各期间的利息费用，并计入当期损益，符合借款费用准则规定的，从其规定。周期性利率，是指承租人对租赁负债进行初始计量时所采用的折现率，或者因租赁付款额发生变动或因租赁变更而需按照修订后的折现率对租赁负债进行重新计量时，承租人所采用的修订后的折现率。

二、租赁负债的核算

设置“租赁负债”账户，核算企业作为承租人尚未支付的租赁付款额的现值。该账户可分别设置“租赁付款额”“未确认融资费用”等明细账户进行明细核算。

设置“使用权资产”账户，核算企业使用权资产的成本。该账户借方登记企业增加的使用权资产成本；贷方登记企业减少的使用权资产成本；期末借方余额反映企业期末使用权资产的成本余额。

设置“使用权资产累计折旧”账户，是“使用权资产”账户的调整账户，核算企业使用权资产的累计折旧。该账户贷方登记企业计提的使用权资产折旧；借方登记租赁合约到期日行使购买选择权转作固定资产的累计折旧；期末贷方余额反映企业使用权资产的累计折旧额。

在租赁期开始日，承租人应当按尚未支付的租赁付款额，贷记“租赁负债——租赁付款额”账户；按尚未支付的租赁付款额的现值，借记“使用权资产”账户；按尚未支付的租赁付款额与其现值的差额，借记“租赁负债——未确认融资费用”账户。

在租赁期开始日后，承租人确认租赁期内各个期间的利息时，应当借记“财务费用”“在建工程”等账户，贷记“租赁负债——未确认融资费用”账户。

在租赁期开始日后，承租人支付租赁付款额时，应当借记“租赁负债——租赁付款额”账户，贷记“银行存款”等账户。

在租赁期开始日后，当发生租赁重估的情形时，承租人应当按照变动后的租赁付款额的现值重新计量租赁负债的账面价值，并相应调整使用权资产的账面价值。当租赁负债增加时，应当按租赁付款额现值的增加额，借记“使用权资产”账户；按租赁付款额的增加额，贷记“租赁负债——租赁付款额”账户；按其差额，借记“租赁负债——未确认融资费用”账户。当租赁负债减少时，应当按租赁付款额的减少额，借记“租赁负债——租赁付款额”账户；按租赁付款额现值的减少额，贷记“使用权资产”账户；按其差额，贷记“租赁负债——未确认融资费用”账户。

【做中学11-2】2023年1月1日，晋华公司与兴业公司签订了为期7年的商铺租赁合同。每年的租金为45万元，在每年年末支付。晋华公司无法确定租赁内含利率，其增量借款利率为5%。假定不考虑其他因素。

①2023年1月1日，根据租赁合同计算使用权资产和租赁负债。

租赁付款额 = 450 000 × 7 = 3 150 000（元）

租赁付款额的现值 = 450 000 ×（*P*/*A*，5%，7）= 2 603 880（元）

其中：（*P*/*A*，5%，7）为年金现值系数（取四位小数为5.7864）

未确认融资费用 = 3 150 000 − 2 603 880 = 546 120（元）

编制会计分录如下：

借：使用权资产　　2 603 880

　　租赁负债——未确认融资费用　　546 120

　　贷：租赁负债——租赁付款额　　3 150 000

②2023年12月31日，支付当年租金，根据银行结算单编制会计分录如下：

借：租赁负债——租赁付款额　　450 000

　　贷：银行存款　　450 000

③2023年12月31日，计算利息费用。

利息费用 = 2 603 880 × 5% = 130 194（元）

根据未确认融资费用摊销表编制会计分录如下：

借：财务费用——利息费用　　130 194

　　贷：租赁负债——未确认融资费用　　130 194

④2023年每月月末，对使用权资产计提折旧。

月折旧额 = 2 603 880 ÷ 7 ÷ 12 = 30 998.57（元）

根据使用权资产折旧计提表编制会计分录如下：

借：销售费用　　30 998.57

　　贷：使用权资产累计折旧　　30 998.57

【思考】晋华公司2023年度资产负债表中“租赁负债”项目的年末金额如何计算？

任务三　长期应付款的核算

一、长期应付款的内容

长期应付款是指企业除长期借款和应付债券以外的其他各种长期应付款项，主要包括以分期付款方式购入资产发生的应付款项等。

二、分期付款方式购入资产的核算

企业购买资产有可能延期支付有关价款。如果延期支付的购买价款超过正常信用的条件，实质上具有融资性质，所购资产的成本应当以购买价款的现值为基础确定；实际支付的价款与购买价款的现值之间的差额，应当在信用期间采用实际利率法进行摊销，计入相关资产成本或当期损益。

【知识拓展】实际利率法，是指按照长期应付款的实际利率计算其摊余成本及各期利息费用的方法。这里的摊余成本是指资产的公允价值（即现时购买价或延期支付方式下购买价款的现值）扣除已支付的购买价款后的余额。实际利率，是指将长期应付款在其存续期间的未来现金流量折现为该长期应付款当前账面价值所使用的利率。实务中一般将同期银行贷款利率作为实际利率。

实际利率法下利息费用的计算公式为：

$$实际利息费用 = 摊余成本 \times 实际利率$$

设置“长期应付款”账户，核算企业具有融资性质的延期付款购入资产的应付款项及偿还情况。该账户贷方登记应付的长期应付款项；借方登记偿还的长期应付款项；期末贷方余额反映应付未付的长期应付款项。该账户可以按长期应付款的种类和债权人设置明细账户进行明细核算。

设置“未确认融资费用”账户，核算企业应当分期计入利息费用的未确认融资费用。该账户借方反映未确认的融资费用；贷方反映按照实际利率法摊销的未确认融资费用；期末借方余额反映企业未确认融资费用的摊余价值。该账户可按债权人和长期应付款项目设置明细账进行明细核算。“未确认融资费用”账户作为“长期应付款”账户的备抵账户。期末，该账户余额应从“长期应付款”账户余额中减去，以负债净额列示于资产负债表中。

企业购入资产超过正常信用条件延期付款实质上具有融资性质的，应按购买价款的现值，借记“固定资产”“在建工程”等账户，按应支付的价款总额，贷记“长期应付款”账户，按其差额，借记“未确认融资费用”账户。分期支付价款时，借记“长期应付款”账户，贷记“银行存款”账户。在信用期内的每期期末摊销未确认融资费用时，借记“财务费用”账户，贷记“未确认融资费用”账户。

【做中学11-3】晋华公司2023年1月1日从大同机械设备公司购入一台不需要安装的生产用机器设备，该设备已收到并移交生产车间使用。购货合同约定，设备的总价款为600万元。增值税专用发票上注明的价款为600万元，增值税税额为78万元。设备价款分3年支付，每年年末支付200万元，增值税已通过银行转账支付。假定3年期银行借款年利率为6%。

①2023年1月1日，根据增值税专用发票的发票联、银行转账凭证、固定资产验收单、固定资产交接单、固定资产价值计算单编制会计分录如下：

总价款的现值 = 2 000 000 ×（P/A，6%，3）= 2 000 000 × 2.673

= 5 346 000（元）

未确认融资费用 = 6 000 000 − 5 346 000 = 654 000（元）

借：固定资产　　5 346 000

　　应交税费——应交增值税（进项税额）　　780 000

　　未确认融资费用　　654 000

　　贷：长期应付款　　6 000 000

　　　　银行存款　　780 000

②2023 年 12 月 31 日，根据购货合同、银行付款凭证编制会计分录如下：

借：长期应付款　　2 000 000

　　贷：银行存款　　2 000 000

确认的融资费用 = 5 346 000 × 6% = 320 760（元）

根据未确认融资费用摊销计算表编制会计分录如下：

借：财务费用　　320 760

　　贷：未确认融资费用　　320 760

③2024 年 12 月 31 日，根据购货合同、银行付款凭证编制会计分录如下：

借：长期应付款　　2 000 000

　　贷：银行存款　　2 000 000

确认的融资费用 = ［5 346 000 −（2 000 000−320 760）］× 6% = 220 005.6（元）

根据未确认融资费用摊销计算表编制会计分录如下：

借：财务费用　　220 005.6

　　贷：未确认融资费用　　220 005.6

④2025 年 12 月 31 日，根据购货合同、银行付款凭证编制会计分录如下：

借：长期应付款　　2 000 000

　　贷：银行存款　　2 000 000

确认的融资费用 = 654 000 − 320 760 − 220 005.6 = 113 234.4（元）

根据未确认融资费用摊销计算表编制会计分录如下：

借：财务费用　　113 234.4

　　贷：未确认融资费用　　113 234.4

【思考】晋华公司 2023 年度、2024 年度资产负债表中“长期应付款”项目的年末金额如何计算？

【明德善思】

守信激励　失信惩戒

人无信不立，业无信不兴，国无信不强。信用建设是推动国家治理体系和治理能力现代化的重要内容和重要环节。

为推进社会信用体系建设高质量发展，促进形成新发展格局，中共中央办公厅、国务院办公厅发布《关于推进社会信用体系建设高质量发展促进形成新发展格局的意见》（以下简称《意见》）。这是在新的时代背景下，特别是继国务院发布《社会信用体系建设规划纲要（2014—2020 年）》之后，对社会信用体系建设进行全面系统安排的又一部重要政策性文件。

《意见》围绕以健全的信用机制畅通国内大循环、以良好的信用环境支撑国内国际双循环相互促进、以坚实的信用基础促进金融服务实体经济、以有效的信用监管和信用服务提升全社会诚信水平等方面，提出了23项具体内容。

《意见》专门部署了加强诚信文化建设工作，提出要弘扬社会主义核心价值观，推动形成崇尚诚信、践行诚信的良好风尚，加强行业协会、社会公众、互联网、个人的诚信建设等。这些措施将有助于实现伦理信用和制度信用的相互促进、高度融合，夯实经济社会发展的诚信基础，助推国家治理体系和治理能力现代化。

《意见》将信用建设对于民生保障和改善方面的功能放在了重要位置。《意见》强调，要打造诚信消费的投资环境，鼓励探索运用信用手段释放消费潜力，在医疗、养老、家政、旅游购物等领域实施“信用+”工程，对侵害消费者权益的违法行为进行失信联合惩戒乃至市场禁入，加强投资者权益保护，打造诚实守信的金融生态环境，从严查处各类资本市场的违法行为。《意见》对诸多重大民生问题的关切，诠释了信用服务于民生保障和改善方面的重要功能。

此外，《意见》还强调了市场主体的信用建设和经济活动两个方面的信用要求。这些举措将诚信价值观进一步转化和落实到各项制度中，是诚信价值观走向制度化、规范化、法治化的集中体现，从而为进一步引领市场诚信建设、夯实经济领域的信用基础、实现经济高质量发展提供了强大的信用支撑。

资料来源：佚名．守信激励 失信惩戒！社会信用立法时机已经成熟［EB/OL］．［2022-04-17］．https：//baijiahao.baidu.com/s？id=1730352347596891614&wfr=spider&for=pc.

【启示】这些年来，我国的信用建设取得积极成效，统一社会信用代码实现全覆盖，告知承诺制和信用分级分类监管有力支撑了“放管服”改革，信用贷款大幅度增加，信用法规制度建设有序推进。针对推进实践中暴露出的法律法规依据不足、规范性不够等问题，2020年国务院办公厅印发《国务院办公厅关于进一步完善失信约束制度 构建诚信建设长效机制的指导意见》，着力推动社会信用体系法治化、规范化建设。

“对人以诚信，人不欺我；对事以诚信，事无不成。”履行自己承担的义务是每一个现代公民应有的职业品质。同学们要培养诚实守信的品质，做诚实守信好公民。

项目小结

本项目主要知识点归纳总结见表11-1。

表11-1 本项目主要知识点归纳总结

任务	知识点	账务处理要点
长期借款的核算	长期借款核算向银行等金融机构借入的偿还期在1年以上（不含1年）的借款	设置“长期借款”账户，分别按“本金”“利息调整”“应计利息”进行明细核算。 长期借款的利息和辅助费用按照借款费用处理原则分别计入相关资产成本或财务费用

续表

任务	知识点	账务处理要点
租赁负债的核算	租赁负债应当按照租赁期开始日尚未支付的租赁付款额的现值进行初始计量	设置“租赁负债——租赁付款额”“租赁负债——未确认融资费用”账户。 （1）在租赁期开始日，承租人应当按尚未支付的租赁付款额，贷记“租赁负债——租赁付款额”账户；按尚未支付的租赁付款额的现值，借记“使用权资产”账户；按尚未支付的租赁付款额与其现值的差额，借记“租赁负债——未确认融资费用”账户 （2）在租赁期开始日后，承租人确认租赁期内各个期间的利息时，应当借记“财务费用”“在建工程”等账户，贷记“租赁负债——未确认融资费用”账户；承租人支付租赁付款额时，应当借记“租赁负债——租赁付款额”账户，贷记“银行存款”等账户 （3）使用权资产计提折旧时，借记“制造费用”“管理费用”等账户，贷记“使用权资产累计折旧”账户
长期应付款的核算	（1）长期应付款主要包括分期付款方式购入资产形成的长期应付款 （2）延期支付的购买价款超过正常信用条件，实质上具有融资性质，所购资产的成本应当以延期支付购买价款的现值为基础确定；实际支付的价款与购买价款的现值之间的差额，应当在信用期间采用实际利率法进行摊销，计入相关资产成本或当期损益	设置“长期应付款”账户。 （1）企业购入资产超过正常信用条件延期付款实质上具有融资性质时，应按购买价款的现值，借记“固定资产”“在建工程”等账户，按应支付的价款总额，贷记“长期应付款”账户，按其差额，借记“未确认融资费用”账户 （2）按照合同约定支付款项时，借记“长期应付款”账户，贷记“银行存款”账户 （3）每期期末，按照实际利率法摊销未确认融资费用，借记“财务费用”账户，贷记“未确认融资费用”账户

阅读篇目

《企业会计准则第17号——借款费用》及其应用指南

《企业会计准则第21号——租赁》及其应用指南

《企业会计准则第22号——金融工具确认和计量》及其应用指南

《小企业会计准则》

项目十二

所有者权益的核算

微课

项目十二概述

学习目标

【知识目标】

1. 熟悉企业投资者的出资方式及相关法律法规的规定
2. 掌握不同性质的企业和不同方式投入资本的核算
3. 掌握资本公积和其他综合收益的核算原则及方法
4. 掌握留存收益的来源、使用及核算
5. 了解其他权益工具的内容和核算

【技能目标】

1. 能准确区分所有者权益与债权人权益
2. 能准确判断所有者（或股东）投资并正确进行会计处理，维护所有者（或股东）权益
3. 能按照企业会计准则和相关法律法规的要求提取和使用公积金
4. 能根据企业财务制度结合经营成果合理制订利润分配方案，并正确进行会计处理
5. 能正确计算未分配利润并进行期末结转

【素质目标】

1. 不忘初心，牢记使命。通过回顾中国共产党的百年历程，让学生深深理解“为中国人民谋幸福，为中华民族谋复兴”是中国共产党人的初心和使命，贯穿于党的整个发展历程，体现在“为人民服务”的根本宗旨中。新一代社会主义接班人，要牢记“为人民服务”的宗旨，在未来财务工作中，树立服务意识，为实现企业价值最大化、股东价值最大化做好核算管理服务
2. 培养主人翁意识和责任感。人民是国家的主人，每一位公民都应当自觉为实现社会主义现代化强国努力奋斗。员工是企业的主人，每一位财务工作者都应当视企业为家，自觉地与企业同呼吸、共命运，爱岗敬业，秉持精益求精的精神，管好企业财产物资

工作情境与工作任务

所有者权益是指企业资产扣除负债后由所有者享有的剩余权益，其金额为资产减去负债后的余额。所有者权益包括实收资本（或股本）、其他权益工具、资本公积、其他综合收益、盈余公积和未分配利润。您能正确区分这些内容吗？

投资者投入资本是企业资本的初始来源，您知道股份有限公司和一般公司（企业）在接受投资者投入资本的核算上有什么不同吗？

您知道实收资本和资本公积的区别吗？您能正确区分资本公积和其他综合收益吗？

留存收益包括盈余公积和未分配利润。您知道如何计提和使用盈余公积吗？您能正确结转利润，从而准确无误地计算企业的未分配利润吗？

任务一　实收资本（或股本）的核算

一、实收资本（或股本）的内容

实收资本（或股本）是指企业按照章程规定或合同、协议约定，接受投资者投入企业的资本。实收资本的构成比例或股东的股权比例，是确定所有者在企业所有者权益中享有份额的基础，也是企业进行利润或股利分配的主要依据。

股份有限公司通过发行股票筹集自有资金。股份有限公司的全部资本由等额股份构成，股东以其所持股份对公司承担有限责任，公司以其全部资产对公司债务承担责任。我国有关法律规定，股份有限公司应当在核定的股本总额及核定的股份总额的范围内发行股票。股票的面值与股份总数的乘积即为公司股本，股本等于股份有限公司的注册资本。从理论上讲，股份有限公司发行股票有平价发行、溢价发行和折价发行三种方式，我国不允许折价发行股票。

【知识拓展】根据《中华人民共和国公司法》的规定，股东可以用货币出资，也可以用实物、知识产权、土地使用权等可以用货币估价并可以依法转让的非货币财产作价出资；但是，法律、行政法规规定不得作为出资的财产除外。企业应当对作为出资的非货币财产评估作价，核实财产，不得高估或者低估作价。法律、行政法规对评估作价有规定的，从其规定。股东应当按期足额缴纳公司章程中规定的各自所认缴的出资额。股东以货币出资的，应当将货币出资足额存入公司在银行开设的账户；以非货币财产出资的，应当依法办理其财产权的转移手续。股东不按照前款规定缴纳出资的，除应当向公司足额缴纳外，还应当向已按期足额缴纳出资的股东承担违约责任。

二、实收资本（或股本）形成的核算

（一）一般企业实收资本的核算

微课

投资者投入资本的核算

设置“实收资本”账户，核算企业接受投资者投入的实收资本。该账户属于所有者权益类账户，贷方登记实收资本的增加额，借方登记实收资本的减少额，期末贷方余额表示企业实有的注册资本金额。该账户可以按照投资者设置明细账户进行明细核算。投资者出资额超过投资者在企业注册资本中享有份额的部分，通过“资本公积——资本溢价”账户核算。

1.企业接受现金资产投资

企业收到投资者以现金投入的资本时，应当以实际收到或存入企业开户银行的金额作为实收资本入账，借记“银行存款”账户，贷记“实收资本”账户，实际收到或者存入企业开户银行的金额超过投资者在企业注册资本中所占份额的部分，贷记“资本公积——资本溢价”账户。

【做中学12-1】晋华公司收到甲公司投入的资金400万元存入银行，按照合同规定，甲公司投入资本在注册资本中所占的份额为320万元。晋华公司根据银行进账单收账通知、投资协议副本编制会计分录如下：

借：银行存款	4 000 000	
贷：实收资本——甲公司		3 200 000
资本公积——资本溢价		800 000

【提示】资本溢价是指投资者投入资本超过其在注册资本中享有份额的那部分资金。股本溢价是指股份有限公司溢价发行股票时实际收到的款项超过股票面值总额的金额。资本（或股本）溢价属于资本公积，其唯一的用途是转增资本。一般情况下，企业在初始成立时，投资者的投资都形成实收资本，不会产生资本溢价。

2.企业接受非现金资产投资

企业收到投资者以非现金资产投入资本时，应按照投资合同或协议约定的价值作为非现金资产的入账价值，借记“库存商品”“固定资产”“无形资产”等账户，按可以抵扣增值税的，借记“应交税费——应交增值税（进项税额）”账户，按照投资合同或协议约定的其在注册资本中所占的份额，贷记“实收资本”账户。

【做中学12-2】晋华公司收到乙公司投入的设备一台，增值税专用发票注明的价款为70万元，增值税税额为9.1万元，投资双方在协议中约定的价值也是79.1万元，已办理产权转移手续。

晋华公司根据固定资产验收单、固定资产交接单、增值税专用发票的发票联、投资协议、资产评估报告编制会计分录如下：

借：固定资产	700 000	
应交税费——应交增值税（进项税额）	91 000	
贷：实收资本——乙公司		791 000

【提示】如投资合同或协议约定的价值不公允，则按照非现金资产公允价值作为入账价值，借记“库存商品”“固定资产”“无形资产”等账户，可以抵扣增值税的同时借记“应交税费——应交增值税（进项税额）”账户，按照投资合同或协议约定的其在注册资本中所占的份额贷记“实收资本”账户，按照其差额，贷记“资本公积——资本溢价”账户。

（二）股份有限公司股本的核算

设置“股本”账户，核算股份有限公司的股票面值总额。该账户属于所有者权益类账户，贷方登记股本的增加额，借方登记股本的减少额，期末贷方余额表示股份有限公司的股本总额。企业收到股东出资额超过其在股本中所占份额的部分，通过“资本公积——股本溢价”账户核算。

1.平价发行股票的核算

平价发行股票是指股份有限公司按股票的面值发行股票。当公司发行股票收到现金等资产时，应按照实际收到的金额，借记“银行存款”等账户；按照股票面值和核定的股份总额的乘积计算的金额，贷记“股本”账户。股份有限公司发行股票支付的手续费或佣金等发行费用，减去发行股票冻结期间产生的利息收入后的余额，依次冲减盈余公积和未分配利润。

【做中学12-3】晋华公司委托东南证券公司代理发行普通股6 000万股，每股面值为1元，按面值发行。经双方约定，按发行收入的4%收取手续费。发行收入在冻结期间产生的利息收入为8 000元，晋华公司实际收到5 760.8万元并存入银行。假定晋华公司“盈余公积”账户余额为500万元。

晋华公司根据委托合同、招股说明书、电子转账凭证、利息通知书编制会计分录如下：

借：银行存款	57 608 000	
盈余公积	2 392 000	
贷：股本		60 000 000

2.溢价发行股票的核算

溢价发行股票是指股份有限公司按高于股票面值的价格发行股票。当公司发行股票收到现金等资产时，应按照实际收到的金额，借记“银行存款”等账户，按股票面值和核定的股份总额的乘积计算的金额，贷记“股本”账户，差额部分贷记“资本公积——股本溢价”账户；发行股票支付的手续费或佣金等发行费用，减去发行股票冻结期间产生的利息收入后的余额，首先冲抵溢价，溢价不足抵扣的部分依次冲减盈余公积和未分配利润。

【做中学12-4】沿用【做中学12-3】的资料，假定晋华公司在发行股票时，每股发行价为3元，股票发行收入总额18 000万元，东南证券公司代扣手续费720万元，发行收入在冻结期间产生的利息收入为2.4万元，晋华公司实际收到17 282.4万元。

晋华公司根据委托合同、招股说明书、电子转账凭证、利息通知书编制会计分录如下：

借：银行存款	172 824 000	
贷：股本		60 000 000
资本公积——股本溢价		112 824 000

三、实收资本（或股本）增减变动的核算

（一）实收资本（或股本）增加的核算

企业增加资本的途径主要有：投资者增资、资本公积转增资本、盈余公积转增资本。投资者增资时，借记“银行存款”等账户，贷记“实收资本”账户；投资者增资额超过其在企业注册资本中享有份额的部分，贷记“资本公积——资本溢价”账户。资本公积、盈余公积转增资本时，借记“资本公积”“盈余公积”账户，贷记“实收资本”账户。

【做中学12-5】晋华公司收到丙公司自行研发投入的专利权一项，投资双方在协议中约定该专利权的价值为100万元，丙公司在晋华公司注册资本中占有的份额为80万元，已办理产权转移手续。假定不考虑相关税费。

晋华公司根据专利权转让手续、投资协议、资产评估报告编制会计分录如下：

借：无形资产——专利权	1 000 000	
贷：实收资本——丙公司		800 000
资本公积——资本溢价		200 000

【做中学12-6】为满足扩大生产的需要，晋华公司股东大会通过了资本公积转增资本的决定，资本公积12万元转增资本，增资手续已办妥。

晋华公司根据增资手续、股东大会决议编制会计分录如下：

借：资本公积——资本溢价	120 000	
贷：实收资本		120 000

（二）实收资本（或股本）减少的核算

企业减少实收资本应按法定程序报经批准。一般情况下，企业资本过剩或发生重大亏损就需要减少实收资本。企业因资本过剩而减资，按要返还的投资款，借记“实收资本”账户，贷记“库存现金”“银行存款”等账户。企业因发生重大亏损而减少实收资本时，借记“实收资本”账户，贷记“利润分配”账户。

股份有限公司由于采用的是发行股票的方式筹集股本，由于各种原因发还股款时，则要回购发行的股票。回购的股票通过“库存股”账户核算，该账户核算回购股票的成本。股份有限公司因减少注册资本而回购本公司股票的，应按实际支付的金额，借记“库存股”账户，贷记“银行存款”等账户。注销库存股时，应按股票面值和注销股数计算的股票面值总额，借记“股本”账户；按所注销库存股的账面余额，贷记“库存股”账户；按其差额冲减股票发行时原记入资本公积的溢价部分，借记或贷记“资本公积——股本溢价”账户，如果股本溢价不足以冲减，依次冲减盈余公积、未分配利润，借记“盈余公积”“利润分配——未分配利润”账户。

【做中学12-7】晋华公司截至2022年12月31日共发行普通股股票50 000万股，股票面值为1元，资本公积（股本溢价）为8 000万元，盈余公积为3 600万元。经股东大会批准，晋华公司于2023年2月8日以现金回购本公司股票3 000万股并予以注销。假定晋华公司回购股票的价格为每股4元，不考虑相关税费。

2023年2月8日，晋华公司根据股东会议纪要、证券业务交割单、电子转账凭证编制会计分录如下：

借：库存股	120 000 000	
贷：银行存款		120 000 000
借：股本	30 000 000	
资本公积——股本溢价	80 000 000	
盈余公积	10 000 000	
贷：库存股		120 000 000

假定晋华公司以每股0.98元回购股票，其他条件不变，则晋华公司根据股东会议纪要、证券业务交割单、电子转账凭证编制会计分录如下：

借：库存股　　29 400 000
　　贷：银行存款　　29 400 000
借：股本　　30 000 000
　　贷：库存股　　29 400 000
　　　　资本公积——股本溢价　　600 000

【提示】企业发行的除普通股（作为实收资本或股本）以外，按照金融负债和权益工具区分原则分类为权益工具的其他权益工具，设置“其他权益工具”账户单独核算，在资产负债表中作为“其他权益工具”项目单独列示。

【知识拓展】根据《小企业会计准则》的规定，股票和债券在市场上公开交易的小企业应当执行企业会计准则。

任务二　资本公积和其他综合收益的核算

一、资本公积的核算

（一）资本公积的内容

资本公积是企业收到投资者出资额超出其在注册资本（或股本）中所占份额的部分，以及直接计入所有者权益的利得和损失等。资本公积包括资本溢价（或股本溢价）和其他资本公积。

形成资本溢价（或股本溢价）的原因有溢价发行股票和投资者超额缴入资本等。

其他资本公积包括：①以权益结算的股份支付在等待期内确认的成本费用金额；②企业与股东之间的资本性交易（即“权益性交易”），如股东对企业的捐赠、债务豁免、代为偿债等；③权益法下，投资方应享有被投资单位发生的除净损益、其他综合收益和利润分配以外的所有者权益的其他变动金额的份额，如被投资单位其他股东的资本性投入等。

资本公积的用途是转增资本。其他资本公积不能转增资本，处置资产时，按照与处置资产相一致的原则进行结转。

（二）资本公积的账务处理

设置“资本公积”账户，核算企业收到投资者出资额超出其在注册资本（或股本）中所占份额的部分，以及直接计入所有者权益的利得和损失等。该账户属于所有者权益类账户，贷方登记产生的溢价和利得，借方登记冲减溢价和发生的损失。该账户应分别设置“资本（或股本）溢价”“其他资本公积”明细账户进行明细核算。

产生溢价时，借记“银行存款”等账户，贷记“资本公积——资本（或股本）溢价”账户；资本溢价转增资本时，借记“资本公积——资本（或股本）溢价”账户，贷记“实收资本”或“股本”账户。

企业产生计入其他资本公积的利得，借记有关账户，贷记“资本公积——其他资本公积”账户；产生计入其他资本公积的损失，借记“资本公积——其他资本公积”账户，贷记有关账户。处置资产时，按照与处置资产相一致的原则结转其他资本公积。

【做中学12-8】晋华公司持有甲企业25%的股份，具有重大影响，采用权益法核算长期股权投资。当期甲企业因股东增资导致其资本公积增加280万元，不考虑其他因素，晋华公司确认应享有被投资单位所有者权益变动（其他权益变动）份额70万元。

晋华公司根据股权投资计算表编制会计分录如下：

借：长期股权投资——甲公司（其他权益变动）　　700 000

　　贷：资本公积——其他资本公积　　700 000

当处置采用权益法核算的长期股权投资时，应当将原计入其他资本公积的金额相应转入投资收益。编制会计分录如下：

借：资本公积——其他资本公积　　700 000

　　贷：投资收益　　700 000

【知识拓展】实收资本（或股本）与资本公积的区别主要表现在两个方面：①来源和性质。实收资本（或股本）是指投资者按照企业章程或合同、协议的约定，实际投入企业并依法进行注册的资本，它体现了企业所有者与企业的基本产权关系。资本公积是投资者的出资额超出其在注册资本中所占份额的部分，以及直接计入所有者权益的利得和损失，它不直接表明所有者与企业的基本产权关系。②用途。实收资本（或股本）的构成比例是确定所有者参与企业财务经营决策的基础，也是企业进行利润（或股利）分配的依据，同时还是企业清算时确定所有者对净资产的要求权的依据。资本公积的用途主要是转增资本（或股本）。资本公积不体现各所有者的占有比例，也不能作为所有者参与企业财务经营决策或进行利润（或股利）分配的依据。

二、其他综合收益的核算

（一）其他综合收益的内容

其他综合收益，是指企业根据企业会计准则规定未在当期损益中确认的各项利得和损失。根据企业会计准则的规定，其他综合收益划分为以后会计期间不能重分类进损益的其他综合收益项目和以后会计期间在满足规定条件时将重分类进损益的其他综合收益项目。

以后会计期间在满足规定条件时将重分类进损益的项目包括：①权益法下，被投资单位属于以后期间可以计入损益的其他综合收益变动对应的份额（按相同基础）；②其他债权投资、其他权益工具投资公允价值的变动；③金融资产重分类时账面价值与公允价值之间的差额；④现金流量套期工具中有效套期部分的利得或损失；⑤外币财务报表折算差额；⑥其他，如自用房地产转换为以公允价值计量的投资性房地产，转换日公允价值大于账面价值的差额。

以后会计期间不能重分类进损益的项目包括：①重新计量设定受益计划导致净资产（或净负债）的变动；②权益法下，被投资单位属于以后会计期间不能重分类进损益的其他综合收益变动对应的份额（按相同基础）。

（二）其他综合收益的账务处理

设置“其他综合收益”账户，核算未在损益中确认的利得和损失。企业产生计入其他综合收益的利得，借记有关账户，贷记“其他综合收益”账户；相反，产生计入其他综合收益的损失，借记“其他综合收益”账户，贷记有关账户。处置资产时，按照与处置资产相一致的原则结转其他综合收益。

【做中学12-9】晋华公司持有甲公司25%的股份，具有重大影响，采用权益法核算长期股权投资。当期甲公司因持有的其他债权投资公允价值上升计入其他综合收益的金额为200万元，晋华公司确认应享有被投资单位所有者权益变动（其他综合收益）的份额50万元。晋华公司根据股权投资计算表编制会计分录如下：

借：长期股权投资——甲公司（其他综合收益）　500 000

　　贷：其他综合收益　500 000

当处置采用权益法核算的长期股权投资时，应当将原计入其他综合收益的金额相应转入投资收益，编制会计分录如下：

借：其他综合收益　500 000

　　贷：投资收益　500 000

【做中学12-10】晋华公司2023年3月12日与乙企业签订了租赁协议，将其购置的一栋楼房整体出租给乙企业使用，租赁期为1年，租赁期开始日为2023年4月1日。2023年4月1日，该楼房的账面原价为5 800万元，已提折旧1 102万元，转换后采用公允价值计量。4月1日，该楼房的公允价值为5 200万元。

2023年4月1日，晋华公司根据租赁协议、固定资产交接单、固定资产清理单编制会计分录如下：

借：投资性房地产——成本　52 000 000

　　累计折旧　11 020 000

　　贷：固定资产　58 000 000

　　　　其他综合收益　5 020 000

任务三　留存收益的核算

一、留存收益的内容

留存收益是指企业从历年实现的利润中提取或形成的留存于企业内部的积累，主要包括盈余公积和未分配利润两部分。

盈余公积是指企业按规定从税后利润中提取的、留存于企业内部、具有特定用途的收益积累。它包括法定盈余公积和任意盈余公积。

未分配利润是企业实现的净利润经过弥补亏损、提取盈余公积和向投资者分配利润后留存于企业的历年结存的利润。

二、盈余公积的核算

（一）盈余公积的提取和使用

1.盈余公积的提取

按照《中华人民共和国公司法》的规定，公司制企业必须提取法定盈余公积，自主选择提取任意盈余公积。

法定盈余公积，是指企业按照规定的比例从净利润中提取的盈余公积。法定盈余公积按照净利润的10%提取，提取的法定盈余公积累计额达到注册资本的50%以后，可以不再提取。

任意盈余公积，是指企业经股东大会或类似机构批准按照一定的比例从净利润中提取的盈余公积。其提取比例由企业投资者决议。国有企业可以将任意盈余公积与法定盈余公积合并提取。

【提示】提取盈余公积时，首先考虑企业是否有以前年度未弥补的亏损，如果有以前年度未弥补的亏损，弥补亏损后再按规定提取盈余公积。同时注意，企业提取盈余公积的基数，不包括年初的未分配利润。

2.盈余公积的使用

企业提取的盈余公积经批准可用于弥补亏损、转增资本、发放现金股利和利润以及扩大生产经营。

（1）弥补亏损。根据有关法规的规定，企业发生亏损，可以用发生亏损后5年内实现的税前利润来弥补，当发生的亏损在5年内仍不足弥补的，应使用以后年度实现的所得税后利润弥补。在企业发生的亏损用所得税后利润仍不足弥补的情况下，可以用所提取的盈余公积来弥补。但是，用盈余公积弥补亏损应当由董事会提议，由股东大会或类似机构批准。

（2）转增资本（或股本）。企业提取的盈余公积也可用于转增资本（或股本），但必须经股东大会或类似机构批准。用盈余公积转增资本（或股本）后，留存的盈余公积不得少于注册资本的25%。

（3）分派股利或利润。在特殊情况下，当企业累积的盈余公积比较多而未分配利润比较少时，为了维护企业形象，给投资者以合理的回报，对于符合规定条件的企业，也可以用盈余公积分派股票股利、现金股利或利润。

（4）扩大企业生产规模。盈余公积的用途，并不是指其实际占用形态，提取盈余公积也并不是单独将这部分资金从企业资金周转过程中抽出。企业盈余公积的结存数，实际只表现为企业所有者（或股东）权益的组成部分，表明企业生产经营资金的一个来源而已。其形成的资金可能表现为一定的货币资金，也可能表现为一定的实物资产，如存货和固定资产等，随同企业的其他来源所形成的资金进行循环周转，用于企业的生产经营。

【思考】法定盈余公积和任意盈余公积在会计核算上有什么区别？

（二）盈余公积的账务处理

设置“盈余公积”账户，核算企业从净利润中提取的盈余公积及其使用情况。该账户设置“法定盈余公积”“任意盈余公积”明细账户进行明细核算。

1.提取盈余公积

企业按规定从净利润中提取法定盈余公积和任意盈余公积时，应借记“利润分配（提取法定盈余公积、提取任意盈余公积）”账户，贷记“盈余公积（法定盈余公积、任意盈余公积）”账户。

【做中学12-11】雅迪斯公司2023年度缴纳所得税后净利润为320万元，假设以前年度没有发生亏损，按规定提取10%的法定盈余公积，经股东大会决议提取任意盈余公积40万元。

雅迪斯公司根据盈余公积计算表编制会计分录如下：

（1）提取10%的法定盈余公积：

借：利润分配——提取法定盈余公积　　320 000

　　贷：盈余公积——法定盈余公积　　320 000

（2）提取任意盈余公积：

借：利润分配——提取任意盈余公积　　400 000

　　贷：盈余公积——任意盈余公积　　400 000

【做中学12-12】宏达公司2023年度缴纳所得税后净利润为240万元，公司尚有未弥补的亏损150万元。公司按照《中华人民共和国公司法》的规定提取10%的法定盈余公积。

宏达公司根据盈余公积计算表编制会计分录如下：

借：利润分配——提取法定盈余公积　　90 000

　　贷：盈余公积——法定盈余公积　　90 000

2.盈余公积的使用

微课

盈余公积的核算

（1）弥补亏损。根据股东大会或类似机构决议编制会计分录如下：

借：盈余公积——法定（或任意）盈余公积

　　贷：利润分配——盈余公积补亏

（2）转增资本。根据股东大会或类似机构决议编制会计分录如下：

借：盈余公积——法定（或任意）盈余公积

　　贷：实收资本（或股本）

（3）分派现金股利或利润。根据股东大会或类似机构决议编制会计分录如下：

借：盈余公积——法定（或任意）盈余公积

　　贷：应付股利

（4）扩大企业生产规模，企业不需要单独进行会计处理。

【思考】企业提取盈余公积会引起所有者（或股东）权益总额变化吗？盈余公积弥补亏损对企业的所有者（或股东）权益产生什么影响？

三、未分配利润的核算

企业的未分配利润通过“利润分配——未分配利润”账户核算。

企业通过“利润分配”账户核算企业的利润分配（或亏损的弥补）和历年分配（弥补亏损）后的未分配利润（或未弥补的亏损）。该账户应分别设置“提取法定盈余公积”“提取任意盈余公积”“应付现金股利和利润”“盈余公积补亏”“未分配利润”明细账户进行明细核算。

年末，企业应将全年实现的净利润或发生的净亏损，自“本年利润”账户转入“利润分配——未分配利润”账户，并将“利润分配”账户下的各有关明细账户的余额转入“利润分配——未分配利润”账户。结转后，利润分配下设的明细账户中，只有“未分配利润”明细账户有期末余额。若为贷方余额，反映企业历年来已经实现而尚未分配的利润；若为借方余额，反映企业历年来累计的未弥补的亏损。

【知识拓展】企业所有者（或股东）权益还包括其他权益工具，其他权益工具主要包括企业发行的优先股和永续债。

【做中学12-13】晋华公司2023年度缴纳所得税后净利润为480万元，没有未弥补的亏损，按规定提取10%的法定盈余公积、提取5%的任意盈余公积，向股东分派现金股利170万元。

晋华公司根据公司董事会决议、股东大会表决方案等编制会计分录如下：

①年末结转本年利润：

借：本年利润　　4 800 000

　　贷：利润分配——未分配利润　　4 800 000

②提取法定盈余公积：

借：利润分配——提取法定盈余公积　　480 000

　　贷：盈余公积——法定盈余公积　　480 000

③提取任意盈余公积：

借：利润分配——提取任意盈余公积　　240 000

　　贷：盈余公积——任意盈余公积　　240 000

④向股东分配股利：

借：利润分配——应付现金股利　　1 700 000

　　贷：应付股利　　1 700 000

⑤结转“利润分配”各明细账户：

借：利润分配——未分配利润　　2 420 000

　　贷：利润分配——提取法定盈余公积　　480 000

　　　　　　　　——提取任意盈余公积　　240 000

　　　　　　　　——应付现金股利　　1 700 000

若该公司年初未分配利润为118万元，本年从“本年利润”账户转入的净利润为480万元，利润分配了242万元，则该公司本年度的年末未分配利润为356万元（118 + 480 − 242），可留待以后年度向投资人分配，从而形成了所有者权益的一部分。

【提示】“利润分配”明细账户期末要进行结转，只有“未分配利润”明细账才可以有余额。

【知识拓展】根据《小企业会计准则》的规定，小企业的所有者权益包括实收资本、资本公积、盈余公积和未分配利润，其中资本公积只来源于投资者的投资；投资者以非货币性资产出资的，应当按照资产的评估价值确定其入账价值。

【明德善思】

构建人类命运共同体，中国彰显大国担当

新冠疫情的暴发，深刻地改变着世界。中国提出的人类命运共同体理念，正在展现出越来越大的魅力。越来越多的人意识到，国际社会团结协作，共建人类命运共同体，才是后疫情时代应对共同挑战的“人间正道”。

同一个世界，同一个未来。这个世界，各国相互联系、相互依存的程度空前加深，人类生活在同一个地球村里，生活在历史和现实交汇的一个时空里，越来越成为你中有我、

我中有你的命运共同体。人类命运共同体的理念，充分体现了中国将自身发展与世界发展相统一的全球视野、世界胸怀和大国担当。2017年2月，人类命运共同体的理念首次写入联合国决议，为越来越多的国家所接受。

携手战疫，“命运共同体”成色十足。病毒感染没有国界，新冠疫情是人类面临的共同挑战。自新冠疫情暴发以来，中国国家主席习近平从构建人类命运共同体的高度，同多方密切沟通、深入交流。中国是最早宣布把本国研发和生产的新冠疫苗作为全球公共产品的国家之一，6月初数据显示已经陆续向80多个发展中国家提供疫苗援助，向数十个国家出口疫苗。

开放发展，“命运共同体”充分彰显。开放是发展进步的必由之路，也是当代中国的鲜明标识。疫情发生以来，经济全球化遭遇逆流，中国开放的大门不但没有关闭，而且越开越大。自贸试验区试点持续铺开、共建“一带一路”不断推进、举办进博会、实施外商投资法……中国打造对外开放新平台，更加积极主动地融入世界。构建开放型经济新体制步伐越来越稳健，“命运共同体”充分彰显。

携手发展，“命运共同体”大有可为。“小河有水大河满，大河无水小河干”。70多年矢志发展，中国已经成为世界第二大经济体。在人类命运共同体理念指引下，中国为推动全球经济复苏和发展作出重要贡献。按照IMF、世界银行等多家机构的评估，我国对全球经济的增长贡献率已经连续多年超过30%。当前，持续稳定恢复的中国经济正在为后疫情时代的世界经济复苏注入强劲动力。

大道之行，天下为公。在经济全球化背景下，各国经济彼此依存，利益交融前所未有，以诚相待、普惠共享是根本之计。事实已经充分证明，中国不仅是全球包容性经济增长的重要推动者，也是实现更广泛社会可持续发展目标的重要贡献者。可以肯定，让人类命运共同体的美好愿景与中华民族伟大复兴的中国梦交相辉映，中国经济高质量发展必将为世界开拓新局面、带来新机遇、增添新动力。

资料来源：贾庄. 构建人类命运共同体，中国彰显大国担当［EB/OL］.［2021-07-08］. .https：//baijiahao.baidu.com/s？id=1704711448524395418&wfr=spider&for=pc.

【启示】当今世界，全球性风险与挑战层出不穷。2015年，习近平主席在参加第七十届联合国大会一般性辩论时从伙伴关系、安全格局、发展前景、文明交流、生态体系等5个方面阐释了人类命运共同体的主要内涵，引发强烈共鸣。此后，中国推动构建人类命运共同体从理念转化为行动，相关倡议陆续被写入联合国安理会决议、联合国人权理事会决议等多份联合国重要文件。秉持人类命运共同体理念，中国在全球治理中发挥至关重要的作用。作为新一代社会主义现代化强国的建设者，同学们应当努力学习，掌握知识和职业技能，为实现中华民族伟大复兴，为实现大国担当、共筑人类命运共同体不懈奋斗。

项目小结

本项目主要知识点归纳总结见表12-1。

表12-1　**本项目主要知识点归纳总结**

任　务	知识点	账务处理要点
实收资本（或股本）的核算	（1）投资者投入的非现金资产按照合同或协议约定的价值作为初始入账价值，除非合同或协议约定的价值不公允 （2）投资者投入的资本，只有在注册资本中享有的份额才能作为实收资本，超过部分作为资本溢价计入资本公积 （3）股份有限公司将股票面值总额作为股本核算，实际收到的价款超过股本面值总额的部分作为股本溢价计入资本公积；发行股票支付的手续费或佣金等发行费用，减去发行股票冻结期间产生的利息收入后的余额，冲减股本溢价，溢价不足冲减的，依次冲减盈余公积和未分配利润 （4）资本（或股本）溢价的用途是转增资本	（1）一般企业，通过“实收资本”账户核算。 借：相关资产（合同、协议价） 　　贷：实收资本（投资者的投资在注册资本中享有的份额） 　　　　资本公积——资本溢价（差额） （2）股份有限公司，通过“股本”账户核算。 借：银行存款（实际收到的价款） 　　贷：股本（面值总额 = 股数 × 每股面值） 　　　　资本公积——股本溢价（差额） 发行费用减去发行股票冻结期间产生的利息收入后的余额依次借记“资本公积——股本溢价”“盈余公积”“利润分配——未分配利润”账户。 （3）股份有限公司回购的股份，通过“库存股”账户核算。 借：库存股 　　贷：银行存款
资本公积和其他综合收益的核算	（1）资本公积包括资本（或股本）溢价和其他资本公积 （2）其他综合收益，是指企业根据企业会计准则规定未在当期损益中确认的各项利得和损失。其他综合收益划分为以后会计期间在满足规定条件时将重分类进损益的其他综合收益和以后期间不能重分类进损益的其他综合收益两类	（1）设置“资本公积”账户核算资本公积。 直接计入所有者权益的利得和损失通过“资本公积——其他资本公积”账户核算。处置资产时，将资产对应的“资本公积——其他资本公积”账户的金额按照与处置资产相一致的原则结转。 （2）设置“其他综合收益”账户核算其他综合收益。 处置资产时，将资产对应的“其他综合收益”账户的金额按照与处置资产相一致的原则结转
留存收益的核算	留存收益包括盈余公积和未分配利润。 （1）盈余公积分为法定盈余公积和任意盈余公积。法定盈余公积按照税后净利润的10%提取，任意盈余公积根据股东大会决议按照税后净利润的一定比例提取。盈余公积可以用于弥补亏损、转增资本、发放现金股利和利润、补充生产经营资金 （2）未分配利润可以留待以后年度分配	（1）设置“盈余公积”账户核算盈余公积。 ①提取盈余公积： 借：利润分配——提取法定（任意）盈余公积 　　贷：盈余公积——法定（任意）盈余公积 ②使用盈余公积： 借：盈余公积——法定（任意）盈余公积 　　贷：实收资本（或股本） 　　　　利润分配——盈余公积补亏 　　　　应付股利 （2）未分配利润在“利润分配——未分配利润”账户予以反映

阅读篇目

《企业会计准则——基本准则》及其应用指南
《企业会计准则第30号——财务报表列报》及其应用指南
《中华人民共和国公司法》
《小企业会计准则》

项目十三

收入的核算

微课

项目十三概述

学习目标

【知识目标】

1. 理解收入的定义、特征及收入和利得的区别
2. 掌握收入确认和计量的原则及“五步法”的内容
3. 理解并掌握在某一时段内履行履约义务的收入确认方法和会计处理方法
4. 理解并掌握在某一时点履行履约义务的收入确认方法和会计处理方法
5. 理解并掌握合同履约成本和合同取得成本的确认、计量和会计处理方法

【技能目标】

1. 能够读懂与收入业务相关的交易合同
2. 能正确区分在某一时段内履行的履约义务和在某一时点履行的履约义务
3. 能准确判断合同，并根据合同性质判断是否确认收入
4. 能根据不同合同正确计量收入
5. 能规范运用“五步法”确认、计量收入，正确进行会计处理
6. 能根据业务发生的性质判断合同履约成本和合同取得成本，正确进行会计处理

【素质目标】

1. 通过了解在传统文化节日促销对企业产生的经济效益和社会效益，唤起大学生对传统文化的重视与保护的紧迫感，唤起中华儿女担负传承五千年历史文明的责任感，唤起当代大学生对中国传统文化节日的文化价值认同，使其树立高度的民族文化认同，激发其民族文化自觉和民族文化自信
2. 培养客观公正、诚实守信的职业理念。收入是衡量企业经营业绩的重要指标，同时和企业应交增值税的确认有密切联系。企业会计人员应根据收入准则合理确认收入，正确计算应交税费，做一名诚实守信的会计人

工作情境与工作任务

收入是企业在日常活动中形成的、会导致所有者权益增加的、与所有者投入资本无关的经济利益的总流入。

我国2017年7月修订发布的《企业会计准则第14号——收入》规定，企业应当在履行了合同中的履约义务，即在客户取得相关商品控制权时确认收入。收入准则采用了统一的收入确认模型来规范所有与客户之间的合同产生的收入，设定了“五步法”来确认和计量收入，即识别与客户订立的合同、识别合同中的单项履约义务、确定交易价格、将交易价格分摊至各单项履约义务、履行每一单项义务时确认收入。

您能理解并正确应用“五步法”吗？企业在确认合同收入时，也要确认相应的合同成本，您能够正确确认和计量合同成本吗？

收入确认的时点，应区分是在某一时段内履行的履约义务还是在某一时点履行的履约义务。对于在某一时段内履行的履约义务，企业该如何确认收入？如何进行账务处理？对于在某一时点履行的履约义务，企业又该如何确认收入？如何进行账务处理？

任务一　合同收入与合同成本的确认和计量

一、识别与客户订立的合同

（一）合同的定义

合同是指双方或多方之间订立有法律约束力的权利义务的协议。合同有书面形式、口头形式以及其他形式（如隐含于商业惯例或企业以往的习惯做法中等）。客户是指与企业订立合同以向该企业购买其日常活动产出的商品或服务（以下简称“商品”）并支付对价的一方。在实际经营中，企业在开始销售之前通常要与客户签订合同，特别是建筑安装企业和生产飞机、船舶、大型机械设备等产品的工业制造企业，由于其生产活动、经营方式有特殊性，比如建造或生产产品的周期长、所生产产品体积巨大，企业在建造或生产产品之前通常要与客户签订建造合同。

当企业与客户之间的合同同时满足下列条件时，企业应当在客户取得相关商品控制权时确认收入：

（1）合同各方已批准该合同并承诺将履行各自义务；

（2）该合同明确了合同各方与所转让商品或提供劳务（以下简称“转让商品”）相关的权利和义务；

微课

五步法

（3）该合同有明确的与所转让商品相关的支付条款；

（4）该合同具有商业实质，即履行该合同将改变企业未来现金流量的风险、时间分布或金额；

（5）企业因向客户转让商品而有权取得的对价很可能收回。

【提示】企业与客户签订的合同符合五个条件是企业确认收入的前提。企业应当在合同开始日（通常是合同生效日）评估合同是否符合上述全部条件。在合同开始日不符合上述全部条件的合同，企业不能确认收入，应当将已收取的对价作为负债进行会计处理。

（二）合同合并与变更

1.合同合并

企业与同一客户（或该客户的关联方）同时订立或在相近时间内先后订立的两份或多份合同，在满足下列条件之一时，应当合并为一份合同进行会计处理：

（1）该两份或多份合同基于同一商业目的而订立并构成一揽子交易。

（2）该两份或多份合同中一份合同的对价金额取决于其他合同的定价或履行情况。

（3）该两份或多份合同中所承诺的商品（或每份合同中所承诺的部分商品）构成单项履约义务。

【做中学13-1】甲公司向乙公司销售一份软件，签订合同确定交易价格100万元。乙公司采购部考虑到软件可能无法与现有的信息系统联网，需要对软件中的某些项目进行修改，所以马上又与甲公司签订了一份软件修改协议，预计修改费10万元，并约定修改不符合要求或成本过高，将对原销售的软件给予折价。

从上述两份合同来看，订立的时间接近，且符合下列条件：

（1）基于同一商业目的，且甲公司所承诺的内容都是为了销售软件；

（2）一份合同是否能够执行，取决于另一份合同的执行结果；

（3）甲公司所承诺的内容都是为了销售软件，构成单项履约义务。

因此，上述两份合同应当进行合并。

【提示】只要符合三个条件之一，就应当进行合并。

2.合同变更

合同变更是指经合同各方批准对原有合同范围或价格作出的变更。企业应当区分三种情况对合同变更进行会计处理：

（1）变更部分作为单独的合同。合同变更增加了可明确区分的商品及合同价款，且新增合同价款反映了新增商品单独售价的，应当将该合同变更部分作为一份单独的合同进行会计处理。

【做中学13-2】某建造承包商与客户签订了一项建造图书馆的合同，建设期为三年。第二年，客户要求在原设计的基础上增加图书馆的新风系统，并同意按市场价格增加合同造价30万元。这种合同变更增加了可明确区分的商品及合同价款，且新增合同价款反映了新增商品单独售价，应作为一份单独的合同处理。

（2）视为终止原合同并签订新合同。合同变更不属于上述第（1）条规定的情形，且在合同变更日已转让的商品或已提供的服务（以下简称“已转让的商品”）与未转让的商品或未提供的服务（以下简称“未转让的商品”）之间可明确区分的，应当视为原合同终止，同时，将原合同未履约部分与合同变更部分合并为新合同进行会计处理。

【做中学13-3】某商店与客户签订了一项销售窗帘的合同，合同约定五幅中式简约窗帘1万元，每幅2 000元。当商店已为客户安装了两幅后，客户要求将剩余的三幅窗帘改为绣花款式，每幅为3 000元。由于已转让的商品与未转让的商品之间可明确区分，这种合同变更应视为终止原合同并签订新合同。原合同按4 000元确认收入，新合同履约后按

9 000元确认收入。

（3）变更部分作为原合同的一部分。合同变更不属于第（1）条规定的情形，且在合同变更日已转让的商品与未转让的商品之间不可明确区分的，应当将该合同变更部分作为原合同的组成部分进行会计处理，由此产生的对已确认收入的影响，应当在合同变更日调整当期收入。

【做中学13-4】乙公司属于一家俱乐部，对客户实行会员制，合同规定缴纳2万元的会员费，会员可享受一年无限次的免费服务。两个月后，乙公司管理层发现，会员普遍反映就餐不方便，要求增加餐饮服务。乙公司管理层为了留住老客户，修改原合同，增加了免费的餐饮服务，但要补缴会员费1 000元。实际增加的餐饮服务价值远大于补缴的会员费。

上述已转让的商品与未转让的商品之间不可明确区分，应当将该合同变更部分作为原合同的组成部分进行会计处理，即应当将总价款2.1万元在12个月内分摊计入收入，前两个月少确认的收入，应当在合同变更日进行调整。

二、识别合同中的单项履约义务

合同开始日，企业应当对合同进行评估，识别该合同所包含的各单项履约义务，并确定各单项履约义务是在某一时段内履行，还是在某一时点履行，然后在履行了各单项履约义务时分别确认收入。

（一）履约义务的定义

1.履约义务，是指合同中企业向客户转让可明确区分商品的承诺。履约义务既包括合同中明确的承诺，也包括由于企业已公开宣布的政策、特定声明或以往的习惯做法等导致合同订立时客户合理预期企业将履行的承诺。

【提示】企业为履行合同而应开展的初始活动，通常不构成履约义务，除非该活动向客户转让了承诺的商品。

2.企业向客户承诺的商品同时满足下列条件的，应作为可明确区分商品：

（1）客户能够从该商品本身或从该商品与其他易于获得资源一起使用中受益；

（2）企业向客户转让该商品的承诺与合同中其他承诺可单独区分。

3.下列情形通常表明企业向客户转让该商品的承诺与合同中其他承诺不可单独区分：

（1）企业需要提供重大的服务以将该商品与合同中承诺的其他商品整合成合同约定的组合产出转让给客户。

（2）该商品将对合同中承诺的其他商品予以重大修改或定制。

（3）该商品与合同中承诺的其他商品具有高度关联性。

【做中学13-5】某建筑公司与一所学校签订一项合同，为学校建造一栋宿舍楼和一座图书馆，宿舍楼工程造价500万元，图书馆工程造价400万元，宿舍楼和图书馆均有独立的施工图预算，宿舍楼预计总成本450万元，图书馆预计总成本360万元，两项工程不具有明显的关联性。合同开始日，建筑公司应当对合同进行评估，识别该合同所包含的各单项履约义务。本例中，建筑公司为学校建造宿舍楼和图书馆的承诺可单独区分，公司应将建造宿舍楼和建造图书馆作为两项履约义务，并确定各单项履约义务是在某一时段内履行还是在某一时点履行，然后在履行了各单项义务时分别确认收入。

（二）履约义务的分类

履约义务根据其履行的情况可以分为在某一时段内履行的履约义务和在某一时点履行的履约义务。满足下列条件之一的，属于在某一时段内履行履约义务；否则，属于在某一时点履行履约义务：

1.客户在企业履约的同时即取得并消耗企业履约所带来的经济利益。比如，劳务派遣到另一家公司提供保安服务、代理服务、租赁服务、常年法律服务等大部分劳务行为，均符合这个条件。

2.客户能够控制企业履约过程中在建的商品。比如，企业受托在客户的地盘上建造房子、提供装修工程等，符合这个条件。

3.企业履约过程中所产出的商品具有不可替代用途，且该企业在整个合同期间有权就累计至今已完成的履约部分收取款项。

具有不可替代用途，是指因合同限制或实际可行性限制，企业不能轻易地将商品用于其他用途。比如，企业为客户提供的私人定制服务、广告设计、建筑设计等，符合这个条件。有权就累计至今已完成的履约部分收取款项，是指在由于客户或其他方原因终止合同的情况下，企业有权就累计至今已完成的履约部分收取能够补偿其已发生成本和合理利润的款项，并且该权利具有法律约束力。

【做中学13-6】2023年12月1日，某电梯生产企业与一家百货公司签订一项销售并安装电梯的合同，合同期限为2个月，合同确定的电梯售价为180万元，电梯安装的价格为90万元，交易价格均反映了市场售价。合同约定，电梯公司履行完合同时，才能从百货公司取得全部合同金额。电梯生产企业对电梯质量、安装质量承担责任。2023年12月5日，百货公司先预付150万元（电梯合同价的一部分）从电梯生产企业购入电梯，并取得发票，电梯生产企业于当日按合同约定将电梯运抵百货公司指定地点准备开始安装，百货公司对设备验收并取得控制权。此时电梯生产企业向百货公司销售电梯的履约义务已经完成。

2023年12月31日，电梯生产企业实际发生安装费用45万元，估计还将发生安装费30万元。

从以上资料可以看出，这份合同包含两个单项履约义务。电梯生产企业发货交付电梯属于某一时点的履约义务，电梯生产企业安装电梯属于某一时段的履约义务。

三、确定交易价格

企业应当按照分摊至各单项履约义务的交易价格计量收入。交易价格是指企业因向客户转让商品而预期有权收取的对价金额。企业代第三方收取的款项以及企业预期将退还给客户的款项，应当作为负债进行会计处理，不计入交易价格。企业应当根据合同条款并结合其以往的习惯做法确定交易价格。

【提示】合同标价并不一定代表交易价格，企业应当根据合同条款，并结合以往的习惯做法确定交易价格。在确定交易价格时，企业应当考虑可变对价、合同中存在的重大融资成分、非现金对价、应付客户对价等因素的影响。

（一）可变对价

合同约定的对价金额可能是固定的，也可能是可变的。例如，折扣、价格折让、激励措施、业绩奖金或其他类似条款可能使合同承诺的对价发生变动。

合同中存在可变对价的，企业应当按照期望值或最可能发生金额确定可变对价的最佳估计数。但包含可变对价的交易价格应当不超过在相关不确定性消除时累计已确认收入极可能不会发生重大转回的金额。企业在评估已确认收入是否极可能不会发生重大转回时，应当同时考虑收入转回的可能性及其比重。每个资产负债表日，企业应当重新估计应计入交易价格的可变对价金额。

极可能不会发生重大转回是指转回的概率极小，即小于5%。

【做中学13-7】某建造承包商与客户签订一项建造立体仓库的合同，建设期为2021年12月1日至2023年9月30日，合同约定工程价款为1 000万元，如果提前2个月竣工，客户同意向建造承包商支付提前竣工奖100万元。本例中，合同交易价格包含可变对价100万元。假设合同开始日估计提前竣工的概率为98%，则包含可变对价的交易价格为1 100万元，建造承包商可按1 100万元来确认收入。因为提前竣工的概率为98%，这属于极可能不会发生重大转回的情形。假设合同开始日估计提前竣工的概率为90%，则包含可变对价的交易价格1 100万元，建造承包商在确认收入时只能按1 000万元的上限来确认收入。因为提前竣工的概率为90%，那么提前竣工奖100万元确认为收入后转回的概率达10%，不属于极可能不会发生重大转回的情形。不超过相关不确定性消除时累计已确认收入极可能不会发生重大转回的金额为1 000万元。

（二）合同中存在的重大融资成分

合同中存在重大融资成分的，企业应当按照假定客户在取得商品控制权时即以现金支付的应付金额确定交易价格。该交易价格与合同对价之间的差额，应当在合同期内采用实际利率法摊销。但合同开始日企业预计客户取得商品控制权与客户支付价款间隔不超过一年的，可以不考虑合同中存在的重大融资成分。

（三）非现金对价

客户支付非现金对价的，企业应当按照非现金对价的公允价值确定交易价格。非现金对价公允价值不能合理估计的，企业应当参照其承诺向客户转让商品的单独售价间接确定交易价格。例如，企业以存货换取客户的固定资产、无形资产等情况，应按固定资产、无形资产的公允价值确定交易价格，固定资产、无形资产的公允价值不能合理估计的，再按存货的单独售价间接确定交易价格。

（四）应付客户对价

企业应付客户对价的，应当将该应付对价冲减交易价格，并在确认相关收入与支付（或承诺支付）客户对价两者孰晚的时点冲减当期收入，但应付客户对价是为了向客户取得其他可明确区分商品的除外。例如，企业承诺客户的购买金额达到一定额度时将支付返利费、促销费等，支付的返利费、促销费应冲减收入。

四、将交易价格分摊至各单项履约义务

合同中包含两项或多项履约义务的，企业应当在合同开始日，按照单项履约义务所承诺商品的单独售价的相对比例，将交易价格分摊至各单项履约义务。企业不得因合同开始日之后单独售价的变动而重新分摊交易价格。

单独售价是指企业向客户单独销售商品的价格。单独售价应依次按下列方法确定：

1.企业在类似环境下向类似客户单独销售商品的价格，这是确定单独售价的最佳证据。

2.单独售价无法直接观察的，企业应当综合考虑其能够合理取得的全部相关信息，采用市场调整法、成本加成法、余值法等方法合理估计单独售价。

【提示】将交易价格分摊至各单项履约义务时应注意的问题：①合同折扣。合同折扣是指合同中各单项履约义务所承诺商品的单独售价之和高于合同交易价格的金额。对于合同折扣，企业应当在各单项业务之间按比例分摊；但是，有确凿证据表明合同折扣仅与合同中的一项或多项（而非全部）履约义务相关的，企业应当将该合同折扣分摊至相关一项或多项履约义务。合同折扣仅与合同中的一项或多项（而非全部）履约义务相关，且企业采用余值法估计单独售价的，应当首先将合同折扣分摊至相关一项或多项履约义务，然后采用余值法估计单独售价。②可变对价。对于可变对价及可变对价的后续变动额，企业应当以合同开始日确定的单独售价为基础，将其分摊至与之相关的一项或多项履约义务，或者构成单项履约义务的一系列可明确区分商品中的一项或多项商品。对于已履行的履约义务，其分摊的可变对价后续变动额应当调整变动当期的收入。

五、履行每一单项履约义务时确认收入

企业应当在履行了合同中的履约义务，即客户取得相关商品控制权时确认收入。企业将商品控制权转移给客户，该转移可能在某一时段内（即履行履约义务的过程中）发生，也可能在某一时点（即履行义务完成时）发生。企业应当根据实际情况区分履约义务，对于在某一时段内履行的履约义务，企业应当选取恰当的方法来确定履约进度；对于在某一时点履行的履约义务，企业应当综合分析控制权转移的迹象，判断其转移时点。

（一）在某一时段内履行的履约义务

微课

对于在某一时段内履行的履约义务收入的确认和计量

企业应当在履行了合同中的履约义务，即客户取得相关商品控制权时确认收入。企业应当根据实际情况，首先应当按照收入准则第十一条判断履约义务是否满足在某一时段内履行的条件，如不满足，则该履约义务属于在某一时点履行的履约义务。

1.某一时段内履行的履约义务的收入确认条件

满足下列条件之一的，属于在某一时段内履行履约义务，相关收入应当在该履约义务履行的期间确认：

（1）客户在企业履约的同时即取得并消耗企业履约所带来的经济利益。

企业在履约过程中是持续地向客户转移企业履约所带来的经济利益的，该履约义务属于在某一时段内履行的履约义务，企业应当在履行履约义务的期间确认收入。

对于难以通过直观判断获知取得并消耗了企业履约所带来的经济利益时，企业可以假定在企业履约的过程中更换为其他企业继续履行剩余履约义务，当该继续履行合同的企业实质上无须重新执行企业累计至今已经完成的工作时，表明客户在企业履约的同时即取得并消耗了企业履约所带来的经济利益。

【例13-8】甲企业承诺将客户的一批货物从A市运送到B市，假定该批货物在途经C市时，由乙运输公司接替甲企业继续提供该运输服务。

分析：由于A市到C市之间的运输服务是无须重新执行的，表明客户在甲企业履约的同时即取得并消耗了甲企业履约所带来的经济利益，因此，甲企业提供的运输服务属于在某一时段内履行的履约义务。

（2）客户能够控制企业履约过程中在建的商品。

企业在履约过程中在建的商品包括在产品、在建工程、尚未完成的研发项目、正在进行的服务等，由于客户控制了在建的商品，客户在企业提供商品的过程中获得其利益。

【例13-9】甲企业与客户签订合同，在客户拥有的土地上按照客户的设计要求为其建造厂房。在建造过程中客户有权修改厂房设计，并与甲企业重新协商设计变更后的合同价款。客户每月月末按当月工程进度向甲企业支付工程款。如果客户终止合同，已完成建造部分的厂房归客户所有。

分析：本例中，甲企业为客户建造厂房，该厂房位于客户的土地上，客户终止合同时，已建造的厂房归客户，所有这些均表明客户在该厂房建造的过程中就能够控制该在建的厂房。因此，甲企业提供的该建造服务属于在某一时段内履行的履约义务，企业应当在提供该服务的期间确认收入。

（3）企业履约过程中所产出的商品具有不可替代用途，且该企业在整个合同期间内有权就累计至今已完成的履约部分收取款项。

有权就累计至今已完成的履约部分收取款项，是指在由于客户或其他方原因终止合同的情况下，企业有权就累计至今已完成的履约部分收取能够补偿其已发生成本和合理利润的款项，并且该权利具有法律约束力。

2.某一时段内履行的履约义务的收入确认方法

（1）产出法

产出法是根据已转移给客户的商品对于客户的价值确定履约进度的方法，通常可采用实际测量的完工进度、评估已实现的结果、已达到的里程碑、时间进度、已完工或交付的产品等产出指标确定履约进度。

【例13-10】甲公司与客户签订合同，为该客户提供100课时的员工培训，合同价格为10万元（不含税价）。截至2023年12月31日，甲公司共培训60课时，剩余部分预计在2024年3月31日之前完成。该合同仅包含一项履约义务，且该履约义务满足在某一时段内履行的条件。假定不考虑其他情况。

分析：甲公司提供的培训服务属于在某一时段内履行的履约义务，甲公司按照已完成的工作量确定履约进度。因此，截至2023年12月31日，该合同的履约进度为60%（60÷100×100%），甲公司应确认的收入为6万元（10×60%）。

（2）投入法

投入法是根据企业履行履约义务的投入确定履约进度的方法，通常可采用投入的材料数量、花费的人工工时或机器工时、发生的成本和时间进度等投入指标确定履约进度。当企业从事的工作或发生的投入是在整个履约期间平均发生时，企业也可以按照直线法确认收入。

【例13-11】乙公司经营一家健身俱乐部。2023年8月1日，某客户与乙公司签订合同，成为乙公司的会员，并向乙公司支付会员费3 600元（不含税价），可在未来的12个月内在该俱乐部健身，且没有次数的限制。

分析：该客户在会籍期间可随时来俱乐部健身，且没有次数限制，该客户已使用该会员卡健身的次数不会影响其未来继续使用的次数，乙公司在该合同下的履约义务是承诺随时准备在该客户需要时为其提供健身服务，因此，该履约义务属于在某一时段内履行的履约义务，并且该履约义务在会员的会籍期间随时间的流逝而被履行。因此，乙公司按照直线法确认收入，即每月应当确认的收入为300元。

实务中，通常按照累计实际发生的成本占预计总成本的比例（即成本法）确定履约进度。累计实际发生的成本包括企业向客户转移商品过程中所发生的直接成本和间接成本，如直接人工、直接材料、分包成本及其他与合同相关的成本。

（二）在某一时点履行的履约义务

对于在某一时点履行的履约义务，企业应当在履行了合同中的履约义务即客户取得相关商品控制权时点确认收入。

取得相关商品控制权是指能够主导商品的使用并从中获得几乎全部的经济利益。在判断客户是否已取得商品控制权时，企业应当考虑下列迹象：①企业就该商品享有现时收款权利，即客户就该商品负有现时付款义务；②企业已将该商品的法定所有权转移给客户，即客户已拥有该商品的法定所有权；③企业已将该商品实物转移给客户，即客户已实际占有该商品；④企业已将该商品所有权上的主要风险和报酬转移给客户；⑤客户已接受该商品。

【德技并修】凭借自己勤劳的双手，清清白白地获取收入、财富，是人生价值的真实体现，切不可利欲熏心，以种种不道德的手段追求钱财，成为钱财的奴隶。党的二十大报告指出，“完善个人所得税制度，规范收入分配秩序，规范财富积累机制，保护合法收入，调节过高收入，取缔非法收入”。同学们要牢记：走正路、干正事、扬正气。

六、合同成本

合同成本是指为了取得和履行合同而发生的相关费用。合同成本包括从合同签订开始至合同完成止所发生的有关的取得成本和履约成本。

（一）合同履约成本

企业为履行合同可能会发生各种成本，企业在确认收入的同时应当对这些成本进行分析，属于存货、固定资产、无形资产等企业会计准则规范范围的，应当按照相关企业会计准则进行会计处理；不属于企业会计准则规范范围且同时满足下列条件的，应当作为合同履约成本，确认为一项资产：

1.该成本与一份当前或预期取得的合同直接相关。与合同直接相关的成本包括直接人工（如支付给直接为客户提供所承诺服务的人员的薪酬）、直接材料（如为履行合同耗用的原材料、辅助材料、构配件、零件和半成品等的成本和周转材料的摊销费用及租赁费用等）、制造费用或类似费用（如组织和管理相关生产、施工、服务等活动发生的费用，包括车间管理人员的薪酬、劳动保护费，车间固定资产折旧、物料消耗、取暖费、水电费，办公费、差旅费、财产保险费、工程保修费、临时设施摊销费等）、明确由客户承担的成本以及仅因该合同而发生的其他成本（如支付给分包商的成本、机械使用费、设计和技术援助费、施工现场二次搬运费、生产工具和用具使用费、检验试验费、工程定位复测费、工程点交费、场地清理费等）。

2.该成本增加了企业未来用于履行（包括持续履行）履约义务的资源。

3.该成本预期能够收回。

【提示】企业应当在发生下列支出时将其计入损益：一是管理费用，除非这些费用明确由客户承担。二是非正常消耗的直接材料、直接人工和制造费用（或类似费用），这些支出为履行合同而发生，但未反映在合同价格中。三是与履约义务中已履行（包括全部履行和部分履行）部分相关的支出，即该支出与企业过去的履约活动有关。四是无法在尚未履行的与已履行（或已部分履行）的履约义务之间区分的相关支出。

设置"合同履约成本"账户，核算企业为履行当前或预期取得的合同所发生的不属于其他企业会计准则规范范围且按照收入准则应当确认为一项资产的成本。该账户属于资产类账户，借方登记发生的合同履约成本；贷方登记摊销的合同履约成本；期末借方余额反映企业尚未结转的合同履约成本。该账户可以分别"服务成本""工程施工"等进行明细核算。

【例 13-12】甲公司与乙公司签订合同，为乙公司信息中心提供管理服务，合同期限为 5 年。在向乙公司提供服务之前，甲公司设计并搭建了一个信息技术平台供其内部使用，该信息技术平台由相关的硬件和软件组成。甲公司需要提供设计方案，将该信息技术平台与乙公司现有的信息系统对接，并进行相关测试。该平台并不会转让给乙公司，但是将用于向乙公司提供服务。甲公司为该平台的设计、购买硬件和软件以及信息中心的测试发生了成本。除此之外，甲公司专门指派两名员工负责向乙公司提供服务。

分析：本例中，甲公司为履行合同发生的上述成本中，购买硬件和软件的成本应当分别按照固定资产和无形资产准则进行会计处理；设计服务成本和信息中心的测试成本与履行该合同直接相关，并且增加了甲公司未来用于履行履约义务（即提供管理服务）的资源，如果甲公司预期该成本可通过未来提供服务收取的对价收回，则甲公司应当将这些成本确认为合同履约成本。甲公司向两名负责该项目的员工支付的工资费用，虽然与向乙公司提供服务有关，但是由于其并未增加企业未来用于履行履约义务的资源，因此，应当于发生时计入当期损益。

（二）合同取得成本

企业为取得合同发生的增量成本预期能够收回的，应当作为合同取得成本，确认为一项资产；但是该资产摊销期限不超过一年的，可以在发生时计入当期损益。增量成本是指企业不取得合同就不会发生的成本，如销售佣金等。企业为取得合同发生的除预期能够收回的增量成本之外的其他支出。例如，无论是否取得合同均会发生的差旅费、投标费、为准备投标资料发生的相关费用等，应当在发生时计入当期损益，除非这些支出明确由客户承担。

设置"合同取得成本"账户，核算企业为取得合同发生的预期能够收回的增量成本。该账户属于资产类账户，借方登记发生的合同取得成本；贷方登记摊销的合同取得成本；期末借方余额反映企业尚未结转的合同取得成本。该账户按照合同进行明细核算。

【例 13-13】甲公司是一家咨询公司，其通过竞标赢得一个新客户。为取得与该客户的合同，甲公司聘请外部律师进行尽职调查而支付的相关费用为15 000元，为投标而发生的差旅费为10 000元，支付销售人员佣金5 000元。甲公司预期这些支出未来均能够收回。此外，甲公司根据其年度销售目标、整体盈利情况及个人业绩等，向销售部门经理支付年度奖金20 000元。

分析：本例中，甲公司因签订该客户合同而向销售人员支付的佣金属于为取得合同发生的增量成本，应当将其作为合同取得成本确认为一项资产。甲公司聘请外部律师进行尽职调查发生的支出、为投标发生的差旅费，无论是否取得合同都会发生，不属于增量成本，因此，应当于发生时直接计入当期损益。甲公司向销售部门经理支付的年度奖金也不是为取得合同发生的增量成本，这是因为该奖金发放与否以及发放金额还取决于其他因素（包括公司的整体盈利情况和个人业绩等），并不能直接归属于可识别的合同。

（三）与合同履约成本和合同取得成本有关的资产摊销和减值

1.与合同履约成本和合同取得成本有关的资产摊销

对于确认为资产的合同履约成本和合同取得成本，企业应当采用与该资产相关的商品收入确认相同的基础（在履约义务履行的时点或按照履约义务的履约进度）进行摊销，计入当期损益。

2.与合同履约成本和合同取得成本有关的资产的减值

合同履约成本和合同取得成本的账面价值高于下列两项的差额的，超出部分应当计提减值准备，并确认为资产减值损失：

（1）企业因转让与该资产相关的商品预期能够取得的剩余对价；

（2）为转让该相关商品预计将要发生的成本。

以前期间减值的因素之后发生变化，使上述（1）减（2）的差额高于该资产账面价值的，应当转回原已计提的资产减值准备，并计入当期损益，但转回后的资产账面价值不应当超过假定不计提减值准备情况下该资产在转回日的账面价值。

设置“合同履约成本减值准备”账户和“合同取得成本减值准备”账户，分别核算与合同履约成本和合同取得成本有关的资产的减值准备。

【提示】在确定与合同成本有关的资产的减值损失时，企业应当首先对按照其他相关企业会计准则确认的、与合同有关的其他资产的减值损失，然后按照收入准则的要求确定与合同成本有关的资产的减值损失。

【知识拓展】收入与利得的发生虽然都会增加企业的所有者权益，但收入不等于利得。收入与利得的比较见表13-1。

表13-1 收入与利得的比较

对比项目	相同点	不同点	
		来源	核算账户
收入	增加所有者权益	日常活动（经常性的）	主营业务收入、其他业务收入、投资收益等
利得	增加所有者权益	非日常活动（非经常性的）	营业外收入、资本公积——其他资本公积、其他综合收益

任务二　收入业务的会计处理

一、在某一时点履行的履约义务

对于在某一时点履行的履约义务，企业应当在履行了合同中的履约义务即客户取得相关商品控制权时点确认收入。企业应当按照单项履约义务的交易价格计量收入。

（一）通常情况下商品销售业务的账务处理

通常确认商品销售收入时，企业应按已收或应收的合同或协议价款，借记“银行存款”“应收账款”“应收票据”等账户，按确定的交易价格，贷记“主营业务收入”“其他业务收入”等账户，按应收取的增值税税额，贷记“应交税费——应交增值税（销项税额）”。

【做中学13-14】2023年5月8日晋华公司向凯盛公司销售一批羊绒纱，增值税专用发票上注明的售价为58万元，增值税税率13%。产品已经发出，并代垫运费1 090元，款项尚未收到。该批产品的成本为45万元。凯盛公司已将该批产品验收入库。

原始凭证

本例属于在某一时点履行的履约义务，企业应当在履行了合同中的履约义务即客户取得相关商品控制权时点确认收入。

晋华公司的账务处理如下：

①根据销售合同、增值税专用发票记账联编制确认收入的会计分录如下：

借：应收账款　　656 490

　　贷：主营业务收入　　580 000

　　　　应交税费——应交增值税（销项税额）　　75 400

　　　　银行存款　　1 090

②根据产品出库单编制结转已销商品成本的会计分录如下：

借：主营业务成本　　450 000

　　贷：库存商品　　450 000

（二）合同开始日不符合收入确认条件的商品销售业务的账务处理

合同开始日不符合收入确认条件的销售，企业不能确认收入，已发出的商品应当通过“发出商品”账户进行核算。企业应当对其进行持续评估，直到符合收入确认条件才能确认收入。

【做中学13-15】2023年5月31日百盛商场销售10台小型新风机给某一宾馆，单台售价1 500元，增值税税率13%，并开出增值税专用发票。款项尚未收到。该批商品成本为11 000元，公司在销售时已知该宾馆资金周转发生困难，但为了维持与该宾馆的商业关系，仍将该商品赊销给该宾馆。

2023年5月31日发出商品时，百盛商场根据销售合同、增值税专用发票记账联、产品出库单编制会计分录如下：

借：发出商品　　11 000

　　贷：库存商品　　11 000

借：应收账款　　1 950

　　贷：应交税费——应交增值税（销项税额）　　1 950

【提示】需要说明的是，【做中学13-15】中之所以反映销项税额，是因为《中华人民共和国增值税暂行条例》规定，企业对外销售发出商品时，就产生了增值税纳税义务。

（三）委托代销安排下的销售

委托代销是指委托方和受托方签订代销合同或协议，委托受托方向终端客户销售商品。在这种安排下，企业应当评估受托方在企业向其转让商品时是否已获得对该商品的控制权，如果没有，企业不应在此时确认收入，通常应当在受托方售出商品时确认销售商品收入；受托方应当在商品销售后，按合同或协议约定的方法计算确定的手续费确认收入。

【例13-16】甲公司委托乙公司销售W商品1 000件，W商品已经发出，每件成本为70元。合同约定乙公司应按每件100元对外销售，甲公司按不含增值税的销售价格的10%向乙公司支付手续费。除非这些商品在乙公司存放期间由于乙公司的责任发生毁损或丢失，否则在W商品对外销售之前，乙公司没有义务向甲公司支付货款。乙公司不承担包销责任，没有售出的W商品须退回给甲公司，同时，甲公司也有权要求收回W商品或将其销售给其他的客户。乙公司对外实际销售1 000件，开出的增值税专用发票上注明的销售价格为100 000元、增值税税额为13 000元，款项已经收到，乙公司立即向甲公司开具代销清单并支付货款。甲公司收到乙公司开具的代销清单时，向乙公司开具一张相同金额的增值税专用发票。假定甲公司发出W商品时纳税义务尚未发生，手续费的增值税税率为6%，不考虑其他因素。

分析：本例中，甲公司将W商品发送至乙公司后，乙公司虽然已经实物占有W商品，但是只是接受甲公司的委托销售W商品，并根据实际销售的数量赚取一定比例的手续费。甲公司有权要求收回W商品或将其销售给其他的客户，乙公司并不能主导这些商品的销售，这些商品对外销售与否、是否获利以及获利多少都不由乙公司控制，乙公司没有取得这些商品的控制权。因此，甲公司将W商品发送至乙公司时，不应确认收入，而应当在乙公司将W商品销售给终端客户时确认收入。

（1）根据上述资料，甲公司编制会计分录如下：

①发出商品：

借：发出商品——乙公司　　70 000

　　贷：库存商品——W商品　　70 000

②收到代销清单，同时发生增值税纳税义务：

借：应收账款——乙公司　　113 000

　　贷：主营业务收入——销售W商品　　100 000

　　　　应交税费——应交增值税（销项税额）　　13 000

借：主营业务成本——销售W商品　　70 000

　　贷：发出商品——乙公司　　70 000

借：销售费用——代销手续费　　10 000

　　应交税费——应交增值税（进项税额）　　600

　　贷：应收账款——乙公司　　10 600

③收到乙公司支付的货款：

借：银行存款	102 400	
贷：应收账款——乙公司		102 400

（2）根据上述资料，乙公司编制会计分录如下：

①收到商品：

借：受托代销商品——甲公司	100 000	
贷：受托代销商品款——甲公司		100 000

②对外销售：

借：银行存款	113 000	
贷：受托代销商品——甲公司		100 000
应交税费——应交增值税（销项税额）		13 000

③收到增值税专用发票：

借：受托代销商品款——甲公司	100 000	
应交税费——应交增值税（进项税额）	13 000	
贷：应付账款——甲公司		113 000

④支付货款并计算代销手续费：

借：应付账款——甲公司	113 000	
贷：银行存款		102 400
其他业务收入——代销手续费		10 000
应交税费——应交增值税（销项税额）		600

（四）企业发生已收或应收客户对价而应向客户转让商品的义务的商品销售

企业在向客户转让商品之前，客户已经支付了合同对价或企业已经取得了无条件收取合同对价权利的，企业应当在客户实际支付款项与到期应支付款项孰早时点，按照该已收或应收的金额，借记“银行存款”“应收账款”“应收票据”等账户，贷记“合同负债”账户；企业向客户转让相关商品时，借记“合同负债”账户，贷记“主营业务收入”“其他业务收入”等账户。涉及增值税的，还应进行相应的处理。

设置“合同负债”账户，核算企业已收或应收客户对价而应向客户转让商品的义务。该账户属于负债类账户，在企业向客户转让商品之前，客户已经支付了合同对价或企业已经取得了无条件收取合同对价权利的，企业应当在客户实际支付款项与到期应支付款项时点孰早，按照该已收或应收的金额登记在该账户贷方；企业向客户转让相关商品时登记在该账户借方；该账户期末贷方余额反映企业在向客户转让商品之前已经收到的合同对价或已经取得的无条件收取合同对价权利的金额。该账户可以按照合同进行明细核算。

【提示】新收入准则对合同负债的规定：尚未向客户履行转让商品的义务而已收或应收客户对价中的增值税部分，因不符合合同负债的定义，不应确认为合同负债。企业因转让商品收到的预收款适用收入准则进行会计处理时，不再使用“预收账款”科目及“递延收益”科目。

【例13-17】2023年5月1日，甲公司与乙公司签订合同，约定向乙公司销售一批实际成本为750 000元的商品。合同约定，该批商品销售价格为1 000 000元，增值税税额为130 000元；合同约定乙公司在2023年5月31日前预先向甲公司支付500 000元，在乙公司预付货款前，合同可以撤销，乙公司并未按照合同约定的时限支付合同价款，而是于2023年6月30日予以支付，甲公司在2023年9月30日向乙公司转让了相应商品，并收到剩余款项。

假定不考虑其他因素，甲公司编制会计分录如下：

①5月31日，甲公司无须进行会计处理。

因为乙公司预付货款前，合同可以撤销，因此，甲公司不具有无条件收取现金的权利。

②6月30日，收到预付款：

借：银行存款　　500 000

　贷：合同负债　　500 000

③9月30日，确认收入：

借：合同负债　　500 000

　银行存款　　630 000

　贷：主营业务收入　　1 000 000

　　应交税费——应交增值税（销项税额）　　130 000

借：主营业务成本　　750 000

　贷：库存商品　　750 000

二、按照履约进度确认收入的销售

对于在某一时段内履行的履约义务，履约进度能够合理确定的，企业应当按履约进度确认收入。企业按照履约进度确认收入时，通常应当在资产负债表日按照合同的交易价格总额乘以履约进度再扣除以前会计期间累计已确认的收入后的金额，确认为当期收入企业应当考虑所提供商品的性质，采用产出法或投入法合理确定履约进度。

具体公式如下：

本期确认的收入 = 交易价格总额 × 至本期末止履约进度 − 前期累计已确认收入

本期确认的成本 = 合同总成本 × 至本期末止履约进度 − 前期累计已确认成本

【例13-18】某科技公司2023年10月1日与客户签订一项合同，为其开发一套软件，工期大约5个月，合同总收入为40万元（含税）。至2023年12月31日，该公司已发生成本22万元（假定均为开发人员薪酬），预计总成本为30万元，预收账款25万元。至当年年底，经测算该软件的履约进度为60%。不考虑其他因素。编制会计分录如下：

①实际发生履约成本时：

借：合同履约成本　　220 000

　贷：应付职工薪酬　　220 000

②预收劳务款项时：

借：银行存款　　250 000

　贷：合同负债　　250 000

③2023年12月31日确认提供劳务收入，并结转成本：

收入＝40×60%－0＝24（万元）

成本＝30×60%－0＝18（万元）

借：合同负债	240 000	
贷：主营业务收入［240 000÷（1＋6%）］		226 415.09
应交税费——应交增值税（销项税额）		13 584.91
借：主营业务成本	180 000	
贷：合同履约成本		180 000

【明德善思】

收入准则的历史沿革

我国最早的收入准则是于1999年1月1日开始执行的《企业会计准则——收入》（简称《收入1999》）；与《收入1999》同时确立的还有《企业会计准则——建造合同》（简称《建造合同1999》）。《收入1999》在概念的表述和确认标准方面基本上与当时的国际会计准则，即《国际会计准则第18号——收入》（IAS 18）保持了一致，主要将收入分为销售商品、提供劳务、他人使用本企业资产三种类型，并分别确立了各自收入的确认条件和确认方法。与此相对应，《建造合同1999》也与《国际会计准则第11号——建造合同》（IAS 11）基本相同，主要是将合同收入和合同成本分配计入各施工期间的会计年度方面的会计事项进行了规范；对于在一个会计年度内完成的建造合同，其合同收入和合同费用的确认时间应该和完成时间一致。《收入1999》与《建造合同1999》的发布，对会计界形成了一定冲击，我国会计界对收入确认和计量的认识有了一定程度的提高。

随着我国社会主义市场经济的发展，我国会计准则与国际会计准则趋同的步伐加快。为适应这种要求，2006年我国发布了CAS 14（2006）。将CAS 14（2006）与《收入1999》对比可以发现，首先在表述结构上，CAS 14（2006）调整为总则、销售商品收入、提供劳务收入、让渡资产使用权收入和披露等五个章节。其次在行文上更加严谨、规范和统一。对于收入的定义增加了限定条件，即"会导致所有者权益增加的、与所有者投入资本无关"的限定在定义中被强调。收入确认的范围为三类，即销售商品、提供劳务和让渡资产使用权带来的收入。再次，将公允价值引入收入的计量之中，即"从购货方已收或应收的合同或协议价款确定销售商品收入金额，但已收或应收的合同或协议价款不公允的除外"。最后，CAS 14（2006）更为明确地规范了商业折扣、销售折让和销售退回等会计核算要求。

为了应对内在变革和外在趋同的要求，财政部于2014年5月开始启动新收入准则修订项目，在借鉴国际联合收入准则并结合我国国情的基础上，2015年12月财政部印发了收入准则（修订）的征求意见稿；在综合听取各方反馈意见并选择3家央企和4家上市公司进行测试之后，经过修改完善，准则的正式稿即CAS 14（2017）于2017年7月公布。本次收入准则的改革要点为：收入确认以"合同"为基础，收入确认的模式采用"五步法"，与国际准则保持了持续趋同。

资料来源：耿建新，刘宏欣．收入准则的历史沿革与国际比较［J］．财会月刊，2020（22）：66-72.

【启示】从我国企业会计准则的变化过程可以看出，企业会计准则变革是与市场经济的不断发展密切相关的。随着我国市场经济体制的不断完善，市场主体之间的交易逐步以合同为依据，通过合同约定交易各方的权利和义务，并具有法律效力，因此，合同条款的约定直接影响企业收入结果的确定。CAS 14（2017）基于合同确定收入，有助于企业增强合同意识，同时也规范了合同管理，为我国市场经济走向成熟起到了推动作用。

会计信息服务于特定社会经济环境，受多种因素制约，如经济体制、经济发展水平等因素。不言而喻，商业模式的不断创新、产业链和供应链连续发生的变化、收入结算方式的多样化等这些新生事物一定会存在。面对新生事物，同学们要有积极的态度，自立、自信、自强、自尊，努力学习，不断提升自己的专业技能，演绎多彩人生。

项目小结

本项目主要知识点归纳总结见表13-2。

表13-2 本项目主要知识点归纳总结

任务	知识点	账务处理要点
合同收入与合同成本的确认和计量	采用“五步法”来确认和计量收入： ①识别与客户订立的合同 ②识别合同中的单项履约义务 ③确定交易价格 ④将交易价格分摊至各单项履约义务 ⑤履行每一单项义务时确认收入 在收入确认的时点问题上，应区分是在某一时段内履行的履约义务，还是在某一时点履行的履约义务	
收入业务的会计处理	（1）通常确认商品销售收入时，企业应按已收或应收的合同或协议价款，借记“银行存款”“应收账款”“应收票据”等账户，按确定的交易价格，贷记“主营业务收入”“其他业务收入”等账户，按应收取的增值税税额，贷记“应交税费——应交增值税（销项税额）”	设置“主营业务收入”账户和“主营业务成本”账户核算销售商品的业务；设置“其他业务收入”账户和“其他业务成本”账户核算销售材料等的业务 借：银行存款/应收账款 贷：主营业务收入/其他业务收入 应交税费——应交增值税（销项税额）
	（2）合同开始日不符合收入确认条件的商品销售业务的账务处理	合同开始日不符合收入确认条件的销售，企业不能确认收入，已发出的商品应当通过“发出商品”账户进行核算。企业应当对其进行持续评估，直到符合收入确认条件才能确认收入。 借：发出商品 贷：库存商品 借：应收账款 贷：应交税费——应交增值税（销项税额）

续表

任务	知识点	账务处理要点
收入业务的会计处理	（3）委托代销安排下的销售 委托代销是指委托方和受托方签订代销合同或协议，委托受托方向终端客户销售商品。在这种安排下，企业应当评估受托方在企业向其转让商品时是否已获得对该商品的控制权，如果没有，企业不应在此时确认收入，通常应当在受托方售出商品时确认销售商品收入；受托方应当在商品销售后，按合同或协议约定的方法计算确定的手续费确认收入	（1）委托方账务处理： ①发出商品： 借：发出商品 　　贷：库存商品 ②收到代销清单，同时发生增值税纳税义务： 借：应收账款 　　贷：主营业务收入 　　　　应交税费——应交增值税（销项税额） 借：主营业务成本 　　贷：发出商品 借：销售费用——代销手续费 　　应交税费——应交增值税（进项税额） 　　贷：应收账款 ③收到受托当支付的货款： 借：银行存款 　　贷：应收账款 （2）受托方账务处理 ①收到商品： 借：受托代销商品 　　贷：受托代销商品款 ②对外销售： 借：银行存款 　　贷：受托代销商品 　　　　应交税费——应交增值税（销项税额） ③收到增值税专用发票： 借：受托代销商品款 　　应交税费——应交增值税（进项税额） 　　贷：应付账款 ④支付货款并计算代销手续费： 借：应付账款 　　贷：银行存款 　　　　其他业务收入——代销手续费 　　　　应交税费——应交增值税（销项税额）
	（4）企业发生已收或应收客户对价而应向客户转让商品的义务的商品销售	（1）企业在向客户转让商品之前，客户已经支付了合同对价或企业已经取得了无条件收取合同对价权利的，企业应当在客户实际支付款项与到期应支付款项孰早时点，按照该已收或应收的金额 借：银行存款/应收账款/应收票据 　　贷：合同负债 （2）企业向客户转让相关商品时 借：合同负债 　　贷：主营业务收入/其他业务收入

续表

任务	知识点	账务处理要点
收入业务的会计处理	(5) 企业按照履约进度确认收入时，通常应当在资产负债表日按照合同的交易价格总额乘以履约进度再扣除以前会计期间累计已确认的收入后的金额，确认为当期收入	(1) 实际发生劳务成本时： 借：合同履约成本 　贷：银行存款、应付职工薪酬等 (2) 预收劳务款项时： 借：银行存款 　贷：合同负债 (3) 期末，按照履约进度计算收入、结转成本： 借：合同负债 　贷：主营业务收入 　　应交税费——应交增值税（销项税额） 借：主营业务成本 　贷：合同履约成本

阅读篇目

《企业会计准则第14号——收入》及其应用指南

《中华人民共和国增值税暂行条例》及其实施细则

《财政部 国家税务总局关于全面推开营业税改征增值税试点的通知》（财税〔2016〕36号）

项目十四

费用的核算

微课

项目十四概述

学习目标

【知识目标】

1. 理解费用和成本的区别，费用和损失的区别
2. 掌握管理费用、销售费用、财务费用的核算
3. 理解资产负债表债务法的概念和主要内容
4. 掌握本期所得税费用、递延所得税费用和利润表中的所得税费用的确认、计量和会计处理方法

【技能目标】

1. 能区分费用和损失
2. 能根据业务性质判断管理费用、销售费用、财务费用、已销商品成本，正确进行会计处理
3. 能运用资产负债表债务法计算本期所得税费用、递延所得税费用和利润表中的所得税费用，并正确进行会计处理

【素质目标】

1. 培养静以修身、俭以养德的品质和量入为出的观念。传承中华优秀传统文化，勤俭节约，开源节流，严控费用。在“中国制造”全球化的进程中，加强节能减排，降低消耗，减少损失浪费，提高我国企业的国际竞争能力
2. 求真务实、坚持原则。培养学生以诚信为本，实事求是，客观公正的职业素养，遵循企业会计准则，合理确定费用，正确计算损益，为企业提供可靠、相关的费用信息

工作情境与工作任务

费用是指企业日常活动中发生的、会导致所有者权益减少的、与向所有者分配利润无关的经济利益的总流出。费用是相对于收入而言的，当这些支出和耗费与当期收入相配比时，即计入当期损益时，才成为当期的费用。费用通常分为营业成本、税金及附加、期间费用和所得税费用。您能正确区分这些费用吗?

费用按照经济用途分类，分为计入产品成本或劳务成本的费用和期间费用。产品成本或劳务成本在企业确认销售收入或劳务收入后相应地转化为本期的费用，即营业成本。您知道营业成本需要设置哪些账户核算吗?

为了实现企业经营目标，企业的行政管理部门、销售部门、财务部门需要为生产经营提供支持。您知道企业这些部门发生的费用通过什么账户进行核算吗?

企业实现利润后要依法计算缴纳所得税，形成所得税费用，您知道企业如何核算所得税费用吗?

任务一 期间费用的核算

一、期间费用的内容

期间费用是指企业日常活动发生的不能计入特定核算对象的成本，而应计入发生当期损益的费用。期间费用的特点是，与产品的产量、产品的制造过程无直接关系，容易确定其发生的期间，而难以判断其应归属的产品，因而不能列入产品制造成本。由于当期的期间费用是全额从当期损益中扣除的，因而其发生额不会影响下一个会计期间。

期间费用包括销售费用、管理费用和财务费用。

二、销售费用的核算

(一) 销售费用的内容

销售费用是指企业在销售商品和材料、提供劳务的过程中发生的各项费用，以及为销售本企业商品而专设的销售机构（含销售网点、售后服务网点等）的经营费用。销售费用一般包括以下三个方面的内容:

1.产品自销费用

产品自销费用包括应由本企业负担的保险费、包装费、运输费和装卸费。

2.产品促销费用

为了扩大本企业商品的销售而发生的促销费用，包括展览费、广告费、经营租赁费（为扩大销售而租用柜台、设备等的费用)、销售服务费用（产品质量保证费用、提供商品维修等售后服务的费用，以及其他类似项目的费用)。

3.销售部门的费用

销售部门的费用一般指为销售本企业商品而专设的销售机构的职工薪酬、业务费、折旧费等经营费用。

（二）销售费用的账务处理

设置“销售费用”账户，核算销售费用的发生和结转情况。该账户借方登记企业发生的各项销售费用，贷方登记企业转入“本年利润”账户的销售费用，结转后该账户无余额。该账户可以按费用项目设置明细账户进行明细核算。

企业在销售过程中发生的保险费、包装费、运输费、装卸费，以及专设销售机构人员的薪酬等费用，借记“销售费用”账户，贷记“应付职工薪酬”“银行存款”“累计折旧”等账户。

【做中学14-1】晋华公司2023年6月以银行存款支付产品广告费5万元、展览费1万元，另按6%支付增值税3 600元。

根据增值税专用发票的发票联、银行付款通知编制会计分录如下：

借：销售费用——广告费　　50 000
　　　　　　——展览费　　10 000
　　应交税费——应交增值税（进项税额）　　3 600
　　贷：银行存款　　63 600

原始凭证

【知识拓展】根据《中华人民共和国企业所得税法实施条例》第四十四条的规定（除另有规定外），企业每一年度发生的符合条件的广告费和业务宣传费，不超过当年销售（营业）收入15%的部分，准予扣除；超过部分，准予在以后纳税年度结转扣除。

三、管理费用的核算

（一）管理费用的内容

管理费用是指企业为组织和管理生产经营活动而发生的各种费用。它包括企业的董事会和行政管理部门在企业的经营管理中发生的或应当由企业统一负担的各项费用，具体如下：

1.企业行政管理部门发生的费用

（1）公司经费，是指企业行政管理部门的职工薪酬、差旅费、办公费、业务招待费、折旧费、修理费、物料消耗、低值易耗品摊销及其他公司经费。

（2）工会经费，是指按管理人员工资总额（扣除按规定标准发放的住房补贴）的一定比例计提并拨交给工会使用的经费。按管理人员工资总额计提的工会经费，只是工会经费的一部分，该部分工会经费在计提时应计入管理费用。

2.用于企业直接管理之外的费用

（1）董事会费，是指企业董事会或最高权力机构及其成员为执行董事会的职能而发生的各项费用。这包括成员津贴、差旅费、会议费等。

（2）聘请中介机构费，是指企业聘请会计师事务所等进行查账、验资、资产评估等发生的费用。

（3）咨询费（含顾问费），是指企业向咨询机构进行科技、经营咨询支付的费用，如聘请经济技术顾问、法律顾问等支付的费用。

（4）诉讼费，是指企业因起诉或应诉而发生的各项费用。

3.提供生产技术条件的费用

（1）绿化费，是指企业区域内零星绿化费。

（2）技术转让费，是指企业使用非专利技术而支付的费用。

（3）不符合资本化条件的研究与开发费，是指企业研究开发新产品、新技术、新工艺而发生的新产品设计费、工艺规程制定费、设备调试费、原材料和新产品的试验费、技术图书资料费、未纳入国家计划的中间试验费、研究人员工资、研究设备的折旧费、委托其他单位进行科研试制的费用、试制失败损失，以及与新产品试制、技术研究有关的其他经费等。

（4）无形资产的摊销费用。

（5）长期待摊费用的摊销额，是指企业对分摊期限在1年以上的各项费用在费用项目的受益期限内的摊销额，如经营租入固定资产改良支出的摊销额。

（6）与管理用固定资产有关的后续支出，包括管理用固定资产发生的日常修理费、大修理费、更新改造支出、房屋的装修费用等，不满足《企业会计准则第4号——固定资产》规定的固定资产确认条件的，也应计入管理费用。

（二）管理费用的账务处理

设置“管理费用”账户，核算管理费用的发生及结转情况。该账户借方登记发生的各项管理费用，贷方登记期末转入“本年利润”账户的管理费用，结转后该账户无余额。管理费用可按费用项目设置明细账户进行明细核算。

1.企业筹建期间发生的开办费

开办费，是指企业从经批准筹建之日起到开始生产、经营（包括试生产、试营业）之日止的期间（即筹建期间）发生的费用。这包括筹建期间发生的人员工资、办公费、培训费、差旅费、印刷费、注册登记费，以及不计入固定资产和无形资产购建成本的汇兑损益和利息支出。发生开办费时，借记“管理费用”账户，贷记“库存现金”“银行存款”等账户。

【知识拓展】税法中对开办费的处理方法是，可以在开始经营之日当年一次性扣除，也可以按照税法有关长期待摊费用的规定处理，但一经选定，不得改变。

2.行政管理部门的日常支出

（1）行政管理的职工薪酬，借记“管理费用”账户，贷记“应付职工薪酬”。

（2）行政管理部门发生办公费、修理费、水电费、业务招待费、聘请中介机构费、咨询费、诉讼费、技术转让费、研发费用时，借记“管理费用”账户，贷记“银行存款”“研发支出”等账户。

【知识拓展】根据《中华人民共和国企业所得税法实施条例》第四十三条的规定，企业发生的与生产经营有关的业务招待费支出，按照发生额的60%扣除，但最高不得超过当年销售（营业）额的5‰。

（3）行政管理部门固定资产计提的折旧，借记“管理费用”账户，贷记“累计折旧”账户。

【做中学14-2】晋华公司行政管理部门2023年6月发生如下业务：

（1）6月5日，聘请法律顾问，以现金支付咨询费742元，其中进项税额为42元（700 × 6%）。根据增值税专用发票的发票联、现金收据（贷方凭证）编制会计分录如下：

借：管理费用　　700
　　应交税费——应交增值税（进项税额）　　42
　　贷：库存现金　　742

原始凭证

（2）6月10日，以现金支付业务招待费500元。根据餐饮业发票、现金收据（贷方凭证）编制会计分录如下：

借：管理费用　　500
　　贷：库存现金　　500

（3）6月30日，开出转账支票，支付法律咨询费10 600元。根据增值税专用发票的发票联、转账支票存根编制会计分录如下：

借：管理费用　　10 000
　　应交税费——应交增值税（进项税额）　　600
　　贷：银行存款　　10 600

【提示】企业支付的咨询费，如果取得了增值税专用发票，就产生了可抵扣的进项税额，但并非所有为接受劳务发生的支出都可以抵扣进项税额，比如取得餐饮业发票，其进项税额就不允许抵扣。

四、财务费用的核算

（一）财务费用的内容

财务费用，是指企业为筹集生产经营资金而发生的费用，包括利息支出（减利息收入）、汇兑损失（减汇兑收益）、金融机构手续费、现金折扣，以及其他财务费用。具体项目如下：

1.利息净支出

利息净支出，是指企业短期借款利息、长期借款利息、票据贴现利息、应付债券利息、应付引进国外设备款利息等利息支出（除资本化的利息外）减去银行存款等产生的利息收入后的净额。

2.汇兑损失

汇兑损失，是指企业向银行结售或购入外汇等按银行买入价或卖出价计算的人民币金额与按记账汇率折合的人民币金额之间的差额，以及月度（季度、年度）终了，各种外币账户外币期末余额按照期末汇率折合的人民币金额与原账面人民币金额之间的差额等。

3.金融机构手续费

金融机构手续费，是指发行债券所需支付的手续费（需资本化的手续费除外）、开具汇票的银行手续费、调剂外汇手续费等，但不包括发行股票所支付的手续费等。

4.现金折扣

现金折扣包括企业发生的现金折扣和收到的现金折扣。

5.其他财务费用

其他财务费用，如融资租入固定资产发生的未确认融资费用的摊销额等。

【提示】应当资本化的借款费用，要计入相应资产的成本，不能计入财务费用。

（二）财务费用的账务处理

设置“财务费用”账户，核算财务费用的发生和结转情况。该账户借方登记发生的利息支出、银行手续费等财务费用，贷方登记存款利息、汇兑收益等及期末转入“本年利润”账户的财务费用，期末结转后该账户无余额。财务费用可以按费用项目设置明细账户进行明细核算。

企业发生财务费用时，应借记“财务费用”账户，贷记“银行存款”“应付利息”等账户；企业发生利息收入、汇兑收益时，借记“银行存款”等账户，贷记“财务费用”账户。月终，将“财务费用”账户的余额结转到“本年利润”账户。

为购建或生产满足资本化条件的资产而发生的应予资本化的借款费用，记入“在建工程”等账户，不在该账户核算。

【做中学14-3】晋华公司2023年6月份接到银行转来的结息通知，一季度借款的利息支出5 000元，银行存款产生利息收入1 000元。

原始凭证

（1）根据银行结息单据、银行计收利息清单（支款通知）编制会计分录如下：

借：财务费用——利息支出　　5 000

　　贷：银行存款　　5 000

（2）根据银行结息单据、银行计收利息清单（收款通知）编制会计分录如下：

借：银行存款　　1 000

　　贷：财务费用——利息收入　　1 000

【提示】企业向银行支付的利息，不允许抵扣进项税额。

【知识拓展】费用和损失的区别与联系。费用和损失的发生虽然都会减少企业的所有者权益，但损失不等于费用。费用与损失的比较见表14-1。

表14-1　费用与损失的比较

项目	相同点	不同点	
		来源	核算账户
费用	减少所有者权益	日常活动（经常性的）	销售费用、管理费用、财务费用等
损失	减少所有者权益	非日常活动（非经常性的）	营业外支出、资本公积——其他资本公积、其他综合收益

任务二　所得税费用的核算

一、所得税费用的组成

所得税会计的主要目的是确定当期的应交所得税以及利润表中应确认的所得税费用。《企业会计准则第18号——所得税》要求采用资产负债表债务法核算所得税。在按资产负债表债务法核算所得税的情况下，利润表中的所得税费用由两部分组成：当期所得税和递延所得税。

【知识拓展】执行企业会计准则的企业，所得税的核算采用资产负债表债务法；执行《小企业会计准则》的企业，所得税的核算采用应付税款法。

（一）资产负债表债务法

资产负债表债务法，是从资产负债表出发，通过比较资产负债表上列示的资产、负债按照企业会计准则规定确定的账面价值与按照税法规定确定的计税基础，对于两者之间的差额，分别应纳税暂时性差异与可抵扣暂时性差异，确认相关的递延所得税负债与递延所得税资产，并在此基础上确定每一期间利润表中的所得税费用。

（二）应付税款法

应付税款法，是将本期会计利润与纳税所得之间的差异造成的影响纳税的金额直接计入当期损益，而不递延到以后各期。在应付税款法下，当期计入损益的所得税费用等于当期应交所得税。

二、当期所得税的确认和计量

当期所得税，是指企业按照税法规定计算确定的针对当期发生的交易或事项应向税务部门缴纳的所得税金额，即当期应交所得税。其计算公式为：

当期所得税 = 当期应交所得税 = 应纳税所得额 × 企业所得税税率

应纳税所得额是指在企业税前会计利润（利润总额）的基础上经过下列调整后确定的金额：

（1）企业会计准则规定计入利润表但计税时不允许税前扣除的费用。这主要是指企业支付的各种税收滞纳金和罚款、违法经营的罚款、各种赞助支出、非公益性捐赠支出等。这类支出一般在会计上要确认为费用或损失，减少企业利润，但税法规定不允许作为应纳税所得额的扣除项目。这些项目在会计利润的基础上调增。

（2）税法规定免税的收入。这主要是指企业取得的国债利息收入、从被投资企业获得的现金股利或红利，它们在会计上确认为投资收益，增加了会计利润，但税法不作为应纳税所得额，属于免税收入。这些项目在会计利润的基础上调减。

（3）计入利润表的费用与按税法规定可税前扣除的金额之间的差额。这主要是指超过税法规定扣除标准的职工薪酬支出、公益性捐赠支出、业务招待费支出、广告费和业务宣传费支出等。这类支出在会计上全额确认为成本或费用，但税法规定，这些项目在应纳税所得额中扣除有一定标准。

【知识拓展】税法规定：①企业用于慈善活动、公益事业的捐赠支出，在年度利润总额12%以内的部分，准予在计算应纳税所得额时扣除；超过年度利润总额12%的部分，准予结转以后3年内在计算应纳税所得额时扣除。②企业发生的业务招待费按发生额的60%扣除，而且最高不得超过当年销售（营业）收入的5‰，超过部分不得在税前扣除。③广告费和业务宣传费不超过当年销售（营业）收入15%的部分准予税前扣除，超过部分可在以后纳税年度结转扣除。④会计上需要估计计提的信用减值损失、资产减值损失和产品保修费，并将其计入损益类科目，减少会计利润；但税法只允许扣除实际发生的资产减值损失和实际发生的保修支出。⑤企业发生的职工教育经费不超过工资薪金总额的8%的部分准予税前扣除，超过部分准予在以后纳税年度结转扣除（2018年1月1日起执行）。

（4）计入利润表的收入与按税法规定计入应纳税所得额的收入之间的差额。这主要是指分期收款销售方式下，计入利润表的收入是按照企业会计准则规定，符合销售商品收入确认条件时一次确认的收入，而计入应纳税所得额的收入需要按照合同约定分期计入。

（5）允许弥补的以前年度亏损额。税法规定，企业纳税年度发生亏损，准予向以后年度结转，用以后年度的所得弥补，但结转年限最长不得超过5年。

期末，企业对利润总额按上述方法进行纳税调整后，计算出应纳税所得额，应纳税所得额乘以适用的所得税税率计算当期所得税，借记“所得税费用”账户，贷记“应交税费——应交所得税”账户。

【做中学14-4】晋华公司2023年实现的利润总额为1 000 000元，所得税税率为25%。当年取得的国库券利息收入为30 000元，发生税收罚款支出为25 000元。对某一项固定资产按会计规定的折旧年限计提的折旧额为3 000元，按税法规定的折旧年限计提的折旧额为6 000元。当年计提存货跌价准备50 000元，税法规定存货发生实质性损失时才准予从应纳税所得额中扣除。该公司不存在以前年度未弥补亏损。计算晋华公司当年的应纳税所得额和应交所得税金额。

晋华公司2023年度应纳税所得额和应交所得税计算如下：

应纳税所得额 = 1 000 000 − 30 000 + 25 000 −（6 000 − 3 000）+ 50 000

= 1 042 000（元）

应交所得税 = 1 042 000 × 25% = 260 500（元）

期末，根据所得税计算表编制会计分录如下：

借：所得税费用　　260 500

　贷：应交税费——应交所得税　　260 500

三、递延所得税的确认和计量

递延所得税是按照《企业会计准则第18号——所得税》的规定应予确认的递延所得税资产和递延所得税负债金额，即递延所得税资产和递延所得税负债当期发生额的综合结果，但不包括计入所有者权益的交易或事项的所得税影响。用公式表示为：

$$\text{递延所得税} = \text{当期递延所得税负债的增加额} + \text{当期递延所得税资产的减少额} - \text{当期递延所得税负债的减少额} - \text{当期递延所得税资产的增加额}$$

$$= (\text{期末递延所得税负债} - \text{期初递延所得税负债}) - (\text{期末递延所得税资产} - \text{期初递延所得税资产})$$

（一）暂时性差异的确定

暂时性差异，是指资产、负债的账面价值与其计税基础不同产生的差额。

1. 资产和负债的计税基础

资产的计税基础，是指企业收回资产账面价值的过程中，计算应纳税所得额时按照税法规定可以自应税经济利益中抵扣的金额，即某一项资产在未来期间计税时可以税前扣除的金额。用公式表示如下：

资产的计税基础 = 资产取得成本 − 按照税法规定已于税前扣除的累计金额

负债的计税基础，是指负债的账面价值减去未来期间计算应纳税所得额时按照税法规定可予抵扣的金额。用公式表示如下：

负债的计税基础＝账面价值-未来期间按照税法规定可以税前抵扣的金额

2.暂时性差异的分类

微课

暂时性差异的分类

按照暂时性差异对未来期间应纳税所得额的不同影响，暂时性差异分为应纳税暂时性差异和可抵扣暂时性差异。

（1）应纳税暂时性差异，是指在确定未来收回资产或清偿负债期间的应纳税所得额时，将导致产生应税金额的暂时性差异。该差异在未来期间转回时会增加转回期间的应纳税所得额和应纳所得税金额。资产的账面价值大于其计税基础或负债的账面价值小于其计税基础，产生应纳税暂时性差异。

（2）可抵扣暂时性差异，是指在确定未来收回资产或清偿负债期间的应纳税所得额时，将导致产生可抵扣金额的暂时性差异。该差异在未来期间转回时会减少转回期间的应纳税所得额和应纳所得税金额。资产的账面价值小于其计税基础或负债的账面价值大于其计税基础，产生可抵扣暂时性差异。

【做中学14-5】2021年12月25日，晋华公司购入一套环保设备，实际成本为800万元，预计使用年限为8年，预计净残值为零，采用年限平均法计提折旧，未计提减值准备。假定税法对这类设备的折旧年限和净残值的规定与会计上相同，但可采用加速折旧法计提折旧并于税前扣除，晋华公司计税时采用双倍余额递减法计算折旧费用。

（1）2022年12月31日，该公司确定的该项固定资产账面价值和计税基础如下：

设备的账面价值＝800－800÷8＝700（万元）

设备的计税基础＝800－800×25%＝600（万元）

该项固定资产的账面价值700万元与其计税基础600万元之间产生了100万元的差额，该差额将于未来期间计入企业的应纳税所得额，产生纳税义务，属于应纳税暂时性差异。

（2）2023年12月31日，该公司确定的该项固定资产账面价值和计税基础如下：

设备的账面价值＝800－800÷8×2＝600（万元）

设备的计税基础＝800－800×25%－600×25%＝450（万元）

该项固定资产的账面价值600万元与其计税基础450万元之间产生了150万元的差额，该差额将于未来期间计入企业的应纳税所得额，产生纳税义务，属于应纳税暂时性差异。

【做中学14-6】沿用【做中学14-5】的资料，假定税法规定的最短折旧年限为10年，并要求采用年限平均法计提折旧，其他条件不变。

（1）2022年12月31日，晋华公司确定的该项固定资产账面价值和计税基础如下：

设备的账面价值＝800－800÷8＝700（万元）

设备的计税基础＝800－800÷10＝720（万元）

该项固定资产的账面价值700万元与其计税基础720万元之间产生了20万元的差额，该差额将于未来期间减少企业的应纳税所得额和相应的应交所得税，属于可抵扣暂时性差异。

（2）2023年12月31日，晋华公司确定的该项固定资产账面价值和计税基础如下：

设备的账面价值＝800－800÷8×2＝600（万元）

设备的计税基础＝800－800÷10×2＝640（万元）

该项固定资产的账面价值600万元与其计税基础640万元之间产生了40万元的差额，该差额将于未来期间减少企业的应纳税所得额和相应的应交所得税，属于可抵扣暂时性差异。

【做中学14-7】晋华公司2022年因对销售的产品承诺提供3年的保修服务，当年度利润表中确认了200万元的销售费用，同时确认为预计负债（以前年度未计提过保修费），当年未发生任何保修支出。按照税法规定，与产品售后服务相关的费用在实际发生时允许税前扣除；也就是说，税法不认可预计的保修费，但认可实际发生的保修支出。假定晋华公司2023年发生保修费120万元，当年没有计提保修费用，因而2023年年末预计负债的账面价值为80万元（200 − 120）。

（1）2022年12月31日，该项预计负债的账面价值为200万元，由于与产品售后服务相关的费用在实际发生时均允许税前扣除，因而该项预计负债的计税基础为零，即：

预计负债的计税基础 = 账面价值−未来期间按照税法规定可以税前扣除的金额

= 200 − 200 = 0

该项预计负债的账面价值200万元与其计税基础之间产生了200万元的差额，该差额将于未来期间减少企业的应纳税所得额和相应的应交所得税，属于可抵扣暂时性差异。

（2）2023年12月31日，该项预计负债的账面价值为80万元，由于与产品售后服务相关的费用在实际发生时均允许税前扣除，因而该项预计负债的计税基础为零。该项预计负债的账面价值80万元与其计税基础之间产生了80万元的差额，该差额将于未来期间减少企业的应纳税所得额和相应的应交所得税，属于可抵扣暂时性差异。

（二）递延所得税负债和递延所得税资产的确认和计量

设置"递延所得税负债"账户，核算应纳税暂时性差异产生的递延所得税负债。该账户贷方登记确认的递延所得税负债，借方登记转回的递延所得税负债，期末贷方余额反映企业已确认的递延所得税负债的余额。

微课

递延所得税确认

设置"递延所得税资产"账户，核算可抵扣暂时性差异产生的递延所得税资产，以及根据税法规定可用以后年度税前利润弥补的亏损产生的递延所得税资产。该账户借方登记确认的递延所得税资产，贷方登记转回的递延所得税资产，期末借方余额反映企业已确认的递延所得税资产的余额。

1.递延所得税负债的确认和计量

应纳税暂时性差异在未来期间转回时会增加转回期间的应纳税所得额和相应的应交所得税，从而导致经济利益流出企业，因而在其发生当期，一般情况下应确认相关的递延所得税负债。除计入所有者权益的交易或事项外，在确认递延所得税负债的同时，应增加所得税费用。递延所得税负债的计算公式为：

期末递延所得税负债 = 期末应纳税暂时性差异 × 适用税率

本期应确认的递延所得税负债 = 期末递延所得税负债 − 期初递延所得税负债

【做中学14-8】沿用【做中学14-5】的资料，2022年年末应纳税暂时性差异对未来所得税的影响金额为25万元（100 × 25%），递延所得税负债余额为25万元，假定2022年年初递延所得税负债余额为零，因而2022年应确认递延所得税负债25万元。2023年年末应纳税暂时性差异对未来所得税的影响金额为37.5万元（150 × 25%），递延所得税负债余额为37.5万元，2023年年初递延所得税负债余额为25万元，2023年应确认递延所得税负债12.5万元（37.5－25）。

① 2022年12月31日，根据递延所得税计算表编制会计分录如下：

借：所得税费用　　250 000

　　贷：递延所得税负债　　250 000

② 2023年12月31日，根据递延所得税计算表编制会计分录如下：

借：所得税费用　　125 000

　　贷：递延所得税负债　　125 000

2.递延所得税资产的确认和计量

可抵扣暂时性差异在未来期间转回时会减少转回期间的应纳税所得额和相应的应交所得税，从而导致经济利益流入企业，因而在其产生当期，符合确认条件时，一般情况下，应以未来期间很可能取得用来抵扣可抵扣暂时性差异的应纳税所得额为限确认相关的递延所得税资产。除计入所有者权益的交易或事项外，在确认递延所得税资产的同时，应减少所得税费用。递延所得税资产的计算公式为：

期末递延所得税资产＝期末可抵扣暂时性差异×适用税率

本期应确认的递延所得税资产＝期末递延所得税资产－期初递延所得税资产

【做中学14-9】沿用【做中学14-7】的资料，2022年年末可抵扣暂时性差异对未来所得税的影响金额为50万元（200×25%），递延所得税资产余额为50万元，假定2022年年初递延所得税资产余额为零，因而2022年应确认递延所得税资产50万元。2023年年末可抵扣暂时性差异对未来所得税的影响金额为20万元（80×25%），递延所得税资产余额为20万元，2023年年初递延所得税资产余额为50万元，2023年转回递延所得税资产30万元（50－20）。

① 2022年12月31日，根据递延所得税计算表编制会计分录如下：

借：递延所得税资产　　500 000

　　贷：所得税费用　　500 000

② 2023年12月31日，根据递延所得税计算表编制会计分录如下：

借：所得税费用　　300 000

　　贷：递延所得税资产　　300 000

【提示】企业因确认递延所得税资产和递延所得税负债产生的递延所得税，一般应当计入所得税费用，如果某项交易或事项按照企业会计准则规定应计入所有者权益的，由该交易或事项产生的递延所得税资产和递延所得税负债及其变化应计入所有者权益，不构成利润表中的递延所得税费用（或收益）。

【知识拓展】特殊项目暂时性差异的处理：① 未作为资产、负债确认的项目产生的暂时性差异。某些交易或事项发生以后，因不符合资产、负债确认条件而未确认为资产负债表中的资产或负债，但按照税法规定能够确定其计税基础的，其账面价值与其计税基础之间的差异也构成暂时性差异。例如，按照企业会计准则的规定，企业发生的广告费和业务宣传费支出在发生时应全部计入当期损益，不形成资产负债表中的资产。根据税法规定，企业发生的符合条件的广告费和业务宣传费支出，除国务院财政、税务主管部门另有规定外，不超过当年销售（营业）收入15%的部分，准予扣除；超过部分，准予在以后纳税年度结转扣除。按照企业会计准则的规定，该类支出不构成资产，即其账面价值为零，而按照税法规定，可以按照超过当年销售（营业）收入的15%的部分确定其计税基础，从而形成暂时性差异。② 可抵扣亏损及税款抵减产生的暂时性差异。按照税法规定可以结转以后年度弥补的未弥补亏损及税款抵减，虽不是因资产、负债的账面价值与其计税基础不同产生的，但与可抵扣暂时性差异具有同样的影响，均能够减少未来期间的应纳税所得额和相应的应交所得税，应视同可抵扣暂时性差异，在符合确认条件的情况下，确认与其相关的递延所得税资产。

四、所得税费用的确认和计量

利润表中的所得税费用由两个部分组成：当期所得税和递延所得税。其计算公式为：

所得税费用 = 当期所得税 + 递延所得税

【做中学14-10】晋华公司适用的所得税税率为25%，2023年度按照税法规定计算的应交所得税为1 200万元。年末，通过比较资产、负债的账面价值与其计税基础，确定应纳税暂时性差异为2 000万元，可抵扣暂时性差异为1 500万元。假定该公司不存在可抵扣亏损和税款抵减，预计在未来期间能够产生足够的应纳税所得额用以抵扣可抵扣暂时性差异。

根据上述资料，在下列不同情况下，2023年年末该公司的账务处理如下：

① 假定该公司的递延所得税资产和递延所得税负债均无期初余额。

当期应确认的递延所得税负债 = 2 000 × 25% = 500（万元）

当期应确认的递延所得税资产 = 1 500 × 25% = 375（万元）

当期应确认的递延所得税 = 500 − 375 = 125（万元）

当期应确认的所得税费用 = 1 200 + 125 = 1 325（万元）

根据当期所得税和递延所得税计算表编制会计分录如下：

借：所得税费用	13 250 000	
递延所得税资产	3 750 000	
贷：应交税费——应交企业所得税		12 000 000
递延所得税负债		5 000 000

② 假定递延所得税资产期初账面余额为300万元，递延所得税负债期初账面余额为450万元。

当期应确认的递延所得税负债 = 500 − 450 = 50（万元）

当期应确认的递延所得税资产 = 375 − 300 = 75（万元）

当期应确认的递延所得税 = 50 − 75 = −25（万元）

当期应确认的所得税费用 = 1 200 − 25 = 1 175（万元）

根据当期所得税和递延所得税计算表编制会计分录如下：

借：所得税费用	11 750 000	
递延所得税资产	750 000	

　　贷：应交税费——应交企业所得税　　12 000 000
　　　　递延所得税负债　　500 000

③假定递延所得税资产期初账面余额为500万元，递延所得税负债期初账面余额为550万元。

当期应确认的递延所得税负债 = 500 − 550 = −50（万元）

当期应确认的递延所得税资产 = 375 − 500 = −125（万元）

当期应确认的递延所得税 = −50 −（− 125）= 75（万元）

当期应确认的所得税费用 = 1 200 + 75 = 1 275（万元）

根据当期所得税和递延所得税计算表编制会计分录如下：

借：所得税费用　　12 750 000
　　递延所得税负债　　500 000
　　贷：应交税费——应交企业所得税　　12 000 000
　　　　递延所得税资产　　1 250 000

④假定递延所得税资产期初账面余额为300万元，递延所得税负债期初账面余额为600万元。

当期应确认的递延所得税负债 = 500 − 600 = −100（万元）

当期应确认的递延所得税资产 = 375 − 300 = 75（万元）

当期应确认的递延所得税 = −100 − 75 = −175（万元）

当期应确认的所得税费用 = 1 200 − 175 = 1 025（万元）

根据当期所得税和递延所得税计算表编制会计分录如下：

借：所得税费用　　10 250 000
　　递延所得税资产　　750 000
　　递延所得税负债　　1 000 000
　　贷：应交税费——应交企业所得税　　12 000 000

⑤假定递延所得税资产期初账面余额为450万元，递延所得税负债期初账面余额为400万元。

当期应确认的递延所得税负债 = 500 − 400 = 100（万元）

当期应确认的递延所得税资产 = 375 − 450 = −75（万元）

当期应确认的递延所得税 = 100 −（− 75）= 175（万元）

当期应确认的所得税费用 = 1 200 + 175 = 1 375（万元）

根据当期所得税和递延所得税计算表编制会计分录如下：

借：所得税费用　　13 750 000
　　贷：应交税费——应交企业所得税　　12 000 000
　　　　递延所得税资产　　750 000
　　　　递延所得税负债　　1 000 000

【做中学14-11】2023年度，晋华公司利润表中的利润总额为5 500万元，该公司适用的所得税税率为25%。2023年1月1日该公司资产和负债的账面价值与计税基础存在差异的项目见表14-2。

表14-2　　2023年1月1日资产和负债的账面价值与计税基础存在差异的项目　　单位：万元

项　目	账面价值	计税基础	差　异	
			应纳税暂时性差异	可抵扣暂时性差异
交易性金融资产	3 000	2 300	700	
存货	9 000	9 300		300
固定资产	6 500	5 860	640	
无形资产	2 500	2 700		200
预计负债	300	0		300
总　计	—	—	1 340	800

2023年度，该公司发生下列交易或事项：

①本年度会计上计提的固定资产折旧费用为560万元，按照税法规定允许税前扣除的折旧费用为720万元。

②向关联企业捐赠现金500万元，按照税法规定不允许税前扣除。

③期末确认交易性金融资产公允价值变动收益300万元。

④违反环保法规定支付罚款260万元。

⑤期末计提存货跌价准备200万元。

2023年12月31日该公司资产和负债的账面价值与计税基础存在差异的项目见表14-3。

表14-3　　2023年12月31日资产和负债的账面价值与计税基础存在差异的项目　　单位：万元

项　目	账面价值	计税基础	差　异	
			应纳税暂时性差异	可抵扣暂时性差异
交易性金融资产	5 000	4 000	1 000	
存货	8 000	8 500		500
固定资产	6 000	5 200	800	
无形资产	3 400	3 600		200
预计负债	300	0		300
总　计	—	—	1 800	1 000

假定该公司不存在可抵扣亏损和税款抵减，预计在未来期间能够产生足够的应纳税所得额用以抵扣可抵扣暂时性差异。

①计算确认当期所得税。

应纳税所得额 = 5 500 -（720 - 560）+ 500 - 300 + 260 + 200 = 6 000（万元）

应交所得税 = 6 000 × 25% = 1 500（万元）

②计算确认递延所得税。

当期应确认的递延所得税负债 =（1 800 - 1 340）× 25% = 115（万元）

当期应确认的递延所得税资产 =（1 000 - 800）× 25% = 50（万元）

当期应确认的递延所得税 = 115 - 50 = 65（万元）

③计算确认所得税费用。

当期应确认的所得税费用 = 1 500 + 65 = 1 565（万元）

根据当期所得税和递延所得税计算表编制会计分录如下：

借：所得税费用　　15 650 000

　　递延所得税资产　　500 000

贷：应交税费——应交企业所得税　15 000 000

递延所得税负债　1 150 000

【明德善思】

多项措施全方位助力企业减税降费

2022年5月10日，国家发展和改革委员会网站发布消息称，日前国家发展和改革委员会等四部门发布《国家发展改革委等部门关于做好2022年降成本重点工作的通知》（以下简称《通知》），从税费、金融支持、困难行业缓缴失业保险和工伤保险费、降低租金成本、重要原材料和初级产品保供稳价等8个方面26项措施详细画出2022年降成本路线图。

2022年要实施新的组合式税费支持政策，减税与退税并举。《通知》提到，要延续实施扶持制造业、小微企业和个体工商户的减税降费政策，并提高减免幅度、扩大适用范围。对小微企业年应纳税所得额100万元～300万元部分，再减半征收企业所得税等。

留抵退税也是重要内容之一。《通知》提到，优先安排小微企业，对小微企业的存量留抵税额于6月底前一次性全部退还，增量留抵税额足额退还。重点支持制造业，全面解决制造业、科研和技术服务、生态环保、电力燃气、交通运输等行业留抵退税问题。

此外，《通知》还提及企业创新税收激励，如加大研发费用加计扣除政策实施力度，将科技型中小企业加计扣除比例从75%提高到100%，以及清理规范涉企收费，清理转供电环节不合理加价。

除税费支持外，《通知》还囊括诸多企业“急难愁盼”的问题。例如，在缓解企业人工成本压力方面，《通知》提到，延续实施阶段性降低失业保险、工伤保险费率政策。对不裁员、少裁员的企业，继续实施普惠性失业保险稳岗返还政策，在2022年度将中小微企业返还比例从60%最高提至90%。

今年以来，受国际局势影响，大宗商品价格上涨压缩了企业利润空间。对此，《通知》提及，要继续做好能源、重要原材料保供稳价工作，保障民生和企业正常生产经营用电，进一步强化大宗商品市场监管。

实施减税降费以及其他方面的支持不仅有短期扩张需求的考虑，也是供给侧结构性改革及长期发展的要求。

资料来源：杨月涵. 26项措施全方位助力企业减负［EB/OL］.［2022-05-17］. https：//baijiahao.baidu.com/s？id=1732458601247894020&wfr=spider&for=pc.

【启示】党的十八大以来，减税降费成效巨大，截至2017年8月底，我国为企业减轻负担超过4 200亿元。其中：2013年至2016年减负超过2 560亿元。2017年，会同有关部门综合施策，减轻企业负担超过1 700亿元。2020年以来，党和政府更是出台多项政策和举措，减轻企业负担。比如，对于征收率为3%的小规模纳税人，在不同地区给予不同幅度的减税或免税。党的二十大报告指出，“构建高水平社会主义市场经济体制”，“支持中小微企业发展”。《财政部 税务总局关于进一步支持小微企业和个体工商户发展有关税费政策的公告》（财政部 税务总局公告2023年第12号）对小型微利企业减按25%计算应纳税所得额，按20%的税率缴纳企业所得税的政策，延续执行至2027年12月31日。这体现了党和政府支持经济发展的决心。党和政府始终为人民着想，为企业解难。作为新时代中国青年，同学们要坚持听党话、跟党走，激发奋斗力量、扬起实干风帆，踏踏实实做好每一件事情，兢兢业业干好每一项工作，努力创造无愧于国家和人民的业绩。

项目小结

本项目主要知识点归纳总结见表14-4。

表14-4 本项目主要知识点归纳总结

任务	知识点	账务处理要点
期间费用的核算	期间费用包括销售费用、管理费用和财务费用	设置“销售费用”“管理费用”“财务费用”账户，对发生的期间费用进行会计处理。它们属于损益类账户，会计期末要将其余额结转至“本年利润”账户
所得税费用的核算	（1）企业的所得税费用包括当期所得税和递延所得税两个部分。 当期所得税是指当期应交的所得税。递延所得税是按照《企业会计准则第18号——所得税》规定应予确认的递延所得税资产和递延所得税负债金额，即递延所得税资产和递延所得税负债当期发生额的综合结果，但不包括计入所有者权益的交易或事项的所得税影响。 递延所得税 =（期末递延所得税负债 - 期初递延所得税负债）-（期末递延所得税资产 - 期初递延所得税资产） （2）暂时性差异是指资产、负债的账面价值与其计税基础不同产生的差额 ①应纳税暂时性差异，是指在确定未来收回资产或清偿负债期间的应纳税所得额时，将导致产生应税金额的暂时性差异。该差异在未来期间转回时会增加转回期间的应纳税所得额和应纳所得税金额。资产的账面价值大于其计税基础或负债的账面价值小于其计税基础，产生应纳税暂时性差异 ②可抵扣暂时性差异，是指在确定未来收回资产或清偿负债期间的应纳税所得额时，将导致产生可抵扣金额的暂时性差异。该差异在未来期间转回时会减少转回期间的应纳税所得额和应纳所得税金额。资产的账面价值小于其计税基础或负债的账面价值大于其计税基础，产生可抵扣暂时性差异	（1）设置“应交税费——应交所得税”账户，核算本期应交所得税，借记“所得税费用”账户，贷记“应交税费——应交所得税”账户 （2）设置“递延所得税负债”“递延所得税资产”账户，核算递延所得税 ①对于应纳税暂时性差异，一般应确认相关的递延所得税负债，除计入所有者权益的交易或事项外，借记“所得税费用”账户，贷记“递延所得税负债”账户。应纳税暂时性差异转回时，作相反的会计分录 ②对于可抵扣暂时性差异，应以未来期间很可能取得用来抵扣可抵扣暂时性差异的应纳税所得额为限，一般应确认相关的递延所得税资产，除计入所有者权益的交易或事项外，借记“递延所得税资产”账户，贷记“所得税费用”账户。可抵扣暂时性差异转回时，作相反的会计分录

阅读篇目

《企业会计准则——基本准则》

《企业会计准则第18号——所得税》及其应用指南

《中华人民共和国企业所得税法》及其实施条例

《财政部 国家税务总局关于全面推开营业税改征增值税试点的通知》（财税〔2016〕36号）

《财政部 国家税务总局关于公益性捐赠支出企业所得税税前结转扣除有关政策的通知》（财税〔2018〕15号）

项目十五

利润的核算

微课

项目十五概述

学习目标

【知识目标】

1. 掌握利润的构成、利润的计算及利润的结转
2. 掌握营业外收支的内容及核算
3. 掌握政府补助的内容及核算
4. 掌握利润分配的一般顺序及核算
5. 掌握亏损弥补的核算方法

【技能目标】

1. 能正确计算营业利润、利润总额、净利润等利润指标
2. 能根据企业实际选择利润结转方法，并正确进行会计处理
3. 能按照批准的利润分配方案正确进行会计处理
4. 能正确计算未分配利润，并进行年终结转
5. 按照利润分配业务流程和处理方法，结合财经法规和企业要求，自主解决利润分配会计处理中出现的常见问题

【素质目标】

1. 幸福都是奋斗出来的，新时代是奋斗者的时代。通过“榜样的力量”等优秀宣传资料激励学生，让学生懂得成功的决定因素来自不懈的努力，当代大学生要努力学习，做新时代的奋斗者
2. 团队合作、协同发展。企业是一个大家庭，企业的经济效益来源于企业所有员工的共同努力，专业教学中融入实际案例，让学生感受团队的力量，培养集体主义观念

工作情境与工作任务

企业经过一定会计期间的生产经营活动，进行了各项资产、负债增减变化的核算，同时还进行了损益变动的核算，到了期末一定很想知道本会计期间是形成了利润还是产生了亏损，您知道利润或亏损是如何形成的吗？在账务上怎样进行核算？

按照《公司法》的规定，利润分配有一定的先后顺序，您知道是怎样的顺序吗？您会进行利润分配的账务处理吗？企业经营发生的亏损，应由企业自行解决，您知道弥补亏损的渠道吗？各种补亏渠道下，您知道通过哪些科目核算？如何进行账务处理呢？

任务一　本年利润的核算

一、利润的构成

利润是指企业在一定会计期间的经营成果。利润包括收入减去费用后的净额、直接计入当期利润的利得和损失。

企业的利润（或亏损）总额，包括营业利润、营业外收支净额等内容，其有关计算公式如下：

利润总额（或亏损总额）= 营业利润 + 营业外收入 - 营业外支出

营业利润 = 营业收入 - 营业成本 - 税金及附加 - 销售费用 - 管理费用 - 财务费用 - 资产减值损失 - 信用减值损失 + 其他收益 + 投资收益（- 投资损失）+ 公允价值变动收益（- 公允价值变动损失）+ 资产处置收益（- 资产处置损失）

式中：

营业收入 = 主营业务收入 + 其他业务收入

营业成本 = 主营业务成本 + 其他业务成本

企业的净利润为利润总额减去所得税费用后的余额，其计算公式为：

净利润 = 利润总额 - 所得税费用

企业一定会计期间的净利润与其他综合收益的税后净额之和构成企业本期的综合收益总额。

二、营业外收支的内容与核算

（一）营业外收支的内容

营业外收支是指企业发生的与其日常活动无直接关系的各项利得和损失。

营业外收入反映企业发生的营业利润以外的各项收益。营业外收入并不是由企业经营资金耗费所产生的，不需要企业付出代价，实际上是一种纯收入，不可能也不需要与有关费用进行配比。营业外收入主要包括与企业日常活动无关的政府补助、盘盈利得、捐赠利得等。

营业外支出反映企业发生的营业利润以外的各项支出，主要包括公益性捐赠支出、非常损失、盘亏损失、非流动资产毁损报废损失等。其中非流动资产毁损报废损失通常包括非流动资产因自然灾害发生毁损、已丧失使用功能等原因而报废清理产生的损失。

【思考】营业外收入、营业外支出与收入、费用有何异同？

（二）营业外收支的核算

1.营业外收入的核算

企业应单独设置“营业外收入”账户，核算企业发生的各项营业外收入。期末，应将该账户余额转入“本年利润”账户，结转后该账户无余额。该账户可按营业外收入项目进行明细核算。

（1）企业因报废毁损等原因而处置非流动资产产生的利得，应借记“固定资产清理”等账户，贷记“营业外收入”等账户。

（2）发生盘盈利得、捐赠利得时，借记有关资产账户，贷记“营业外收入”账户。

【做中学15-1】晋华公司2023年3月份发生如下业务：

①接受同乡会捐赠的新设备一台，增值税专用发票列明价款3 200 000元、增值税税额416 000元，本公司用银行存款支付安装费15 400元，假定不考虑其他税费，根据捐赠协议、固定资产验收单、增值税专用发票的发票联、银行付款凭证编制如下分录：

借：在建工程	3 200 000	
应交税费——应交增值税（进项税额）	416 000	
贷：营业外收入		3 616 000
借：在建工程	15 000	
贷：银行存款		15 000
借：固定资产	3 215 000	
贷：在建工程		3 215 000

②接到银行转来的收款通知，托收的货款13 000元已收到，同时收到对方逾期付款的滞纳金290元。根据银行收款通知编制如下会计分录：

借：银行存款	13 290	
贷：应收账款		13 000
营业外收入——罚款净收入		290

③月末，将营业外收入转入“本年利润”账户。

借：营业外收入	3 616 290	
贷：本年利润		3 616 290

2.营业外支出的核算

企业应单独设置“营业外支出”账户，核算企业发生的各项营业外支出。期末，应将该账户余额转入“本年利润”账户，结转后该账户无余额。该账户可按营业外支出项目进行明细核算。

（1）企业发生的债务重组损失，借记“营业外支出”账户，贷记“固定资产清理”“应收账款”等账户。

（2）发生公益性捐赠支出时，借记“营业外支出”账户，贷记“银行存款”等账户。

（3）盘亏、毁损和报废的资产发生的净损失，按管理权限报经批准后，借记“营业外支出”账户，贷记“待处理财产损溢”账户。

【做中学15-2】2023年3月晋华公司发生下列营业外支出业务：

（1）在财产清查中盘亏未使用设备一台，原价400 000元，增值税税额52 000元，已提折旧300 000元。经查，系未办理手续而进行了报废，经批准作为营业外支出列支。晋华公司编制会计分录如下：

①上报待批时，根据“固定资产清查报告单”编制会计分录如下：

借：待处理财产损溢——待处理固定资产损溢　　113 000

　　累计折旧　　300 000

　　贷：固定资产　　400 000

　　　　应交税费——应交增值税（进项税额转出）　　13 000

②批准转账时，根据单位财务会议决议编制会计分录如下：

借：营业外支出——固定资产盘亏　　113 000

　　贷：待处理财产损溢——待处理固定资产损溢　　113 000

（2）结转因自然灾害清理固定资产发生的损失30 000元。根据固定资产清理明细单编制会计分录如下：

借：营业外支出——处理固定资产净损失　　30 000

　　贷：固定资产清理　　30 000

（3）以银行存款捐助灾区100 000元。根据捐款证明书、银行付款通知联编制会计分录如下：

借：营业外支出——公益救济性捐赠　　100 000

　　贷：银行存款　　100 000

（4）月末，结转“营业外支出”账户。

借：本年利润　　243 000

　　贷：营业外支出　　243 000

三、政府补助的内容与核算

（一）政府补助概述

1.政府补助的定义

政府补助是指企业从政府无偿取得货币性资产或非货币性资产。其主要形式包括财政拨款、税收返还、财政贴息及无偿划拨非货币性资产等。

2.政府补助的分类

根据《企业会计准则第16号——政府补助》的规定，政府补助应划分为与资产相关的政府补助和与收益相关的政府补助。与资产相关的政府补助是指企业取得的、用于购建或以其他方式形成长期资产的政府补助。与收益相关的政府补助是指除与资产相关的政府补助之外的政府补助。

3.政府补助的计量

政府补助为货币性资产的，应当按照收到或应收的金额计量。政府补助为非货币性资产的，应当按照公允价值计量；公允价值不能可靠取得的，按照名义金额计量。

4.政府补助的会计处理方法

政府补助主要是对企业成本费用或损失的补偿，或是对企业某些行为的奖励。按照

《企业会计准则第16号——政府补助》的规定，企业发生的与企业日常活动相关的政府补助，应当按照经济业务实质，计入其他收益或冲减相关成本费用；与企业日常活动无关的政府补助，应当计入营业外收支或冲减损失。

政府补助有两种会计处理方法：总额法和净额法。总额法，是指在确认政府补助时将政府补助全额确认为损益，而不是作为相关资产账面价值或费用的扣减。净额法，是指将政府补助作为相关资产账面价值或费用的扣减。

在通常情况下，若政府补助补偿的成本费用是营业利润之中的项目，或该补助与日常销售等经营行为密切相关（如增值税即征即退等），则认为该政府补助与企业日常活动相关；与企业日常活动无关的政府补助，通常由企业常规经营之外的原因所产生，具备偶发性的特征，如政府因企业受不可抗力的影响发生停工、停产损失而给予补助等。

【提示】企业应当根据经济业务的实质，判断某一类政府补助业务应当采用总额法还是净额法进行会计处理。在通常情况下，对同类政府补助业务只能选用一种方法，同时，企业对该业务应当一贯地运用该方法，不能随意变更。

（二）政府补助的核算

1. 与资产相关的政府补助

设置“递延收益”账户，核算企业发生的需要分期计入损益的政府补助等。该账户属于负债类账户，贷方登记发生的递延收益，借方登记摊销或结转的递延收益，期末贷方余额反映尚未摊销或结转的递延收益。

微课

与资产相关的政府补助会计处理——总额法

设置“其他收益”账户，核算与企业日常活动相关的政府补助。该账户属于损益类账户，期末结转后无余额。

（1）总额法。取得政府补助时，按照补助金额，借记“银行存款”“其他应收款”等账户，贷记“递延收益”账户；在相关资产使用寿命内分配递延收益，借记“递延收益”账户，贷记“其他收益”或“营业外收入”账户。

相关资产在使用寿命结束前被出售、转让、报废或发生毁损的，应将尚未分配的相关递延收益余额一次性转入资产处置当期的损益，借记“递延收益”账户，贷记“固定资产清理”“其他收益”等账户。

与资产相关的政府补助会计处理——净额法

（2）净额法。在这种方法下，企业按照扣减了政府补助后的资产价值对相关资产计提折旧或进行摊销。取得政府补助时，按照补助资金的金额借记“银行存款”“其他应收款”等账户，贷记“递延收益”账户；取得相关资产时，借记“递延收益”账户，贷记“固定资产”等账户。

【做中学15-3】按照国家有关政策，企业购置环保设备可以申请政府补贴以补偿其环保支出。晋华公司于2023年1月向政府有关部门提交了300万元的补助申请，作为对其购置环保设备的补贴。2023年3月15日，公司收到了政府补助款300万元。2023年4月20日，晋华公司购入不需安装环保设备，实际成本为480万元，预计使用寿命10年，采用直线法计提折旧（不考虑净残值）。假设2031年4月，晋华公司的这台设备发生毁损。假设不考虑相关税费。晋华公司的账务处理如下：

(1) 总额法

①2023年3月15日实际收到财政拨款，确认递延收益

借：银行存款 3 000 000

贷：递延收益 3 000 000

②2023年4月20日购入设备

借：固定资产 4 800 000

贷：银行存款 4 800 000

③自2023年5月起，每个月的月末计提折旧，同时分配递延收益

借：制造费用（4 800 000 ÷ 10 ÷ 12） 40 000

贷：累计折旧 40 000

借：递延收益（3 000 000 ÷ 10 ÷ 12） 25 000

贷：其他收益 25 000

④假定2031年4月设备毁损，同时转销递延收益余额

累计折旧 = 40 000 ×（8 + 7 × 12 + 4）= 3 840 000（元）

递延收益余额 = 3 000 000 − 25 000 ×（8 + 7 × 12 + 4）= 600 000（元）

借：固定资产清理 960 000

累计折旧 3 840 000

贷：固定资产 4 800 000

借：递延收益 600 000

贷：固定资产清理 600 000

借：营业外支出 360 000

贷：固定资产清理 360 000

(2) 净额法

①2023年3月15日实际收到财政拨款，确认递延收益

借：银行存款 3 000 000

贷：递延收益 3 000 000

②2023年4月20日购入设备

借：固定资产 4 800 000

贷：银行存款 4 800 000

借：递延收益 3 000 000

贷：固定资产 3 000 000

③自2023年5月起，每个月的月末计提折旧15 000元（1 800 000 ÷ 10 ÷ 12）

借：制造费用 15 000

贷：累计折旧 15 000

④假定2031年4月设备毁损：

累计折旧 = 15 000 ×（8 + 12 × 7 + 4）= 1 440 000（元）

借：固定资产清理 360 000

累计折旧 1 440 000

贷：固定资产　　1 800 000

借：营业外支出　　360 000

贷：固定资产清理　　360 000

2. 与收益相关的政府补助

与收益相关的政府补助，企业应当选择采用总额法或净额法进行会计处理。选择总额法的，应当将政府补助计入其他收益或营业外收入；选择净额法的，应当将政府补助冲减相关成本费用或营业外支出。

（1）与收益相关的政府补助，用于补偿企业以后期间的相关成本费用或损失的，取得时确认为递延收益，在确认相关成本费用的期间计入当期损益或冲减相关成本费用，即：取得与收益相关的政府补助，用于补偿企业以后期间相关成本费用或损失的，按收到或应收的金额，借记“银行存款”“其他应收款”等账户，贷记“递延收益”账户；在发生相关成本费用或损失的期间，按应补偿的金额，借记“递延收益”账户，贷记“营业外收入”、“其他收益”或“管理费用”等账户。

微课

与收益相关的政府补助会计处理

（2）与收益相关的政府补助，用于补偿企业已发生的相关成本费用或损失的，按收到或应收的金额，借记“银行存款”“其他应收款”等账户，贷记“营业外收入”、“其他收益”或 “管理费用”等账户。

【做中学15-4】晋华公司于2021年3月15日与企业所在地政府签订合作协议，根据协议约定，当地政府将向晋华公司提供1 000万元奖励资金，用于企业的人才激励和人才引进奖励；晋华公司必须按年向当地政府报送详细的资金使用计划并按规定用途使用资金。协议同时还约定，晋华公司自获得奖励起10年内注册地址不迁离本区，否则政府有权追回奖励资金。晋华公司于2021年4月10日收到1 000万元补助资金，分别在2021年12月、2022年12月、2023年12月使用了400万元、300万元和300万元，用于给总裁级别高管发放年度奖金。

晋华公司选择净额法对此类补助进行会计处理，其账务处理如下：

（1）2021年4月10日实际收到补助资金：

借：银行存款　　10 000 000

贷：递延收益　　10 000 000

（2）2021年12月、2022年12月、2023年12月，用补助资金发放高管奖金，相应结转递延收益，编制会计分录如下：

①2021年12月

借：递延收益　　4 000 000

贷：管理费用　　4 000 000

②2022年12月

借：递延收益　　3 000 000

贷：管理费用　　3 000 000

③2023年12月

借：递延收益　　3 000 000

贷：管理费用 3 000 000

【做中学15-5】甲企业2023年11月遭受重大自然灾害，于2023年12月20日收到政府补助资金200万元。

因自然灾害收到政府补助是属于与企业日常活动无关的事项。2023年12月20日，甲企业实际收到政府补助资金并选择总额法进行会计处理如下：

借：银行存款 2 000 000

贷：营业外收入 2 000 000

【思考】政府补助与政府作为所有者的投入资本的核算一样吗？

四、利润的结转

企业利润的结转有表结法和账结法两种方法。

（一）表结法

在表结法下，企业在月末计算本期利润和本年累计利润时，将全部损益类账户的余额按利润表填制的要求填入利润表的各项目中，在利润表中计算出本期利润和本年累计利润；到12月份年终结算时，再将各损益类账户的余额结转至“本年利润”账户，结转后各损益类账户的余额为零。由于在这种方法下各月末不将损益类账户的本期发生额转入“本年利润”账户，因而各损益类账户的期末余额反映截至本月末止的本年累计余额。这种方法的具体做法是：

第一步，将各损益类账户的月末余额按利润表的填制要求填入利润表“本年累计数”栏的各项目中，通过利润表计算出至本月末止的本年累计利润；

第二步，用“本年累计数”栏的各项目金额减去上月利润表“本年累计数”栏相对应的各项目金额，计算出本月各损益项目的金额和利润额。

【提示】由于1月是每年的第一个月份，因而，直接将各损益类账户的月末余额填入利润表的“本月数”和“本年累计数”栏。

采用表结法，由于各月末不结转本年利润，只在年末才将损益类账户的余额转入“本年利润”账户，因而，各损益类账户的月末余额表示本年的累计数，“本年利润”账户1—11月月末不作任何记录。年末时，应使用账结法将全部损益类账户的余额结转到“本年利润”账户，通过“本年利润”账户结出本年度利润。

年末结转本年利润时，借记损益类账户中的收入、利得类账户，贷记“本年利润”账户；借记“本年利润”账户，贷记损益类账户中的费用、损失类账户。结转后，损益类账户没有余额，“本年利润”账户的贷方余额表示全年累计实现的净利润，借方余额表示全年累计发生的净亏损。

采用表结法，各月月末的累计净利润或净亏损不能在账面上直接得到反映，需要在利润表中进行计算，但由于平时不必结转本年利润，能够简化核算工作。

【提示】采用表结法结转利润，适用于年终决算以外的各月月末，年末时，应采用账结法。

（二）账结法

账结法设置“本年利润”账户，核算企业在本年度实现的利润或发生的亏损。从用途上讲，该账户属于财务成果类账户，贷方登记各项收入和利得，借方登记各项费用和损失，借贷相抵后的余额如果在贷方表示盈利，如果在借方表示亏损。在年度中间尚未分配利润时，应将本年利润填列在资产负债表的“所有者权益”项目下，从这个意义上讲它是所有者权益性质的账户。年度终了时，应将“本年利润”账户余额全部转入“利润分配——未分配利润”账户，结转后该账户无余额。

在账结法下，企业在每个会计期末（月末、季度末、年末）将全部损益类账户（除“以前年度损益调整”外）的余额转入“本年利润”账户，通过“本年利润”账户结出本期利润和本年累计利润。

期末结转各损益类账户时，借记所有收入、利得类账户，贷记“本年利润”账户；借记“本年利润”账户，贷记所有费用、损失类账户。经过上述结转后，各损益类账户期末均没有余额，“本年利润”账户的贷方余额表示年度内累计实现的净利润，借方余额表示年度内累计发生的净亏损。

采用账结法，账面上能够直接反映至各月月末止累计实现的净利润或累计发生的净亏损，但每月结转本年利润的工作量较大。

【做中学15-6】某公司2023年1月至11月均采用表结法计算利润，年末各损益类账户的余额见表15-1。

表15-1　2023年年末各损益类账户的余额　单位：元

账户名称	借方	贷方
主营业务收入		16 505 000
其他业务收入		51 000
投资收益		120 000
营业外收入		32 000
其他收益		200 000
资产处置损益		80 000
主营业务成本	12 550 000	
税金及附加	475 750	
其他业务成本	46 250	
销售费用	75 000	
管理费用	67 000	
财务费用	53 000	
营业外支出	51 000	
所得税费用	1 320 000	

年末，根据上述资料编制会计分录如下：

（1）结转增加利润的各损益类账户：

借：主营业务收入　16 505 000
　　其他业务收入　51 000
　　投资收益　120 000
　　营业外收入　32 000
　　其他收益　200 000
　　资产处置损益　80 000
　　贷：本年利润　16 988 000

（2）结转减少利润的各损益类账户：

借：本年利润　14 638 000
　　贷：主营业务成本　12 550 000
　　　　税金及附加　475 750
　　　　其他业务成本　46 250
　　　　销售费用　75 000
　　　　管理费用　67 000
　　　　财务费用　53 000
　　　　营业外支出　51 000
　　　　所得税费用　1 320 000

（3）将“本年利润”账户余额转入“利润分配——未分配利润”账户：

借：本年利润　2 350 000
　　贷：利润分配——未分配利润　2 350 000

任务二　利润分配的核算

一、利润分配的一般程序

利润分配是企业根据国家规定和投资者的决议、公司章程，对企业税后净利润所进行的分配。企业本年实现的净利润，加上年初未分配利润（或减去年初未弥补亏损）后的金额，为可供分配的利润。可供分配的利润，应首先提取法定盈余公积。可供分配的利润减去提取的法定盈余公积后，为可供投资者分配的利润。可供投资者分配的利润，按照下列顺序分配：

（一）分配优先股股利

分配优先股股利，是指企业按照利润分配方案分配给优先股股东的现金股利。

（二）提取任意盈余公积

提取任意盈余公积，是指企业按规定提取的任意盈余公积。

（三）分配普通股股利

分配普通股股利，是指企业按照利润分配方案分配给普通股股东的现金股利，包括分配给投资者的利润。

（四）转作股本（或资本）

转作股本（或资本），是指企业按照利润分配方案以分派股票股利的形式转增股本（或资本）。

可供投资者分配的利润，经过上述分配后为未分配利润（或未弥补亏损）。未分配利润可留待以后年度进行分配。企业如发生亏损，可以按规定用以后年度利润弥补。

企业未分配的利润（或未弥补的亏损）应当在资产负债表的所有者权益项目中单独反映。

【提示】利润分配有一定的顺序，不能先后颠倒。

二、利润分配的核算

企业的利润分配是通过“利润分配”账户进行核算的，它是“本年利润”账户的调整账户。该账户借方反映利润的分配，如提取法定盈余公积和应付股利等，贷方反映本年利润的结转及用盈余公积弥补亏损等，期末余额如果在借方，表示历年积存的未弥补的亏损；如果在贷方，则表示历年积存的未分配利润。

为了详细地反映企业利润的分配情况，“利润分配”账户应按利润分配项目设置明细账户进行明细核算，包括：①提取法定盈余公积；②提取任意盈余公积；③应付现金股利或利润；④转作股本的股利；⑤未分配利润；⑥盈余公积补亏。

年度终了，应将“利润分配”所属其他各明细账户的余额全部转入“未分配利润”明细账户，结转后，其他各明细账户无余额。

（一）本年利润的结转

年度终了，企业应将本年度实现的净利润，自“本年利润”账户转入“利润分配——未分配利润”账户，借记“本年利润”账户，贷记“利润分配——未分配利润”账户，若为净亏损则编制相反的会计分录；同时，将“利润分配”账户所属其他明细账户的余额转入“利润分配——未分配利润”明细账户，结转后，“利润分配”账户除“未分配利润”明细账户外，其他明细账户均无余额。

（二）利润分配的核算

1.提取盈余公积

企业按规定提取的盈余公积，借记“利润分配——提取法定盈余公积（或提取任意盈余公积）”账户，贷记“盈余公积——法定盈余公积（或任意盈余公积）”账户。

2.分配现金股利或利润

根据经企业股东大会或类似机构审议批准的利润分配方案而宣告分配的现金股利或利润，在实际支付前形成企业的负债，应将其记入应付股利的贷方，借记“利润分配——应付现金股利或利润”账户，贷记“应付股利”账户。但是，如果是属于企业董事会或类似机构通过的利润分配方案中拟分配的现金股利或利润，则不应确认为负债，也不影响所有者权益总额，应在报表附注中进行披露。

3. 分配股票股利

经企业股东大会或类似机构决议，分配给股东的股票股利，应在办妥增资手续后，借记“利润分配——转作股本的股利”账户，贷记“股本”账户。

【做中学15-7】某公司2023年实现净利润100万元，按规定从税后利润中提取10%的法定盈余公积，并根据股东大会决议，分派优先股股利5万元，提取任意盈余公积3万元，分派普通股现金股利20万元。

①结转本年利润，编制会计分录如下：

借：本年利润	1 000 000	
贷：利润分配——未分配利润		1 000 000

②根据盈余公积计算表编制会计分录如下：

借：利润分配——提取法定盈余公积	100 000	
贷：盈余公积——法定盈余公积		100 000

③根据股东大会决议、盈余公积计算表、股利分配计算表编制会计分录如下：

借：利润分配——应付现金股利或利润	250 000	
——提取任意盈余公积	30 000	
贷：应付股利——优先股股利		50 000
——普通股股利		200 000
盈余公积——任意盈余公积		30 000

④结转利润分配明细账户，编制会计分录如下：

借：利润分配——未分配利润	380 000	
贷：利润分配——提取法定盈余公积		100 000
——应付现金股利或利润		250 000
——提取任意盈余公积		30 000

结转后，“未分配利润”明细账户余额为贷方余额62万元（100 - 38），“利润分配”其他明细账户无余额。

【提示】“本年利润”账户期末要进行结转，“利润分配”各明细账户期末也要进行结转。结转后，“本年利润”账户各明细账户、“利润分配”账户除“未分配利润”明细账户外的各明细账户均无余额，只有“未分配利润”明细账户有余额。

【做中学15-8】甲公司2023年年末各项损益结转后，“本年利润”账户的期末余额为借方余额8万元，即当年亏损8万元。

将“本年利润”账户的余额转入“利润分配——未分配利润”账户，编制会计分录如下：

借：利润分配——未分配利润	80 000	
贷：本年利润		80 000

三、弥补亏损的核算

企业经营中发生的亏损，应由企业自行解决。弥补亏损的渠道大体有三条：一是用以后年度税前利润弥补。按照规定，企业发生亏损，可以用以后年度实现的利润进行弥补，但弥补期限不得超过5年。二是用以后年度税后利润弥补。超过了税收规定的税前利润弥补期限，未弥补的以前年度亏损可用税后利润弥补。三是用盈余公积弥补。

（一）盈余公积补亏

【做中学15-9】2023年年末，乙公司以前年度发生的亏损12万元尚未弥补，根据税法规定，该亏损不能再用税前利润弥补，经股东大会决议，用法定盈余公积弥补亏损。

①根据股东大会决议编制会计分录如下：

借：盈余公积——法定盈余公积　　120 000

　　贷：利润分配——盈余公积补亏　　120 000

②年末，将“盈余公积补亏”明细账户的余额转入“未分配利润”明细账户。

借：利润分配——盈余公积补亏　　120 000

　　贷：利润分配——未分配利润　　120 000

（二）利润补亏

企业发生了亏损，如同实现净利润一样，均从“本年利润”账户转入“利润分配——未分配利润”账户。结转后，“利润分配——未分配利润”账户的借方余额，即为未弥补的亏损。以后年度实现了净利润，用同样的方法自“本年利润”账户转入“利润分配——未分配利润”账户，结转后，自然抵减了上年转来的借方余额，即弥补了亏损，无须编制专门的会计分录。

【做中学15-10】丙公司2023年发生亏损15万元。年度终了，编制会计分录如下：

借：利润分配——未分配利润　　150 000

　　贷：本年利润　　150 000

假定2023年丙公司实现净利润20万元。年度终了，编制会计分录如下：

借：本年利润　　200 000

　　贷：利润分配——未分配利润　　200 000

“未分配利润”明细账户的余额 = −150 000 + 200 000 = 50 000（元）

【提示】无论是税前利润补亏，还是税后利润补亏，会计处理都一样，区别在于企业申报缴纳所得税时，前者可以作为应纳税所得额的调整数，后者则不能。

【明德善思】

履行社会责任 实现企业利益与社会效益双赢

企业是经济社会的主体，社会是企业利益产生的来源。事实上，企业发展与社会环境休戚相关，企业与社会之间可谓密不可分的“鱼水关系”。随着我国经济发展进入新常态，在保持经济平稳健康发展同时，要实现就业稳定、民生改善、文化繁荣和生态良好，就离不开企业对社会责任的切实履行。2018年9月16日，中国企业家调查系统正式对外发布《改革开放40年：中国企业家的成长与贡献——2018·中国企业家队伍成长与发展调查综合报告》（以下简称《报告》）。《报告》指出，随着市场化改革不断深入，中国企业家的数量和素质有了明显提升，中国企业家为中国经济的发展和转型作出了巨大贡献，成为推动社会进步的重要力量。

履行社会责任，要积极参与社会公益事业。社会责任既是一项温暖的使命，也是一项坚定的任务。比如，众所周知的希望工程，其成立30年已经募集资金150多亿元，援建小学2万余所，资助家庭经济困难学生590多万名。从媒体报道来看，个人捐赠者来自海内外，遍及各地区、民族、年龄段和社会阶层，他们不仅捐钱捐物，还提供了难以估量的志愿服务；机构捐赠者涵盖了国内外的各类企业、媒体、社会组织，以及各级政府和各个政府部门。事实上，企业积极参与公益事业也能够帮助企业树立良好的社会形象，提高品牌的曝光率和市场占有率；不仅没有增加企业经营成本，反而更能提高企业的经济效益，孕育企业快速成长。

履行社会责任，要创新方式方法。千道理万道理，落实才是硬道理。企业履行责任不是说说就能实现，离不开真抓实干、实干苦干。换句话说，就是企业要承担更多的社会责任，就要主动适应生产力发展和社会进步的新要求，研究探索履行社会责任的有效方式，不断提高履行社会责任的能力和水平。当前，消费者权益、社区就业与公益援助、慈善捐赠及环境治理等方面，都已经成为广大企业社会责任的实践方向。积极创新履责方式，企业发展将更有底气。

发展一直在路上，企业履行社会责任也一直在路上。不仅仅是国内，近年来随着"一带一路"建设推进，一大批中国企业在海外也积极履行社会责任，获得当地社会广泛好评。当前，企业面临的机遇与挑战并存，这既给企业创新发展带来了压力和动力，也对企业家成长提出了更高的要求。更加积极地履行企业社会责任，已经成为社会各界对企业的殷切期望，更是新时代企业高质量发展的必然要求。越来越多的企业家也已经认识到，在产业变革与复杂多变的国际竞争环境下，社会责任已成为企业核心竞争力的重要组成部分，是衡量企业产品、价格、质量、服务的重要标志之一。这就需要更多企业在社会利益与企业利润之间找到自身发展的平衡点，真正实现企业利益与社会效益双赢。

资料来源：孟燕，郭成学芷．履行社会责任 实现企业利益与社会效益双赢［EB/OL］．［2019-11-26］．http：//jiangsu.china.com.cn/html/finance/finances/10679223_1.html.

【启示】利之本在于德与义。在现代企业制度理论中，公益慈善事业是企业社会责任的重要组成部分。企业在逐步发展壮大后，应在某些关键节点、领域，起到带头作用，积极回馈社会。企业参与公益慈善活动，不仅仅为社会带去了温暖，让更多的人享受企业发展的成果，实际上也是在提高自己品牌的知名度和美誉度，是一件社会公益和经济效益双赢的事情。这种双赢会产生良好的示范效应，引导更多企业投入慈善活动。同学们要培养履行社会责任的意识，以实际行动做担当奉献的有为青年，用青春和热忱为奋力谱写新时代社会主义现代化建设新篇章贡献力量。

项目小结

本项目主要知识点归纳总结见表15-2。

表15-2 **本项目主要知识点归纳总结**

任务	知识点	账务处理要求
本年利润的核算	(1) 利润包括收入减去费用后的净额、直接计入当期利润的利得和损失。利润指标有营业利润、利润总额、净利润 (2) 利润的结转有表结法和账结法两种方法 (3) 营业外收支的内容：与日常活动无直接关系的各项利得为营业外收入。与日常活动无直接关系的各项损失为营业外支出 (4) 政府补助。分为与资产相关的政府补助和与收益相关的政府补助。政府补助可以采用总额法或净额法核算。总额法，是将政府补助全额确认为损益的方法。净额法，将政府补助直接冲减相关资产账面价值或者相关成本费用或损失的方法	(1) 采用表结法，各月末各损益类账户不结转本年利润，只有在年末才将所有损益类账户的余额转入“本年利润”账户 (2) 采用账结法，在每个会计期末（月末、季末、年末）将全部损益类账户（除“以前年度损益调整”外）的余额转入“本年利润”账户，通过“本年利润”账户结出本期利润和本年累计利润 (3) 设置“营业外收入”账户核算计入当期损益的各项利得。设置“营业外支出”账户核算计入当期损益的各项损失 (4) 与资产相关的政府补助。①总额法：按照补助金额借记“银行存款”“其他应收款”等账户，贷记“递延收益”账户；在相关资产使用寿命内分配递延收益，借记“递延收益”账户，贷记“营业外收入”或“其他收益”账户。相关资产在使用寿命结束前被出售、转让、报废或发生毁损的，应将尚未分配的递延收益余额一次性转入资产处置当期的损益，借记“递延收益”账户，贷记“固定资产清理”“其他收益”等账户。②净额法：按照补助金额借记“银行存款”“其他应收款”等账户；取得资产时，借记“递延收益”账户，贷记“固定资产”等账户 (5) 与收益相关的政府补助。①总额法：按照补助金额借记“银行存款”“其他应收款”等账户；在发生相关成本费用或损失的期间，借记“递延收益”账户，贷记“营业外收入”“其他收益”等账户。②净额法：按照补助金额借记“银行存款”“其他应收款”等账户；在发生相关成本费用或损失的期间，借记“递延收益”账户，贷记“管理费用”等账户
利润分配的核算	(1) 企业本年实现的净利润，加上年初未分配利润（或减去年初未弥补亏损）后的金额为可供分配的利润 (2) 可供分配的利润，应首先提取法定盈余公积。可供分配的利润减去提取的法定盈余公积后，为可供投资者分配的利润 (3) 可供投资者分配的利润分配的顺序： ①分配优先股股利 ②提取任意盈余公积 ③分配普通股股利 ④转作股本（或资本） (4) 弥补亏损的渠道如下：一是用以后年度税前利润弥补，但弥补期限不得超过5年；二是用以后年度税后利润弥补；三是用盈余公积弥补	(1) 设置“利润分配”账户，其下分别设置“提取法定盈余公积”“提取任意盈余公积”“应付优先股股利”“应付现金股利或利润”“转作股本的股利”“盈余公积补亏”“未分配利润”明细账户核算 (2) 将“利润分配”各明细账户的余额转入“未分配利润”明细账户 (3) 用利润补亏无须进行专门的账务处理

阅读篇目

《企业会计准则——基本准则》

《企业会计准则第16号——政府补助》

《中华人民共和国公司法》

项目十六

财务报表编报

微课

项目十六概述

学习目标

【知识目标】

1. 熟悉财务报告的内容和列报基本要求
2. 理解资产负债表、利润表、现金流量表和所有者权益变动表的性质及作用
3. 熟悉资产负债表、利润表、现金流量表和所有者权益变动表的结构
4. 掌握资产负债表、利润表、现金流量表和所有者权益变动表的编制方法
5. 熟悉财务报表附注的主要内容

【技能目标】

1. 能根据企业的会计政策做好财务报告编制的基础工作、提供相关会计资料
2. 能正确编制资产负债表、利润表、现金流量表、所有者权益变动表
3. 能够按照企业会计准则的要求在财务报表附注中披露相关信息

【素质目标】

1. 培养学生具有高尚的职业道德，形成正确的价值理念，做到诚实守信、爱岗敬业、团结协作，树立良好的道德情操，提升职业道德素养
2. 培养学生的合规意识。遵循国家法律法规制度和公司章程，坚持准则、恪守职业道德，知法、守法、敬法，客观公允反映企业的财务状况、经营成果、风险状况等，切实保护国家、投资人及社会公众利益
3. 培养学生的责任意识。践行社会主义核心价值观，树立正确的责任观和奉献观，强调责任与担当，在新时代运用专业知识为企业经营决策提供有价值的财务信息，助力企业价值创造

工作情境与工作任务

财务报告是会计工作的最终成果，您知道我国企业财务报告的内容吗？企业对外披露财务报告需要向信息的使用者提供哪些信息？信息的提供应遵循什么标准与要求？

财务报表是财务报告的重要组成部分，您会正确编制资产负债表、利润表、现金流量表和所有者权益变动表吗？您知道附注中应该披露的信息有哪些吗？您能根据企业的实际情况，客观、公正地在报表附注中披露企业的财务信息吗？

任务一 财务报表认知

一、财务报告的内容

财务报告，也称财务会计报告，是指企业对外提供的反映企业某一特定日期的财务状况和某一会计期间的经营成果、现金流量等会计信息的文件。

财务报告包括财务报表和其他应当在财务报告中披露的相关信息和资料。财务报表是财务报告的核心，是对企业财务状况、经营成果和现金流量的结构性表述。财务报表由会计报表及其附注两个部分构成。

会计报表是财务会计报告的主要内容，是以统一的货币计量单位，主要运用表格形式依据账簿记录及其他有关资料进行编制，总括反映企业经济活动的书面文件。

会计报表附注是为了便于会计报表使用者理解会计报表的内容而对会计报表的编制基础、编制依据、编制原则和方法及主要项目等所作的解释。它是对会计报表的补充说明，是财务报表不可或缺的组成部分。

【提示】一套完整的财务报表包括资产负债表、利润表、现金流量表和所有者权益变动表及其附注。

二、财务报表列报的基本要求

（一）依据企业会计准则确认和计量的结果编制财务报表

企业应当根据实际发生的交易和事项，遵循《企业会计准则——基本准则》、各项具体会计准则及解释的规定进行确认和计量，并在此基础上编制财务报表。

企业应当在附注中对这一情况作出声明，只有遵循了企业会计准则的所有规定时，财务报表才应当被称为“遵循了企业会计准则”。同时，企业不应以在附注中披露代替对交易和事项的确认和计量，不恰当的确认和计量也不能通过充分披露相关会计政策而纠正。

此外，如果按照企业会计准则规定披露的信息不足以让报表使用者了解特定交易或事项对企业财务状况、经营成果和现金流量的影响时，企业还应当披露其他必要的信息。

【德技并修】企业编制财务报表时必须“坚持诚信、坚持准则”。党的二十大报告明确指出，“弘扬诚信文化，健全诚信建设长效机制”。同学们，身为会计人，当有坚如磐石的意志，当有诚实守信的准则，当有勤奋好学的态度，当有开拓创新的担当；牢记职业操守，精进专业知识，传承会计人初心使命，做好会计行业的守信人；为全面建设社会主义现代化国家、全面推进中华民族伟大复兴贡献力量。

（二）列报基础

企业应当以持续经营为基础编制财务报表。在编制财务报表的过程中，企业管理层应当全面评估企业的持续经营能力。企业在评估持续经营能力时应结合考虑企业的具体情况。

企业如果存在以下情况之一，则通常表明其处于非持续经营状态：

1.企业已在当期进行清算或停止营业。

2.企业已经正式决定在下一个会计期间进行清算或停止营业。

3.企业已确定在当期或下一个会计期间没有其他可供选择的方案而将被迫进行清算或停止营业。在非持续经营的情况下，企业应当在附注中声明财务报表未以持续经营为基础列报、披露未以持续经营为基础的原因以及财务报表的编制基础。

（三）权责发生制

企业除现金流量表按照收付实现制编制外，应当按照权责发生制编制其他财务报表。在采用权责发生制的情况下，当项目符合《企业会计准则——基本准则》中财务报表要素的定义和确认标准时，企业就应当确认相应的资产、负债、所有者权益、收入和费用，并在财务报表中加以反映。

（四）列报的一致性

财务报表项目的列报应当在各个会计期间保持一致，不得随意变更。这一要求不仅只针对财务报表中的项目名称，还包括财务报表项目的分类、排列顺序等方面。

在下列情况下，企业可以变更财务报表项目的列报：

1.企业会计准则要求改变财务报表项目的列报。

2.企业经营业务的性质发生重大变化或对企业经营影响较大的交易和事项发生后，变更财务报表项目的列报能够提供更可靠、更相关的会计信息。企业变更财务报表项目列报的，应当根据企业会计准则的有关规定提供列报的比较信息。

（五）依据重要性原则单独或汇总列报项目

重要性是指在合理预期下，如果财务报表某项目的省略或错报会影响使用者据此作出经济决策的，则该项目就具有重要性。

项目在财务报表中是单独列报还是汇总列报，应当依据重要性原则来判断。总的原则是：如果某项目单个看不具有重要性，则可将其与其他项目汇总列报；如具有重要性，则应当单独列报。企业应当遵循以下具体规定：

1.性质和功能不同的项目，一般应当在财务报表中单独列报，但是不具有重要性的项目可以汇总列报。

2.性质或功能类似的项目，一般可以汇总列报，但是对其具有重要性的类别应当单独列报。

3.项目单独列报的原则不仅适用于会计报表，还适用于附注。某些项目的重要性程度不足以在资产负债表、利润表、现金流量表和所有者权益变动表中单独列示，但对附注却具有重要性，在这种情况下应当在附注中单独披露。

4.企业会计准则规定在财务报表中单独列报的项目，企业应当单独列报。

【提示】企业在进行重要性判断时，应当根据所处的具体环境，从项目的性质和金额两个方面予以判断，且对各项目重要性的判断标准一经确定，不得随意变更。

（六）财务报表项目金额间的相互抵销

财务报表项目应当以总额列报，资产和负债、收入和费用、直接计入当期利润的利得项目和损失项目的金额不能相互抵销，即不得以净额列报，但企业会计准则另有规定的除外。

企业会计准则规定，以下三种情况不属于抵销：

1.一组类似交易形成的利得和损失以净额列示的，不属于抵销。

2.资产和负债项目按扣除备抵项目后的净额列示，不属于抵销。

3.非日常活动产生的利得和损失，以同一交易形成的收益扣减相关费用后的净额列示更能反映交易实质的，不属于抵销。

（七）比较信息的列报

企业在列报当期财务报表时，至少应当提供所有列报项目上一个可比会计期间的比较数据，以及与理解当期财务报表相关的说明。这一要求适用于财务报表的所有组成部分，既适用于会计报表，也适用于附注。

通常情况下，企业列报所有列报项目上一个可比会计期间的比较数据，至少包括两期会计报表及相关附注。

企业根据企业会计准则规定确需变更财务报表项目列报的，应当至少对可比期间的数据按照当期的列报要求进行调整，并在附注中披露调整的原因和性质以及调整的各项目金额。但对可比期间比较数据进行调整不切实可行的，企业应当在附注中披露不能调整的原因以及假设金额重分类可能进行的调整的性质。

（八）财务报表表首的列报要求

企业在财务报表的显著位置应当至少披露下列基本信息：

1.编报企业的名称。

2.对资产负债表而言，应当披露资产负债表日；对利润表、现金流量表、所有者权益变动表而言，应当披露报表涵盖的会计期间。

3.货币名称和单位。按照我国企业会计准则的规定，企业应当以人民币作为记账本位币，并标明金额单位，如人民币元、人民币万元等。

4.财务报表是合并财务报表的，应当予以标明。

（九）报告期间

企业至少应当按年编制财务报表。我国会计年度自公历1月1日起至12月31日止。如果企业在编制年度财务报表时，年度财务报表涵盖的期间短于一年的，应当披露年度财务报表的实际涵盖期间及其短于一年的原因，并应当说明由此引起财务报表项目与比较数据不具可比性这一事实。

【提示】小企业的财务报表组成项目根据小企业的实际情况进行了适当简化和调整。

任务二 资产负债表的编制

一、资产负债表的内容和结构

微课

资产负债表的编制方法

（一）资产负债表的内容

资产负债表，是指反映企业在某一特定日期的财务状况的会计报表，即反映企业某一特定日期所拥有或控制的经济资源、所承担的现时义务和所有者对净资产的要求权的会计报表。它能够提供企业在某一特定日期资产、负债和所有者权益的全貌，通过资产负债表所列示的相关内容有助于分析、评价并预测企业的财务弹性、资本结构及偿债能力。此外，通过资产负债表和利润表有关指标的结合分析，有助于评价、预测企业的获利能力和发展前景，从而有助于报表使用者作出经济决策。

（二）资产负债表的结构

资产负债表一般由表头、表体两部分组成。表头部分应列明报表名称、编制单位名称、资产负债表日、报表编号和计量单位；表体部分是资产负债表的主体，列示了用以说明企业财务状况的各个项目。我国企业资产负债表采用账户式结构，即报表分为左方和右方：左方列示资产各项目，反映全部资产的分布及存在形态；右方列示负债和所有者权益各项目，反映全部负债和所有者权益的内容及构成情况。左方和右方满足“资产 = 负债 + 所有者权益”平衡式。同时，资产负债表将各项目按“期末余额”和“上年年末余额”两栏分别填列，从而提供比较资料。我国企业资产负债表格式见表16-1。

表16-1 资产负债表 会企01表

编制单位： 年 月 日 单位：元

资产	期末余额	上年年末余额	负债和所有者权益（或股东权益）	期末余额	上年年末余额
流动资产：			流动负债：		
货币资金			短期借款		
交易性金融资产			交易性金融负债		
衍生金融资产			衍生金融负债		
应收票据			应付票据		
应收账款			应付账款		
应收款项融资			预收款项		
预付款项			合同负债		
其他应收款			应付职工薪酬		
存货			应交税费		
合同资产			其他应付款		

续表

资产	期末余额	上年年末余额	负债和所有者权益（或股东权益）	期末余额	上年年末余额
持有待售资产			持有待售负债		
一年内到期的非流动资产			一年内到期的非流动负债		
其他流动资产			其他流动负债		
流动资产合计			流动负债合计		
非流动资产：			非流动负债：		
债权投资			长期借款		
其他债权投资			应付债券		
长期应收款			其中：优先股		
长期股权投资			永续债		
其他权益工具投资			租赁负债		
其他非流动金融资产			长期应付款		
投资性房地产			预计负债		
固定资产			递延收益		
在建工程			递延所得税负债		
生产性生物资产			其他非流动负债		
油气资产			非流动负债合计		
使用权资产			负债合计		
无形资产			所有者权益（或股东权益）：		
开发支出			实收资本（或股本）		
商誉			其他权益工具		
长期待摊费用			其中：优先股		
递延所得税资产			永续债		
其他非流动资产			资本公积		
非流动资产合计			减：库存股		
			其他综合收益		
			盈余公积		
			未分配利润		
			所有者权益(或股东权益)合计		
资产总计			负债和所有者权益（或股东权益）总计		

【提示】高危行业企业如有按国家规定提取安全生产费的，应当在资产负债表所有者权益项下的“其他综合收益”项目和“盈余公积”项目之间增设“专项储备”项目，反映

企业提取的安全生产费期末余额。

二、资产负债表的编制

（一）“上年年末余额”栏的填列方法

资产负债表“上年年末余额”栏内各项目数字，应根据上年年末资产负债表“期末余额”栏内所列数字填列。如果本年度资产负债表规定的项目名称和内容同上年度不一致，应对上年年末资产负债表相关项目的名称和数字按照本年度的规定进行调整，填入“上年年末余额”栏内；如果企业发生了会计政策变更、前期差错更正，应当对“上年年末余额”栏中的有关项目进行相应调整。

（二）“期末余额”栏的填列方法

企业应当根据资产、负债和所有者权益类账户的期末余额填列资产负债表“期末余额”栏，具体方法如下：有的项目直接根据总账账户余额填列；有的项目根据若干个总账账户余额合计数填列；有的项目直接根据明细账户余额填列；有的项目根据总账账户和明细账户的余额分析填列；有的项目是根据总账账户和其备抵账户抵销后的净额填列。

1. 资产项目

（1）“货币资金”项目，反映企业库存现金、银行结算户存款、外埠存款、银行汇票存款、银行本票存款、信用卡存款、信用证保证金存款、存出投资款等的合计数。本项目应根据“库存现金”“银行存款”“其他货币资金”账户的期末余额合计数填列。

（2）“交易性金融资产”项目，反映资产负债表日企业分类为以公允价值计量且其变动计入当期损益的金融资产，以及企业持有的指定为以公允价值计量且其变动计入当期损益的金融资产的期末账面价值。该项目应根据“交易性金融资产”账户的相关明细账户期末余额分析填列。自资产负债表日起超过一年到期且预期持有超过一年的以公允价值计量且其变动计入当期损益的非流动金融资产的期末账面价值，在“其他非流动金融资产”项目反映。

（3）“应收票据”项目，反映资产负债表日以摊余成本计量的，企业因销售商品、提供服务等收到的商业汇票，包括银行承兑汇票和商业承兑汇票。该项目应根据“应收票据”账户的期末余额，减去“坏账准备”账户中相关坏账准备期末余额后的金额填列。

（4）“应收账款”项目，反映资产负债表日以摊余成本计量的，企业因销售商品、提供服务等经营活动应收取的款项。该项目应根据“应收账款”和“预收账款”账户所属各明细账户的期末借方余额合计数，减去“坏账准备”账户中相关坏账准备期末余额后的金额填列。如“应收账款”账户所属明细账户期末有贷方余额，应在本表“预收款项”项目内填列。

（5）“应收款项融资”项目，反映资产负债表日以公允价值计量且其变动计入其他综合收益的应收票据和应收账款等。

（6）“预付款项”项目，反映企业按照合同规定预付的款项。本项目应根据“预付账款”和“应付账款”账户所属各明细账户的期末借方余额合计数，减去“坏账准备”账户中有关预付账款计提的坏账准备期末余额后的净额填列。如“预付账款”账户所属有关明细账户期末有贷方余额的，应在本表“应付账款”项目内填列。

（7）“其他应收款”项目，应根据“应收利息”“应收股利”“其他应收款”账户的期末余额合计数，减去“坏账准备”账户中相关坏账准备期末余额后的金额填列。其中的“应收利息”仅反映相关金融工具已到期可收取但于资产负债表日尚未收到的利息。基于实际利率法计提的金融工具的利息应包含在相应金融工具的账面余额中。

（8）“存货”项目，反映企业期末在库、在途和在加工中的各项存货的可变现净值，包括各种材料、商品、在产品、半成品、周转材料、发出商品、委托代销商品等。本项目应根据“原材料”“材料采购”“周转材料”“库存商品”“发出商品”“委托加工物资”“委托代销商品”“生产成本”“受托代销商品”等账户的期末余额合计，减去“受托代销商品款”“存货跌价准备”账户期末余额后的净额填列。材料采用计划成本核算，以及库存商品采用计划成本或售价核算的企业，还应按加或减材料成本差异、商品进销差价后的金额填列。

（9）“合同资产”项目，反映企业已向客户转让商品而有权收取对价的权利。本项目应根据“合同资产”账户的相关明细账户期末余额分析填列。同一合同下的合同资产和合同负债应当以净额列示，其中净额为借方余额的，应当根据其流动性在“合同资产”或“其他非流动资产”项目中填列，已计提减值准备的，还应减去“合同资产减值准备”账户中相关的期末余额后的金额填列；其中净额为贷方余额的，应当根据其流动性在“合同负债”或“其他非流动负债”项目中填列。

（10）“持有待售资产”项目，反映资产负债表日划分为持有待售类别的非流动资产及划分为持有待售类别的处置组中的流动资产和非流动资产的期末账面价值。该项目应根据“持有待售资产”账户的期末余额，减去“持有待售资产减值准备”账户的期末余额后的金额填列。

（11）“一年内到期的非流动资产”项目，反映预计自资产负债表日起一年内变现的非流动资产项目金额。本项目应根据相关的非流动资产账户期末余额分析填列。

（12）“债权投资”项目，反映资产负债表日企业以摊余成本计量的长期债权投资的期末账面价值。该项目应根据“债权投资”账户的相关明细账户期末余额，减去“债权投资减值准备”账户中相关减值准备的期末余额后的金额分析填列。自资产负债表日起一年内到期的长期债权投资的期末账面价值，在“一年内到期的非流动资产”项目反映。企业购入的以摊余成本计量的一年内到期的债权投资的期末账面价值，在“其他流动资产”项目反映。

（13）“其他债权投资”项目，反映资产负债表日企业分类为以公允价值计量且其变动计入其他综合收益的长期债权投资的期末账面价值。该项目应根据“其他债权投资”账户的相关明细账户期末余额分析填列。自资产负债表日起一年内到期的长期债权投资的期末账面价值，在“一年内到期的非流动资产”项目反映。企业购入的以公允价值计量且其变动计入其他综合收益的一年内到期的债权投资的期末账面价值，在“其他流动资产”项目反映。

（14）“长期应收款”项目，反映企业融资租赁产生的应收款项、采用递延方式具有融资性质的销售商品和提供劳务等产生的应收款项。本项目应根据“长期应收款”账户的期末余额，减去相应的“未实现融资收益”账户和“坏账准备”账户中有关长期应收款计提的坏账准备期末余额后的净额填列。

（15）“长期股权投资”项目，反映企业持有的对子公司、联营企业和合营企业的权益性投资。本项目应根据“长期股权投资”账户的期末余额，减去“长期股权投资减值准备”账户期末余额后的净额填列。

（16）“其他权益工具投资”项目，反映资产负债表日企业指定为以公允价值计量且其变动计入其他综合收益的非交易性权益工具投资的期末账面价值。该项目应根据“其他权益工具投资”账户的期末余额填列。

（17）“投资性房地产”项目，反映企业为赚取租金或资本增值，或两者兼有而持有的房地产的成本或公允价值，包括已出租的土地使用权、持有并准备增值后转让的土地使用权及已出租的建筑物等。本项目应根据“投资性房地产”账户的期末余额，减去“投资性房地产累计折旧（摊销）”和“投资性房地产减值准备”账户期末余额后的净额填列。

（18）“固定资产”项目，反映资产负债表日企业固定资产的期末账面价值和企业尚未清理完毕的固定资产清理净损益。该项目应根据“固定资产”账户的期末余额，减去“累计折旧”和“固定资产减值准备”账户的期末余额后的金额，以及“固定资产清理”账户的期末余额填列。

（19）“在建工程”项目，反映资产负债表日企业尚未达到预定可使用状态的在建工程的期末账面价值和企业为在建工程准备的各种物资的期末账面价值。该项目应根据“在建工程”账户的期末余额，减去“在建工程减值准备”账户的期末余额后的金额，以及“工程物资”账户的期末余额，减去“工程物资减值准备”账户的期末余额后的金额填列。

（20）“使用权资产”项目，反映资产负债表日承租人企业持有的使用权资产的期末账面价值。该项目应根据“使用权资产”账户的期末余额，减去“使用权资产累计折旧”和“使用权资产减值准备”账户的期末余额后的金额填列。

（21）“无形资产”项目，反映企业持有的各项无形资产。本项目应根据“无形资产”账户的期末余额，减去“累计摊销”和“无形资产减值准备”账户期末余额后的净额填列。

（22）“开发支出”项目，反映企业开发无形资产过程中发生的能够资本化形成无形资产成本的支出。本项目应根据“研发支出”账户中所属的“资本化支出”明细账户期末余额填列。

（23）“长期待摊费用”项目，反映企业已经发生但应由本期和以后各期负担的分摊期限在一年以上的各种费用。本项目应根据“长期待摊费用”账户的期末余额填列。

（24）“递延所得税资产”项目，反映企业确认的可抵扣暂时性差异产生的递延所得税资产。本项目应根据“递延所得税资产”账户的期末借方余额填列。

（25）“其他非流动资产”项目，反映企业除以上资产以外的其他长期资产。本项目应根据有关账户的期末余额填列。

【提示】按照2017年修订的《企业会计准则第14号——收入》的相关规定：对于确认为资产的合同取得成本，应当根据“合同取得成本”账户的明细账户初始确认时摊销期限是否超过一年或一个正常营业周期，在“其他流动资产”或“其他非流动资产”项目中填列，已计提减值准备的，还应减去“合同取得成本减值准备”账户中相关的期末余额后的金额填列。

对于确认为资产的合同履约成本，应当根据“合同履约成本”账户的明细账户初始确认时摊销期限是否超过一年或一个正常营业周期，在“存货”或“其他非流动资产”项目中填列，已计提减值准备的，还应减去“合同履约成本减值准备”账户中相关的期末余额后的金额填列。

对于确认为资产的应收退货成本，应当根据“应收退货成本”账户是否在一年或一个正常营业周期内出售，在“其他流动资产”或“其他非流动资产”项目中填列。

如其他长期资产价值较大的，应在会计报表附注中披露其内容和金额。

2. 负债项目

（1）“短期借款”项目，反映企业向银行或其他金融机构等借入的期限在一年以下（含一年）的借款。本项目应根据“短期借款”账户的期末余额填列。

（2）“交易性金融负债”项目反映资产负债表日企业承担的交易性金融负债，以及企业持有的指定为以公允价值计量且其变动计入当期损益的金融负债的期末账面价值。该项目应根据“交易性金融负债”账户的相关明细账户期末余额填列。

（3）“应付票据”项目，反映资产负债表日以摊余成本计量的、企业因购买材料、商品和接受服务等开出、承兑的商业汇票，包括银行承兑汇票和商业承兑汇票。该项目应根据“应付票据”账户的期末余额填列。

（4）“应付账款”项目，反映资产负债表日以摊余成本计量的、企业因购买材料、商品和接受服务等经营活动应支付的款项。该项目应根据“应付账款”和“预付账款”账户所属的相关明细账户的期末贷方余额合计数填列。如“应付账款”账户所属明细账户期末有借方余额的，应在“预付款项”项目内填列。

（5）“预收款项”项目，反映企业按合同规定预收的款项。本项目应根据“预收账款”和“应收账款”账户所属各有关明细账户的期末贷方余额合计数填列。如“预收账款”账户所属明细账户期末有借方余额的，应在“应收账款”项目内填列。

（6）“合同负债”项目，反映企业已收或应收客户对价而应向客户转让商品的义务。本项目应根据“合同负债”账户的相关明细账户期末余额分析填列。同一合同下的合同资产和合同负债应当以净额列示，其中净额为贷方余额的，应当根据其流动性在“合同负债”或“其他非流动负债”项目中填列。

（7）“应付职工薪酬”项目，反映企业将于资产负债表日后12个月内支付的职工薪酬。本项目应根据“应付职工薪酬”账户明细账户的期末贷方余额分析填列。企业将于资产负债表日起12个月之后支付的职工薪酬应在非流动负债中反映。如果“应付职工薪酬”账户期末为借方余额，则以“-”号填列。

（8）“应交税费”项目，反映企业按照税法规定计算应缴纳的各种税费。企业代扣代缴的个人所得税，也通过本项目列示。本项目应根据“应交税费”账户的期末贷方余额填列，如果“应交税费”账户期末为借方余额，则以“-”号填列。

【提示】“应交税费”账户下的“应交增值税”“未交增值税”“待抵扣进项税额”“待认证进项税额”等明细账户期末借方余额应根据情况，在“其他流动资产”或“其他非流动资产”项目列示；“应交税费”账户下的“待转销项税额”等明细账户期末贷方余额应根据情况，在“其他流动负债”或“其他非流动负债”项目列示；“应交税费”账户下的“未交增值税”“简易计税”“转让金融商品应交增值税”“代扣代交增值税”等明细账户期末贷方余额在“应交税费”项目列示。

（9）“其他应付款”项目，应根据“应付利息”“应付股利”和“其他应付款”账户的期末余额合计数填列。其中的“应付利息”仅反映相关金融工具已到期应支付但于资产负债表日尚未支付的利息。基于实际利率法计提的金融工具的利息应包含在相应金融工具的账面余额中。

（10）“持有待售负债”项目，反映资产负债表日处置组中与划分为持有待售类别的资产直接相关的负债的期末账面价值。该项目应根据“持有待售负债”账户的期末余额填列。

（11）“一年内到期的非流动负债”项目，反映企业核算的非流动负债在资产负债表日后一年内到期部分的金额。本项目应根据相关的非流动负债账户期末余额分析填列。

（12）“长期借款”项目，反映企业向银行或其他金融机构借入的期限在一年以上（不含一年）的借款。本项目应根据“长期借款”账户的期末余额，减去一年内（含一年）到期应予以清偿的长期借款期末余额后的金额分析填列。

（13）“应付债券”项目，反映企业为筹集长期资金而发行的债券。本项目应根据“应付债券”账户的期末余额填列。本项目下的“优先股”和“永续债”两个项目，分别反映企业发行的分类为金融负债的优先股和永续债的账面价值。

（14）“租赁负债”项目，反映资产负债表日承租人企业尚未支付的租赁付款额的期末账面价值。该项目应根据“租赁负债”账户的期末余额填列。自资产负债表日起一年内到期应予以清偿的租赁负债的期末账面价值，在“一年内到期的非流动负债”项目反映。

（15）“长期应付款”项目，反映资产负债表日企业除长期借款和应付债券以外的其他各种长期应付款项的期末账面价值。该项目应根据“长期应付款”账户的期末余额，减去相关的“未确认融资费用”账户的期末余额后的金额，以及“专项应付款”账户的期末余额填列。

（16）“预计负债”项目，反映企业已确认尚未支付的预计负债。本项目应根据“预计负债”账户的期末余额填列。按照2017年修订的《企业会计准则第14号——收入》相关规定确认为预计负债的应付退货款，应当根据“预计负债”账户下的“应付退货款”明细账户是否在一年或一个正常营业周期内清偿，在“其他流动负债”或“预计负债”项目中填列。

（17）“递延收益”项目，反映企业尚未确认的各项收入或收益。本项目应根据“递延收益”账户的期末余额填列。

（18）“递延所得税负债”项目，反映企业已确认的应纳税暂时性差异产生的递延所得税负债。本项目应根据“递延所得税负债”账户的期末余额填列。

（19）“其他非流动负债”项目，反映企业除以上长期负债项目以外的其他长期负债。本项目应根据有关账户的期末余额填列。如果其他长期负债价值较大，则应在会计报表附注中披露其内容和金额。

上述长期负债各项目中将于一年内（含一年）到期的非流动负债，应在“一年内到期的非流动负债”项目内单独反映。上述非流动负债各项目均应根据有关账户期末余额减去将于一年内（含一年）到期的非流动负债后的金额填列。

3.所有者权益项目

（1）“实收资本（或股本）”项目，反映企业各投资者实际投入的资本（或股本）总额。本项目应根据“实收资本”（或股本）账户的期末余额填列。

（2）“其他权益工具”项目，反映资产负债表日企业发行在外的除普通股以外分类为权益工具的金融工具的账面价值。本项目应根据“其他权益工具”账户的期末余额填列。本项目下的“优先股”和“永续债”两个项目，分别反映企业发行的分类为权益工具的优先股和永续债的账面价值。

（3）“资本公积”项目，反映企业资本公积的期末余额。本项目应根据“资本公积”账户的期末余额填列。

（4）“库存股”项目，反映企业持有尚未转让或注销的本公司股份金额。本项目根据“库存股”账户的期末余额填列。

（5）“其他综合收益”项目，反映企业根据企业会计准则规定未在当期损益中确认的各项利得和损失的期末余额。本项目应根据“其他综合收益”账户的期末余额填列。

（6）“盈余公积”项目，反映企业盈余公积的期末余额。本项目应根据“盈余公积”账户的期末余额填列。

（7）“未分配利润”项目，反映企业尚未分配的利润。本项目应根据“本年利润”账户和“利润分配”账户的余额计算填列。未弥补的亏损在本项目内以“-”号填列。

三、编制资产负债表举例

【做中学16-1】晋华公司2023年度有关资料如下：

1.晋华公司2023年1月1日有关账户的账户余额见表16-2。

表16-2　账户余额表

2023年1月1日　单位：元

账户名称	借方余额	账户名称	贷方余额
库存现金	78 600	短期借款	500 000
银行存款	2 688 400	应付票据	468 000
其他货币资金（银行汇票）	1 130 000	应付账款	926 000
交易性金融资产	1 500 000	其他应付款	12 000
应收票据	1 053 000	应付职工薪酬	381 000
应收账款	1 700 000	应交税费	154 000
其他应收款	16 000	应付股利	100 000
坏账准备	−28 000	应付利息	100 000
应收股利	800 000	长期借款	1 000 000
原材料	2 940 000	递延所得税负债	50 000
周转材料	574 000	实收资本	30 000 000

续表

账户名称	借方余额	账户名称	贷方余额
库存商品	3 800 000	资本公积	2 100 000
存货跌价准备	0	其他综合收益	
长期股权投资	6 000 000	盈余公积	500 000
固定资产	12 960 000	利润分配	
累计折旧	-4 180 000	（未分配利润）	708 000
工程物资			
在建工程	5 060 000		
无形资产	1 500 000		
累计摊销	-600 000		
递延所得税资产	7 000		
合计	36 999 000	合计	36 999 000

注：坏账准备是对应收账款计提的，应收账款所属明细账均为借方余额，应付账款所属明细账均为贷方余额。

2.晋华公司2023年发生下列经济业务：

（1）购入一批原材料，取得的增值税专用发票上注明的原材料价款为1 000 000元，增值税税额为130 000元，款项已通过银行汇票支付，材料已验收入库。

（2）将要到期的一张面值为585 000元的银行承兑汇票，连同解讫通知和进账单交银行办理转账，银行盖章后退回进账单一联。款项银行已收妥。

（3）销售一批产品，开出的增值税专用发票上注明的价款为5 000 000元，增值税税额为650 000元，货款已收到存入银行。该批产品成本为3 200 000元，客户已收到产品。该销售商品为单项履约义务且属于在某一时点内履行的履约义务。

（4）将交易性金融资产出售取得价款1 680 000元，该交易性金融资产的成本为1 300 000元，公允价值变动为增值200 000元；转让金融商品应交增值税为21 509.43元。

（5）购入一批工程物资准备建造一条生产线，价款为468 000元，增值税税额为60 840元，款项用银行存款支付。该批工程物资已全部用于建造生产线。

（6）收到应收账款1 000 000元存入银行，该笔应收账款未计提坏账准备。收到应收的现金股利800 000元存入银行。

（7）归还短期借款本金500 000元，利息25 000元（上年已计提）；支付到期的商业汇票468 000元。

（8）以银行存款支付职工薪酬1 046 000元，其中生产工人470 600元，车间管理人员59 200元，销售部人员271 400元，行政管理部人员79 800元，在建工程人员165 000元。

（9）分配应支付的职工薪酬1 000 000元，其中生产工人480 000元，车间管理人员68 700元，销售部人员286 000元，行政管理部人员75 300元，在建工程人员90 000元。

（10）出售一台不需用设备，开出的增值税专用发票上注明的价款为800 000元，增值税税额为104 000元，款项已由银行收妥；该设备原价为2 000 000元，已提折旧1 100 000元，未计提减值准备；该项设备已由购买单位运走。

（11）一项工程完工交付生产使用，已办理竣工手续，固定资产价值3 900 000元。

（12）销售一批不需用原材料，开出的增值税专用发票上注明的价款为60 000元、增值税税额为7 800元；款项已收存银行。该批原材料的实际成本为50 000元，客户已收到材料。该销售材料为单项履约义务且属于在某一时点内履行的履约义务。

（13）年末将临街的一门面房出租，合同约定租期为1年，月租金10 000元。该门面房原价为180 000元，已提折旧60 000元。晋华公司对投资性房地产采用成本模式进行后续计量。年末收到客户预付的2024年1月租金10 000元。

（14）购入一套管理用软件，取得增值税专用发票上注明的价款为540 000元、增值税税额为32 400元，已用转账支票付讫。

（15）用银行存款支付广告费，取得增值税专用发票上注明的价款为90 000元、增值税税额为5 400元。

（16）基本生产车间生产产品耗用原材料1 340 000元；耗用低值易耗品200 000元，采用一次摊销法核算。

（17）将票面金额为468 000元的不带息商业承兑汇票到银行办理贴现，贴现利息为14 000元，贴现净额已收存银行。

（18）分配水电费139 696元，其中基本生产车间应负担83 000元，行政管理部门应负担36 696元，销售部门应负担20 000元。

（19）计提固定资产折旧1 085 000元，其中计入制造费用720 000元、管理费用279 000元、销售费用86 000元。

（20）计提由在建工程负担的长期借款利息费用75 000元，长期借款为分期付息。

（21）摊销管理用无形资产150 000元；以现金缴纳印花税3 000元；以银行存款支付长期借款利息75 000元。

（22）计算并结转本期完工产品成本2 891 700元。公司没有期初在产品，本期生产的产品全部完工入库。

（23）年末计提应收账款的坏账准备7 000元。

（24）子公司宣告发放现金股利200 000元，持有子公司表决权为80%。

（25）本年计提城市维护建设税为38 826.86元，教育费附加为16 640.08元。

（26）本年以银行存款缴纳增值税604 669.43元（包括转让金融商品应交增值税21 509.43元、未交增值税50 000元）、城市维护建设税42 326.86元、教育费附加18 140.08元。

（27）以银行存款支付现金股利100 000元，以银行存款偿还应付账款600 000元。

（28）年末预收某公司货款1 200 000元存入银行。年末购入某公司股票，公允价值为8 000 000元，以银行存款支付，通过“交易性金融资产”账户核算，假定不考虑相关税费。

（29）公司按照税法规定计算确定的应交所得税为243 256.91元，本期递延所得税资产增加1 750元，递延所得税负债减少50 000元。

（30）将各损益类账户结转本年利润。

（31）结转本年净利润，提取法定盈余公积73 452.07元，向投资者分配股利400 000元。

（32）将利润分配各账户的余额转入“未分配利润”明细账户。

3.根据上述资料编制会计分录：

（1）借：原材料 1 000 000
　　应交税费——应交增值税（进项税额） 130 000
　　贷：其他货币资金——银行汇票 1 130 000

（2）借：银行存款 585 000
　　贷：应收票据 585 000

（3）借：银行存款 5 650 000
　　贷：主营业务收入 5 000 000
　　　　应交税费——应交增值税（销项税额） 650 000
　　借：主营业务成本 3 200 000
　　贷：库存商品 3 200 000

（4）借：银行存款 1 680 000
　　贷：交易性金融资产——成本 1 300 000
　　　　——公允价值变动 200 000
　　　　投资收益 180 000
借：投资收益［（1 680 000－1 300 000）÷（1＋6%）×6%］ 21 509.43
　　贷：应交税费——转让金融商品应交增值税 21 509.43

（5）借：工程物资 468 000
　　应交税费——应交增值税（进项税额） 60 840
　　贷：银行存款 528 840
借：在建工程 468 000
　　贷：工程物资 468 000

（6）借：银行存款 1000 000
　　贷：应收账款 1000 000
借：银行存款 800 000
　　贷：应收股利 800 000

（7）借：短期借款 500 000
　　应付利息 25 000
　　贷：银行存款 525 000
借：应付票据 468 000
　　贷：银行存款 468 000

（8）借：应付职工薪酬 1 046 000
　　贷：银行存款 1 046 000

（9）借：生产成本	480 000	
制造费用	68 700	
销售费用	286 000	
管理费用	75 300	
在建工程	90 000	
贷：应付职工薪酬		1 000 000
（10）借：固定资产清理	900 000	
累计折旧	1 100 000	
贷：固定资产		2 000 000
借：银行存款	904 000	
贷：固定资产清理		800 000
应交税费——应交增值税（销项税额）		104 000
借：资产处置损益	100 000	
贷：固定资产清理		100 000
（11）借：固定资产	3 900 000	
贷：在建工程		3 900 000
（12）借：银行存款	67 800	
贷：其他业务收入		60 000
应交税费——应交增值税（销项税额）		7 800
借：其他业务成本	50 000	
贷：原材料		50 000
（13）将门面房出租：		
借：投资性房地产	180 000	
累计折旧	60 000	
贷：固定资产		180 000
投资性房地产累计折旧		60 000
年末预收下年租金：		
借：银行存款	10 000	
贷：预收账款		10 000
（14）借：无形资产	540 000	
应交税费——应交增值税（进项税额）	32 400	
贷：银行存款		572 400
（15）借：销售费用	90 000	
应交税费——应交增值税（进项税额）	5 400	
贷：银行存款		95 400
（16）借：生产成本	1 340 000	
贷：原材料		1 340 000
借：制造费用	200 000	
贷：周转材料		200 000

(17) 借：银行存款 454 000
财务费用 14 000
贷：应收票据 468 000
(18) 借：制造费用 83 000
管理费用 36 696
销售费用 20 000
贷：应付账款 139 696
(19) 借：制造费用 720 000
管理费用 279 000
销售费用 86 000
贷：累计折旧 1 085 000
(20) 借：在建工程 75 000
贷：应付利息 75 000
(21) 借：管理费用 150 000
贷：累计摊销 150 000
借：税金及附加 3 000
贷：库存现金 3 000
借：应付利息 75 000
贷：银行存款 75 000
(22) 借：生产成本 1 071 700
贷：制造费用 1 071 700
借：库存商品 2 891 700
贷：生产成本 2 891 700
(23) 借：信用减值损失 7 000
贷：坏账准备——应收账款 7 000
(24) 借：应收股利 (200 000 × 80%) 160 000
贷：投资收益 160 000
(25) 借：税金及附加 55 466.94
贷：应交税费——应交城市维护建设税 38 826.86
——应交教育费附加 16 640.08
(26) 借：应交税费——应交增值税（已交税金） 533 160
——未交增值税 50 000
——转让金融商品应交增值税 21 509.43
——应交城市维护建设税 42 326.86
——应交教育费附加 18 140.08
贷：银行存款 665 136.37
(27) 借：应付股利 100 000
贷：银行存款 100 000

借：应付账款 600 000
贷：银行存款 600 000

（28）借：银行存款 1 200 000
贷：合同负债 1 200 000

借：交易性金融资产——成本 8 000 000
贷：银行存款 8 000 000

（29）借：递延所得税负债 50 000
递延所得税资产（7 000×25%） 1 750
所得税费用 191 506.91
贷：应交税费——应交所得税 243 256.91

（30）借：主营业务收入 5 000 000
其他业务收入 60 000
投资收益 318 490.57
贷：本年利润 5 378 490.57

借：本年利润 4 452 462.94
贷：主营业务成本 3 200 000
其他业务成本 50 000
税金及附加 58 466.94
销售费用 482 000
管理费用 540 996
财务费用 14 000
信用减值损失 7 000
资产处置损益 100 000

借：本年利润 191 506.91
贷：所得税费用 191 506.91

（31）本年净利润 = 5 378 490.57 − 4 452 462.94 − 191 506.91 = 734 520.72（元）

借：本年利润 734 520.72
贷：利润分配——未分配利润 734 520.72

本年应提法定盈余公积 = 734 520.72 × 10% = 73 452.07（元）

借：利润分配——提取法定盈余公积 73 452.07
贷：盈余公积——法定盈余公积 73 452.07

向投资者分配股利 400 000元：

借：利润分配——应付利润或股利 400 000
贷：应付股利 400 000

（32）借：利润分配——未分配利润 473 452.07
贷：利润分配——提取法定盈余公积 73 452.07
利润分配——应付利润或股利 400 000

4. 晋华公司2023年12月31日有关账户的余额见表16-3。

5. 编制晋华公司2023年12月31日资产负债表，见表16-4。

表16-3　账户余额表

2023年12月31日　单位：元

账户名称	借方余额	账户名称	贷方余额
库存现金	75 600.00	短期借款	0
银行存款	2 363 423.63	应付账款	465 696.00
交易性金融资产	8 000 000.00	合同负债	1 200 000.00
应收账款	700 000.00	预收账款	10 000.00
坏账准备	−35 000.00	应付职工薪酬	335 000.00
其他应收款	16 000.00	应交税费	342 256.91
应收股利	160 000.00	应付利息	75 000.00
原材料	2 550 000.00	应付股利	400 000.00
库存商品	3 491 700.00	其他应付款	12 000.00
周转材料	374 000.00	长期借款	1 000 000.00
长期股权投资	6 000 000.00	实收资本	30 000 000.00
投资性房地产	180 000.00	资本公积	2 100 000.00
投资性房地产折旧	−60 000.00	其他综合收益	
固定资产	14 680 000.00	盈余公积	573 452.07
累计折旧	−4 105 000.00	利润分配	—
在建工程	1 793 000.00	未分配利润	969 068.65
无形资产	2 040 000.00		
累计摊销	−750 000.00		
递延所得税资产	8 750.00		
合计	37 482 473.63	合计	37 482 473.63

表16-4　资产负债表　会企01表

编制单位：晋华公司　2023年12月31日　单位：元

资产	期末余额	上年年末余额	负债和所有者权益（或股东权益）	期末余额	上年年末余额
流动资产：			流动负债：		
货币资金	2 439 023.63	3 897 000.00	短期借款		500 000.00
交易性金融资产	8 000 000.00	1 500 000.00	交易性金融负债		
衍生金融资产			衍生金融负债		

续表

资产	期末余额	上年年末余额	负债和所有者权益（或股东权益）	期末余额	上年年末余额
应收票据		1 053 000.00	应付票据		468 000.00
应收账款	665 000.00	1 672 000.00	应付账款	465 696.00	926 000.00
应收款项融资			预收款项	10 000.00	
预付款项			合同负债	1 200 000.00	
其他应收款	176 000.00	816 000.00	应付职工薪酬	335 000.00	381 000.00
存货	6 415 700.00	7 314 000.00	应交税费	342 256.91	154 000.00
合同资产			其他应付款	487 000.00	212 000.00
持有待售资产			持有待售负债		
一年内到期的非流动资产			一年内到期的非流动负债		
其他流动资产			其他流动负债		
流动资产合计	17 695 723.63	16 252 000.00	流动负债合计	2 839 952.91	2 641 000.00
非流动资产：			非流动负债：		
债权投资			长期借款	1 000 000.00	1 000 000.00
其他债权投资			应付债券		
长期应收款			其中：优先股		
长期股权投资	6 000 000.00	6 000 000.00	永续债		
其他权益工具投资			租赁负债		
其他非流动金融资产			长期应付款		
投资性房地产	120 000.00		预计负债		
固定资产	10 575 000.00	8 780 000.00	递延收益		
在建工程	1 793 000.00	5 060 000.00	递延所得税负债		50 000.00
生产性生物资产			其他非流动负债		
油气资产			非流动负债合计	1 000 000.00	1 050 000.00
使用权资产			负债合计	3 839 952.91	3 691 000.00
无形资产	1 290 000.00	900 000.00	所有者权益（或股东权益）：		
开发支出			实收资本（或股本）	30 000 000.00	30 000 000.00
商誉			其他权益工具		

续表

资产	期末余额	上年年末余额	负债和所有者权益（或股东权益）	期末余额	上年年末余额
长期待摊费用			其中：优先股		
递延所得税资产	8 750.00	7 000.00	永续债		
其他非流动资产			资本公积	2 100 000.00	2 100 000.00
非流动资产合计	19 786 750.00	20 747 000.00	减：库存股		
			其他综合收益		
			盈余公积	573 452.07	500 000.00
			未分配利润	969 068.65	708 000.00
			所有者权益（或股东权益）合计	33 642 520.72	33 308 000.00
资产总计	37 482 473.63	36 999 000.00	负债和所有者权益（或股东权益）总计	37 482 473.63	36 999 000.00

任务三　利润表的编制

一、利润表的内容和结构

（一）利润表的内容

利润表，是指反映企业一定会计期间经营成果的会计报表。通过利润表反映的收入、费用、利润的金额和构成情况，能够反映企业经营的业绩和管理者的经营能力；通过利润表的分析，可以评价企业的获利能力，预测企业的经营前途及利润增减趋势。

根据我国企业会计准则的规定，利润表主要包括以下7个方面的内容：

1.营业收入

营业收入＝主营业务收入＋其他业务收入

2.营业利润

营业利润＝营业收入－营业成本－税金及附加－销售费用－管理费用－研发费用－财务费用＋其他收益（－其他损失）＋投资收益（－投资损失）＋净敞口套期收益（－净敞口套期损失）＋公允价值变动收益（－公允价值变动损失）－信用减值损失－资产减值损失＋资产处置收益（－资产处置损失）

3.利润总额

利润总额＝营业利润＋营业外收入－营业外支出

4.净利润

净利润＝利润总额－所得税费用

5. 其他综合收益的税后净额

本项目反映企业根据企业会计准则规定未在当期损益中确认的各项利得和损失扣除所得税影响后的净额，包括不能重分类进损益的其他综合收益和将重分类进损益的其他综合收益。

6. 综合收益总额

综合收益总额 = 净利润 + 其他综合收益的税后净额

7. 每股收益

每股收益包括基本每股收益和稀释每股收益两项指标。

（二）利润表的结构

我国企业的利润表采用多步式格式。多步式利润表是从营业收入开始，依次分步计算出营业利润、利润总额及净利润。

利润表一般由表头、表体两部分组成。表头部分应列明报表名称、编制单位名称、编制日期、报表编号和计量单位。表体部分是利润表的主体，列示了形成经营成果的各个项目和计算过程。我国企业利润表格式见表16-5。

表16-5　　**利润表**　　会企02表

编制单位：　　年　月　　单位：元

项　目	本期金额	上期金额
一、营业收入		
减：营业成本		
税金及附加		
销售费用		
管理费用		
研发费用		
财务费用		
其中：利息费用		
利息收入		
加：其他收益		
投资收益（损失以“-”号填列）		
其中：对联营企业和合营企业的投资收益		
以摊余成本计量的金融资产终止确认收益（损失以“-”填列）		
净敞口套期收益（损失以“-”号填列）		
公允价值变动收益（损失以“-”号填列）		
资产减值损失（损失以“-”号填列）		
信用减值损失（损失以“-”号填列）		
资产处置收益（损失以“-”号填列）		

续表

项　目	本期金额	上期金额
二、营业利润（亏损以“-”号填列）		
加：营业外收入		
减：营业外支出		
三、利润总额（亏损总额以“-”号填列）		
减：所得税费用		
四、净利润（净亏损以“-”号填列）		
（一）持续经营净利润（净亏损以“-”号填列）		
（二）终止经营净利润（净亏损以“-”号填列）		
五、其他综合收益的税后净额		
（一）不能重分类进损益的其他综合收益		
1.重新计量设定受益计划变动额		
2.权益法下不能转损益的其他综合收益		
3.其他权益工具投资公允价值变动		
4.企业自身信用风险公允价值变动		
……		
（二）将重分类进损益的其他综合收益		
1.权益法下可转损益的其他综合收益		
2.其他债权投资公允价值变动		
3.金融资产重分类计入其他综合收益的金额		
4.其他债权投资信用减值准备		
5.现金流量套期储备		
6.外币财务报表折算差额		
……		
六、综合收益总额		
七、每股收益		
（一）基本每股收益		
（二）稀释每股收益		

制表人：　　　　　　　　　　　　　　　　会计主管：

二、利润表的编制

（一）“上期金额”栏填列方法

利润表“上期金额”栏内各项目数字，应根据上年该期利润表“本期金额”栏内所列数字填列。

（二）“本期金额”栏填列方法

利润表“本期金额”栏内各项目数字，除“基本每股收益”和“稀释每股收益”项目外，应当按照相关账户的发生额分析填列。

1.“营业收入”项目

本项目反映企业经营主要业务和其他业务所取得的收入总额。该项目应根据“主营业务收入”和“其他业务收入”账户的发生额分析填列。

2.“营业成本”项目

本项目反映企业经营主要业务和其他业务所发生的成本总额。该项目应根据“主营业务成本”和“其他业务成本”账户的发生额分析填列。

3.“税金及附加”项目

本项目反映企业经营业务应负担的消费税、城市维护建设税、教育费附加、资源税、土地增值税及房产税、车船税、城镇土地使用税、印花税等相关税费。该项目应根据“税金及附加”账户的发生额分析填列。

4.“销售费用”项目

本项目反映企业在销售商品过程中发生的包装费、广告费等费用和为销售商品而专设的销售机构的职工薪酬、业务费等经营费用。该项目应根据“销售费用”账户的发生额分析填列。

5.“管理费用”项目

本项目反映企业为组织和管理企业生产经营所发生的管理费用。该项目应根据“管理费用”账户的发生额分析填列。

6.“研发费用”项目

本项目反映企业进行研究与开发过程中发生的费用化支出，以及计入管理费用的自行开发无形资产的摊销。该项目应根据“管理费用”账户下的“研发费用”明细账户的发生额，以及“管理费用”账户下的“无形资产摊销”明细账户的发生额分析填列。

7.“财务费用”项目

本项目反映企业为筹集生产经营所需资金等而发生的筹资费用。该项目应根据“财务费用”账户的发生额分析填列。

“利息费用”项目，反映企业为筹集生产经营所需资金等而发生的应予费用化的利息支出。该项目应根据“财务费用”账户的相关明细账户的发生额分析填列。该项目作为“财务费用”项目的其中项，以正数填列。

“利息收入”项目，反映企业按照相关企业会计准则确认的应冲减财务费用的利息收入。该项目应根据“财务费用”账户的相关明细账户的发生额分析填列。该项目作为“财务费用”项目的其中项，以正数填列。

8.“其他收益”项目

本项目反映计入其他收益的政府补助，以及其他与日常活动相关且计入其他收益的项目。该项目应根据“其他收益”账户的发生额分析填列。企业作为个人所得税的扣缴义务人，根据《中华人民共和国个人所得税法》收到的扣缴税款手续费，应作为其他与日常活动相关的收益在该项目中填列。

9.“投资收益”项目

本项目反映企业确认的投资收益或投资损失。本项目应根据“投资收益”账户的发生额分析填列；如为投资损失，以“-”号填列。

10.“净敞口套期收益”项目

本项目反映净敞口套期下被套期项目累计公允价值变动转入当期损益的金额或现金流量套期储备转入当期损益的金额。该项目应根据“净敞口套期损益”账户的发生额分析填列；如为套期损失，以“-”号填列。

11.“公允价值变动收益”项目

本项目反映企业交易性金融资产、交易性金融负债、采用公允价值模式计量的投资性房地产等公允价值变动形成的应计入当期损益的利得或损失。该项目应根据“公允价值变动损益”账户分析填列；如为公允价值变动损失，以“-”号填列。

12.“资产减值损失”项目

本项目反映企业计提各项资产减值准备所形成的损失。该项目应根据“资产减值损失”账户的发生额分析填列。

13.“信用减值损失”项目

本项目反映企业计提的各项金融工具减值准备所形成的预期信用损失。该项目应根据“信用减值损失”账户的发生额分析填列。

14.“资产处置收益”项目

本项目反映企业出售划分为持有待售的非流动资产（金融工具、长期股权投资和投资性房地产除外）或处置组（子公司和业务除外）时确认的处置利得或损失，以及处置未划分为持有待售的固定资产、在建工程、生产性生物资产及无形资产而产生的处置利得或损失。该项目应根据“资产处置损益”账户的发生额分析填列；如为处置损失，以“-”号填列。

15.“营业利润”项目

本项目反映企业营业活动产生的利润。如为亏损，以“-”号填列。

16.“营业外收入”项目

本项目反映企业发生的除营业利润以外的收益，主要包括与企业日常活动无关的政府补助、盘盈利得、捐赠利得（企业接受股东或股东的子公司直接或间接的捐赠，经济实质属于股东对企业的资本性投入的除外）等。该项目应根据“营业外收入”账户的发生额分析填列。

17.“营业外支出”项目

本项目反映企业发生的除营业利润以外的支出，主要包括公益性捐赠支出、非常损失、盘亏损失、非流动资产毁损报废损失等。该项目应根据“营业外支出”账户的发生额分析填列。

18.“利润总额”项目

本项目反映企业实现的利润总额。如为亏损总额，以“-”号填列。

19.“所得税费用”项目

本项目反映企业应从当期利润中扣除的所得税费用。该项目应根据“所得税费用”账户的发生额分析填列。

20.“净利润”项目

本项目反映企业实现的净利润。如为净亏损，以“-”号填列。

“持续经营净利润”和“终止经营净利润”项目，分别反映净利润中与持续经营相关的净利润和与终止经营相关的净利润；如为净亏损，以“-”号填列。

21.“其他综合收益的税后净额”项目

本项目反映根据企业会计准则规定未在损益中确认的各项利得和损失扣除所得税影响后的净额。本项目根据“其他综合收益”账户本期发生额分析填列。本项目金额等于本项目下“不能重分类进损益的其他综合收益”和“将重分类进损益的其他综合收益”项目合计数。

22.“综合收益总额”项目

综合收益，是指企业在某一期间除与所有者以其所有者身份进行的交易之外的其他交易或事项所引起的所有者权益变动。本项目金额等于“净利润”项目和“其他综合收益的税后净额”项目的合计数。

23.“每股收益”项目

本项目反映普通股或潜在普通股已公开交易的企业以及正处于公开发行普通股或潜在普通股过程中的企业应当在利润表中分别列示基本每股收益和稀释每股收益。

(1)“基本每股收益”项目，反映企业普通股股东持有每一股份所能享有企业的利润或承担企业的亏损。

企业应当按照归属于普通股股东的当期净利润除以当期实际发行在外普通股加权平均数计算确定。

(2)“稀释每股收益”项目，反映企业存在稀释性潜在普通股的情况下，以基本每股收益为基础，考虑稀释性潜在普通股影响的每股收益。

企业存在稀释性潜在普通股的，应当根据其影响分别调整归属于普通股股东的当期净利润以及发行在外普通股的加权平均数，并据以计算稀释每股收益。

三、编制利润表举例

【做中学16-2】沿用【做中学16-1】的资料，根据晋华公司2023年度有关资料，编制该公司2023年度利润表。

1.晋华公司2023年度损益类账户发生额见表16-6。

2.编制晋华公司2023年度利润表，见表16-7。

表16-6 损益类账户发生额 单位：元

账户名称	借方发生额	贷方发生额
主营业务收入		5 000 000.00
其他业务收入		60 000.00
投资收益	21 509.43	340 000.00
营业外收入		
主营业务成本	3 200 000.00	
其他业务成本	50 000.00	
税金及附加	58 466.94	
销售费用	482 000.00	
管理费用	540 996.00	
财务费用	14 000.00	
信用减值损失	7 000.00	
资产处置损益	100 000.00	
所得税费用	191 506.91	

表16-7 利润表 会企02表

编制单位：晋华公司 2023年度 单位：元

项目	本期金额	上期金额
一、营业收入	5 060 000.00	
减：营业成本	3 250 000.00	
税金及附加	58 466.94	
销售费用	482 000.00	
管理费用	540 996.00	
研发费用		
财务费用	14 000.00	
其中：利息费用	14 000.00	
利息收入		
加：其他收益		
投资收益（损失以“–”号填列）	318 490.57	
其中：对联营企业和合营企业的投资收益		
以摊余成本计量的金融资产终止确认收益（损失以“–”填列）		
净敞口套期收益（损失以“–”号填列）		

续表

项目	本期金额	上期金额
公允价值变动收益（损失以“-”号填列）		
资产减值损失（损失以“-”号填列）		
信用减值损失（损失以“-”号填列）	-7 000.00	
资产处置收益（损失以“-”号填列）	-100 000.00	
二、营业利润（亏损以“-”号填列）	926 027.63	
加：营业外收入		
减：营业外支出		
三、利润总额（亏损总额以“-”号填列）	926 027.63	
减：所得税费用	191 506.91	
四、净利润（净亏损以“-”号填列）	734 520.72	
（一）持续经营净利润（净亏损以“-”号填列）		
（二）终止经营净利润（净亏损以“-”号填列）		
五、其他综合收益的税后净额		
（一）不能重分类进损益的其他综合收益		
1.重新计量设定受益计划变动额		
2.权益法下不能转损益的其他综合收益		
3.其他权益工具投资公允价值变动		
4.企业自身信用风险公允价值变动		
……		
（二）将重分类进损益的其他综合收益		
1.权益法下可转损益的其他综合收益		
2.其他债权投资公允价值变动		
3.金融资产重分类计入其他综合收益的金额		
4.其他债权投资信用减值准备		
5.现金流量套期储备		
6.外币财务报表折算差额		
……		
六、综合收益总额	734 520.72	
七、每股收益		
（一）基本每股收益		
（二）稀释每股收益		

制表人：　　　　　　　　　　　　会计主管：

任务四 现金流量表的编制

一、现金流量表的内容和结构

（一）现金流量表的内容

现金流量表，是指反映企业在一定会计期间现金和现金等价物的流入和流出的报表。通过现金流量表提供的信息，报表使用者可以了解和评价企业获得现金和现金等价物的能力，并据以预测企业未来现金流量。

现金是指企业库存现金以及可以随时用于支付的存款，包括库存现金、银行存款和其他货币资金等。不能随时用于支付的存款不属于现金。

微课

现金流量的分类

现金等价物是指企业持有的期限短、流动性强、易于转换为已知金额现金、价值变动风险很小的投资。期限短，一般是指从购买日起三个月内到期。现金等价物通常包括三个月内到期的债券投资等。权益性投资变现的金额通常不确定，因而不属于现金等价物。企业应当根据具体情况，确定现金等价物的范围，一经确定不得随意变更。

现金流量，是指企业一定会计期间现金流入和流出的数量。企业从银行提取现金、用现金购买短期到期的国债等现金和现金等价物之间的转换不属于现金流量。

现金流量表应按照企业经济业务发生的性质将产生的现金流量划分为三类：

1.经营活动产生的现金流量

经营活动，是指企业投资活动和筹资活动以外的所有交易和事项，包括销售商品或提供劳务、购买商品或接受劳务、支付职工薪酬和各项税费等流入和流出现金和现金等价物的活动或事项。

2.投资活动产生的现金流量

投资活动，是指企业长期资产购建和不包括在现金等价物范围内的投资及其处置活动，包括购建长期资产、处置子公司及其他营业单位等流入和流出现金及现金等价物的活动或事项。

3.筹资活动产生的现金流量

筹资活动，是指导致企业资本及债务规模和构成发生变化的活动，包括吸收投资、发行债券、借入资金、支付股利、偿还债务等流入和流出现金和现金等价物的活动或事项。

（二）现金流量表的结构

我国现金流量表采用报告式结构，分类反映经营活动产生的现金流量、投资活动产生的现金流量和筹资活动产生的现金流量，最后汇总反映企业某一期间现金及现金等价物的净增加额。

二、现金流量表的编制方法

在具体编制现金流量表时，企业可根据业务量的大小及复杂程度，采用工作底稿法、T型账户法和分析填列法。

（一）工作底稿法

工作底稿法是以工作底稿为手段，以利润表和资产负债表数据为基础，结合有关账户的记录，对现金流量表的每一项目进行分析并编制调整分录，从而编制现金流量表的一种方法。

采用工作底稿法编制现金流量表的步骤是：

第一步，将资产负债表的期初数和期末数过入工作底稿的期初数栏和期末数栏。

第二步，对当期业务进行分析并编制调整分录。调整分录大体包括：第一类涉及利润表中的收入、成本和费用项目以及资产负债表中的资产、负债及所有者权益项目，通过调整，将权责发生制下的收入费用转换为现金基础；第二类涉及资产负债表和现金流量表中的投资、筹资项目，反映投资和筹资活动的现金流量；第三类涉及利润表和现金流量表中的投资和筹资项目，目的是将利润表中有关投资和筹资方面的收入和费用列入现金流量表的投资、筹资现金流量中去。此外，还有一些调整分录并不涉及现金收支，只是为了核对资产负债表项目的期末期初变动数。

在调整分录中，有关现金和现金等价物的事项，并不直接借记或贷记现金，而是分别记入“经营活动产生的现金流量”“投资活动产生的现金流量”“筹资活动产生的现金流量”有关项目，借记表明现金流入，贷记表明现金流出。

第三步，将调整分录过入工作底稿中的相应部分。

第四步，核对调整分录，借贷合计应当相等，资产负债表项目期初数加减调整分录中的借贷金额以后，应当等于期末数。

第五步，根据工作底稿中的现金流量表项目部分编制正式的现金流量表。

（二）T形账户法

T形账户法，就是以T形账户为手段，以利润表和资产负债表数据为基础，结合有关账户的记录，对现金流量表的每一项目进行分析并编制调整分录，从而编制现金流量表的一种方法。

采用T形账户法编制现金流量表的步骤如下：

第一步，为所有的非现金项目（包括资产负债表项目和利润表项目）分别开设T形账户，并将各自的期末期初变动数过入各该账户。

第二步，开设一个大的“现金及现金等价物”T形账户，每边分为经营活动、投资活动和筹资活动三个部分，左边记现金流入，右边记现金流出。与其他账户一样，过入期末期初变动数。

第三步，以利润表项目为基础，结合资产负债表分析每一个非现金项目的增减变动，并据此编制调整分录。

第四步，将调整分录过入各T形账户，并进行核对，该账户借贷相抵后的余额与原先过入的期末期初变动数应当一致。

第五步，根据大的“现金及现金等价物”T形账户编制正式的现金流量表。

（三）分析填列法

分析填列法是直接根据资产负债表、利润表和有关明细账户的记录，分析计算出现金流量表各项目的金额，并据以编制现金流量表的一种方法。

三、现金流量表的编制

现金流量表“上期金额”栏内各项目数字，应根据上年该期现金流量表“本期金额”栏内所列数字填列。采用分析填列法，填列现金流量表“本期金额”栏的各项目。

（一）经营活动产生的现金流量

1.“销售商品、提供劳务收到的现金”项目

本项目反映企业销售商品、提供劳务实际收到的现金（含销售收入和向购买者收取的增值税销项税额），包括本期销售商品、提供劳务收到的现金，以及前期销售商品、提供劳务本期收到的现金和本期预收的款项，减去本期销售本期退回商品和前期销售本期退回商品支付的现金。企业销售材料和代购代销业务收到的现金，也在本项目反映。本项目可以根据“库存现金”“银行存款”“应收账款”“应收票据”“合同负债”“主营业务收入”“其他业务收入”等账户的记录分析填列。

微课

间接法编制经营活动的现金净流量

2.“收到的税费返还”项目

本项目反映企业收到返还的各种税费，如收到的增值税、消费税、关税、所得税和教育费附加返还等。本项目可以根据“库存现金”“银行存款”“营业外收入”“其他应收款”等账户的记录分析填列。

3.“收到其他与经营活动有关的现金”项目

本项目反映企业收到的其他与经营活动有关的现金流入，如罚款收入、经营租赁固定资产收到的租金等。若某项其他与经营活动有关的现金流入金额较大，应单列项目反映。企业实际收到的政府补助，无论是与资产相关还是与收益相关，均在本项目反映。本项目可以根据“库存现金”“银行存款”“其他收益”“营业外收入”等账户的记录分析填列。

4.“购买商品、接受劳务支付的现金”项目

本项目反映企业购买材料、商品、接受劳务实际支付的现金（包括增值税进项税额），包括本期购入材料、商品、接受劳务支付的现金，以及本期支付前期购入商品、接受劳务的未付款项和本期预付款项，减去本期发生的购货退回收到的现金。企业代购代销业务支付的现金，也在本项目反映。本项目可以根据“库存现金”“银行存款”“应付账款”“应付票据”“主营业务成本”“其他业务成本”等账户的记录分析填列。

5.“支付给职工以及为职工支付的现金”项目

本项目反映企业实际支付给职工的工资、奖金、各种津贴和补贴等职工薪酬，以及为职工支付的其他费用。代扣代缴的职工个人所得税，也在本项目反映。本项目不包括支付的离退休人员的各项费用和支付给在建工程人员的工资等。企业支付给离退休人员的各项费用，包括支付的统筹退休金以及未参加统筹的退休人员的费用，在“支付其他与经营活动有关的现金”项目中反映；支付给在建工程人员等的工资，在“购建固定资产、无形资产和其他长期资产支付的现金”项目中反映。本项目可以根据“应付职工薪酬”“库存现金”“银行存款”等账户的记录分析填列。

6.“支付的各项税费”项目

本项目反映企业发生并支付的税费，本期支付前期发生的税费以及本期预交的税费，包括所得税、增值税、消费税、城市维护建设税、教育费附加、印花税、房产税、土地增值税、车船税等。本项目可以根据“应交税费”“库存现金”“银行存款”等账户的记录分析填列。

7.“支付其他与经营活动有关的现金”项目

本项目反映企业支付其他与经营活动有关的现金，如罚款支出、支付的差旅费、业务招待费、保险费、广告费等。若其他与经营活动有关的现金流出金额较大，应单列项目反映。本项目可以根据“库存现金”“银行存款”“管理费用”“销售费用”“营业外支出”等账户的记录分析填列。

（二）投资活动产生的现金流量

1.“收回投资收到的现金”项目

本项目反映企业出售、转让或到期收回除现金等价物以外的对其他企业的权益工具、债务工具投资等收到的现金。收回债务工具实现的投资收益、处置子公司及其他营业单位收到的现金净额不包括在本项目内。本项目可以根据“交易性金融资产”“债权投资”“其他债权投资”“其他权益工具投资”“长期股权投资”“其他货币资金”“银行存款”“库存现金”等账户的记录分析填列。

2.“取得投资收益收到的现金”项目

本项目反映企业除现金等价物以外的对其他企业的权益工具、债务工具投资等分回的现金股利和利息等，不包括股票股利。本项目可以根据“其他货币资金”“银行存款”“库存现金”“投资收益”等账户的记录分析填列。

3.“处置固定资产、无形资产和其他长期资产收回的现金净额”项目

本项目反映企业出售、报废固定资产、无形资产和其他长期资产取得的现金（包括因资产毁损收到的保险赔偿款），减去为处置这些资产而支付的有关费用后的净额。如所收回的现金净额为负数，则应在“支付其他与投资活动有关的现金”项目反映。本项目可以根据“固定资产清理”“银行存款”“库存现金”等账户的记录分析填列。

4.“处置子公司及其他营业单位收到的现金净额”项目

本项目反映企业处置子公司及其他营业单位所取得的现金，减去相关处置费用以及子公司及其他营业单位持有的现金和现金等价物后的净额。本项目可以根据“长期股权投资”“银行存款”“库存现金”等账户的记录分析填列。

5.“收到其他与投资活动有关的现金”项目

本项目反映企业除了上述各项目以外，收到的其他与投资活动有关的现金流入。若其他与投资活动有关的现金流入金额较大，应单列项目反映。本项目可以根据“应收股利”“应收利息”“其他货币资金”“银行存款”“库存现金”等账户的记录分析填列。

6.“购建固定资产、无形资产和其他长期资产支付的现金”项目

本项目反映企业购买、建造固定资产，取得无形资产和其他长期资产实际支付的现金，以及用现金支付的应由在建工程和无形资产负担的职工薪酬，不包括为购建固定资产而发生的借款利息资本化的部分。企业支付的借款利息，在筹资活动产生的现金流量中反映。本项目可以根据“固定资产”“在建工程”“无形资产”“银行存款”“库存现金”等账户的记录分析填列。

7.“投资支付的现金”项目

本项目反映企业取得除现金等价物以外的对其他企业的权益工具、债务工具投资等所支付的现金，以及支付的佣金、手续费等交易费用，但取得子公司及其他营业单位支付的现金净额除外。本项目可以根据“交易性金融资产”“债权投资”“其他债权投资”“其他权益工具投资”“长期股权投资”“其他货币资金”“银行存款”“库存现金”等账户的记录分析填列。

8.“取得子公司及其他营业单位支付的现金净额”项目

本项目反映企业购买子公司及其他营业单位购买价款中以现金支付的部分，减去子公司及其他营业单位持有的现金及现金等价物后的净额。本项目可以根据“长期股权投资”“银行存款”“库存现金”等账户的记录分析填列。

9.“支付其他与投资活动有关的现金”项目

本项目反映企业除了上述各项目以外，支付的其他与投资活动有关的现金流出，如企业购买股票时实际支付的价款中包含的已宣告而尚未领取的现金股利，购买债券时支付的价款中包含的已到期尚未领取的债券利息等。若某项与投资活动有关的现金流出金额较大，应单列项目反映。本项目可以根据“应收股利”“应收利息”“其他货币资金”“银行存款”“库存现金”等账户的记录分析填列。

（三）筹资活动产生的现金流量

1.“吸收投资收到的现金”项目

本项目反映企业以发行股票、债券等方式筹集资金实际收到款项，减去直接支付的佣金、手续费、宣传费、咨询费、印刷费等发行费用后的净额。本项目可以根据“实收资本（或股本）”“库存现金”“银行存款”等账户的记录分析填列。

2.“取得借款收到的现金”项目

本项目反映企业举借各种短期、长期借款所收到的现金。本项目可以根据“短期借款”“长期借款”“库存现金”“银行存款”等账户的记录分析填列。

3.“收到其他与筹资活动有关的现金”项目

本项目反映企业除上述各项目外，收到的其他与筹资活动有关的现金流入。若某项其他与筹资活动有关的现金流入金额较大，应单列项目反映。本项目可以根据“银行存款”“库存现金”等账户的记录分析填列。

4.“偿还债务支付的现金”项目

本项目反映企业偿还债务本金所支付的现金，包括偿还的借款本金、偿还债券本金等。企业支付的借款利息、债券利息，在“分配股利、利润或偿付利息支付的现金”项目反映，不包括在本项目内。本项目可以根据“短期借款”“长期借款”“应付债券”“库存现金”“银行存款”等账户的记录分析填列。

5.“分配股利、利润或偿付利息支付的现金”项目

本项目反映企业实际支付的现金股利，支付给其他投资单位的利润以及支付的借款利息、债券利息等。本项目可以根据“应付股利”“应付利息”“财务费用”“长期借款”“库存现金”“银行存款”等账户的记录分析填列。

6.“支付其他与筹资活动有关的现金”项目

本项目反映企业除了上述各项目外，支付的其他与筹资活动有关的现金流出。若某项其他与筹资活动有关的现金流出金额较大，应单列项目反映。本项目可以根据“长期应付款”“银行存款”“库存现金”等账户的记录分析填列。

（四）汇率变动对现金及现金等价物的影响

本项目反映下列两项金额之间的差额：

（1）企业将外币现金流量及境外子公司的现金流量折算为人民币时，采用现金流量发生日的即期汇率或按照系统合理的方法确定的、与现金流量发生日即期汇率近似的汇率折算的人民币金额。

（2）外币现金及现金等价物净增加额按资产负债表日即期汇率折算的人民币金额。

在编制现金流量表时，可逐笔计算外币业务发生的汇率变动对现金的影响，也可不必逐笔计算而采用简化的计算方法，即通过现金流量表补充资料中“现金及现金等价物净增加额”数额与现金流量表中“经营活动产生的现金流量净额”“投资活动产生的现金流量净额”“筹资活动产生的现金流量净额”三项之和比较，其差额即为“汇率变动对现金及现金等价物的影响”项目的金额。

【做中学16-3】沿用【做中学16-1】和【做中学16-2】的资料，根据晋华公司2023年有关资料，采用分析填列法编制该公司2023年的现金流量表。

1.晋华公司2023年现金流量表各项目金额分析确定如下：

（1）销售商品、提供劳务收到的现金＝主营业务收入＋其他业务收入＋应交税费（应交增值税——销项税额）＋（应收账款上年年末余额－应收账款期末余额）＋（应收票据上年年末余额-应收票据期末余额）＋（合同负债期末余额－合同负债上年年末余额）－贴现利息＝5 000 000＋60 000＋（650 000＋7 800）＋（1 700 000－700 000）＋（1 053 000－0）＋（1 200 000－0）－14 000＝8 956 800（元）。

（2）收到其他与经营活动有关的现金＝（预收账款期末余额－预收账款上年年末余额）（为租金收入）＝10 000－0＝10 000（元）。

（3）购买商品、接受劳务支付的现金＝主营业务成本＋其他业务成本＋应交税费（应交增值税——进项税额）－（存货上年年末余额－存货期末余额）＋（应付账款上年年末余额－应付账款期末余额）＋（应付票据上年年末余额－应付票据期末余额）－当期列入生产成本、制造费用的职工薪酬－当期列入生产成本、制造费用的折旧费＋当期列入管理费用、销售费用中的应付水电费＝3 200 000＋50 000＋130 000－（7 314 000－6 415 700）＋（926 000－465 696）＋（468 000－0）－480 000－68 700－720 000＋56 696＝2 198 000（元）。

（4）支付给职工以及为职工支付的现金＝生产成本、制造费用、销售费用、管理费用中职工薪酬＋（应付职工薪酬年初余额－应付职工薪酬期末余额）－［应付职工薪酬（在建工程）上年年末余额-应付职工薪酬（在建工程）期末余额］＝480 000＋68 700＋286 000＋75 300＋（381 000－335 000）－（165 000－90 000）＝881 000（元）。

（5）支付的各项税费＝支付的应交增值税＋支付的转让金融商品应交增值税＋支付的应交城市维护建设税＋支付的应交教育费附加＋支付的印花税＝583 160＋21 509.43＋42 326.86＋18 140.08＋3 000＝668 136.37（元）。

（6）支付其他与经营活动有关的现金＝其他管理费用＋其他销售费用＋应交税费（应交增值税——进项税额）＝0＋90 000＋5 400＝95 400（元）。

（7）收回投资收到的现金＝交易性金融资产贷方发生额＋出售交易性金融资产产生的投资收益＝1 500 000＋180 000＝1 680 000（元）。

（8）取得投资收益收到的现金＝收到的现金股利＝800 000（元）。

（9）处置固定资产收回的现金净额＝904 000（元）。

（10）购建固定资产、无形资产支付的现金＝用现金购买的固定资产、工程物资、无

形资产 + 支付给在建工程人员的薪酬 = （468 000 + 60 840 + 540 000 + 32 400）+ 165 000 = 1 266 240（元）。

（11）投资支付的现金 = 8 000 000（元）。

（12）偿还债务支付的现金 = 500 000（元）。

（13）分配股利、偿还利息支付的现金 = 100 000 + 100 000 = 200 000（元）。

2.根据上述数据，编制现金流量表（见表16-8）。

表16-8 现金流量表 会企03表

编制单位：晋华公司 2023年度 单位：元

项　　目	本期金额	上期金额
一、经营活动产生的现金流量：		
销售商品、提供劳务收到的现金	8 956 800.00	
收到的税费返还		
收到其他与经营活动有关的现金	10 000.00	
经营活动现金流入小计	8 966 800.00	
购买商品、接受劳务支付的现金	2 198 000.00	
支付给职工以及为职工支付的现金	881 000.00	
支付的各项税费	668 136.37	
支付其他与经营活动有关的现金	95 400.00	
经营活动现金流出小计	3 842 536.37	
经营活动产生的现金流量净额	5 124 263.63	
二、投资活动产生的现金流量：		
收回投资收到的现金	1 680 000.00	
取得投资收益收到的现金	800 000.00	
处置固定资产、无形资产和其他长期资产收回的现金净额	904 000.00	
处置子公司及其他营业单位收到的现金净额		
收到其他与投资活动有关的现金		
投资活动现金流入小计	3 384 000.00	
购建固定资产、无形资产和其他长期资产支付的现金	1 266 240.00	
投资支付的现金	8 000 000.00	
取得子公司及其他营业单位支付的现金净额		
支付其他与投资活动有关的现金		
投资活动现金流出小计	9 266 240.00	
投资活动产生的现金流量净额	−5 882 240.00	
三、筹资活动产生的现金流量：		
吸收投资收到的现金		
取得借款收到的现金		

续表

项　　目	本期金额	上期金额
收到其他与筹资活动有关的现金		
筹资活动现金流入小计		
偿还债务支付的现金	500 000.00	
分配股利、利润或偿付利息支付的现金	200 000.00	
支付其他与筹资活动有关的现金		
筹资活动现金流出小计	700 000.00	
筹资活动产生的现金流量净额	−700 000.00	
四、汇率变动对现金及现金等价物的影响		
五、现金及现金等价物净增加额	−1 457 976.37	
加：期初现金及现金等价物余额	3 897 000.00	
六、期末现金及现金等价物余额	2 439 023.63	

任务五　所有者权益变动表的编制

一、所有者权益变动表的内容和结构

（一）所有者权益变动表的内容

所有者权益变动表，是指反映构成所有者权益各组成部分当期增减变动情况的报表。对于综合收益和与所有者（或股东，下同）的资本交易导致的所有者权益的变动，应当分别列示。

所有者权益增减变动表全面反映了企业的股东权益在年度内的变化情况，便于会计信息使用者深入分析企业股东权益的增减变化情况，进而对企业的资本保值增值情况作出正确判断，从而提供对决策有用的信息。

（二）所有者权益变动表的结构

企业应当反映所有者权益各组成部分的期初和期末余额及其调节情况。企业应当以矩阵的形式列示所有者权益变动表：一方面，列示导致所有者权益变动的交易或事项，按所有者权益变动的来源对一定时期所有者权益变动情况进行全面反映；另一方面，按照所有者权益各组成部分（包括实收资本（或股本）、资本公积、其他综合收益、盈余公积、未分配利润、库存股等）及其总额列示相关交易或事项对所有者权益的影响。

二、所有者权益变动表的编制

企业应当根据所有者权益类账户和损益类有关账户的发生额分析填列所有者权益变动表“本年金额”栏，具体包括下列情况：

（一）“上年年末余额”项目

根据上年资产负债表中“实收资本（或股本）”“资本公积”“其他综合收益”“盈余

公积”“未分配利润”等项目的年末余额填列。

（二）“会计政策变更”和“前期差错更正”项目

根据“盈余公积”“利润分配”“以前年度损益调整”等账户的发生额分析填列，并在“上年年末余额”的基础上调整得出“本年年末余额”项目。

（三）“本年增减变动金额”项目

本项目具体包括以下内容：

1.“综合收益总额”项目

本项目反映企业当年的综合收益总额，应根据当年利润表中“其他综合收益的税后净额”和“净利润”项目填列，并对应列在“其他综合收益”和“未分配利润”栏。

2.“所有者投入和减少资本”项目

本项目反映企业当年所有者投入的资本和减少的资本。其中：

“所有者投入的普通股”项目，反映企业接受投资者投入形成的实收资本（或股本）和资本公积，应根据“实收资本”（或“股本”）“资本公积”等账户的发生额分析填列，并对应列在“实收资本（或股本）”和“资本公积”栏。

“其他权益工具持有者投入资本”项目，反映企业发行的除普通股以外分类为权益工具的金融工具的持有者投入资本的金额。该项目应根据金融工具类账户的相关明细账户的发生额分析填列。

“股份支付计入所有者权益的金额”项目，反映企业处于等待期中的权益结算的股份支付当年计入资本公积的金额，应根据“资本公积”账户所属的“其他资本公积”二级账户的发生额分析填列，并对应列在“资本公积”栏。

3.“利润分配”项目

本项目反映当年对所有者（或股东）分配的利润（或股利）金额和按照规定提取的盈余公积金额，并对应列在“未分配利润”和“盈余公积”栏。其中：

“提取盈余公积”项目，反映企业按照规定提取的盈余公积，应根据“盈余公积”“利润分配”账户的发生额分析填列。

“对所有者（或股东）的分配”项目，反映对所有者（或股东）分配的利润（或股利）金额，应根据“利润分配”账户的发生额分析填列。

4.“所有者权益内部结转”项目

本项目反映不影响当年所有者权益总额的所有者权益各组成部分之间当年的增减变动，包括资本公积转增资本（或股本）、盈余公积转增资本（或股本）、盈余公积弥补亏损等。其中：

“资本公积转增资本（或股本）”项目，反映企业以资本公积转增资本或股本的金额，应根据“实收资本”“资本公积”等账户的发生额分析填列。

“盈余公积转增资本（或股本）”项目，反映企业以盈余公积转增资本或股本的金额，应根据“实收资本”“盈余公积”等账户的发生额分析填列。

“盈余公积弥补亏损”项目，反映企业以盈余公积弥补亏损的金额，应根据“盈余公积”“利润分配”等账户的发生额分析填列。

【做中学16-4】沿用【做中学16-1】、【做中学16-2】和【做中学16-3】的资料，根据晋华公司2023年度有关资料，编制该公司2023年度所有者权益变动表（简表），见表16-9。

表16-9　　所有者权益变动表（简表）　　会企04表

编制单位：晋华公司　　2023年度　　单位：元

项目	本年金额								上年金额							
	实收资本（或股本）	其他权益工具	资本公积	减：库存股	其他综合收益	盈余公积	未分配利润	所有者权益合计	实收资本（或股本）	其他权益工具	资本公积	减：库存股	其他综合收益	盈余公积	未分配利润	所有者权益合计
一、上年年末余额	30 000 000		2 100 000			500 000	708 000	33 308 000								
加：会计政策变更																
前期差错更正																
二、本年年初余额	30 000 000		2 100 000			500 000	708 000	33 308 000								
三、本年增减变动金额（减少以“–”号填列）																
（一）综合收益总额							734 520.72	734 520.72								
（二）所有者投入和减少的资本																
1.所有者投入的普通股																
2.其他权益工具持有者投入资本																
3.股份支付计入所有者权益的金额																
4.其他																
（三）利润分配																
1.提取盈余公积						73 452.07	–73 452.07									
2.对所有者（或股东）的分配							–400 000	–400 000								
3.其他																
（四）所有者权益内部结转																
1.资本公积转增资本（或股本）																
2.盈余公积转增资本（或股本）																
3.盈余公积弥补亏损																
4.其他																
四、本年年末余额	30 000 000		2 100 000			573 452.07	969 068.65	33 642 520.72								

任务六 报表附注的披露

一、报表附注的内容

附注是对在资产负债表、利润表、现金流量表和所有者权益变动表等报表中列示项目的文字描述或明细资料，以及对未能在这些报表中列示项目的说明等。

通过附注与资产负债表、利润表、现金流量表和所有者权益变动表列示项目的相互参照关系，以及对未能在报表中列示项目的说明，可以使报表使用者全面了解企业的财务状况、经营成果和现金流量。

二、报表附注的披露内容

（一）企业的基本情况

在报表附注中披露企业下列基本情况：

（1）企业注册地、组织形式和总部地址。

（2）企业的业务性质和主要经营活动。

（3）母公司以及集团最终母公司的名称。

（4）财务报告的批准报出者和财务报告批准报出日，或者以签字人及其签字日期为准。

（5）营业期限有限的企业，还应当披露有关其营业期限的信息。

（二）财务报表的编制基础

财务报表的编制基础是指财务报表是在持续经营基础上还是非持续经营基础上编制的。企业一般是在持续经营基础上编制财务报表，清算、破产属于非持续经营基础。

（三）遵循企业会计准则的声明

企业应当声明编制的财务报表符合企业会计准则的要求，真实、完整地反映了企业的财务状况、经营成果和现金流量等有关信息。

（四）重要会计政策和会计估计

重要会计政策的说明，包括财务报表项目的计量基础和在运用会计政策过程中所做的重要判断等。重要会计估计的说明，包括可能导致下一个会计期间资产、负债账面价值重大调整的会计估计的确定依据等。

（五）会计政策和会计估计变更以及差错更正的说明

企业应当按照会计政策、会计估计变更和差错更正企业会计准则的规定，披露会计政策和会计估计变更以及差错更正的有关情况。

（六）报表重要项目的说明

企业应当按照资产负债表、利润表、现金流量表、所有者权益变动表及其项目列示的顺序，对报表重要项目的说明采用文字和数字描述相结合的方式进行披露。报表重要项目的明细金额合计，应当与报表项目金额相衔接。

（1）企业应当在附注中披露费用按照性质分类的利润表补充资料，可将费用分为耗用的原材料、职工薪酬费用、折旧费用、摊销费用等。

（2）企业应当在附注中披露下列关于其他综合收益各项目的信息：

① 其他综合收益各项目及其所得税影响；

② 其他综合收益各项目原计入其他综合收益、当期转出计入当期损益的金额；

③ 其他综合收益各项目的期初和期末余额及其调节情况。

（3）企业应当在附注中披露在资产负债表日后、财务报告批准报出日前提议或宣布发放的股利总额和每股股利金额（或向投资者分配的利润总额）。

（4）企业应当在附注中披露终止经营的收入、费用、利润总额、所得税费用和净利润，以及归属于母公司所有者的终止经营利润。

（七）或有和承诺事项、资产负债表日后非调整事项、关联方关系及其交易等需要说明的事项

（八）有助于财务报表使用者评价企业管理资本的目标、政策及程序的信息

【明德善思】

康美药业财务造假

2019年8月，证监会对康美药业下发《行政处罚及市场禁入事先告知书》，显示康美药业存在以下四大方面的问题。

一是康美药业涉嫌累计虚增营业收入291.28亿元，具体为：

《2016年年度报告》虚增营业收入89.99亿元，多计利息收入1.51亿元，虚增营业利润6.56亿元，占合并利润表当期披露利润总额的16.44%。

《2017年年度报告》虚增营业收入100.32亿元，多计利息收入2.28亿元，虚增营业利润12.51亿元，占合并利润表当期披露利润总额的25.91%。

《2018年半年度报告》虚增营业收入84.84亿元，多计利息收入1.31亿元，虚增营业利润20.29亿元，占合并利润表当期披露利润总额的65.52%。

《2018年年度报告》虚增营业收入16.13亿元，虚增营业利润1.65亿元，占合并利润表当期披露利润总额的12.11%。

二是累计虚增货币资金886亿元。

康美药业《2016年年度报告》虚增货币资金225.49亿元，占公司披露总资产的41.13%和净资产的76.74%；《2017年年度报告》虚增货币资金299.44亿元，占公司披露总资产的43.57%和净资产的93.18%；《2018年半年度报告》虚增货币资金361.88亿元，占公司披露总资产的45.96%和净资产的108.24%。

也就是说，康美药业这几年虚增的300亿元左右的货币资金并不存在。

三是《2018年年度报告》中存在虚假记载，虚增固定资产、在建工程、投资性房地产，共计36亿元。

康美药业在《2018年年度报告》中将前期未纳入报表的亳州华佗国际中药城、普宁中药城、普宁中药城中医馆、亳州新世界、甘肃陇西中药城、玉林中药产业园等6个工程项目纳入表内，分别调增固定资产11.89亿元、调增在建工程4.01亿元、调增投资性房地产20.15亿元，合计调增资产总额36.05亿元。

四是《2016年年度报告》《2017年年度报告》《2018年年度报告》中存在重大遗漏，未按规定披露控股股东及其关联方非经营性占用资金的关联交易情况。

2016年1月1日至2018年12月31日，康美药业在未经过决策审批或授权程序的情况下，累计向控股股东及其关联方提供非经营性资金116.19亿元用于购买股票、替控股股东及其关联方偿还融资本息、垫付解质押款或支付收购溢价款等用途。

资料来源：中国证券监督管理委员会. 证监会对康美药业作出处罚及禁入决定［EB/OL］.［2020-05-14］. http://www.csrc.gov.cn/csrc/c100028/c1000782/content.shtml.

【启示】信息披露制度是资本市场健康发展的制度基石，依法诚信经营是最基本的市场纪律。康美药业无视法律和规则，实施财务造假等侵害投资者利益的恶劣行为，相关中介机构未履职尽责、勤勉从业，严重阻碍了资本市场健康发展。广大上市公司引以为戒，坚守诚信底线，相关中介机构归位尽责，共同助力市场健康发展。同学们也要始终秉承诚信做人的准则，增强诚信观念，培育诚信道德，提高自身诚信度，为诚信社会贡献自己的力量。

项目小结

本项目主要知识点归纳总结见表16-10。

表16-10　本项目主要知识点归纳总结

任务	知识点
财务报表认知	（1）财务报告是企业对外提供的反映企业某一特定日期的财务状况和某一会计期间的经营成果、现金流量等会计信息的文件。财务报告包括财务报表和其他应当在财务报告中披露的相关信息和资料。一套完整的财务报表包括资产负债表、利润表、现金流量表和所有者权益变动表以及附注 （2）财务报表列报应当满足列报要求
资产负债表的编制	（1）资产负债表是反映企业在某一特定日期的财务状况的会计报表 （2）资产负债表的编制基础：资产 = 负债 + 所有者权益 （3）资产负债表的编制。企业应当根据资产、负债和所有者权益类账户的期末余额填列资产负债表“期末余额”栏，具体方法如下：有的项目直接根据总账账户余额填列；有的项目根据若干个总账账户余额合计数填列；有的项目直接根据明细账户余额填列；有的项目根据总账账户和明细账户的余额分析填列；有的项目根据总账账户与其备抵账户抵销后的净额填列
利润表的编制	（1）利润表是反映企业一定会计期间经营成果的会计报表 （2）利润指标：营业利润、利润总额、净利润、综合收益总额、每股收益 （3）利润表的编制。“本期金额”栏内各期数字，除“基本每股收益”和“稀释每股收益”项目外，应当按照相关账户的发生额分析填列

续表

任务	知识点
现金流量表的编制	(1) 现金流量表是反映企业在一定会计期间现金及现金等价物的流入和流出的报表。现金是指企业库存现金以及可以随时用于支付的存款，包括库存现金、银行存款和其他货币资金等。现金等价物是指企业持有的期限短、流动性强、易于转换为已知金额现金、价值变动风险很小的投资 (2) 现金流量表应按照企业经济业务发生的性质将产生的现金流量划分为经营活动产生的现金流量、投资活动产生的现金流量和筹资活动产生的现金流量 (3) 现金流量表的编制方法。在具体编制现金流量表时，企业可根据业务量的大小及复杂程度，采用工作底稿法、T形账户法和分析填列法
所有者权益变动表的编制	(1) 所有者权益变动表是反映构成所有者权益各组成部分当期增减变动情况的报表 (2) 所有者权益变动表的编制。企业应当根据所有者权益类账户和损益类有关账户的发生额分析填列所有者权益变动表"本年金额"栏
报表附注的披露	(1) 附注是对在资产负债表、利润表、现金流量表和所有者权益变动表等报表中列示项目的文字描述或明细资料，以及对未能在这些报表中列示项目的说明等 (2) 披露的内容应当符合要求

阅读篇目

《企业会计准则第30号——财务报表列报》及其应用指南

《企业会计准则第31号——现金流量表》及其应用指南

《企业会计准则第28号——会计政策、会计估计变更和差错更正》及其应用指南

《企业会计准则第29号——资产负债表日后事项》及其应用指南

《企业会计准则第34号——每股收益》及其应用指南

《财政部关于印发〈增值税会计处理规定〉的通知》(财会〔2016〕22号)

《财政部关于修订印发2019年度一般企业财务报表格式的通知》(财会〔2019〕6号)

参考文献

[1] 财政部会计资格评价中心．初级会计实务［M］．北京：经济科学出版社，2024.
[2] 财政部会计资格评价中心．中级会计实务［M］．北京：经济科学出版社，2024.
[3] 高翠莲．企业财务会计［M］．3版．北京：高等教育出版社，2021.
[4] 中华人民共和国财政部．小企业会计准则2006［M］．北京：经济科学出版社，2011.

微课索引

为了满足学生自主学习的需要，我们针对本书的重点和难点内容制作了下列49个微课，用手机扫一扫对应的二维码即可直接观看。括号内标注的是微课的具体页码。

[30]“五险一金”的核算（p.183）
[31] 一般纳税人“应交增值税”和“未交增值税”的核算（p.193）
[32] 项目十一概述（p.215）
[33] 项目十二概述（p.224）
[34] 投资者投入资本的核算（p.225）
[35] 盈余公积的核算（p.233）
[36] 项目十三概述（p.238）
[37] 五步法（p.239）
[38] 对于在某一时段内履行的履约义务收入的确认和计量（p.244）
[39] 项目十四概述（p.257）
[40] 暂时性差异的分类（p.265）
[41] 递延所得税确认（p.266）
[42] 项目十五概述（p.274）
[43] 与资产相关的政府补助会计处理——总额法（p.278）
[44] 与资产相关的政府补助会计处理——净额法（p.278）
[45] 与收益相关的政府补助会计处理（p.280）
[46] 项目十六概述（p.290）
[47] 资产负债表的编制方法（p.294）
[48] 现金流量的分类（p.318）
[49] 间接法编制经营活动的现金净流量（p.320）